商务馆对外汉语教学专题研究书系（第二辑）
总主编 赵金铭
审 订 世界汉语教学学会

汉语作为第二语言教学的词汇与词汇教学研究

主编 张旺熹

2019年·北京

总主编 赵金铭
主　编 张旺熹
编　者 张旺熹　李润生
作　者（按音序排列）

　　　　　　陈保亚　陈　绂　程　娟　付　娜
　　　　　　何国锦　洪　炜　李彬鑫　李　华
　　　　　　李　慧　李绍林　马煜逵　孟　凯
　　　　　　彭小川　祁　峰　钱旭菁　邱立坤
　　　　　　宋作艳　王汉卫　邢红兵　徐　茗
　　　　　　许晓华　杨晓黎　张　博　张和生
　　　　　　张文贤　赵金铭　赵　玮　赵　新
　　　　　　周　琳　朱志平

目 录

总　序 …………………………………………………………… 1
综　述 …………………………………………………………… 1

第一章　语素与复合词研究 ……………………………… 1
第一节　传承语素：汉语语素分析的新视角 …………… 1
第二节　双音复合词语素统计分析 ……………………… 14
第三节　双音复合词语素结合理据分析及其应用 ……… 32
第四节　集合性复合词的特点、成因及其条件 ………… 48
第五节　成组复合属性词的构词方式及其成因 ………… 63

第二章　多义词、同义词、易混淆词研究 ……………… 75
第一节　多义词在中介语语料库中的义项分布及偏误分析 …… 75
第二节　汉语单双音同义动词研究 ……………………… 95
第三节　汉语同义词语体差异定量分析 ………………… 124
第四节　汉语中介语易混淆词及其研究方法 …………… 140

第三章　词汇搭配与用法研究 …………………………… 159
第一节　词语搭配知识与二语词汇学习 ………………… 159
第二节　单音节形容词与名词组合的语义选择关系 …… 177

第三节　有限组合选择限制的方向性和制约因素 ………… 195

第四章　词汇教学理念与方法 …………………………… 217
　　第一节　汉语作为第二语言的词汇计量多维度思考 ……… 217
　　第二节　汉语作为第二语言词汇教学应有的意识与策略 … 234
　　第三节　现代汉语词中字义的析出与教学 ………………… 249

第五章　词义辨析与教学 ………………………………… 270
　　第一节　汉语作为第二语言的词义辨析对象与原则 ……… 270
　　第二节　汉语作为第二语言的近义词教学 ………………… 286
　　第三节　汉语二语学习中母语词义误推的类型与特点 …… 302
　　第四节　汉语作为第二语言的教材生词释义模式 ………… 319
　　第五节　汉语作为第二语言的词汇教学例句设计 ………… 336

第六章　词汇教学实验研究 ……………………………… 348
　　第一节　汉语作为第二语言的词汇义类教学实验研究 …… 348
　　第二节　汉语作为第二语言的语素教学法实验研究 ……… 360
　　第三节　汉语作为第二语言的近义词教学实验研究 ……… 383
　　第四节　汉语作为第二语言的离合词教学实验研究 ……… 398

总　序

赵　金　铭

　　对外汉语教学专题研究书系是商务印书馆出版的同名书系的延续。主要收录2005—2016年期间，有关学术期刊、集刊、高校学报等所发表的有关对外汉语教学研究论文，涉及学科各分支研究领域。内容全面，质量上乘，搜罗宏富。对观点不同的文章，两方皆收。本书系是对近10年对外汉语教学研究成果的汇总与全面展示，希望能为学界提供近10年来本学科研究的总体全貌。

　　近10年的对外汉语教学与研究，呈现蓬勃发展的局面，与此同时，各研究分支也出现一些发展不平衡现象。总体看来，孔子学院教学、汉语师资培训、文化与文化教学、专业硕士课程教学等方面，已经成为研究热门，研究成果数量颇丰，但论文质量尚有待提升。由于主管部门的导向，作为第二语言汉语教学的汉语本体研究与汉语教学研究，在一定程度上被淡化。语音、词汇及其教学研究成果较少，语法、汉字及其教学研究成果稍多，汉字教学研究讨论尤为热烈。新汉语水平考试研究还不够成熟，课程与标准和大纲研究略显薄弱。值得提及的是，教学方法研究与教学模式研究、汉语作为第二语言习得研究、现代教育技术研究及其在教学中的应用研究，发展迅速，方兴未艾，成果尤为突出。本书系就是对这10年研究状况的展示与总结。

近10年来，汉语国际教育大发展的主要标志是：开展汉语教学的国别更加广泛；学汉语的人数呈大规模增长；汉语教学类型和层次多样化；汉语教师、教材、教法研究日益深入，汉语教学本土化程度不断加深；汉语教学正被越来越多的国家纳入其国民教育体系。其中，世界范围内孔子学院的建立既是国际汉语教育事业大发展的重要标志，也是进一步促进国际汉语教学持续发展的一个重要平台，吸引了世界各地众多的汉语学习者。来华外国留学生汉语教学与海外汉语教学，共同打造出汉语教学蓬勃发展的局面。

大发展带来学科研究范围的扩大和研究领域的拓展。本书系共计24册，与此前的22册书系的卷目设计略有不同。

本书系不再设《对外汉语课堂教学技巧研究》，增设《汉语作为第二语言教学的教学方法研究》和《汉语作为第二语言教学的教学模式研究》两册。汉语作为第二语言教学，既与世界第二语言教学有共同点，也因汉语、汉字的特点，而具有不同于其他语言作为第二语言教学的特色。这就要求对外汉语教学要讲求符合汉语实际的教学方法。几十年以来，对外汉语教学在继承传统和不断吸取各种教学法长处的基础上，结合汉语、汉字特点，以结构和功能相结合为主的教学方法为业内广泛采用，被称为汉语综合教学法。博采众长，为我所用，不独法一家，是其突出特点。这既是对外汉语教学的传统，在教学实践中也证明是符合对外汉语教学实际的有效的教学方法。与此同时，近年来任务型教学模式风行一时，各种各样的教法也各展风采。后方法论被介绍进来后，已不再追求最佳教学法与最有效教学模式，教学法与教学模式研究呈现多样化与多元性发展态势。

进入新世纪后，对外汉语教学学科理论研究的一个重要进展是开拓了第二语言习得理论与实际问题的研究，从重视研究教师怎样教汉语，转向研究学习者如何学习汉语，这是一种研究理念的改变，这种研究近10年来呈现上升趋势。研究除了《汉语第二语言学习者语言系统研究》《汉语作为第二语言的学习者研究》，本书系基于研究领域的扩大，增设了《基于认知视角的汉语第二语言习得研究》和《多视角的汉语第二语言习得研究》，从多个角度开辟了汉语学习研究的新局面。

教育部在2012年取消原本科专业目录里的"对外汉语"，设"汉语国际教育"二级学科。此后，"汉语国际教育"作为在世界范围内开展汉语作为第二语言教学的名称被广泛使用，学科名称的变化，为对外汉语教学带来了无限的机遇与巨大的挑战。随着海外汉语学习者人数的与日俱增，大量汉语教师和汉语教学志愿教师被派往海外，新的矛盾暴露，新的问题随之产生。缺少适应海外汉语教学需求的合格的汉语教师，缺乏适合海外汉语学习者使用的汉语教材，原有的汉语教学方法又难以适应海外汉语教学实际，这三者成为制约提高对外汉语教学质量、提升对外汉语教学水平的瓶颈。

面对世界汉语教学呈现出来的这些现象，在进行深入研究、寻求解决办法的同时，也产生了一种急于求成的情绪，急于解决当前的问题。故而研究所谓"三教"问题，一时成为热门话题。围绕教师、教材和教法问题，结合实际情况，出现一大批对具体问题进行研究的论文。与此同时，在主管部门的导引下，轻视理论研究，淡化学科建设，舍本逐末，视基础理论研究为多余，成为一时倾向。由于没有在根本问题上做深入的理论探讨，将过多的精力用于技法的提升，以至于在社会上对汉语作为一个学科产生了不同认识，某种程度上干扰了学科建设。本书系《汉语作为第二语言教学的学科理论研究》和《汉语作为第二语言教学的教学理论研究》两册集中反映了学科建设与教学理论问题，显示学界对基本理论建设的重视。

2007年国务院学位办设立"汉语国际教育硕士专业学位"，目前已有200余所高等院校招收和培养汉语国际教育专业硕士。10多年来，数千名汉语教师和志愿者在世界各地教授汉语、传播中国文化，这支师资队伍正在共同为向世界推广汉语做出贡献。

一种倾向掩盖着另一种倾向。社会上看轻汉语作为第二语言教学的观点，依然存在。这就是将教授外国人汉语看成一种轻而易举的事，这是一种带有普遍性的错误认知。这种认知导致对汉语作为第二语言教学科学性认识不足。一些人单凭一股热情和使命感，进入了汉语国际教育的教师队伍。一些人在知识储备和教学技能方面并未做好充分的准备，便匆匆走向教坛。故而如何对来自不同专业、知识结构多层次、语言文化背景多有差别的学习者，进行汉语作为第二语言教学的专业培养和培训，如何安排课程内容，将其培养成一个合格的汉语教师，就成为当前迫切需要解决的问题。本书系增设的《汉语作为第二语言教学的教师发展研究》《汉语作为第二语言标准与大纲研究》以及《汉语作为第二语言教学的课程研究》，都专门探讨这些有关问题。

自 1985 年以来，实行近 20 年的汉语水平考试（HSK），已构成了一个水平由低到高的较为完整的系统，汉语水平考试（HSK）的实施大大促进了汉语教学的科学化和规范化。废除 HSK 后研发的"新 HSK"，目前正在改进与完善之中。有关考试研究，最近 10 年来，虽然关于测试理论和技术等方面的研究仍然有一些成果出现，但和以往相比，研究成果的数量有所下降，理论和技术方面尚缺乏明显的突破。汉语测试的新进展主要表现在新测验的开发、新技术的应用和对重大理论问题的探讨等方面。《汉语作为第二语言测试研究》体现了汉语测试的研究现状与新进展。

十几年来，汉语作为第二语言教学史的研究越来越多，也越来越深入。既有宏观的综合性研究，又有微观的个案考察。宏观研究中，从学科建设的角度探讨汉语教学史的研究。重视对外汉语教学历史的发掘与研究，因为这是对外汉语教学学科建设中不可缺少的一部分。宏观研究还包括对某一历史阶段和某一国家或地区汉语教学历史的回顾与描述。微观研究则更关注具体国家和地区的汉语教学历史、现状与发展。为此本书系增设《汉语作为第二语言教学史研究》，以飨读者。

本书系在汉语本体及其教学研究、汉语技能教学研究、文化教学与跨文化交际研究、教育技术研究和教育资源研究等方面，也都将近 10 年的成果进行汇总，勾勒出研究的大致脉络与发展轨迹，也同时可见其研究的短板，可为今后的深入研究引领方向。

本书系由商务印书馆策划，从确定选题，到组织主编队伍，以及在筛选文章、整理分类的过程中，商务印书馆总编辑周洪波先生给了精心指导，在此深表谢意。

本书系由多所大学本专业同人共同合作，大家同心协力，和衷共济，在各册主编初选的基础上，经过全体主编会的多次集体讨论，认真比较，权衡轻重，突出研究特色，注重研究创新，最终确定入选篇章。即便如此，也还可能因水平所及评述失当，容或有漏选或误选之处，对书中的疏漏和失误，敬请读者不吝指教，以便再版时予以修正。

综 述

　　词汇是语言的重要组成部分，它是语言的建筑材料，是语音、语义、语法的承载者和交汇点。对于第二语言学习和教学来说，词汇也是极其重要的。英语二语教学专家Wilkins有一句名言："没有语法，人们可以表达的事物寥寥无几；而没有词汇，人们则无法表达任何事物。"[1] 我国著名语言学家、语文教育专家张志公说："语汇重要，语汇难。"[2] 汉语缺乏印欧语言所具有的性、数、格、时、体、态等严格意义上的形态变化，汉语的语法特点与规律常常通过词语的用法和搭配体现出来，而词语的用法和搭配又往往决定于词语的深层语义特征与文化内涵。由此可见，词汇对于汉语学习和教学的重要性，怎么强调都不为过。

一、词汇及词汇教学研究的现状

　　近十多年来，汉语二语教学在词汇本体研究和词汇教学研究

---

[1] Wilkins, D. A. (1972). *Linguistics in Language Teaching.* The MIT Press, Massachusetts.
[2] 张志公《语汇重要，语汇难》，《中国语文》1988年第1期。

方面有了很大进展，取得了丰硕的成果。本书选录其中代表性的成果，以反映近年来词汇及词汇教学研究的进展。

（一）词汇本体研究

面向汉语作为第二语言教学的词汇本体研究，不同于纯汉语本体的词汇研究。汉语本体词汇研究主要就汉语词汇本身及其演变和发展进行描写与解释，并进一步升华为理论；[①] 而面向汉语作为第二语言教学的词汇本体研究的特点是：一方面，对汉语词汇及其演变与发展的描写与解释要兼顾汉语教学，研究成果对教学实践要具有直接的指导作用；另一方面，词汇研究课题来源于教学实践，研究成果是对教学实践中所遇到词汇词义问题的理论认识与规律总结。近十多年，面向汉语作为第二语言的词汇本体研究成果主要集中以下三个方面：

1. 语素与复合词研究。

语素是重要的词汇结构单位，它一头连着汉字，一头连着单音词、复合词，是词汇学习的枢纽。基于此，不少学者提倡"语素教学法"。实施语素教学法，首先要对语素的各种性质有充分的认识。杨晓黎《传承语素：汉语语素分析的新视角》[②] 从历时角度考察汉语语素的来源，将现代汉语语素划分为传承语素和后起语素两类，并指出传承语素有能产性、聚合性和稳定性等特点。"传承语素"概念的提出，有利于拓宽现代汉语词汇研究的视野，

[①] 陆俭明先生说："汉语的本体研究……是就汉语本身及其演变和发展进行描写和解释，并进一步升华为理论。"《谈汉语作为第二语言教学的学科建设及其本体研究》，《外语教学与研究》2008年第5期。

[②] 杨晓黎《传承语素：汉语语素分析的新视角》，《安徽大学学报》（哲学社会科学版）2012年第2期。详见第一章第一节。

沟通古今汉语，才能真正理解和把握现代汉语词汇及其意义的特点。邢红兵《〈(汉语水平)词汇等级大纲〉双音合成词语素统计分析》[①] 利用自建的语素数据库，统计分析了等级大纲中双音节词所包含语素的类型、独立成词能力、构词能力、多义性等多种属性，对语素多种属性的揭示，有利于准确认识语素教学法的适用范围和条件。

复合词，特别是双音复合词在词汇中占很大比重，是汉语词汇学习的重点。据朱志平统计，《词汇等级大纲》甲、乙、丙、丁四个等级的词8822个，其中双音词6077个，占69%。[②] 双音词教学常常面临两个难题：一是学生阅读时正确辨识单音词与双音词存在困难；二是辨析包含同语素或同形语素的近义双音词比较困难。解决这两个难题，需要深入分析双音复合词语素结合的理据。朱志平《双音节复合词语素结合理据的分析及其在第二语言教学中的应用》[③] 阐释了理据分析在双音词词义解释、句法语用、二语习得、词义辨析和文化传递等方面的重要意义。

胡明扬先生说，词汇教学困难的原因之一是，词汇的个性突出，词汇教学只能一个一个教、一个一个学。[④] 如果根据复合词某方面的共同特征将相关词语类聚成群，发掘成组、成群词语在语义、语法、语用上的共同特点，则有助于克服以上困难，

---

① 邢红兵《〈(汉语水平)词汇等级大纲〉双音合成词语素统计分析》，《世界汉语教学》2006年第3期。详见第一章第二节。
② 朱志平《汉语双音复合词属性研究》，北京大学出版社，2005年。
③ 朱志平《双音节复合词语素结合理据的分析及其在第二语言教学中的应用》，《世界汉语教学》2006年第1期。详见第一章第三节。
④ 胡明扬《对外汉语教学中语汇教学的若干问题》，《语言文字应用》1997年第1期。

提高词汇教学的速度与质量。陈绂《浅析集合性复合词》[①]以"纸张""房间"等集合性复合词为研究对象,分析了这类词在语义、语法、语用等方面的共同点,并探讨了集合性复合词的形成原因和条件。孟凯《成组复合属性词的构词方式及成因》[②]分析了87组复合属性词的构词方式,并阐释了不同构词方式的成因。可惜这类研究还不多见,如果有更多这方面的研究,将会从根本上改变词汇教学零散、不成系统的状态。

2. 多义词、同义词、易混淆词研究。

语言中常用词一般都是多义的,一个人的词汇丰富度,不仅表现在所掌握的词汇数量上,也表现在所掌握的常用词的义项多少上。汉语学习者对常用多义词的义项掌握情况如何?李慧等的论文《汉语常用多义词在中介语语料库中的义项分布及偏误考察》[③]基于北京语言大学汉语中介语语料库,对118个常用多义词的义项分布进行了调查,并与现代汉语多义词义项频率进行对比,发现中介语中大部分多义词义项频率的等级序列与现代汉语基本相同。这一发现表明,词汇大纲研制、教材编写、词汇教学等都不应当以词形为单位,而应以义项为单位。该文还发现部分多义词的高频义项、低频义项与现代汉语并不相合,学生在多义词义项掌握上有诸多偏误,因此,在教学中应更多地关注二语学习者的表达需求和词义学习特点,进行有针对性的词汇与词义教学。

---

① 陈绂《浅析集合性复合词》,《语言文字应用》2008年第4期。详见第一章第四节。

② 孟凯《成组复合属性词的构词方式及成因》,《语言文字应用》2008年第3期。详见第一章第五节。

③ 李慧、李华、付娜、何国锦《汉语常用多义词在中介语语料库中的义项分布及偏误考察》,《世界汉语教学》2007年第1期。详见第二章第一节。

同义词是词汇研究、词汇学习的重要问题,单双音同义词更是留学生学习汉语词汇的难点。程娟、许晓华《HSK 单双音同义动词研究》①研究了 181 对单双音动词,将其划分为词位义相同和相近两类,然后从意义内容、音节、句法功能、语体色彩等方面描写了单音动词和双音动词相互之间的差异。文章描写细致、例证翔实、分析深入,对词汇教学具有很大的参考价值。该文发表以后,单双音同义词成为汉语作为第二语言教学领域关注的重要课题之一。语体色彩是同义词辨析的要点之一,然而,语体特征在诸多辨析角度中究竟占多大地位?同义词在不同语体中的分布有哪些特点?张文贤等《基于语料库的汉语同义词语体差异定量分析》②采用定量分析方法,计算出 1343 对具有显著口语、书面语语体差异的同义词,结果发现:在词性上,语体差别最大的同义词中动词最多;重叠、词缀、古汉语遗留词汇在同义词中所占的比重较小;若一对同义词在音节上有差异,则口语倾向于用单音节,书面语倾向于用双音节。这些发现对同义词辨析和教学很有参考价值。

　　易混淆词研究是近十多年来研究深入、影响较大的课题。张博主张词语辨析的视角应扩展到汉语中介语易混淆词的辨析方面。③张博带领一支团队对汉语易混淆词开展了卓有成效的研究,

---

　　① 程娟、许晓华《HSK 单双音同义动词研究》,《世界汉语教学》2004 年第 4 期。详见第二章第二节。
　　② 张文贤、邱立坤、宋作艳、陈保亚《基于语料库的汉语同义词语体差异定量分析》,《汉语学习》2012 年第 3 期。详见第二章第三节。
　　③ 张博《同义词、近义词、易混淆词:从汉语到中介语的视角转移》,《世界汉语教学》2007 年第 3 期。

发表了一系列高质量的研究成果。① 张博《第二语言学习者汉语中介语易混淆词及其研究方法》② 分析了汉语中介语易混淆词的主要特点，总结出测查易混淆词的方法，并详细阐述了易混淆词的辨析要领。该文建立起汉语中介语易混淆词研究范式，对易混淆词研究产生了重要的影响。

3. 词汇用法和搭配研究。

对词汇教学来说，掌握词汇的用法和搭配尤其重要。陆俭明认为："造成中外学生用词不当的最主要的一个原因，就是学生对所学的词语只是一般地了解、掌握其基本意义，而没有确切了解所学的词语在什么场合能用，在什么场合不能用。"因此，陆先生特别强调："重要的是要向学生讲清楚词语使用的语义背景。"③ 在大数据时代，语料库为研究词的用法和搭配提供了很大便利。邢红兵《词语搭配知识与二语词汇习得研究》④ 通过具体实例阐明词汇搭配知识可以清楚地了解词语的句法功能、组合关系和聚合关系、搭配词语的频度分布、与同类词的差别等；通过中介语语料库词语的搭配研究，可以了解学生运用目的语词语的情况，如错误率、用词丰富度、所掌握的词语知识与母语使用者的差距等。该研究不仅对汉语词汇教学、习得有重要

---

① 张博《基于中介语语料库的汉语词汇专题研究》，北京大学出版社，2008年；张博《不同母语背景的汉语学习者词语混淆分布特征及其成因研究》，北京大学出版社，2016年。

② 张博《第二语言学习者汉语中介语易混淆词及其研究方法》，《语言教学与研究》2008年第6期。详见第二章第四节。

③ 陆俭明《词汇教学与词汇研究之管见》，《江苏大学学报》（社会科学版）2007年第5期。

④ 邢红兵《词语搭配知识与二语词汇习得研究》，《语言文字应用》2013年第4期。详见第三章第一节。

参考价值，而且对词汇理论研究也有重要意义。钱旭菁《有限组合选择限制的方向性和制约因素》[①]通过"打+名词"分析发现：有限组合内部成分的选择限制有程度的差别和方向性；制约其组合成分之间紧密程度的因素包括组合是否表示核心事项、构成成分的语义是否虚化、组合概念整合的程度等，文章最后还阐释了该发现对于汉语学习词典编纂的应用价值。祁峰《单音形容词与名词组合的语义选择关系分析》[②]在定量统计分析的基础上，以高频单音节形容词"小"为例，区分出形容词义项的量级和非量级，并从语义角度对单音形容词与名词组合的选择性关系进行了描写和解释。

（二）词汇教学研究

近十多年来，汉语作为第二语言的词汇教学研究取得了很大成绩。据我们统计，公开发表在各类期刊、文集上的论文有300多篇，研究范围比较广泛。总体来看，与前十年相比，以下三个方面取得了明显进展：

1. 词汇教学的理念与方法。

词汇教学首先要解决"教什么"和"怎么教"这两个基本问题。"教什么"，既关系到词汇教学内容，也涉及词汇教学的目标。长期以来，汉语词汇教学比较注重词汇量，认为词汇量大小是衡量汉语学习者汉语水平的一个重要标准。陈贤纯（1999）曾

---

① 钱旭菁《有限组合选择限制的方向性和制约因素——兼论外向型搭配词典的体例设计》，《世界汉语教学》2008年第4期。详见第三章第三节。

② 祁峰《单音节形容词与名词组合的语义选择关系分析——基于定量统计的形容词"小"的个案研究》，《华文教学与研究》2011年第3期。详见第三章第二节。

提出一个集中强化词汇教学思路,目标是要在两年内解决学生的汉语交际能力问题,词汇量要达到两万左右。[1] 然而,对于词汇量的理解,不能仅局限于词表清单中词语数量的多少,而应该结合汉语字词关系的复杂情况,进行多维度考虑。朱志平《汉语二语教学中词汇计量的维度》[2]指出,词汇量计算不能过于依赖词形,而应该采用多维度计量方法,例如考虑汉字因素,区分同形异义、同形异用等情况;要将义项、义频、义类纳入计量范围;词汇计量应兼顾双音复合词语素义的复杂性、构词理据以及语义引申的民族性等情况。词汇计量多维观包含了词汇教学既要注重数量也要注重质量的教学理念,深化了关于汉语词汇教学内容和教学目标的认识。

关于怎么教的问题,汉语词汇教学界先后提出了"语素教学法""字本位教学法""词本位教学法"等方法。本书收录了两篇从宏观上讨论词汇教学方法的文章。一篇是彭小川、马煜逵的《汉语作为第二语言词汇教学应有的意识和策略》[3],文章强调词汇教学应树立词、语素、字各当其用的意识,以词为单位进行词汇教学是基本原则,教学中应根据所教词语的特点,灵活选择教学的方法和切入点:如"漂亮"等词只能整词教学;"亲眼"等词先整词教学,再用语素教学法;"前天"等词可用语素教

---

[1] 陈贤纯《对外汉语中级阶段教学改革构想——词语的集中强化教学》,《世界汉语教学》1999 年第 4 期。

[2] 朱志平《汉语二语教学中词汇计量的维度》,《语言文字应用》2013 年第 1 期。详见第四章第一节。

[3] 彭小川、马煜逵《汉语作为第二语言词汇教学应有的意识和策略》,《语言文字应用》2010 年第 1 期。详见第四章第二节。

学法。另一篇是赵金铭的《现代汉语词中字义的析出与教学》[①]，该文主张"整词—析字—系连扩展"词汇教学法，这种方法首先重视整词意义的学习，对于出现频率高的合成词来说更应整词学习，然后教授出现频率高、构词能力强的汉字的字义，再根据义项进行系连构词，让学习者在一系列同素同义的合成词中体悟字义，加深对词的理解与记忆。宏观的讨论有利于人们从总体上认识词汇教学中的复杂情况，从而有助于研究者避免限于一隅各自强调自己坚持的词汇教学方法的有效性，而排斥其他教学方法。

2. 词义辨析与教学。

词义辨析与教学是词汇课堂教学的重中之重。本书收录了五篇文章，分别从教师词义讲解、学生词义习得、教材词义处理等三方面研究了词义辨析与教学问题。

词义讲解方面收录了两篇文章。李绍林的《对外汉语教学词义辨析的对象和原则》[②]考察了影响二语学习者词汇理解的诱发因素，如汉语词形诱发的趋同性、词义诱发的联想性，同时着重讨论了教师课堂教学时词义辨析的原则，如简单实用、浅显易懂、温故知新、分清主次等，这些原则来自于教学实践，有很强的可操作性。赵新、洪炜《针对二语学习者的汉语近义词教学》[③]主要讨论了近义词教学的重点、难点以及近义词教学的策略和方法，该研究紧密结合教学实际，也很有借鉴意义。

---

① 赵金铭《现代汉语词中字义的析出与教学》，《世界汉语教学》2012年第3期。详见第四章第三节。
② 李绍林《对外汉语教学词义辨析的对象和原则》，《世界汉语教学》2010年第3期。详见第五章第一节。
③ 赵新、洪炜《针对二语学习者的汉语近义词教学》，《华文教学与研究》2013年第4期。详见第五章第二节。

张博《二语学习中母语词义误推的类型和特点》[1]从学习者角度出发,深入探讨了学习者理解二语词义时常出现的词语错误及其根源。该文将"母语词义误推"分为义位误推、义域误推和语义特征误推三种类型,并总结出母语词义误推通常由非常用义向常用义推移,意义关系近、抽象度高易发生词义误推等规律,最后结合具体实例说明母语词义误推对于教学实践的应用价值。文章紧密结合教学实践,对词汇习得现象观察敏锐,分析深入到词义内部结构与语义特征,鞭辟入里,发人深思。

现有的初中级汉语教材,其生词释义的主要方法是外语翻译法。20世纪80年代以来,大量研究文献指出汉语与外语"一对一""一对多""多对一"等翻译法在释义上的缺陷,并指出该翻译释义法诱发词汇偏误。王汉卫《论对外汉语教材生词释义模式》[2]主张打破初级教材翻译释义的单一局面,采用多样化的释义模式:符号释义法、图片释义法、漫画释义法、目的语释义法和媒介语释义法。好的例句在词义解释和词义教学中常常能起到事半功倍的作用。徐茗《对外汉语词汇教学中的例句设计》[3]用大量例证分析了例句设计要注意的问题,比如例句设计要有效展示词汇的语法特点、例句必须提供充足的语义信息、例句应当具有实际的语用价值等。

---

[1] 张博《二语学习中母语词义误推的类型与特点》,《语言教学与研究》2011年第3期。详见第五章第三节。

[2] 王汉卫《论对外汉语教材生词释义模式》,《语言文字应用》2009年第1期。详见第五章第四节。

[3] 徐茗《对外汉语词汇教学中的例句设计》,《安徽师范大学学报》(人文社会科学版)2009年第4期。详见第五章第五节。

3. 词汇教学实验。

语言要素教学要加强教学实验研究，汉语词汇教学也不例外。可喜的是，近十多年来，汉语词汇教学实验取得了不少成果。张和生《利用汉语义类进行词汇教学的实验报告》[①]探讨了义类研究成果应用于汉语作为第二语言词汇教学的可行性与有效性。赵玮《汉语作为第二语言词汇教学"语素法"适用性研究》[②]通过课堂教学实验证明了直接加合型词语、具体词语适合使用语素法教学，而补充型、引申型词语、语素项常用度较高的词语以及具体性较低的词语，语境法更具优势。洪炜《汉语作为第二语言的近义词教学实验研究》[③]通过课堂近义词辨析实验，证明显性的近义词辨析教学对近义词差异的习得具有显著的促进作用，发现式教学模式比传统的接受式教学模式更有利于促进和保持近义词的习得。周琳、李彬鑫《汉语作为第二语言的离合词教学实验研究》[④]考察了"同步式"和"循环递进式"两种离合词教学模式对汉语二语学习者离合词习得的影响，结果表明：循环递进式教学法对离合词习得具有显著促进作用。

---

① 张和生《利用汉语义类进行词汇教学的实验报告》，《世界汉语教学》2008 年第 4 期。详见第六章第一节。
② 赵玮《汉语作为第二语言词汇教学"语素法"适用性研究》，《世界汉语教学》2016 年第 2 期。详见第六章第二节。
③ 洪炜《汉语作为第二语言的近义词教学实验研究》，《世界汉语教学》2013 年第 3 期。详见第六章第三节。
④ 周琳、李彬鑫《汉语作为第二语言的离合词教学实验研究》，《世界汉语教学》2015 年第 3 期。详见第六章第四节。

二、词汇及词汇教学研究的特点

(一) 词汇本体研究与教学实践紧密结合

汉语作为第二语言的词汇及词汇教学研究存在本体研究与实践研究相脱节的现象。近十年来,这个问题有所改观。例如,张博及其团队从事的基于中介语语料库的汉语词汇专题研究,"建立了'中介语·汉语·教学'相贯通的汉语作为第二语言教学的词汇研究框架"[①],该研究课题直接来源于教学实践,研究成果对教学实践又有明确的指导意义。其他如语素的研究、双音复合词研究、多义词义项的统计、同义词研究、词汇搭配研究等,都是紧密结合教学实践的词汇本体研究。

(二) 研究理论和观念的更新

汉语词汇及词汇教学研究一直以来注重运用多学科的理论,例如对比语言学理论、中介语理论、偏误分析理论、认知理论等。近十年来研究理论上的突出表现是,特别注重运用词汇语义学的理论解释汉语词汇现象。词汇的核心是意义,词汇在用法、搭配上的不同表现,无不受其意义的制约与控制,因此,词汇语义学理论是词汇与词汇教学的本体理论。本书中关于复合词的语素结合理据、同义词意义及语法上的差异、词语混淆及其偏误的辨析、学习者母语词义误推的特点及根源等研究,都运用词汇语义学理论,研究深入到词义系统、义位、义素等词汇意义结构的深层,

---

① 张博等著《基于中介语语料库的汉语词汇专题研究》,北京大学出版社,2008年。

并对有关现象进行了细致的解释与说明。

研究观念上,长期以来,现代汉语词汇研究有重视现代忽视古代、重视共时忽视历时的倾向。近十年来,学者们认识到词汇及其意义研究难以截然划分古今,只有贯通古今汉语,才能对现代汉语词汇及其意义做出深入的描写与解释。本书所收论文有一个明显优点,即注重现代与古代、共时与历时相结合,如对于传承语素研究、语素引申义研究、复合词研究、易混淆词研究等,描写细致、穷原竟委,研究深入透彻。

(三)研究方法与时俱进

研究方法上,近十年来的研究成果注重运用语料库语言学方法,自建或者利用各种规模的语料库进行量化统计分析。例如,双音合成词中语素的属性、中介语中多义词义项分布、单双音同义词不同特点、同义词语体分布差异、单音形容词与名词组合的语义选择等研究都是在一定规模的语料库基础上做了穷尽的量化统计。语料库语言学方法、量化统计分析方法的运用,使汉语词汇、词义研究走上个体研究与群体研究相结合、典型分析与大规模考察相结合、定性分析与定量统计相结合的道路。

(四)实证研究有新进展

近十多年的研究延续了以往注重实证的优点,对词汇教学模式、教学方法进行了课堂教学实验,通过实证研究检验了词汇教学模式的可行性与有效性,验证了不同教学方法的适用性。在这些研究中,特别应提到的是,张和生[①]的教学实验研究思路很值

---

① 张和生《利用汉语义类进行词汇教学的实验报告》,《世界汉语教学》2008年第4期;张和生《对外汉语词汇教学研究——义类与形类》,北京大学出版社,2010年。

得重视。张和生在吸收传统语文教学与词汇义类研究的基础上，结合汉语作为二语词汇教学的实践，提出"义类—形类相结合"的教学思路，然后在此教学理念下设计教学方案，再进行一定周期的教学实验。尽管该研究还有这样那样的不足，[①] 但其研究思路还是十分值得肯定的。

三、词汇及词汇教学研究展望

第一，词汇系统特点、构词特点还需进一步挖掘。词汇数量庞大、语义民族性特点强、用法复杂、规律性不强，因此词汇难学。词汇只能一个一个学习，这不仅是词汇学习无可奈何的现状，也是词汇教与学滞后的原因。发掘词汇更多的系统性特点，总结词汇在意义上、结构上、用法上的规律，将有利于推进词汇的教学与学习。

第二，词汇用法和搭配研究方兴未艾。学习词汇不仅是掌握其意义，更重要的是掌握其用法与搭配。英语作为第二语言的词汇教学，运用语料库语言学方法，调查词汇及其义项在上下文语境中的搭配及搭配频率，编纂出《柯林斯英语学习词典》，极大地推动了英语词汇教学。相比之下，汉语词语用法、搭配研究就显得非常薄弱，词语的语法功能、语义背景、语境中共现词语的

---

① 作者自己总结该项研究"或样本小、被试嫌少，或周期嫌短，或实验方法还可进一步优化"，"未能进行长期跟踪式的教学效果对比实验"。张和生《对外汉语词汇教学研究——义类与形类》，北京大学出版社，2010 年。

特征等，都还缺乏详细、深入的研究。今后，应基于大规模现代汉语语料库，利用现代技术手段与语言信息处理手段，对每一个词语在现代汉语和中介语语料库中的用法与搭配进行统计分析，建立每一个词语的语法功能和语义背景知识清单，为教材编写、词典编撰、课堂教学等提供可靠的依据和参考。

第三，教学模式研究还需进一步加强。与前十多年相比，这十年来教学模式研究显得有些沉寂。十多年前，胡鸿、褚佩如提出"集合式词汇教学"，[①] 陈贤纯主张"词语集中强化教学"，[②] 常敬宁主张利用词形结构的网络特点进行词汇教学，[③] 还有不少学者探讨如何结合课文上下文语境进行词汇教学。而这十年来，词汇教学模式研究却没有取得很大进展，虽然研究教学模式的论文也发表了不少，但是浮光掠影者多、深入细致者少，坐而论道者多、起而行之者少。今后，亟须结合课堂教学实践，加强词汇教学模式研究。

---

① 胡鸿、褚佩如《集合式词汇教学探讨》，《世界汉语教学》1999年第4期。
② 陈贤纯《对外汉语中级阶段教学改革构想——词语的集中强化教学》，《世界汉语教学》1999年第4期。
③ 常敬宇《汉语词汇的网络性与对外汉语词汇教学》，《暨南大学华文学院学报》2003年第3期。

第一章

语素与复合词研究

第一节 传承语素：汉语语素分析的新视角[①]

一、汉语语素分类的反思

语素是现代汉语词语构成的最基本的要素，一直为汉语学界和对外汉语教学界所重视。语素的研究大多限于构词的范围，其中尤以基于构词时表现特征的语素分类成果为多。

我们较为全面地考察了汉语语素的分类情况，汉语学界和对外汉语教学界关于汉语语素的分类已有二十余种，其中汉语学界关于语素的分类主要包括：语音形式标准下的单音节语素、双音节语素、多音节语素；[②] 组合能力标准下的成词语素、不成词语素；[③] 定位语素、不定位语素，[④] 自由语素、不自由语素（黏着语素）、半自由语素，[⑤] 可替换语素、不可替换语素／剩余语素；[⑥]

[①] 本文以《传承语素：汉语语素分析的新视角》为题发表在《安徽大学学报》（哲学社会科学版）2012 年第 2 期，作者杨晓黎。
[②] 吕叔湘《汉语语法分析问题》，商务印书馆，1979 年。
[③] 朱德熙《语法讲义》，商务印书馆，1982 年。
[④] 同③。
[⑤] 赵元任《汉语口语语法》，商务印书馆，1979 年。
[⑥] 张斌主编《新编现代汉语》，复旦大学出版社，2002 年。

意义标准下的实义语素、虚义语素、弱化语素，① 实词素／实素、虚词素／虚素，② 表意语素、别意语素／化石语素，③ 单义语素、多义语素；④ 意义／功能标准下的词根词素、词缀词素、词尾语素；⑤ 内部结构标准下的单纯词素、合成词素；⑥ 与词类对应标准下的名词性语素／名素、动词性语素／动素、形容词性语素／形素；⑦ 来源标准下的原生词素、移植词素、移用词素。⑧ 其他的还有语段语素和超语段语素，⑨ 句法性语素和非句法性语素，⑩ 生字语素、熟字语素、义项不对号语素⑪ 等分法。对外汉语教学界较多采用成词语素和不成词语素的划分，⑫ 其他还有基本语素、语助语素、构词语素、构形语素，⑬ 偏误语素和目标语素，⑭ 单用语素、自由语素和黏着语素，⑮ 等等。

已有的语素分类主要局限于共时的层面，从历时层面所做的

---

① 符淮青《现代汉语词汇（增订本）》，北京大学出版社，2004 年。
② 张寿康《略论汉语构词法》，《中国语文》1957 年第 6 期。
③ 张斌主编《新编现代汉语》，复旦大学出版社，2002 年。
④ 邢福义主编《现代汉语》，高等教育出版社，1991 年。
⑤ 叶蜚声、徐通锵《语言学纲要》，北京大学出版社，1997 年。
⑥ 葛本仪《现代汉语词汇学》，山东人民出版社，2001 年。
⑦ 张志公《谈汉语的语素》，《语言教学与研究》1981 年第 4 期。
⑧ 孙银新《现代汉语词素研究》，中国文史出版社，2003 年。
⑨ 高更生《汉语语法研究》，山东人民出版社，2001 年。
⑩ 杨锡彭《汉语语素论》，南京大学出版社，2003 年。
⑪ 王艾录、司富珍《语言理据研究》，中国社会科学出版社，2002 年。
⑫ 吕文华《对外汉语教学语法体系研究》，北京语言文化大学出版社，1999 年。
⑬ 柯彼德《试论汉语语素的分类》，《世界汉语教学》1992 年第 1 期。
⑭ 邢红兵《留学生偏误合成词的统计分析》，《世界汉语教学》2003 年第 4 期。
⑮ 邢红兵《〈（汉语水平）词汇等级大纲〉双音合成词语素统计分析》，《世界汉语教学》2006 年第 3 期。

分类基本没有。孙银新原生词素、移植词素、移用词素的分类，注意到了语素的不同历史来源，包括产生于汉民族共同语系统内部、从其他民族语言移入、从汉语方言系统中引进三种，但这种分类所关注的并不是语素本身的历时发展。另外，汉语共同语系统与汉语方言系统，作为一脉相承的同根语言，在悠久的语言运用过程中很多已水乳交融，是否有厘清的必要和可能也需要讨论。

在现代汉语词汇系统中，语素大多数是由上古汉语的词演变而来的。当我们观照这样一个庞杂的词汇系统并企图揭示构成这个系统基础的语素的特点与规律时，仅仅采取惯常使用的静态的、共时描写的方式显然是不够的，我们需要有一种历史发展的眼光。而对外汉语教学界近年来为解决汉语词语难教难学的问题，提倡进行语素教学，[①] 帮助学生理解词义。张博在 2002 年国际汉语教学学术研讨会上曾说："词源义和本义的某些语义特征犹如生物体的遗传基因，在词语滋生和意义引申的过程中既绵延不绝，又渐次失落隐晦，因此，如果局限于滋生词或后起义，往往不能真切地观察到词语的语义特征，但是，如果纵向地分析多义词的引申义列，尤其是追溯到它的本义，或者系联声近义通的多个词语以抽绎其词源义，则会比较容易地发现被概念意义覆盖的某些基因型的语义特征。"[②] 这种"基因型的语义特征"，产生于上古

---

① 吕文华《对外汉语教学语法体系研究》，北京语言文化大学出版社，1999 年；邢红兵《〈〈汉语水平〉词汇等级大纲〉双音合成词语素统计分析》，《世界汉语教学》2006 年第 3 期；李开《对外汉语教学中的词汇教学与设计》，《语言教学与研究》2002 年第 5 期。

② 张博《本义、词源义考释对于同义词教学的意义》，载赵金铭主编《汉语口语与书面语教学——2002 年国际汉语教学学术研讨会论文集》，北京大学出版社，2004 年。

汉语的词转变身份成为语素的构词之初,只有通过对语素的历时考察才能发现。已有的语素分类无法概括并解决对外汉语词汇教学中出现的这一类常见问题,而某些因语义古今有别产生的"问题语素",又明显呈现出带有一定规律性的共同特征,很值得我们在认真总结已有经验教训的基础上,另辟蹊径,以历史来源为标准对汉语语素进行新的分类。

二、传承语素及其特点

从历时层面对汉语语素进行考察,我们认为可以划分出传承语素和后起语素两类。所谓传承语素,是指从上古汉语的词发展而来、在现代汉语中作为构词成分而存在的语素。后起语素源于中古直至现代的词语,[①]比如东汉中后期出现的"打",当代新出现的"打的、的哥"中的"的"等,相对于先秦即已产生的"人""民"等,都是后起语素。

传承语素源于上古词语,即上自先秦下至西汉出现的词语。在现代汉语词汇系统中,语素大多数是由上古汉语的词演变而来的,经历了一个从上古汉语的词转换为语素的语素化过程。上古汉语词汇以单音节为主,现代汉语词汇系统的主体就是在先秦或上古汉语词汇系统的基础上,经过一个双音节化的历史进程而形成的。语素化的发生是汉语词语双音化的自然结果,其普遍发生的时段应该在汉语发展史上的中古时期。由上古汉语单音节词为

---

① 关于中古汉语起讫时间的界定,根据一般的说法,我们采用从东汉至隋朝。参看董志翘、王东《中古汉语语法研究概述》,载《中古汉语研究(二)》,商务印书馆,2005年。

主向双音节词为主过渡,这个过程与语素的形成应该是同时发生的。没有双音节化,就不可能有语素这个要素的产生,也就没有必要从西方引入语素的概念以取代中国传统语言学中的"字"。因为只有当一部分单音节词的功能转换成有结合能力的构词成分的时候,语素的形成才具备相应的基础和条件。将传承语素的源头限于上古词语,一方面与汉语词汇发展的历史阶段相一致,另一方面也符合从来源的角度分析汉语语素的实际。①

现代汉语词汇中传承语素大量存在,包含传承语素的不仅有许多从古代延续至今的传承词语,而且也有大量的新造词语,表现出能产性、聚合性和稳定性等特点。

（一）传承语素的能产性

我们对纳入《汉语水平词汇等级大纲》②（以下简称《大纲》）的全部 8822 条词语进行了穷尽性考察,分析出全部语素共 3124个。对语素构词的详尽分析结果表明,传承语素具有很强的能产性,可以与其他语素一起构成数量众多的词语,这从我们统计的数字即可说明:③

1. 在《大纲》所收全部词语中,传承语素的总数目远远超过后起语素。我们对构成《大纲》词语的全部 3124 个语素进行了逐一考察。最后确定出的传承语素总数目为 2426 个,占全部语

---

① 杨晓黎《汉语词汇发展语素化问题刍议》,《汉语学习》2008 年第 1 期。
② 《汉语水平词汇等级大纲》（国家汉语水平考试委员会办公室考试中心制定,经济科学出版社,2001 年）,1990 年纳入国家汉办科研规划、1992 年推出、2001 年修订,一直被视为对外汉语词汇教学的纲领性文件。
③ 我们在《传承语素在现代汉语词语构成中使用情况的考察》（《语言文字应用》2006 年第 3 期）一文中,根据四组八个与人体相关的同义语素足／脚、面／脸、口／嘴、目／眼,考察以它们为语素构成的 630 余条现代常用词语,曾得出"传承语素的能产性相对较弱"的结论,总体看来这个结论是不准确的。

素总数的77.66%。

2.传承语素参与构词的比例极大。《大纲》2426个传承语素中，未参与构词的传承语素243个，参与合成词构造的传承语素2183个，所占比例分别为10.02%和89.98%。

3.传承语素构词的频率很高。在参与合成词构造的2183个传承语素中，可以构成甲级词，同时又可以作为甲级词或乙级词单独使用的共有299个。我们对这299个传承语素的构词进行了逐一统计，结果显示299个传承语素共可构词4411个／次（每个语素目下可以重复构词，如"大人"在"人"与"大"两个语素中分别出现，为2词次），其中构词在10个以上的有177个。

4.传承语素可构成很多能产的固定格式。汉语词汇中很多词语的构成在形式上呈明显的框架结构，这种框架结构也即一类词汇构成的格式。依据一定的格式，通过改换某些构词要素，能产生一系列同格式的词语，具有很强的能产性。《大纲》中的固定格式（结构），我们统计有32个，其中只有2个与传承语素无关，即"……得很……"和"越……越……"，其余30个格式涉及传承语素34个，包括：边、不、才、除、从、带、到、都dōu、对、发、方、非、分、候、话、极、既、间、就、可、来、连、面、起、时、是、说、外、为、也、一、又、愈、之。30个格式中有9个属于甲级：一边……一边、除了……以外、从……到、从……起、连……都／也……、……分之……、……极了……、……之间……、一……就……；9个属于乙级：边……边……、非……不可、从……出发、一方面……一方面、当……的时候、……的话……、既……也、既……又、一……也；7个属于丙级：不是……而是、不是……就是、到……为止、对……来说、就是……也、一面……一面、愈……愈……；5个属于丁级：从……看来、连……带……、非……才……、……来说……、一会儿……一会儿。

有些词语格式在《大纲》中则随词出现，没有单独列出，如"大包大揽""半真半假""不卑不亢"所携带的格式"大×大×""半×半×""不×不×"等。在当今蓬勃涌现的新词语中，利用这些格式仿拟产生的新词语很多。格式仿构成新词语，大都是利用已有的格式，在一个由传承语素构成的固定组合中嵌入新语素，词型形式化特征突出。我们曾从形成途径与方式对2000余例四音节新词语进行过观察，[①] 孤立存在的，或者说从形式到意义完全为新造的并不多见，原有的语言形式或语义内容与新词语有着千丝万缕的联系，大多数新词语的产生都与既有成分——传承语素密切相关，传承语素以其蓬勃的生命力在现代语文生活中扮演着无可替代的重要角色。

（二）传承语素的聚合性

词汇本身是一个系统，是许许多多词汇成分的聚合体。构成词语的各个传承语素虽独具特性，但彼此在音、义、形关系上，在色彩和应发挥的作用方面，总是处于相互制约、矛盾统一的状况之中。既然每个语素只能在系统所制约的范围与条件下发挥作用，语素与语素之间就必然发生各方面的系联，从而也为语素场的建立提供了可能。我们按照各个语素之间形式和内容两个方面的联系，可以分别构建语素形场和语素义场。

语素形场体现的是语素的外部形式的聚合性，包括因语音相似而产生的同音语素、因字形相似而产生的同形语素，以及因语

---

① 杨晓黎《四音节新词语及其成因》，《江淮论坛》1996年第4期。

素相同而产生的同素构词现象。

《大纲》合成词中与传承语素相关的同音语素257个，同形语素206个，分别构成了124个同音传承语素组（如"刚才"的"才"与"才能"的"才"）和97个同形传承语素组（如"银行"的"行háng"与"行人"的"行xíng"）。同音语素与同形语素是由于语素间外部形式的相似而形成的语素聚合，典型而集中地反映了传承语素以"形"为纽带而建立的相互间联系。

此外，作为一类特殊的词语聚合，同素词因彼此语素相同而形成关联，又分同序同素词（如名词"精神 jīngshén"与形容词"精神 jīngshen"；名词"人家 rénjiā"与代词"人家 rénjia"）和异序同素词（如"生产"和"产生"）两种。《大纲》中的同素词主要为异序同素词，且全部与传承语素相关。其中有44组的语素全部由传承语素构成，有4组为传承语素和后起语素共同构成。全部由传承语素构成的有：变质—质变、产生—生产、称号—号称、出发—发出、达到—到达、担负—负担、代替—替代、弟兄—兄弟、对面—面对、儿女—女儿、犯罪—罪犯、蜂蜜—蜜蜂、合适—适合、回来—来回、互相—相互、欢喜—喜欢、黄金—金黄、回收—收回、会议—议会、感情—情感、工人—人工、国王—王国、讲演—演讲、接连—连接、开展—展开、科学—学科、来历—历来、来往—往来、力气—气力、路线—线路、面前—前面、年青—青年、期限—限期、侵入—入侵、实现—现实、私自—自私、孙子—子孙、一同—同一、下乡—乡下、心中—中心、言语—语言。由传承语素和后起语素共同构成的为：彩色—色彩、点钟—钟点、光亮—亮光、喊叫—叫喊，其中的"彩""点""亮""喊"为后起语素。同素构词是语素形场得以形成的重要因素，同时也体现了传承语素在形、音、义之间的密切联系。

语素义场体现的是传承语素的语义聚合性。语素从产生之初，便有其意义上的规定性。着眼于语素的语义内涵，可以系联相当数量的相关语素。意义上相关联的语素有多义语素、同义语素和反义语素。由同义语素、反义语素和多义语素的多向交叉所形成的错综复杂的语义联系，是语素聚合性形成的基础。

以一组传承语素"利、弊、害、益、损、钝、锐、快、慢"形成的语素义场为例。我们可以"利"为这一组语素的中心而将相关的语素义系联如下："利"有两个义项，在"利益"义上，"利"与"害"、"弊"构成了反义关系，"害"与"益"构成了反义关系，"益"又与"损"构成反义关系，并组成了并列式合成词"利弊""利害""利益""损益"。"利"在"锋利、锐利"义上，与"钝"构成反义关系，"钝"又与"快、锐"构成反义关系，现代汉语中有基于此反义关系构词的"成败利钝"等词语。"快"除了"锋利"义，还可以表示"速度高，费时短"，在此义项上，"快"又与"慢"构成了反义关系。如果我们借助某一同义语素的牵线搭桥，还可以用滚雪球的方式不断扩大。如与"快"的"快速"义相同的传承语素有"疾"，"疾"与"缓、徐"相对，而"缓"有三个义项，[①]并依次构成了三对反义关系：（1）松，与"紧"相对。（2）宽，与"严"相对。（3）慢、延迟，与"疾、急"相对。而所涉及的这些反义语素，又可以有各自不同的反义或同义关系，这就为我们充分利用传承语素建构适于教学的语素网络，提供了可以延伸的场所，同时也为我们利用拓展法开展语素教学

[①] 《王力古汉语字典》，中华书局，2000年。

提供了广阔的空间。

传承语素因其外部形式（语音形式和书写形式）的系联而形成同音语素和同形语素，因其内容（语素义）的关联而产生了同义语素、反义语素和多义语素，又因其形、音、义之间的关联而形成了同素构词现象。可以说，没有一个语素是我行我素、孤立于系统之外的，正是这种内在的密切联系显现出传承语素的聚合性特点。

（三）传承语素的稳定性[①]

现代汉语词汇中有大量的传承词语。传承词语从古代延续至今，具有很强的定型性，而这些词语中的传承语素自然就随着这些词语保存下来，一般没有必要也很难用同义的后起语素来替代，是现代汉语词汇构成中最稳定的要素。

传承语素的稳定性使其在一些词语构造中占有相对优势。这种优势的突出表现是：同义的后起语素可以在与传承语素的碰撞中挤入本由传承语素独占的位置，但很难取而代之；有些虽已有了由后起语素构成的同义词语，但在现代语文生活中也只能是各司其职，在语用中发挥着各自独有的作用，如"足心"与"脚心"，"还口"与"还嘴"。形成这种优势的主要原因在于：

1. 语言的交际工具性质决定了由传承语素构成的词语相对稳定的特征。汉语词语具有历史传承性，代代相传的汉语词语如不是考虑到语用等特别原因，不太可能出现范围广泛的变动。

2. 历史悠久性使传承语素具有较广的使用范围。传承语素是在汉语悠久的发展历史中经历淘汰选择而流传下来的，由传承语

---

① 杨晓黎《传承语素在现代汉语词语构成中使用情况的考察》，《语言文字应用》2006年第3期。

素构成的词语往往更具有通用性和广适性，这就为其在现代语文生活中的广泛使用奠定了基础。

3. 传承语素自身的文雅色彩使其具有不可替代性。由于传承语素所具有的文雅色彩，使得即使是现代新造的词，也往往因某种特殊原因或需要而对传承语素情有独钟。如"足球"作为意译词（football）进入汉语的历史并不是很长，之所以选择了"足"而不是"脚"，可能与造词者本人对严复所倡导的"信达雅"翻译理念的认同有关。

三、传承语素在对外汉语词汇教学中的应用

划分出传承语素对汉语词汇研究和教学是非常有必要的。

第一，汉语词汇系统源远流长，而传承语素是古今联系的纽带，通过传承语素的分析可以更好地认识现代汉语词汇系统。

第二，作为从上古汉语的词发展而来的传承语素，进入到词语的构成要素层面后意义发生了或多或少的变化，而这个变化造成了古今理解的差异，只有理清这种变化的情况，才能更清晰地理解现代汉语词汇词义系统。

第三，从来源角度划分出的语素类别，更加切合对外汉语教学的实际需要。近年来语素教学作为解决汉语词语难教难学的途径而为对外汉语教学界所普遍重视。传承语素的研究重视对语素本义和发展义的追溯与描写，这对词语语义的教学和疑难问题的解释具有重要的实践价值。

第四，传承语素富有深厚的历史文化底蕴，从源头上入手揭示汉语语素的形成过程、探究汉语语素的历史发展，与第二语言

教学既是语言教学又是跨文化教学的特点十分吻合,在对外汉语词语教学中处于独特的地位。

传承语素用于对外汉语教学,主要可以从三个方面着手:一是利用传承语素理解汉语词语,包括理解词语的理性义和色彩义、进行同义词语辨析和多义词语教学、阐释与识别反义语素和同音语素等;二是利用传承语素拓展汉语词语,用类推或扩展的方式扩大学生的词汇量;三是利用传承语素传播文化知识,将语素文化的理念深入到第二语言教学课堂。这三个方面实际上反映了传承语素教学的三个层次。

对外汉语词语教学首先有个对词语一般含义准确把握和使用的问题,这是语言教学的基础与前提,也是语言教学的第一层次。在这一层次的教学中,作为构词单位的语素是一个不容忽略的重要内容。对语素,特别是对现代汉语构词主体传承语素的分析,是掌握现代汉语词语构成、理解和辨析词义、确定词语语法功能的基础。所以,利用传承语素理解汉语词语,是传承语素教学的第一层次。比如"衣"和"服"为同义语素,"睡衣、潜水衣"因此也可以替换为"睡服、潜水服",但"上衣、毛衣、线衣、大衣、风衣"却不能换用为"上服、毛服、线服、大服、风服",留学生往往对此感到很困惑。要解释清楚这个问题,传承语素的梳理就至关重要:"衣"和"服"是两个上古词语,意义有所不同:"衣"的本义即为"上衣",后泛指衣服;"服"最早为动词,用于衣物,指"穿戴、佩带"的意思。尽管"衣"和"服"构成的词语都可以指服装,而且二者联合还构成了"衣服",但上古传承的语义却根深蒂固地影响着词语构造,并顽固地抵御着来自相近语素的侵扰。既然"上衣、毛衣、线衣、大衣、风衣"等都是表示上身穿的衣服，表示一般服装义的"服"就不能换用；而"军衣—军服""丧衣—丧服""孝衣—孝服""便衣—便服""布衣—布服""戏衣—戏服""潜水衣—潜水服"等为全身的服饰，不仅仅是上衣，所以换用就可行。上述例子说明，词语教学时抓住传承语素，顺藤摸瓜、追溯源流，对我们理解词语语义、解释疑难问题，意义重大。

传承语素的类推教学与拓展法教学也是对外汉语教学中值得关注的问题。词汇本身是一个系统，语言中所有的词和语素都不可能脱离系统而孤立存在。教学中若能适时而恰当地利用词语间和语素间彼此在音、义、形关系上的系联，采取类推或拓展的方法开展教学活动，无论在词汇教学的深度或广度方面都是大有裨益的。利用传承语素拓展汉语词语，是传承语素教学的第二层次。以同义语素"屋"和"房"为例。"屋"和"房"在《大纲》中构成了甲级词"屋子"和"房间"。其中参与构成"屋子"的虚语素"子"构词能力很强，在甲级词中构成了"杯子""本子""句子"等 14 个词语，是学生接触最早并易于接受的构词方式。我们在学习甲级词"屋子"和"房间"时，便可以向学生讲明"屋"和"房"的同义关系，从而带出乙级词"房子"，这样我们在将本该在中级汉语阶段出现的丙级词"房屋"提前引入初级汉语时，就显得非常自然。其他如"书屋"和"书房"，虽然是没有在《大纲》中出现的超纲词，但由于"书"是甲级词，教学"房屋"时顺便以滚雪球的方式扩充，没有给学生增加任何负担，效果非常理想。当然，我们在进行同义语素关联拓展时，也要提醒学生不可随便换用，如甲级词"房间"不可换为"屋间"，而乙级词"同屋"换为"同房"后，意思整个就变了。

语言是文化的载体，传承语素中更是负载并蕴含了丰富而复杂多变的文化元素。从语素所包孕的文化义入手，挖掘并探讨语素中所反映的汉民族的各种思想、观念，既可以帮助学生总体把握汉语的特点和规律、更好地理解词语本身，同时又可以扩大学生的知识面，帮助学生从一个新的角度理解中国文化的博大精深。这是语素教学的第三层次，也最能体现语素教学与文化教学的密切关联。如学到老舍的《北京的春节》一课，[①] 先结合教学对"新年"中的"年"这个传承语素进行讲解，包括"年"的基本义、关于"年"的种种传说、中国过新年的传统习俗等，然后再从"年"拓展出一批由"年"作为语素构成的文化词语，如：小年、新年、过年、年画儿、年三十、年饭、年夜、拜年。这样做同时兼顾了语言与文化两个方面，看似不经意的教学安排，但由于课前教师的周密策划和准备，在课堂教学中可以产生很好的效果。文化内容的讲解可以在学习生词时随词讲授，也可以作为活跃课堂气氛的手段抓住某种契机适时穿插其间。

第二节 双音复合词语素统计分析[②]

在现行的对外汉语教学语法体系中，语素一般不独立作为教学的基本单位。而对于语素在词汇习得中的作用，一直存在不同

[①] 姜德梧主编《高级汉语教程》（修订本）第一册，经济科学出版社，2002年。
[②] 本文以《〈汉语水平〉词汇等级大纲》双音合成词语素统计分析》为题发表在《世界汉语教学》2006年第3期，作者邢红兵。

看法：一种观点是强调语素在复合词习得过程中的作用，提倡利用语素进行教学；另一种观点是强调整词的作用，不强调利用语素进行词汇教学。

大部分学者持前一种观点，也进行了相关的研究。在教学中得到体现的是汉语词汇教学中的"字本位"方法，其中以白乐桑和张朋朋《汉语语言文字启蒙》、张朋朋《新编基础汉语·识字篇·集中识字》为代表。[①]王又民以数据库为基础，对现代汉语常用的3000词进行了词类、语素结合情况、构词方式、识词方式等方面的统计分析，提出"初级汉语词汇采用'单音词（汉字）——语法（构词法）——复合词'一体化方法"[②]。张凯建立了3500常用字和次常用字字库以及由70 743词构成的词库，通过计算机对库中汉字的构词等级、构词率、累计构词率、完全构词、累计完全构词等信息进行统计，将3500汉字划分为五个等级，确定汉语构词基本字，提出对外汉语教学词汇量的限度。[③]吕文华在对《（汉语水平）词汇等级大纲》语素分析的基础上构想语素教学的方案，分析了语素构词方法和功能、语素义和词义、结构义等，根据导出词义的不同途径，将复合词中的词义结构分为四大类，提出语素教学的构想，并在此基础上指出语素教学的步骤和操作。[④]贾颖认为要先教单音节词，汉字和复合词的教学要同时进行，作者强调的实际上就是语素的作

---

① 白乐桑、张朋朋《汉语语言文字启蒙》，华语教学出版社，1997年；张朋朋《新编基础汉语·识字篇·集中识字》，华语教学出版社，2002年。
② 王又民《汉语常用词分析及词汇教学》，《世界汉语教学》1994年第2期。
③ 张凯《汉语构词基本字的统计分析》，《语言教学与研究》1997年第1期。
④ 吕文华《建立语素教学的构想》，载《第六届国际汉语教学讨论会论文选》，北京大学出版社，2000年。

用。① 朱志平从双音词语素结合理据的角度,指出理据在词义解释中的关键作用,认为留学生习得双音节词需要理据来引导。② 也有一些研究从留学生习得过程来研究语素的作用,结果发现留学生具有很强的语素构词意识。冯丽萍通过实验方法,发现中级水平的留学生已经具备了一定的结构意识和语素构词意识。③ 邢红兵通过对留学生偏误词的统计分析,初步提出留学生能够较好地掌握汉语的构词规律,语素的构词能力和构词位置等因素都会影响留学生复合词的生成。④ 徐晓羽等通过实验研究发现初级水平的留学生已经初步具有语素意识,通过语素义来推知词义是他们理解新词的一个重要策略;词的结构类型是留学生理解和生成中很重要的影响因素;同时字形、字音等因素对留学生合成词的认知也有一定的影响;语素的构词能力强弱、能否单用等性质,也影响着留学生对复合词的认知。⑤ 王骏通过实验的方法发现采用"字本位"的方法进行教学获得了更高的学习效率。⑥

也有一些研究者主张以整词的教学为主。陈贤纯曾提出将两

---

① 贾颖《字本位与对外汉语词汇教学》,《汉语学习》2001年第4期。
② 朱志平《双音节复合词语素结合理据的分析及其在第二语言教学中的应用》,《世界汉语教学》2006年第1期。
③ 冯丽萍《词汇结构在中外汉语学习者合成词加工中的作用》,北京师范大学博士学位论文,2002年。
④ 邢红兵《留学生偏误合成词的统计分析》,《世界汉语教学》2003年第4期。
⑤ 徐晓羽《留学生复合词认知中的语素意识》,北京语言大学硕士学位论文,2004年。
⑥ 王骏《在对外汉语词汇教学中实施"字本位"方法的实验报告》,《暨南大学华文学院学报》2005年第3期。

万词语按语义场分类进行词语的集中强化教学,以达到迅速扩大词汇量的目的,认为如何扩大词汇量是外语教学的热点。① 杨惠元提出要"强化词汇教学,淡化句法教学",强调词汇教学的重要性。② 郭胜春通过实验考察了语素义在留学生词义获得中的作用,发现合成词的内部结构方式以及语素的显义程度影响词义的获得:偏正式词语的猜词情况好于动宾式,加合式词优于融合式词。在此基础上,作者针对对外汉语教学提出强调"合"的词汇教学。③

总的来看,语素教学的主张呼声更高,研究也更深入,主张语素教学的研究者们看到了语素在合成词中的积极作用,他们的共识是汉语语素(或"字")不仅有很强的构词能力,而且语素义在词义中具有很强的可推导性。而主张整词教学的观点更多地强调词汇教学的作用以及扩大词汇量的需求。在这样的研究背景下,本节拟从语素的数量、构词情况、独立成词能力以及这些属性在《(汉语水平)词汇等级大纲》(以下简称"等级词汇")中的分布等方面全面考察"等级词汇"中语素系统的构成,并在此基础上对词汇教学提出自己的看法。

---

① 陈贤纯《对外汉语中级阶段教学改革构想》,《世界汉语教学》1999年第4期。
② 杨惠元《强化词汇教学,淡化句法教学——也谈对外汉语教学中的语法教学》,《语言教学与研究》2003年第1期。
③ 郭胜春《汉语语素义在留学生词义获得中的作用》,《语言教学与研究》2004年第6期。

一、本研究的技术路线

（一）研究思路

语言习得理论从传统的经验主义到乔姆斯基的语言先天论再到联结主义理论，其中一个很关键的问题就是如何看待语言材料在语言习得过程中的作用。联结主义理论的一个重要特征就是认为学习的过程就是从语言材料中抽取特征的过程，语言获得的过程是通过特征获得规则，而不是直接学习规则。随着研究者对语言材料在语言习得研究中作用的进一步认识，语言材料库的建设、加工和统计研究日益受到人们的重视。许多研究者认为语言材料库的分析为我们了解语言和阅读获得提供了一条很好的途径。[①]

本研究就是基于这样的理论背景来进行的。我们假定"等级词汇"中全部词语的等级分布基本代表留学生词汇学习的各个阶段，这样我们就可以通过语素在各个阶段的分布了解语素在各个阶段的构词情况、语素能否独立成词和成词的阶段、语素独立成词和语素参与构词的先后顺序，并以此来推测留学生合成词习得过程中语素系统的形成过程。

（二）数据库的建立

"等级词汇"中 8822 个词语不同音节的数量分布及其比例如表 1。

[①] Derwing, B., & Baker, W. (1979). Resent research on the acquisition of English morphology. In Fletcher, P., & Garman, M. (Eds.), *Language Acquisition*, New York: Cambridge University; Nagy, W. E., & Anderson, R. C. (1984). How many words are there inprinted school English? *Reading Research Quarterly*, 19: 304-330; 舒华、武宁宁、郑先隽、周晓林《小学汉字形声字表音特点及其分布的研究》，《语言文字应用》1998 年第 2 期。

表1 "等级词汇"音节分布表

音节数	单音节	双音节	三音节	四音节	五音节	格式
数量	1941	6396	272	185	2	26
比例/%	22.00	72.50	3.08	2.10	0.02	0.29

我们排除了26个格式,将8796个词语分成三个数据库:单音节词语库、双音节词语库和多音节词语库。单音节词数据库包括1941条记录,这个库标注的信息主要有序号、词形、读音、在"等级词汇"中出现的等级、"等级词汇"中标注的词性等。双音节词数据库共有6396条,包含了词形、词性、读音等基本信息,同时还对构成合成词的语素及其义项、语素的组合方式进行了标注,下面主要对这两方面的属性进行介绍。

(三)语素数据库的形成

我们以《现代汉语词典》(2002年增补本,以下简称《现汉》)中单字词的义项为依据,对合成词中两个语素的义项进行了标注,标注的类型如下:单义语素标记为"0";多义语素按照《现汉》用阿拉伯数字标注义项号;同形同音语素在阿拉伯数字上加上符号区分。我们还对词的结构进行了标注,结构类型分为四个大类:单纯词、合成词、特殊结构、其他。

语素数据库是在单音节词数据库和标注好的双音节词数据库的基础上形成的。我们首先将双音节词中的语素提取出来,并计算出该语素参加构词的各个义项的总构词数、在"等级词汇"各个等级的构词数、语素的各个义项在合成词首尾出现的次数等信息。然后再将单音节词库和参与构词的语素数据库合并,得到语素能否独立成词、独立成词时的等级、独立成词时的词性等信息,这个语素数据库及其相关信息就是我们所说的"语素系统"。按照不同义项来排列,该语素系统共包含不同意义的语素5393条;如果将多义语素合并,全部语素共有3257条。即在"等级词汇"的单双音节词语中,共有3257个语素、5393个义项单独成词或者参与构词。

二、语素的统计研究

（一）语素的类型

从能否独立成词及构词情况来看,一般可将语素分为自由语素、半自由语素和不自由语素三类:能够独立成词的语素叫作自由语素;不能独立成词,只能和其他语素组合成词,并且构词位置不固定的语素叫作半自由语素;不能独立成词,只能和其他语素组合成词,并且构词位置固定的语素叫作不自由语素。[①] 本研究不采用这种分类方法。我们结合语素单用和构词两方面的属性,将语素分为单用语素、自由语素和黏着语素。

单用语素是指在"等级词汇"范围内只能单独成词、不参与构词的语素,例如"五"在"等级词汇"中只作为量词在甲级单独出现,不构成别的词语。这类语素不具备构词能力,因此也不存在构词位置等属性。

自由语素是指在"等级词汇"范围内可以单独成词也可以参与构词的语素,例如"无"的第一个义项在"等级词汇"范围内共构成16个词语,其中居词首位置的有"无数、无限、无比、无法、无情"等15个词,居词尾位置的有"毫无"1个词。同时"无"

---

① 黄伯荣、廖序东主编《现代汉语》,高等教育出版社,1993年。

第二节 双音复合词语素统计分析

也可以在甲级词中独立成词。

黏着语素是指在"等级词汇"范围内只能参与构词、不能单独成词的语素,例如"武"的第一个义项在"等级词汇"中只构成"武器、武装、武力"3个词,不能单用。数据库中还提取了每个语素所构成的词语出现的等级,例如语素"票"的第一个义项构成5个词,这些词是甲级"邮票",丁级"发票、股票、投票、支票"。

我们统计的语素以义项为单位,统计数据包括各个类型语素的总数量及其比例、各类型语素在"等级词汇"不同等级的出现情况及其比例。单用语素的等级分布是指这些语素单独成词时的等级;自由语素的等级是指该语素按照等级由低到高的顺序首次构词或者首次单独使用时的出现等级,例如"柄"单用时在丙级出现,构词时在丁级出现,我们只将该语素放在丙级进行统计;黏着语素的等级是指该语素按照由低到高的顺序首次出现的等级,例如"彩"的第一个义项在乙级、丙级和丁级都能构词,我们将该语素放在乙级统计。具体统计结果参见表2。

表2 各类型语素的数量及比例

	甲级		乙级		丙级		丁级		合计	
	数量	比例	数量	比例	数量	比例	数量	比例	数量	比例
单用语素	81	0.05	113	0.07	141	0.11	199	0.14	536	0.10
自由语素	1330	0.82	1152	0.67	453	0.36	137	0.10	3072	0.57
黏着语素	206	0.13	453	0.26	654	0.53	1084	0.76	1785	0.33
合计	1617	1.00	1718	1.00	1248	1.00	1420	1.00	5393	1.00

从上表的统计来看,"等级词汇"中单用语素共有536个,占全部语素的10%,就是说10%的语素是独立成词,不能参与构词,例如"踩、蹭、摇、催、紫"等;有57%的语素是自由语素,

这说明大部分语素是能够独立成词并且能够构成其他词语的自由语素，例如"尊"和"尊称、尊敬、尊重、尊严"，"奏"和"伴奏、节奏、演奏"等；还有33%的语素是黏着语素，这些语素依附于其所构成的词语，例如"规"在"规模、规矩"中等。

从这个结果来看，在"等级词汇"的语素系统中，自由语素占绝对优势，其次是黏着语素，这两类语素是整个语素系统的主体。从各个等级的变化情况来看，自由语素的比例随着等级的提高逐渐减小，而黏着语素的比例随着等级的提高而逐渐增加，这表明了两类语素在各个等级的重要性是不一样的。甲级词中，自由语素占82%，这说明在词汇学习的初级阶段，留学生要掌握大量的自由语素，由于这类语素独立成词、具有可称谓的特点，因而为词汇学习提供了便利的条件。但随着等级的提高，自由语素的数量急剧减少，而黏着语素的数量急剧增加，到了丁级已经达到76%，这说明随着词汇量的扩大，学生可能要面对更多的黏着语素。

（二）语素的成词能力

徐晓羽采用组词的方法进行实验，发现留学生用可以单用的语素组成的词明显地比用不能单用的语素组成的词多，两者的差异显著。[①] 这初步证明了语素是否能够单用对留学生合成词的学习有影响。独立成词的语素，由于其意义相对独立，并且可称谓，这为语素构词打好了基础。根据我们的统计，在全部语素中能够独立成词的语素义项共有3608个，占全部语素义项的67%，从

---

① 徐晓羽《留学生复合词认知中的语素意识》，北京语言大学硕士学位论文，2004年。

这个数据来看，似乎看到了语素教学的优势，因为 2/3 以上的语素是可以独立成词的。

但是，进一步分析可以看出，这些可单用语素中有 536 个只单独成词、不参与构词，例如"炒"等，这类语素对合成词的学习不起作用。在 3072 个自由语素中，我们还需要对单独成词和构词在各个等级的出现顺序进行分析。因为尽管一些语素可以独立成词，但是它们成词时的使用频率要比它们构成的合成词的使用频率低得多，例如语素"灵"作为形容词在"等级词汇"可以独立成词，但是成词的等级是丁级，而语素"灵"构成的词"灵活"在乙级，"灵敏、灵巧、机灵"在丁级，这说明"灵活"很可能在"灵"之前学习，这时语素"灵"能够独立成词的属性在"灵活"的学习过程中就不能起作用。我们进一步对语素独立成词和构词的等级进行了统计，假定从甲级到丁级是语素出现从早到晚的顺序，将独立成词的用法早于构词用法的语素或者独立成词用法和构词用法在同一个等级的语素称为 A 类自由语素，将独立成词的用法晚于构词用法的语素称为 B 类自由语素。两类语素统计结果见表 3。

表 3　自由语素成词和构词关系表

	甲级		乙级		丙级		丁级		合计	
	数量	比例	数量	比例	数量	比例	数量	比例	数量	比例
A 类自由语素	1043	0.88	837	0.77	338	0.51	137	1.00	2355	0.77
B 类自由语素	142	0.12	246	0.23	329	0.49	0	0	717	0.23

从这个统计来看，在自由语素中，有 77% 的语素独立成词的用法早于构词或者单独成词和参与构词在一个等级出现。从各个

等级来看，甲级和乙级词语中，A类自由语素占有绝对优势，这类语素对留学生语素意识的形成和新词的学习会有积极作用，比如动词"变"在甲级就出现了，在甲级还出现了由"变"构成的词"变成、变化、改变"等，通过对这些词语的学习，留学生应该能够较早形成"变"的语素意识。B类自由语素在甲级和乙级所占的比例不高，但是到了丙级，比例增至近50%，留学生是否能够形成语素意识或者如何形成语素意识，这还需要进一步研究，例如语素"否"作为动词单独成词在丁级出现，而由该语素构成的词"否定"和"否则"在乙级就出现了，语素"否"的意思能否在学习完这两个词以后就独立出来，在学习丁级词"否决"和"否定"中起作用，目前还不清楚，但是跟A类语素相比，B类语素意识的形成过程应该有自己的特点。

（三）语素的构词能力

1. 语素构词的数量。

语素的使用分为独立成词和参与构词两种情况，我们这里所说的构词能力是指参与构词的数量，不包括独立成词的情况。"等级词汇"可以构词的语素按照不同的义项分列，共有4855条，参与构词数量12 792条，平均每个语素构成2.63词。构词数量最多的是词缀"子"，共构成120个词，其次是"不"的第一个义项，共构成60个词。语素构词数最少的是构成1个词，例如"锁"在"等级词汇"中只构成"封锁"，语素"膛"只构成"胸膛"。如果不按义项分列的话，共有2779个语素可以构词，占全部3257个语素的85%。我们将参与构词的语素的构词数量进行了统计，见表4。

表 4　语素构词能力统计表

构词数		1	2	3	4	5—9	10—20	20 以上
分义项	数量	2370	969	511	321	532	137	15
	比例	0.49	0.20	0.11	0.07	0.11	0.03	0.003
不分义项	数量	1071	448	267	181	466	258	88
	比例	0.39	0.16	0.10	0.07	0.17	0.09	0.03

从表4来看,"等级词汇"中有近一半的语素义项只构成1个词,即使不按义项分列,也有39%的语素只构成1个词。这类语素大量存在实际上减小了语素在合成词中的作用,例如"惫"是"极端疲乏"的意思,构成"疲惫"这个词,学习者在获得"疲惫"的意义时,将"惫"的语素义独立出来就很困难。但是相反的情况,构词数达到3个以上的语素,语素义独立出来的可能就会加大,例如语素"家"的第五个义项,构成"专家、作家、画家"等词语。这两类语素由于构词数量的差别,可能会导致彼此语素意识的差异,也会使语素的作用产生变化。

2. 语素的构词位置。

心理学已有研究成果[①]表明,语素的构词位置属性是合成词加工过程中的重要因素之一,语素构词时的位置信息对语素意识的形成会有重要作用。

根据构词位置我们将语素分为词首语素、词尾语素和首尾语素三个大类。词首语素是指在由该语素所构成的全部双音节词语中它都出现在词首的位置,例如语素"充"构成的5个词"充分、

---

① 张必隐《中文双字词在心理词典中的储存模式》,载《汉语认知研究》,山东教育出版社,1997年;冯丽萍《词汇结构在中外汉语学习者合成词加工中的作用》,北京师范大学博士学位论文,2002年。

充满、充足、充实、充沛"等；词尾语素是指在由该语素所构成的全部双音节词语中它都出现在词尾的位置，例如语素"件"构成的7个词"条件、零件、案件、部件、稿件、信件、元件"等；首尾语素是指在由该语素所构成的双音节词语中，它可以出现在词首的位置，也可以出现在词尾的位置，例如语素"技"构成的5个词"技术、技能、技巧、杂技、科技"等。表5是按义项分列的各类语素的统计数据。

表5 语素构词位置统计表

构词数	1		2			3—9			10以上		
构词位置	词首	词尾	词首	首尾	词尾	词首	首尾	词尾	词首	首尾	词尾
数量	1304	1066	349	969	275	276	842	246	3	136	13
比例	0.55	0.45	0.22	0.61	0.17	0.20	0.62	0.18	0.02	0.89	0.09

从表5的统计来看，构词数在2个以上的3109个语素中，共有628个语素构词位置总是在词首，占20.20%；有534个语素构词位置总是在词尾，占17.18%，这两类合起来共有1162个语素构词位置固定，占37%。这说明有相当比例的语素位置相对固定，这类语素在习得过程中能否形成语素构词的位置意识，并在新词的习得过程中起作用，还需要进一步研究。构词位置自由的语素共有1947个，占63%，这说明大部分语素的构词位置是相对自由的。

（四）语素的多义性

多义语素是语素系统中一个很重要的问题，留学生在学习多义语素时只有建立多义系统，并且能够区分多义语素的各个义项，才能正确使用多义语素。语素义项最少的只有1个，例如"纸"

在"等级词汇"中独立成词,并且构成4个词语,都是"纸"的第一个义项。义项最多的达到13个,例如"开"在《现汉》中共有20个义项,其中有13个义项参与构词。我们对全部语素的义项数进行了统计,见表6。

表6 语素义项统计表

义项数	1	2	3	4	5	6	7	8	9以上
数量	2146	607	238	147	54	36	9	11	9
比例	0.66	0.19	0.07	0.05	0.02	0.01	0.003	0.003	0.003

从表6可以看出,66%的语素是单义的语素,这说明大部分语素在成词或者参与构词时,只有一个义项或者只有一个义项出现,这些单义的语素,对语素的学习和语素系统的形成有积极的作用。但是仍然有34%的语素是多义的,这些多义语素的义项最少有2个,例如"试"在《现汉》中有两个义项,一个是"试验、尝试"的意思,一个是"考试"的意思,这两个义项在"等级词汇"中都参与构词或者单用。如果将多义语素按照义项来统计,共有3247个语素义项,超过了单义语素。这个数据说明,语素的多义问题也是语素系统形成过程中很重要的问题,这些义项共同组成一个语素家族,每个义项作为家族的一个成员,在语素家族形成和合成词的习得过程中起着十分重要的作用,这方面还需要做进一步的研究。

三、综合讨论

上面我们对语素的一些属性进行了分类和统计。结合统计结果,我们拟从以下几个方面来分析"等级词汇"语素系统的特点,并以此为依据，对语素教学的设想进行评价。

（一）语素的多样性

从我们的统计来看，汉语语素系统中，语素的数量庞大，在"等级词汇"的 6393 个双音节词中，共使用了 3257 个语素，如果按照义项来分列，则有 5393 个语素。这说明汉语的语素系统在数量上是很庞大的。留学生要形成完整的语素系统，过程会比较复杂，持续的时间也会很长。从各个等级的变化来看，语素教学不能只停留在初级阶段，因为学习完甲级词并没有形成完整的语素系统，即使到了丁级，也仍然有大量新语素出现。

从我们的分析看，语素系统中包含了三个独立的子系统：单用语素、自由语素和黏着语素。这三类语素各自具有不同的特点。单用语素在"等级词汇"中是不参与构词的，因此，这类语素在合成词的学习过程中所起的作用有限。自由语素意义相对独立，特别是语素独立成词用法出现在甲级的语素，对合成词的学习会更有用。黏着语素可独立能力差，因此必须依靠该语素组成的词语来学习，学习过程中如果要独立形成语素意识，就需要一定数量的同一家族的词语，这一过程可能就相对漫长一些。

从各个等级的情况来看，初级阶段自由语素的比例较大，而高级阶段黏着语素的比例较大，这说明语素的获得和语素系统的形成具有阶段性。因此对这类语素所构成的合成词一味从语素的角度进行教学，可能效率并不如想象的那样高。

（二）语素的独立成词能力

在自由语素中，语素是可以独立成词的。根据表 3 的统计，77% 的自由语素是属于 A 类自由语素，而且从甲级到丙级随着等级的升高比例逐渐降低，这类语素在合成词学习过程中有可能发挥积极的作用，因为语素本身意义是独立的，并且可以称读，这类语素也是语素教学最有力的证据。但是也要看到，仍然有23%的语素属于B类自由语素，这类语素由于独立意义的出现较晚，它们基本上和黏着语素具有类似的特点。不能独立成词的黏着语素和B类自由语素的语素意识的形成可能与A类自由语素不同。能否单独成词及怎样单独成词，可能是形成两类截然不同的语素系统的原因。从教学的角度，对于A类自由语素，我们觉得可以采用"语素→合成词"的顺序，强调语素的类推作用；对于B类自由语素和黏着语素，我们可以采用"常用合成词→语素→新合成词"的顺序，例如前面所举的语素"灵"，通过学习"灵活"，在此基础上独立出语素"灵"，意思就是"灵活"的意思，然后再将这个意义运用到学习的新词"灵敏、灵巧、机灵"中。

（三）语素的构词能力

从统计结果看，按照义项分列的话，构词数最多的是120个，构词数最少的是1个（不包括独立成词数），这说明语素在构词能力方面的差别是非常大的，这种差别对语素意识的形成一定会产生影响。从比例来看，有49%的语素只构成一个词。这就提出了一个问题：构词能力弱的语素一定要使用语素教学的方法吗？即使从经济性的原则来看，似乎也不合适。比如前举"胸膛"的语素为"膛"，恐怕直接教"胸膛"要比教"膛"更容易。当然，构词能力强的语素，是语素教学的重点，只有构词数达到一定的数量，语素才会发挥作用。从我们的统计来看，语素的位置属性也表现出对立的特征，就是说有37%的语素在构词时位置总是固定的，而63%的语素在构词时位置是不固定的。因此，结合语素的构词能力和构词位置的属性，并将这些属性适当地贯穿在教学过程中，才能对语素意识的形成有积极的作用。

（四）语素的多义性

单义的语素和多义的语素可能是语素系统中另一个对立的方面，如果不分义项，共有34%的语素是多义的，这个比例并不小。单义语素意义简单，更容易获得，并且在合成词的学习过程中起积极作用。但是对于多义语素，要形成多义系统并区分语素在各类合成词中的义项，这个过程就比较复杂。就是说要想让多义语素在合成词学习过程中起作用的话，首先必须建立多义的语素系统，如果多义系统还没有建立，语素作用就会降低。徐晓羽对实验数据的错误类型的分析发现，多义语素是留学生理解新词时产生错误的重要原因之一。[①] 例如，留学生将"冷门"的"冷"理解成"冷漠"的意思。因此，语素的多义性是语素教学中面临的又一个难题，因为不能够形成语素的多义系统，语素的作用就很难落到实处。重视语素多义的研究，才能更好地帮助学生形成多义的语素系统，并运用到合成词的学习过程中。

四、结论

以上研究表明，"等级词汇"的语素系统是一个非常庞大的语义系统，主要表现在语素数量众多、语素类型丰富、语素组合成词时位置多样、意义关系复杂等方面。从语素教学的角度看，我们觉得语素教学的思路是可行的，但是并不是用语素类推这样

[①] 徐晓羽《留学生复合词认知中的语素意识》，北京语言大学硕士学位论文，2004年。

的特点就能够概括得了的。有的合成词适合直接使用语素教学，有的合成词可能就要采用间接的语素教学，即在掌握一定数量的同一家族词语的情况下强调语素，有的合成词可能不适合采用语素教学的方法进行教学。因此，语素教学需要有针对性，构词能力强、语义透明性好的语素是语素教学的重点。而构词能力弱、语义透明性差的语素可能就不能过分强调语素意识。对于可单用语素，应该强调单个语素的作用，对于不能单用的语素，应加强该语素构成的同类词的训练，以便让学生能够独立出语素并形成语素意识。总的来看，我们的统计结果显示：留学生合成词的习得过程中语素起作用和不起作用两种情况都存在，因此，我们认为语素教学和整词教学应该是并存的，哪种更有优势取决于语素构词时自身的特点。虽然语素教学的设想得到支持，但是我们不能过分强调语素的作用而忽略整词教学的作用。

留学生语素意识的形成可能会受到语素自身属性的制约，比如语素能否独立成词、语素的构词数量、语素构词位置、语素的多义性、语素意义在合成词中的表现、语素的组合方式等。本研究只是从统计角度对语素的单用情况、语素的多义情况等进行了分析。我们还需要对各个语素在构词时能够进入的结构、语素在整词中的表意程度等属性做进一步的分析，这样可加深我们对语素在合成词习得过程中的作用的认识。同时更需要对留学生语素意识的形成过程进行系统研究，这样才能了解留学生语素系统形成的规律，更好地发挥语素在合成词学习中的作用。

第三节 双音复合词语素结合理据分析及其应用[①]

汉语双音节复合词（简称"双音词"）的特点是，在形式上两两结合，在语义上则需要汇合理解。这使双音词的第二语言教学常常面临两个难题：一是学习者阅读时切分词语有困难。由于一个双音词由两个汉字的形式来呈现，在句子中单音节词和双音节词的界线不分明，学习时就会产生难辨、难记、难以理解并掌握等问题。一是近义词的辨析。由于汉语中有大量含有同语素（如"关心"和"关怀"）或同形语素（如"毛病"和"毛线"）的双音词，如何辨析近义双音词就是多数语言教师每天都要面对的。我们认为，在教学中引入双音词语素结合理据的分析有助于解决这两个难题。

词语切分和词义辨析实际上都跟语义理解有关。理据分析正是以语义理解为前提的。从语言习得的角度看，成人学习第二语言的优势是理解力较强，通过语义理解就可能将词汇的教学输入跟学习者对词汇的摄入连成一体。所以，利用理据分析进行语义解释是第二语言双音词教学以简驭繁的一个捷径。

---

① 本文以《双音节复合词语素结合理据的分析及其在第二语言教学中的应用》为题发表在《世界汉语教学》2006 年第 1 期，作者朱志平。

一、双音词语素结合的理据与词义解释的相关性

为什么相邻的两个汉字是一个词而不是两个词？这个问题仅从形式上很难解释圆满。比如"这件事你有把握吗"和"他把书放在桌子上"，依据什么判断前一句的"把握"是双音词而后一句的"把"是单音词？从阅读时对词语的切分看，有两个依据是不能少的，一是每个汉字所记录的语素表示的意义，二是相邻两个汉字所记录的语素在意义上的关系。显然，后一个依据对判断双音词及其词义更为重要，而它的基础就是双音词两个语素结合的理据。

理据是"促动和激发语言生成、变化和发展的动因"[①]，也是双音词两个语素结合的动因。[②] 这种动因跟语义密切相关，对它的分析可以揭示双音词形成的基础——两个语素的语义关系，从而帮助学习者避开汉字形式上的干扰，准确理解词义。比如前面提到的双音词"把握"，其词义所表示的"成功的可靠性"，是建立在"把"的"抓住某物"和"握"的"把东西攥在手里"这两个语素意义结合的基础上的。在说汉语的人看来，抓住了某物，并把它攥在手里，从获得的角度讲就意味着成功。

词义是多个语义要素作用的结果，理据作为两个语素结合的动因在词义中起着联结各个语义要素的作用，因此，分析理据自然会牵涉各个语义要素，也就有助于教学中把词义解释清楚。比如"包袱"这个双音词所表示的"某种负担"这个意义，是语素"包"

[①] 王艾录、司富珍《语言理据研究》，中国社会科学出版社，2002年。
[②] 朱志平《汉语双音复合词属性研究》，北京大学出版社，2005年。

由本义"胎衣"(《说文解字》：包，象人怀妊。《汉字形义分析字典》：本义指胎衣。)引申为"裹"，再跟语素"袱"表示的"(……的)布块"这个意义结合表示"用来包裹、覆盖衣物的布块"这个最初的词义，并在此基础上引申为"用布包起来的包儿"，又进一步比喻使用形成的。在这个过程中，"包"和"袱"的本义是"包袱"词义形成的基础；由于语素"包"的义项不止一个，这个语素的义项数和语素义的引申线索也参与了词义的形成；而且由于"袱"是非自由语素，不能单独进入句法结构，它的非自由性质也增加了双音词两个语素结合的紧密程度。而"某种负担"这个意义则是"包袱"在形成双音词以后词义一再引申的结果，因此，双音词的义项数也是影响这个词义的因素之一。然而，如果两个语素不结合到一块儿，这些语义要素的作用就不会显示出来。所以它们对双音词词义施加影响的前提是理据——"用来包裹、覆盖衣物的布块"对两个语素语义的钩连。换句话说，"包袱"一词的产生是"包"的义项之一与"袱"的意义互相选择的结果，理据就是这个选择的动因。因此，当我们对双音词"包袱"的理据加以分析的时候，这些语义要素都会涉及，这样一来，词义也就得到了充分的解释。

根据对常用双音词语义属性的测查，影响双音词理解难度的语义参数除了上述的"语素本义、语素义引申线索、语素义项数、语素的自由度、双音词义项数"以外，还有"语义结构、语素结合理据的清晰度、语义引申的民族性"等。[1]"语义结构"衡量

---

[1] 朱志平《汉语双音复合词属性研究》，北京大学出版社，2005年。

语素义与词义是否具有直接的生成关系。[①]比如"把握"的语义结构是直接生成的,"包袱"则不是,因为在"包"和"袱"之间,一些过渡性的语素义(用来……衣物的……)没有出现,从词义不易直接看到这种生成关系。这种生成关系也跟理据关系密切,具有直接生成关系的词理据清晰度就高。比如"把握"的理据就要比"包袱"清晰一些。

由于双音词语素结合的理据具有钩连各个语义要素的作用,它的清晰度跟双音词词义的难度就紧密相关,当这种钩连作用清晰可见的时候,词义就容易理解,反之就深奥难懂。在我们测查的3251个常用双音词中,理据清晰的有1960个,不清晰的1291个,分别占总数的60%和40%左右;与此相关的是,在这些双音词中难易梯度属于"不难"的有2251个,"较难"的1000个,分别占总数的69%和31%左右。从这两组数据不难发现"清晰"与"不难","不清晰"与"较难"之间的一致性。这种一致性表明,理据的清晰度可以较为直接地反映语义的难易程度。这就使得理据在教学中可以作为直接判断语义难易程度的一个窗口。我们因此可以根据理据是否清晰来决定某个词语在教学中是否需要作为重点加以解释。

此外,由于理据分析过程也会涉及影响双音词语义难度的文化因素——"语义引申的民族性",理据分析还能揭示词义形成的文化背景与某个民族特定的认知方式。在结构主义语言学盛行的时代,理据研究因其有违"能指"和"所指"关系的"任意性"原则曾为人诟病。随着语言认知研究的深入,人们发现,

---

[①] 王宁《论本源双音合成词凝结的历史原因》,载《古典文献与文化论丛》第二辑,杭州大学出版社,1999年。

"能指"和"所指"之间并不都是"任意的",而且"所指"也不完全直接代表客观事实,而往往是客观事实在人脑中的投射。从这个角度看词和词义,处于不同社会的人可能对同一客观事物产生完全不同的认识,进而有不同的"约定俗成"。这种认知上的差异也必然导致不同语言词义的差别。认识到这一点对第二语言教学非常重要。比如,"兼"这个词所表示的"两倍的""同时涉及或具有几种事物"的意思,就是汉民族对"手持二禾"[①]这个动作含义的体会并加以提炼、引申的结果。理据分析在告诉我们词义来源的同时也提示我们这个词产生于农业社会。换一种民族或者社会,同一个词恐怕就不一定会包含这类信息,甚至不一定有完全对应的词。比如在英语中就很难找到跟"兼"完全对等的词来翻译它。"兼"的两个义项英译分别是"double,twice""simultaneously, concurrently"(汉英双语版《现代汉语词典》2002年增补本),但是"兼程"英语译成"Travel at double speed",用了前一个义项;"日夜兼程"则译成"Travel night and day",又跟后一个义项相关。这时仅靠词典提供的翻译可能就不足以解决学习者阅读时对这个词的切分和理解,更谈不上掌握,而需要教师根据词义形成的理据对这个词的特点加以解释。

二、双音词语素结合理据对双音词句法语用的影响

前文已经分析了双音词语素结合理据与第二语言教学中词义

---

① 《说文解字》:"兼,并也,从手持二禾。"

第三节 双音复合词语素结合理据分析及其应用

解释的相关性。这里进一步探讨作为双音词语素结合的语义动因，理据在句法语用分析方面的作用。汉语缺乏形态，纯粹的结构解释很难说明词语之间的搭配关系，结合语义就要容易得多。当我们从词义的角度来讨论问题的时候，理据的作用就不可忽视。从学习者使用双音词产生的偏误可以说明这一点。比如下面的句子：

(1) 他听见电话铃，就很<u>飞快</u>地跑了出去。
(2) 这几年中国的经济发展特别<u>飞速</u>。
(3) 我的父亲非常忙，很少<u>交谈</u>我。
(4) 明天晚上，我就要<u>分别</u>我的朋友。
(5) 我们应该<u>符合</u>学校的规定。
(6) 这件事<u>鼓励</u>我下决心学好汉语。①

上面这些句子中画线的双音词跟句中的其他成分显然不搭配，我们可以说，在例(1)、例(2)中"很"不能修饰"飞快"，"特别"也不能修饰"飞速"；在例(3)、例(4)中"交谈"不能带"我"做宾语，"分别"也不能带"我的朋友"做宾语；例(5)"符合"这个动作不应该由人——"我们"发出；例(6)"鼓励"这个动作不应该由事情——"这件事"发出，等等。

我们在讨论可否搭配时，是从词语的句法功能出发的。当换一个角度，从词义对词的语用特征的影响来看待这个问题的时候，就会发现，造成这种词语间不能搭配的原因是词义。这时采用理据分析来解释词义就比较容易把问题说清楚。比如，例(1)、例(2)的"很""特别"之不能修饰"飞快""飞速"，是因为"飞快"的理据是"像飞一样快"，"飞速"的理据是"像飞一样快的速度"，

---

① 确切地说，说话人对于该用词"激励"和误用词"鼓励"都不熟。

已包含有"很""非常"之义,这时再加上"很"就显得多余。例(3)的"交谈"之不能带"我",是因为"交谈"的理据是"(双方或多方)交互谈话",是谈话者的共同行为,"我"作为谈话的一方当然不能放在宾语位置,而且,由于"话"作为"谈"的内容已经包含在词义中,这个词基本上是不能带任何宾语的。例(4)的"分别"不能带"我的朋友"做宾语,是由于"分""别"同义,共同表达朋友之间的离别,此时离别的一方当然不能作为主语动作的对象。例(5)"符合"中的"符"本指古代朝廷传达命令、调兵遣将的凭证,上书文字,剖而为二,两方各存其一,用时相合以验真伪。因此,剖开的两部分必须完全相合才算"符合"。学校规定意在规范学生的行为,学生的行为与学校的规定一致则为"符合",所以"符合学校规定"的应当是"我们的行为",而不是"我们"本身。例(6)"鼓励"的"鼓"本来指"击鼓以振奋士气",击鼓的动作一般是由人发出的,受此影响"鼓励"的主语一般是人,而不是物。

以上分析表明,双音词在句法中的功能要受到语素结合理据的影响。这种影响产生的原因可以追溯到双音词在形式上由两个汉字表示、在意义上却需要汇合理解的特点上。如果在教学之初就关注到这一点就可能避免一些句法偏误。不过,由于大多数学习者往往是通过不同途径或者采用不同策略来学习双音词的,偏误总难避免。比如,初学者通常要依靠翻译,有的人学了"你身体好吗"这个句子,记住的是它的英文意思"Do you have a good health",因此,当碰到"锻炼身体"这个短语时,就对"身体"到底指"health"还是指"body"疑惑不清了。学了一段时间后,又容易"以偏概全",用双音词的某个自由语素充当单音词时的词义去附会整个双音词的词义，上面的"飞快"就是这种附会的后果。所以，纠偏作为语言教学的一个环节，也需要引入理据分析，通过理据分析来揭示词语潜在的语用条件。

事实上，对于成人第二语言学习者，"搭配不当"这样的解释有时并不能满足他们的需要。特别是那些中高级学习者，他们在学习上已经建立一定的自信，当教师的解释不够清楚妥当的时候，他们甚至会对教师的解释也将信将疑。所以，对一些词义特点难以把握的双音词，在讲解句法语用或者纠偏时有必要让学生"知其所以然"，这样会更有说服力。

三、双音词语素结合理据与第二语言习得的关系

从第二语言习得的角度讲，必要时让学习者"知其所以然"不但符合汉语特点，也符合成人第二语言习得规律。

心理学对第一语言词汇加工的研究表明，汉语词汇的心理加工属于双通道模型，即同时存在整词加工和语素激活，由单个汉字记录的单音词跟多个汉字记录的合成词同样如此。[①] 当从人类认知语言的共性和第二语言学习的特性来看这个问题时，不难推知，第二语言学习者在字词加工上一方面与第一语言具有一致性，另一方面则由于汉语单个汉字记词的特点，他们很难判断面对的一系列或生或熟的"字串儿"中哪个是单音词，哪两个已经组成一个双音词。因而在阅读中就会发生切分词的偏误。比如有这样

---

① 徐彩华《中文心理词典中单字词的表征与通达》，北京师范大学博士学位论文，2001年。

一段课文:"就像公众人物不得不丧失隐私权一样,一种影响公共安全的疾病,应该要像公众都有知情权的公共事务那样来对待"。这段课文中同时出现了"公众人物"和"公众",应当对双音词的切分有一定的提示作用,但是在阅读时,36名中级水平的留学生面对课文中的"公众人物"主要做了两种切分,一是将"人"与"物"切分成两个词,理解成"公众人(和)物",一是以"人"代"人物"。①两种切分的结果都导致"公众人(物)"等于"公众"的结论。这样的切分当然只能造成理解上的偏误。它表明,汉语词汇以单个汉字呈现的这种特点会在一定程度上造成第二语言学习者在学习中以字为本位去判断汉语词汇。

从"人物"这个词的切分偏误还可以看到,偏误的产生跟学习者没有掌握"人"与"物"之间的语义关联——理据有关。在"人物"这个词中,"人"的意义比较清楚,但是"物"的意思对学习者来说很难跟"人"关联上。特别是在他们可能已经接触过的词中,如"动物""物品"等,其词义中的"物"似乎难以跟"人"关联起来。事实上,"物"的本义是"杂色牛",引申指"动物的毛色""动物的种类",②因此"物"有"区别"义,"动物"是相对于"植物"而言的,"物品"则指可以加以区别的不同的东西,这个意义也使得"人物"含有"区别于其他人的一类人"这个意思。

与上面切分失误形成对照的是,成人第二语言学习者在对双

---

① 课文摘自李炜东编著的外国留学生汉语言专业系列教材《精读课本》二年级上册。这些留学生来自英国、德国、挪威、葡萄牙、俄罗斯、日本、韩国、印度尼西亚八个国家,在北京师范大学学习汉语,汉语水平是本科二年级。

② 这里采用《王力古汉语字典》(中华书局,2000年)的说法。

音词切分失误的同时，又会生造出大量的所谓"双音词"。邢红兵对17 648个中介语词条进行了分析，从中筛选出520条"偏误合成词"。①从邢文所附的材料中，我们发现，在520条"偏误合成词"中有300条是双音节的，286条具有"复合"的特征，分别约占"偏误合成词"总数的58%和55%。这跟我们对《大纲》双音词统计的数字（69%）相去不远。从数字对比我们看到一种趋势，那就是，第二语言学习者并不是对汉语中实际存在的大量双音词毫无感知，在接触到一些汉语双音词以后，他们会以自己的方式来认知汉语双音词的构词特点，并且根据这些"特点"生造出他们自己认为是正确的"汉语双音词"。

邢红兵主要从心理学的角度讨论了"偏误合成词"的构词特点，该文的结论之一是：留学生对大部分词的生成都有明确的语素意识和结构意识。②这在一定程度上印证了心理学对第一语言双音词习得特点的研究结论，即在双音词的心理通达中语素启动效应的大小并不是形音义三者的简单相加，它来源于组成双音词的两个语素的语义联系以及它们和这个双音词之间的联系。③

从词汇语义学的理据观来看这些研究结果，可以说，"偏误合成词"实际上就是第二语言学习者在心理上对汉语双音词理据

---

① 邢红兵把"出现在中介语语料库中而汉语中没有的合成词"称为"偏误合成词"，把汉语中跟"偏误合成词"对应的合成词叫"目标合成词"。邢红兵《留学生偏误合成词的统计分析》，《世界汉语教学》2003年第4期。我们这里直接采用他的说法。

② 邢红兵《留学生偏误合成词的统计分析》，《世界汉语教学》2003年第4期。

③ 冯丽萍《词汇结构在中外汉语学习者合成词加工中的作用》，北京师范大学博士学位论文，2002年。

"想当然"的结果,所以,理据在第二语言的习得过程中也是一个相当重要的环节。我们可以换一个角度来考察邢红兵所搜集的这些"偏误合成词"。从邢红兵根据语料对"目标合成词"所做的推测及其对"偏误合成词"所做的解释看,不少双音节的"偏误合成词"都具有说话人所赋予的"理据"。比如,用"尾毛"指"尾巴上的毛",用"顶遇"指"山顶相遇",用"机力"指"机器力量",等等。从理据分析的角度对这些语料做一个粗略的统计,① 在286例具有"复合"性质的双音节"偏误合成词"中,有203个可以推测出说话人造词的"理据",占71%。它们主要分布在邢红兵所分的"新造词""语素替代"和"语素顺序错误"三类中。前一类充分表现了学习者在利用理据构词上的"创新",后两类则表现为明显的汉语双音词语素结合理据的习得过程。

在这些"偏误合成词"的"新造词"(100个)中,有将近半数可以大致分析出说话人赋予这些"词"的"理据",比如"农菜"的理据可能是"农民所种的蔬菜","古房"的理据可能是"古老的房子","去地"的理据可能是"将要前往的目的地",等等。从一些"偏误合成词"的语素构成我们甚至可以依稀看到汉语一些双音词的构词特点,比如"古楼"(指"古代阁楼")之与现代汉语中的"平分"(指"平均分配"),"茶人"(指"以经营茶叶为生的人")之与"铁窗"(指"安上铁栅的窗户")等。② 这种"创新"给我们的启示是,第二语言学习者具有依据语素语

---

① 由于没有原始语料,无法根据上下文做更细致的分析,统计数字的精确度可能受到影响。

② 现代汉语的例子选自符淮青《现代汉语词汇》,北京大学出版社,1985年。

义生成双音节复合词的潜力。它表明，在词汇教学中通过理据分析来促进双音节复合词的习得不是没有可能。

根据后两类情况，我们则可以进一步断定词汇教学中应用理据分析可以有效减少双音词偏误的产生。因为这两种情况既表明学习者同时存在语素习得和整词习得，也表明学习者在语素习得过程中尚未从理据上把握住汉语双音词语素结合的规律。比如"语素替代"这一类中的"爸母"可能是"爸妈"与"父母"的混合重组，"鸡羽""名景"则可能是在"鸡的羽毛""名胜风景"基础上语素选择的失误，因为它们明显在一个语素上与"目标合成词"失之交臂。"语素顺序错误"则基本上是汉语双音词两个语素顺序的颠倒，比如"包箱""答回""决解"等。根据心理学的实验研究，前一个语素在心理加工过程中具有优势，[①]这种倒序现象就从另一个侧面说明，学习者在习得这些词的时候缺乏两个语素语义上的关联，因而前一个语素未能给后一个语素的激活提供所需的语义背景。

从"切分失误"和"偏误合成"正反两方面的学习策略中，可以看到双音词语素结合理据跟第二语言习得的密切关系。它从语言习得的角度说明，双音词习得需要理据分析的有效引导。

四、理据的分析与近义词的辨析及词语文化的传递

前面从不同角度讨论了双音词语素结合理据的分析在教学

---

① 冯丽萍《词汇结构在中外汉语学习者合成词加工中的作用》，北京师范大学博士学位论文，2002 年。

中的重要性和可应用性。但这并不是说,在日常的教学实践中,提供给学生的每个双音词都需要进行理据分析,因此,就有一个应用范围的问题。我们认为应当把握两个原则,一个是集中解决近义词辨析的问题,一个是着重解决词义含有民族性引申的问题。

词义辨析一直是现代汉语本体研究的重要课题,本体研究的词义辨析主要集中在两个方面,一个是同义词,一个是近义词。同义词指词的语言意义相同,但词义的色彩或风格有差别,比如"手臂"和"胳膊"、"激光"和"镭射"等;近义词是"语法意义相同,词汇意义相近",比如"效果"和"后果"、"优良"和"优秀"等。①

朱志平在对 1110 例第二语言学习者汉语双音词使用的偏误进行分析时发现,② 其中因语义相近而导致的双音词之间的误用有 768 例,占总数 70%。主要表现为两种情况,一种是同语素近义双音词之间的误用,有 518 例,占 47%,比如"猛烈"和"强烈"(今天的风刮得很强烈);一种是非同语素近义双音词之间的误用,有 250 例,占 23%,比如"称赞"和"夸奖"(大家都夸奖这菜做得好)。③ 从调查所涉及的语料来看,上述"同义词"的混淆并不多见,而"近义词"的混淆则超出了葛本仪对"近义词"所限定的范围。④ 比如"他刚才走,你就来了",在这个句

---

① 葛本仪《现代汉语词汇学》(修订本),山东人民出版社,2001 年。
② 此处所调查的偏误指该用某词而没有用,用了另外一个词。"该用词"和"误用词"都是现代汉语中存在的双音词,与上面所引邢红兵的"偏误合成词"不同。
③ 朱志平《双音词偏误的词汇语义学分析》,《汉语学习》2004 年第 2 期。
④ 同①。

子中该用词是"刚刚"。"刚刚"是副词,"刚才"是时间名词,虽然它们都用于表示时间,语法意义却不同。再如"我急促他,可他还是不走",该用动词"催促",可误用词"急促"是形容词。这些病句显示,留学生的近义双音词偏误不但包括词汇意义相近的,还包括语法意义不同的。在上述1110例偏误中,涉及语法意义不同的有46例,约占误用近义双音词总数(768)的6%,尽管这种情况不多,但在一定程度上揭示了第二语言近义双音词混淆与第一语言的差异。这种差异跟汉语缺乏形态以及双音词由两个汉字记词都有密切关系,它表明,第二语言近义词的辨析应当主要依靠词义分析的手段来进行。

由偏误调查所反馈的信息,我们得知要辨析的近义双音词主要是两类:"同语素"的和"非同语素"的。这两类词在辨析方法和策略上应有所不同。同语素双音词是双音词的大宗,在本研究的3251个双音词中,有2510个双音词与某个(或某几个)词共用一个语素,占77%。从历史形成看,大部分"同语素双音词"是分化造词的产物。分化造词从词汇发展的角度讲是为了区别意义,但由于这种意义的差别比较细微,它也是造成学习者难以分辨的主要原因。这种细微的差别往往要深入到双音词结构内部才能分析清楚,由于理据分析过程会涉及各个语义要素,在教学中直接利用理据分析就是辨析这类近义词的最佳选择。

在课堂条件下,同语素双音词很少会几个同时出现,多数情况是前面学过一个,这次又碰上另一个。因此,经常需要进行的是两个双音词之间的辨析。一般可以分两步走,首先确定"同语素"是否自由,然后再辨析。如果"同语素"是自由语素,就要把与同语素单音词的辨析带入理据分析,同时,将理据分析集中在两个"异语素"所造成的差异上。比如"破坏"和"损坏"。这两个词里的"坏"是自由语素,本义指建筑物倒塌,因此"坏"单用主要表示一种状态,"坏"与"破"结合,"破坏"表示"破而使之坏",可以表示主动行为;"坏"和"损"结合,"损坏"表示"因受损而坏",更多地表示被动的结果。二者的语义差别是"异语素"与"同语素"结合理据造成的。如果"同语素"是非自由语素,则直接分析理据,并且应当首先分析理据较不清楚的那一个词。比如,"华人""华侨","华"是非自由语素,由于"人"是自由语素,所以"华人"的理据比"华侨"清晰,此时辨析应当先从"华侨"入手。"侨"指客居异地的人,"华侨"是客居在其他国家的中国人。既然是"客居"就必然还保留着中国的国籍。讲清楚了"华侨"的理据,"华侨"在词义上也就自然跟"华人"分开了。

　　非同语素双音词一般不存在分化造词形成的关系,在辨析时要通过理据比较,所以两个词的理据都应当分析。分析顺序可按理据清晰度,不过,在理据清晰度相近时也可以根据出现先后,先讲生词。比如"邻居"和"隔壁",理据清晰度相当,从绝对难度讲,"邻居"难于"隔壁",但多数学习者往往先通过翻译了解了"邻居"的词义。辨析时就可以以"隔壁"为先。"隔"本指阻隔,引申为时间或距离的间隔,"壁"就是"墙","隔壁"的理据是"间隔一道墙",凝固成双音词以后作名词,指"墙的另一边";古代的居民组织是"五家为邻","邻"引申后有"邻居"义,"邻居"的理据是"毗邻而居",凝固为双音词表示"住家接近的人或人家"。由于构词理据的差异,这两个词意思相近但语用不同。"邻居"可以是住家在对面的人,但"隔壁"必须是共用一道墙的人，而且"隔壁"很少指人，我们甚至可以说"隔壁邻居"。

　　近义词的辨析有时又同时涉及词义文化内涵的解释，比如"功夫"和"工夫"。"功夫"这个词很多学习者认为不难。因为他们把"功夫"作为"武术"的同义词。不过，"功夫"有两个义项，一个指"本领""造诣"，一个指"时间"，后一个义项跟"工夫"同义。而学习者往往只知其一，不知其二。因此，碰到"工夫"和"功夫"混用的情况时，他们就会被迷惑，从而在作文中用"工夫"指代"武术"。"夫"的本义是"成年的男人"，引申表示"劳力"；"工"指"工程""工作"，"工夫"指一定时间内一定数量的人力所完成的工作，引申指"时间"。"功"与"工"同源，表示"用力做事"，引申为做事的"功效"，故"功夫"用于表示"致力于事之程度"或"做事之时间"（《辞海》，中华书局，1936年)，并由前一个意义引申表示达到的"造诣"。因此，"功夫"可用于表示"武术"，而"工夫"一般只用于表示时间（汉英双语版《现代汉语词典》，2002年增补本)。

　　含有民族性引申的双音词语素结合理据往往不够清晰，因此，在对这些词的理据进行分析的同时，就可以向学生介绍词义携带的文化。比如"脾气"，学习者常常不能理解"他脾气好""她动不动就发脾气"中的"脾气"所指为何。按照中医理论，人体有五脏六腑，"脾"为五脏之一。五脏主阳，作用是运气。脾气盛则表现为易怒。因此"脾气"本来指人体的一种病象，由这种病象的特征，引申为表示"人的性情"。解释词义的同时带入文化的介绍，这时理据分析就有了事半而功倍的效果。

　　词义要携带信息，所以它也不可避免地要携带使用语言的民族的文化。从这个意义上讲，第二语言的词汇教学无疑也是在进行文化的传递。这里的文化指双音词的语素义或词义及引申过程所携带的汉民族文化信息。它是造成词义难以理解的一个重要原因。理据分析的目的是要讲清词义，便于学习者理解，这个过程同时也就解决了由于民族文化差异产生的隔阂，并且在客观上起到了文化传递的作用。

第四节　集合性复合词的特点、成因及其条件 ①

在将汉语作为第二语言的教学中，量词教学是一个难点，这是汉语的特点所决定的。这个"难"体现在几个方面，其中，对含有"量词语素"（即可以作为量词称量前一个语素的语素）的复合词的掌握和使用，对于留学生而言，也是困难之一。对于这些由"实词语素"和"量词语素"组成的复合词，留学生们经常会产生一些疑问：同是由实词语素与可做量词的语素组合的复合词，为什么"马匹"就是马而"猪头"就不是猪呢？"张"和"页"都是称量纸的量词，为什么"纸"和"张"可以组合而"纸"和"页"却不能组合？"纸张"就是纸，为什么可以说"几张纸"而不能说"几张纸张"？要想解决好这些问题，就必须对这些复合词进

---

① 本文以《浅析集合性复合词》为题发表在《语言文字应用》2008年第4期，作者陈绂。

第四节 集合性复合词的特点、成因及其条件

行具体的分析。

究其实质，这些貌似相同的复合词，其"实词语素"与"量词语素"之间的关系以及组合之后所呈现出的意义并不相同，我们可以根据其差异将它们分为两大类：第一类，复合词所表示的与"实词语素"所表示的基本上是同一个现实现象，即复合词的意义与"实词语素"所表示的意义基本相同（如"纸张＝纸"、"枪支＝枪"等）；第二类，复合词所指称的现实现象与"实词语素"所指称的现实现象完全不同，即复合词的意义与"实词语素"所表示的意义并不相同（如"菜盘≠菜"、"书包≠书"等）。这里我们着重要分析的是第一类。

对于这类复合词，学者们的看法不尽相同，有的从两个语素之间的关系入手，称它们为"后补性复合词"；有的从其特点出发，称它们为"集合性复合词"，我们比较认同第二种说法。

这类词的数量并不多，在现代汉语中常见的有：布匹、车辆、船只、花朵、马匹、人口、书本、纸张、灯盏、房间、云朵、事件、羊只、牛只等。其中"羊只、牛只"两词在现代汉语中不太常用，但有时也会看到，如"文章对羊只运送过程的描写令人感到十分凄惨"[①]。然而这两个词在古代汉语中不仅存在，而且用得还比较普遍。例句见下文。

鉴于集合性复合词数量很少，因此，基本可以进行封闭式研究。本研究拟从汉语本体出发，逐一分析这类词的特点、形成原因及其条件，以期对汉语词汇研究及对外汉语教学有所帮助。

---

① 例句未注明出处的现代汉语例句一律出自北京大学汉语语言学研究中心语料库，下同。

一、集合性复合词的特点

我们将集合性复合词的特点归纳为以下几个方面：

（一）语义层面上的特点

首先，这些复合词的意义和构成复合词的"名词语素"所表示的意义基本相同，这是此类复合词的第一个特点，也是最基本的特点。但细分析起来，其中的关系并非如此简单，从字典辞书中的解释看，可以分为三种类型：

第一种，复合词与单音节名词之间存在着解释与被解释的关系，复合词表示事物的总称。

在《现代汉语词典》（第5版）中，其"名词语素"作为单音节词直接解释复合词的有：

布匹，布（总称）。　车辆，各种车的总称。　船只，船（总称）。
花朵，花（总称）。　马匹，马（总称）。　枪支，枪（总称）。
人口，人（总称）。　书本，书（总称）。　纸张，纸（总称）。

这些训释清楚地显示出我们把它们称为"集合性复合词"的根本原因。

当然，这些有着训释关系的单、双音节词彼此间的关系并不是在任何条件下都如此简单，在某种情况下也有可能表示出不同的指向，如当"四川人"表示一个人的籍贯时，其意思与"四川人口"就绝不相同。当然，这种情况并不多见。

第二种，复合词除了作为名词语素所表示的事物的总称之外，还有另外一个义项。如：

灯盏：没有灯罩的油灯，也泛指灯（多用于总称）。（《现代汉语

词典》）

这就是说，作为一个复合词，"灯盏"有两个义项：一个指油灯；另一个则是"灯"的总称。显然，这两个义项之间是包含与被包含的关系。

在实际运用中，"灯盏"确实可以表示广义的"灯"，古代和现代都如此：

只见房中蟠着一条吊桶来粗大白蛇，两眼一似灯盏，放出金光来。（《白娘子永镇雷峰塔》）
用高悬于头顶的北斗星点燃心灵的灯盏。（《点燃心灵的灯盏》）

在"灯盏"作为"灯"的总称时，两个词可以通用。

第三种，复合词所表示的意思非但不是"总称"，反而是组成它们的实词语素所表示的意义的下位概念：

云朵，呈块状的云。
房间，房子内隔成的各个部分。
事件，历史上或社会上发生的不平常的大事情。（《现代汉语词典》）

这几个复合词与其"名词语素"之间都没有直接的训释关系，从解释上看，复合词所表示的意义是被"名词语素"所表示的意义包含的："云朵"只是"云"中的一种，"房间"只是"房"中被隔开的小间，"事件"只是所有"事"中具有特点的一类。这显然与上述几个集合性复合词的特点不尽相同。

然而，通过对语料的分析，我们又发现，这些词在日常使用中并非完全如此。比如，在文学作品中，"云朵"与"云"往往混在一起使用。在"中国日报网·环球在线"上我们看到《一场关于云朵的旅行》，文章中有这样的字句："只要云不谢幕，旅行就不会终结。"也有这样的描写:"顶部深浅不一的云朵也列开了平行阵势。"这里的"云"和"云朵"所描写的是同一个事物。可见,"云"和"云朵"是可以通用的。

"房"与"房间"也有这样的情况,平时,我们说"订两个房间"和"订两间房"时,意思并没有什么差别。另外,《辞海》对"房"的解释是:"房,古代指正室两旁的房间……现在为房屋的统称……也指房间。"这说明,"房间"和"房"也是可以通用的。

"事"与"事件"同样如此。在"腾讯网"上有一篇关于戴尔公司的报道,在叙述中,有时用复合词"事件"("在'血汗工厂'事件曝出后几天里……"),有时用单音节词"事"("因为这事摆明了有'借戴尔之名把事情闹大'的味道")。这说明,"事件"与"事"在使用中所表示的意义常常并没有什么区别。

综上所述,我们可以得出这样一个结论:集合性复合词与构成它们的元素之一——可以独立成词的"名词语素"之间,在意义上的主要倾向是"趋同",彼此间在一定语境中大多可以互换使用,但是也存在着一定的差异。

(二)语法层面上的特点

尽管复合词所表示的意思与单音节名词所表示的意思大体相同,而且词性也相同,但是,在使用规则上,二者之间确有很多不同,这是这类复合词的又一个特点。

1. 在大多数集合性复合词的前面,不能再添加数量词。

这类复合词虽然都是指称事物的名词,但是它们中的大多数不能用数量词修饰,如可以说"五本书",但不能说"五本书本"。这一点正体现了这类复合词的"集合性"——"书"可以是个体,所以能够统计数量;而"书本"是一切"书"的"总称",是概指,是不好统计具体数量的。

2. 少数集合性复合词的前面可以添加数量词,但很少使用该复合词中的"量词语素"。

在我们上面列举的例子中,有几个集合性复合词是可以用数量词称量的,如:

我们是同一块云朵落下的雨滴。
两个人同一个房间,有时确实很奇妙。
博导论文严重抄袭,复旦大学通报二起事件。
改变历史的20个事件。
原来是一个皮袋,里面盛着些挑刀、斧头,一个皮灯盏,和那盛油的罐儿,又有一领蓑衣。(元代话本《闹樊楼多情周胜仙》)

我们可以看出,能用数量词称量的只有"云朵""房间""事件""灯盏":前三个在意义上与其"名词语素"存在着上下位的关系,即复合词所指称的事物是"名词语素"所指称的事物中的一部分;"灯盏"一词包含事物两个义项。当它们所表示的意义为"总体中的一部分"时,所表示的是个体,这自然就可以统计、可以使用数量词了。

值得注意的是,当这几个词被称量时,一般不再使用组成复合词的那个"量词语素"所对应的单音节量词,而使用另外一个量词,如上述各例所示,"云朵"用"块"、"房间"用"个"等。我们认为,这除了符合汉语的名物词一般可以与几个不同的量词搭配使用这一规则之外,更是为了汉语的韵律要求——汉语讲究错综美,经常用换字词的方法来避免由于相同音节的隔字复现所引起的声音上的重沓。试想,"一件事件"总不如"一起事件"

听起来顺耳。

但我们又发现，也存在例外的情况，尤其在网络中。如：

十万朵云朵的身后，掩藏着月光与恩情的纤维。
东城水岸出租两间房间。
三十五岁前必须做的十件事件。

这些出现在网络中的用法虽然并不普遍，但却从一定角度说明了语言的发展与变化。随着现实生活的飞速发展，语言使用的"常规"经常被打破是不足为怪的。

3. 搭配的结构不尽相同。

集合性复合词在与其他词语搭配使用时，也很有特点：复合词一般需要搭配双音节词或双音结构，而"名词语素"所对应的单音节名词则一般可以搭配单音节词。如：

购买/买　购买纸张（√）　购买纸（？）　买纸（√）　买纸张（×）
打扫/扫　打扫房间（√）　打扫房（×）　扫房（√）　扫房间（×）
修理/修　修理车辆（√）　修理车（？）　修车（√）　修车辆（×）
好　好马（√）　好马匹（×）
野　野花（√）　野花朵（×）

一些固定结构也是这样，如我们可以说"枪支弹药"，但不能说"枪弹药"；可以说"书本知识"，但不能说"书知识"。在句子中也是如此：

非法制造、买卖、运输、邮寄、储存的枪支，是指《枪支管理办法》中规定的枪支。
该技术涉及造纸、印刷和纸张加工等综合技术。

当然也有例外，如我们既可以说"人口众多"，也可以说"人口多"，但这种情况的出现并不影响一般的搭配规律。

集合性复合词之所以主要与双音节词搭配使用，主要是受到汉语韵律的影响，这一点早有学者指出，此处不再赘言。

（三）语用层面上的特点

在使用中，集合性复合词还表现出了另一个很明显的特点：复合词与单音节名词之间尽管可以相互通用，但它们使用的场景往往有差别，在不同的语境中经常需要使用不同的词，使用时所呈现出的语义色彩也不尽相同。这表现在以下几个方面：

1. 书面语和口语的不同。

集合性复合词一般使用在书面语中，而与之对应的单音节名词则经常使用在口语色彩较浓的文句中。如：

船只／船　这片神秘的海域共失踪了数以百计的船只和飞机。
　　　　　要找船找南京濑州船务有限公司。
枪支／枪　《中华人民共和国枪支管理法》于1996年7月5日通过。
　　　　　枪杆的粗细，根据使用者性别、年龄而异。
事件／事　事件是法律事实的一种。
　　　　　"鬼事"指令人生厌或不愉快的事。
房间／房　早晨真一在一间乱糟糟的房间中醒来。
　　　　　开发商盖房盖了一半，就没钱再盖了。
纸张／纸　目前我国出版、印刷上所使用的纸张种类约有下列几种。
　　　　　纸是我们可敬的蔡伦老祖宗发明的。

上述各例，上面一句都使用了集合性复合词，下面一句则使用了单音节名词。对它们进行比较，我们不难体会出两个句子的不同。

2. 感情色彩不同。

在描述同一件事时，集合性复合词与单音节名词往往表现出不同的感情色彩。如同时针对赵薇穿军旗装这件事，有一篇文章的题目叫"赵薇军旗装事件",语气除了显得严肃之外,也不乏气愤和指责;而"你一定是因为无知受人利用才做出这种冒天下大不韪的事"则出自文章中所引用的一些老年人给赵薇写的信,二者之间感情色彩的差异是很明显的——信中表现更多的是教育与爱护,指责是次要的。

在日常用语中,当我们说"一起事件"时一般都指不好的、人们不希望发生的事;而说"一件事"时,这个"事"却是中性的,可以是好事,也可以是坏事。我们说"枪支弹药",就显得庄重;而说"枪和子弹"则显得随便。

此外,以上各例也可以从感情色彩上进行解释,因为书面用语一般会比较庄重严肃;而口语则比较随便,有的甚至还带有调侃的口气。如"纸是我们可敬的蔡伦老祖宗发明的",如果换成"纸张是我们可敬的蔡伦老祖宗发明的",前后的语气就显得很不统一,整个句子也因而显得有些别扭。又如"早晨真一在一间乱糟糟的房间中醒来",这本是小说中的一句话,显得文雅而正式,如果改用"房",则少了许多文学色彩。

3.适用对象不同。

这种差异与集合性复合词的"集合性"密切相关。如我们说"少年儿童是祖国的花朵",这是因为"少年儿童"是泛指,不指任何个人,因此,要使用集合性复合词"花朵";而专门唱给爱人听的"你是我的玫瑰你是我的花",则要使用单音节词"花",因为"花"比"花朵"显得亲切,显出一定的专一性。又如"前方施工,车辆绕行",是告诉所有经过这里的车;而"你把车开过去"的"车"则只指一辆特定的车,这时是不能使用"车辆"的。

总之,一般说来,集合性复合词适用于泛指性的事物,而相对应的单音节名词适用于个体的、特指的事物。

二、集合性复合词的形成

众所周知，古代汉语中以单音节词为主，这种集合性复合词是从什么时候开始出现的呢？从古代书面语文献来看，这一类复合词形成较早的当是"人口"一词，如：

> 宪等奏言："羌豪良愿等种，人口可万二千人，愿为内臣。"（《汉书·王莽传上》）

这大概是古文献中第一次出现的集合性复合词，应该说，这样的用法在当时并不普遍。我们在东汉时期的著作《太平经》中还发现了"书本"作为一个双音节词使用的例句：

> 夫圣贤高士，见文书而学，必与吾书本相应，不失丝发之间。

可见，集合性复合词在汉代就已经初见端倪了。

到了南北朝时期，复合词开始丰富起来，集合性复合词也不例外。首先，"人口"和"书本"这两个词已经被广泛地使用了，王利器先生在《颜氏家训集解》中就明确指出：

> 书本为六朝、唐人习用之词，本篇下文云："江南书本穴皆误作六。"

同时，其他的集合性复合词也开始出现了，如在北齐人魏收所著的《魏书》中就出现了"马匹"一词：

> 谯州刺史朱文开，俘馘甚多，班师，出帝赉马匹，迁吏部尚书。

在我们所查找的语料中，大部分集合性复合词出现在唐宋时期。除了上述几例，在唐宋文献中我们还看到：

船只　投下乞计会差，借船只过河。（《三朝北盟会编》）
　　　蔡京私运盐钞……拘刷船只揭起黄旗，所过关津，莫敢谁何。（《大宋宣和遗事》）
房间　夜半鹤声残梦里，犹疑琴曲洞房间。（《万首唐人绝句》）
　　　檐不覆基，房间通街。（《隋书·牛弘列传》）
花朵　行到中庭数花朵，蜻蜓飞上玉搔头。（《刘宾客文集》）
　　　鬓边斜插些花朵，脸上微堆着笑容。（《话本选集·宋四公大闹禁魂张》）
事件　朝廷当与汝国别定两界，约束事件，各常遵守。（《张子全书》）
云朵　野叠凉云朵，苔重怪木阴。（《白莲集》）
　　　金铜引水龙一条，长二尺六寸，前脚踏虚云朵。（《虎钤经》）

元明以降，不仅以前就已经形成的几个复合词使用得更为普遍，其他几个在现代汉语中经常使用的复合词也基本形成。如：

布匹　你这人参布匹……（《老乞大新释》）
车辆　古出沽儿贯修造车辆。（《元朝秘史》）
纸张　自二十一史之书成，纸张数多，印刷甚众。（《张庄僖文集》）
　　　把这纸张撇做一地。（《平妖传》）
灯盏　又取灯盏残油灌疮口。（《备急千金要方》）
羊只　迭改管牧放羊只。（《元朝秘史》）
牛只　有岭南县令丁斐在南山之上，见马超追操甚急，恐伤操命，遂将寨内牛只马匹尽驱于外。（《三国演义》）

只有"枪支"一词出现得很晚，这大概是由于这种事物本身出现就很晚的缘故。

为什么这些原来只需用单音节词"书""纸""马"等表示的意思后来就要用"书本""纸张""马匹"这样的集合性复合词来表示呢？我们认为，其原因是复杂的，词汇的发展和表达的需要应该是任何语言变迁的基本原因。

某些单音节词演变为量词是集合性复合词得以产生的根本原因。随着语言的发展,在魏晋南北朝时期,量词大量产生,即一些本来有着自己的语法功能和意义的单音节词(如"本""张""匹"等)逐渐演变成了量词,用来称量一些单音节名词。有了称量"书""纸""马"等名词的量词,才有了它们与其所称量的名词逐渐黏合成集合性复合词的可能。

上下文的表达需要双音节格式又是集合性复合词得以产生的重要原因。我们在分析集合性复合词的语法特点时已经指出,与它们搭配使用的往往是双音节词或双音结构。如:

马行九十余日,人口贫羸,逃亡山谷间。(《后汉书·西域传》)
如今曹家辎重车辆无数,你们欲得富贵不难。(《三国演义》)
仍岁备牛羊马匹各二万。(《南迁录》)
并使臣得廪给羊马及车辆牛只。(《元朝秘史续集》)
有贼人新济等……将原抢马牛羊只依数倍还。(《忠肃集》)
于其下得尊像、油瓮、锥刀、灯盏之类。(《云笈七签》)
檐不覆基,房间通街。(《隋书·牛弘列传》)
……逐月抄录事件,送付史馆。(《旧五代史》)
若共载一敕,纸张短窄,难以该载。(《南宫奏稿》)

应该说,我们将上述例句中使用集合性复合词的地方改用单音节名词,并不影响意义的表达。这说明,这里之所以使用双音结构,是由于这些词的前后不是双音节词就是双音结构,而汉语是讲究韵律节拍的,在语言表达的习惯上就需要在这些地方也使用双音结构,集合性复合词的形成恰好满足了这种需要。

此外,经常的"接连使用"大概也给集合性复合词的黏合提供了一定的可能性。《颜氏家训集解》的作者王利器曾引用《一切经音译》和《集训》中的两段话来说明"书本"一词的来历:"一人持本,一人读书,若怨家相对,为雠。""两人对本校书曰雠。"他由此而总结说:"则书本之说,汉代已有之,且有区别,本者犹今言底本,书者犹今言副本。爰及赵宋,刻板大行,名义遂定,如岳柯《九经三传沿革例》遂以书本为一例焉。"

从这些叙述中可以得知,"书""本"本来是各有其义的,而它们之间的关系又很密切,常常在一起使用,随着社会与语言的发展,就逐渐凝固成了一个复合词。我们看到,"书本"的黏合还有另外一种情况:

> 故吾书本道德之根,弃除邪文巧伪之法,悉不与焉。(《太平经》)
> 数夕还答,生验书本意,皆父平行之迹。(《太平广记》)

上句的"本"是动词,表示"根据"之义;下句的"本"是"原本"之义,在这两句话中,它们并没有与"书"组合为复合词。但积习成惯,语言本来就是约定俗成的,经常的连用在一定程度上也会有利于集合性复合词的形成。

当然,两个单音节词之所以能凝固成集合性复合词的原因是很复杂的,除了上述分析之外,两词之间意义上的关联、使用两词时各种语境的限制等等都可能是集合性复合词的形成原因,这一问题有待于我们更进一步的研究。

三、集合性复合词形成的条件

汉语的名物词绝大多数都可以用量词来称量,但是,并不是所有的量词都能与它们所称量的名词构成集合性复合词;同时,

第四节　集合性复合词的特点、成因及其条件

可以称量某一个名物的量词往往不止一个，能够和这个名词黏合成集合性复合词的却只能是其中的一个。这说明，构成集合性复合词是有着较为严格的条件的，而且，不同的复合词的形成又有着不同的条件。但总的说来，我们认为这主要取决于"量词语素"的意义特征。

第一，"量词语素"在作为单音节词使用时，不能是承载物，不能承载"名词语素"所对应的现实现象。这就形成了它们与"饭碗""书包"等表面上也是"名+量"组合的复合词之间的本质区别——"碗"和"包"分别是"饭"和"书"的承载物，它们作为量词语素与"饭""书"组合成复合词之后，指称"盛饭的碗"和"装书的包"，而上述各集合性复合词中的量词语素，如"张""本""朵""间""件"等，它们从来都不是可以承载某一名物的承载物。

第二，"量词语素"所指称的事物不是"名词语素"所指称的事物中的一部分。许多"名+量"结构的复合词中的"量词语素"是由名词演变来的，在它们作为名词使用时，有的就表示"名词语素"所指称的事物的一部分。如"头"是"猪"的一部分，"管"是"枪"的一部分，组合成复合词之后，"猪头"就是"猪"的"头"，"枪管"就是"枪"的"管"。而集合性复合词的情况就不是这样了，虽然也有一些词中的"量词语素"曾是单音节名词，如"本"，但它所表示的意义却并不是"名词语素"所对应的事物中的一部分。在"书"与"本"之间，并不存在着整体与部分的关系，它们所组成的复合词，就有可能是集合性复合词。

但是，"口"正是"人之口"，为什么又能组成集合性复合词呢？我们认为，这大概与"口"后来有了更通用的名称——"嘴"有关，

我们说"人口"，已经不大可能引起"人之口"的误解，所以，"人口"连用指称"人"也就显得很正常了。

第三，"量词语素"与"名词语素"不能指称同一个事物。组合成集合性复合词的"量词语素"不能与"名词语素"指称同一个事物，这也是形成这类词的条件。如"纸"既可以用"张"称量，也可以用"页"称量，但不存在"纸页"这样一个词。这是因为，"页"作为量词是假借，它的本字是"葉"（原作"竹字头"），本指古代的竹简、简策，而这些就相当于今天的"纸"，也就是说，"葉"与"纸"所指称的本是同一种事物，因此，"葉（假借为'页'）"虽然成了"纸"的量词，但它不能与"纸"组合成集合性复合词。"书"与"本"组合而不能与"册"组合也是同样的道理。

第四，"量词语素"作为量词使用时，所称量的应该是某一事物的总括。"支"和"条"都可以作为"枪"的量词，但组成集合性复合词的只有"支"。我们认为，这是因为用"条"称量"枪"时，一般只能称量长枪，而用"支"时，则可以称量所有的、不同样式的枪，即可以称量"枪"的"全体"。

第五，"量词语素"作为量词使用时基本不存在"泛化"的倾向。这些集合性复合词中的"量词语素"，在它们作为独立的量词使用时，不仅都是专用量词，而且适用的范围都比较窄，没有像中古时期的"枚"以及现代的"个""把"这样出现泛化现象，这恐怕也是"个"可以称量"人"却不能与"人"组合成复合词的主要原因。

双音节词的大量出现本来就是汉语词汇表意越来越精密、越来越色彩化的表现，集合性复合词的出现也是语言发展的结果。

但这类词的数量稀少又符合语言的另一个规则——经济规则。因为既然二者的意义出入不大,可以使用单音节词表示的,就不一定非要使用双音节词,因此大量的表示名物的单音节词,并没有与称量它们的量词组合成双音节词。

第五节 成组复合属性词的构词方式及其成因①

　　属性词是《现代汉语词典》(第5版)(下文简称《现汉》)在标注词性时确立的一个形容词附类,即以往研究中所提到的"非谓形容词"②或"区别词"③。属性词具有成对成组的特点,这是很多学者已经注意到的事实,④并有学者对成组属性词的对应性进行了研究。⑤关于复合型成组属性词的构词,吕叔湘和饶长溶先生曾做过概括性的描述,主要是在标明构词成分语法性质的基础上清单式地列举了一些比较能产的构词形式,如"X式""X等""单、双、多X"等,但没有分析产生这些构词形式的原因,也没有明确指出属性词的主要构词方式有哪些。⑥因此,关于属

---

　　① 本文以《成组复合属性词的构词方式及成因》为题发表在《语言文字应用》2008年第3期,作者孟凯。
　　② 吕叔湘、饶长溶《试论非谓形容词》,《中国语文》1981年第2期。
　　③ 朱德熙《语法讲义》,商务印书馆,1982年。
　　④ 朱德熙《语法讲义》,商务印书馆,1982年;缪小放《说属性词兼说与其他词类的区别》,《首都师范大学学报》(社会科学版)1998年第1期;孟凯《成组属性词的对应性及其影响因素》,《中国语文》2008年第1期。
　　⑤ 孟凯《成组属性词的对应性及其影响因素》,《中国语文》2008年第1期。
　　⑥ 同②。

性词构词方式、构词特点等问题的研究尚需深入展开。

一、成组复合属性词具有构词典型性

本节论及的"成组"指的是具有反义、类义或等级性语义关系的属性词组别。① 我们穷尽性地检索了《现汉》标注的属性词（具有属性词功能的非成词语素不计），共得属性词 550 个，属性词义项 615 个。整理分组后得到 96 组属性词（按义项划分），其中，复合属性词 87 组② （见本节附录）。这 87 组是本节的考察对象。

属性词的构词方式可以从不同侧面去观察，我们选择"成组复合"这个角度主要是基于以下两点考虑：其一，成组观察更能凸显属性词的构词特点，也便于我们在对比中观察语言的形式与意义在实现语言功能的过程中所体现出来的对应性；其二，复合属性词 533 个（双音 506 个，三音 27 个），在全部属性词（550 个）中的比例高达 96.91%，占绝对优势，具有构词上的代表性。③ 因此，我们以这 87 组具有构词典型性的复合属性词为研究对象，拟在以往研究的基础上分析成组复合属性词的主要构词方式，并探究形成这些构词方式的原因。

---

① 关于类义属性词，本节只考察能进行有限分类的组别，如"草食：肉食❶：杂食❶"。可进行无限分类的不予考察，如"警用：军用：农用：民用：家用"。"等级关系"的提法参考了李宇明《非谓形容词的词类地位》（《中国语文》1996 年第 1 期），指的是显示出一定的程度意义的一组属性词，如"低档：中档：高档"。

② 87 组复合属性词包括复合属性词分别与 3 个单语素属性词"干⁵❻""亲❷""野❹"组成的 3 组。

③ 下文涉及的"属性词"除特别指明外，均为单一义项上的属性词。词后阴文数码为《现汉》义项号。

二、成组复合属性词的构词方式

（一）同素构词

同组内的复合属性词往往含有相同的构词语素，用以表达同组词的类范畴。同时，以不同的构词语素标示语义上的对立、分类或区分等级。我们将这种构词方式称作"同素构词"。例如"线装：洋装 2""草食：肉食❶：杂食❶""公营/国营：民营/私营"①。在 87 组复合属性词中，76 组采用了同素构词的方式，比例达到 87.36%。

吕叔湘和饶长溶在论及属性词的构词方式时列举了多种这样的同素构词形式，其中，7 种以名词性的相同语素为主，如"X 式、X 型、X 性、X 色、X 等、X 级、X 号"，2 种以肯定/否定形式构词，如"有/无 X、不/非 X"。这些形式都出现在我们的考察范围内，属于比较能产的构词方式。②此外，我们还观察到，"X 观、X 立、X 生、X 食、X 向、X 营、X 装"等也具有较强的能产性。而且，用来表达类范畴的相同语素基本都居于词尾，如"式、型、性、级"等。

（二）反义/类义语素构词

利用反义/类义语素（包括少量的等级性语素）参与构词来

---

① "公营/国营：民营/私营""大量❶：小量/少量"等既含有同/近义词，又含有反义词的组别，本应列式如下：
公营：私营　大量❶：小量
国营：民营　　　　少量
为节约篇幅，本节将其放在一横行中，以"/"分开同/近义词，文中将同/近义词称为"一列"。

② 吕叔湘、饶长溶《试论非谓形容词》，《中国语文》1981 年第 2 期。

体现反义、类义关系，这是成组复合属性词的又一个显著的构词特点。这一构词方式可分为两小类：反义/类义语素与同一语言成分构词；反义语素与不同语言成分构词。①

1. 反义/类义语素与同一语言成分构词。

以这种方式构词的成组复合属性词含有一个反义/类义语素，其他语言成分都相同，例如"无机：有机❶""草本¹：木本：藤本""多年生：二年生：一年生"等。孟凯在谈到这种构词方式时指出，87组复合属性词中有74组采用"反义/类义语素+同一语言成分"的方式构词，占85.06%。② 按照同一语言成分在词内位置，这种构词方式可以分为（Y代表"同一语言成分"）：③

a1式：反义/类义语素+Y

a2式：Y+反义/类义语素

经考察，a1式72组（如"低倍：高倍""民事：刑事"），占74组的97.3%，a2式只有2组（编内：编外，分内：分外❷）。这个结果表明，在成组复合属性词中，反义/类义语素以居于词首（a1式）占绝对优势。相应地，同一语言成分（类属语素）主要居于词尾。

---

① 我们之所以用"同一语言成分"而不用"同一语素"，是因为在像"多年生：二年生：一年生"这种构词上有层次性（"多、二、一"先与"年"组合，再共同与"生"组合）的组别中，"多：二：一"是类义语素，但"年"与"生"不能共同构成一个语素，属于语义不同层，但形式相同的语言成分。

② 孟凯《成组属性词的对应性及其影响因素》，《中国语文》2008年第1期。

③ 这里没有采用吕叔湘、饶长溶《试论非谓形容词》（《中国语文》1981年第2期）和一般学术论著惯常所用的"X"，因为吕、饶文中的"X"指的是构词中的变项，这里所用的"Y"指的是构词中的常项，二者含义不同。为避混淆，这里用"Y"表示同一语言成分。

2. 反义语素与不同语言成分构词。

以反义语素与不同语言成分构造而来的成组复合属性词有 6 组,① 占 87 组的 6.9%,例如"老牌❷:新兴""家养:野❹/野生"。这种构词方式也可以分为:

b1 式:反义语素 + 不同语言成分

b2 式:不同语言成分 + 反义语素

除"干⁵❻:亲❷ / 亲生"只含有一个复合词,无法归入 b1 式或 b2 式外,其他 5 组中,b1 式 3 组(老牌❷:新兴,家养:野❹/野生,家种❶:野❹/野生),b2 式 1 组(名优²:伪劣),还有 1 组"惯常❶:偶尔❷/偶发"比较特殊,"惯"与"常"意义相近,但"惯"是动词,不宜看作副词"偶"的反义词。"常"与"偶"均为副词,更适合被看作构词中的反义语素。不过,二者的词内位置不对应,导致这一组也无法归入 b1 式或 b2 式。以 b1 式或 b2 式构造的复合属性词数量虽然不多,但是以上数据仍然能显示出反义语素主要居于词首(b1 式)这一特点。

综观上述"反义/类义语素与同一语言成分构词"和"反义语素与不同语言成分构词"两种构词方式,以反义/类义语素参与构词的共 80 组,占总数的 91.95%,是成组复合属性词的强势构词方式。反义/类义语素居于词首(a1 式和 b1 式)的 75 组,占 80 组的 93.75%。可见,反义/类义语素以居于词首、同一语言成分以居于词尾占明显优势。

---

① 本文将包含单音节属性词的 3 组也归于此类。因为在这 3 组中,有的是单音词与双音词的构词语素反义("干⁵❻:亲❷ / 亲生"中"干"与"亲生"的语素"亲"反义),有的是两个双音词彼此含有反义语素("家养:野❹ / 野生""家种❶:野❹ / 野生"中的双音词分别含有反义语素"家"与"野")。

（三）同／近义语素构词

多元组复合属性词是由两个以上的属性词构成的组别，例如"宏观❷：中观：微观❷""大量❶：小量／少量""公营／国营：私营／民营"。在多元组内，同一列的属性词往往是同／近义词。87组复合属性词中包含同／近义词的有25列。经考察，这25列中，有17列主要采用同／近义语素与同一语言成分相结合的方式构词，占68%。这种构词方式可以分为：

c1 式：同／近义语素 +Y

c2 式：Y+ 同／近义语素

完全以 c1 式或 c2 式构词的 15 列，另有 2 列（顶级／顶尖❸／超级／特级／高级❶，超等／特等／头等／上等／高等❷／头路[1]）主要以 c1 式或 c2 式构词，只有个别例外。在这 17 列以同／近义语素与同一语言成分构词的同／近义词中，c1 式 15 列，c2 式 2 列（"反季节／反季：应季／应时❶"中前列的"季"是"季节"的缩略，同义；后列的"季"与"时"近义），以同／近义语素居于词首、同一语言成分居于词尾的 c1 式占优势。这恰好与反义／类义语素的构词特点相一致。

（四）类词缀构词

有些复合属性词是以"类词缀 +Z"（Z 为单音词或双音词）的方式构成的，例如"半自动"是由类词缀"半"和"自动"一词组合而来，"反季节／反季"是在同义词"季节／季"前加上了类词缀"反"。由类词缀构成的属性词有的与原词成组，如"半自动：自动❸"；有的因原词并非属性词而与其他属性词成组，如"反季节／反季：应季／应时❶"，"反季节"的原词"季节"是名词，不含有与"反"语义相对的动词性的"顺应"义，因而不能与"反季节／反季"构成反义组。

没有成组的复合属性词也有一些是以类词缀构词的，主要是三音节词，例如，以类词缀"反"构词的还有"反封建"，以类词缀"超"构词的"超一流""超自然"，以类词缀"式"为词尾构词的"地毯式""便携式"等。总体来看，类词缀构词在复合属性词的构词方式中并非主流。

综上所述，成组复合属性词优选的构词方式有：以相同语素构词，以反义／类义语素构词，以同／近义语素构词。这三种构词方式又密切相关，相同语素主要是构词中表类属的同语素，反义／类义、同／近义语素主要担当构词中表种差或方式差别的异语素，同、异语素的结合就构成了复合属性词。而且，成组复合属性词以反义／类义、同／近义语素与同一语言成分结合为主要构词方式，并以居于词首的 a1、b1、c1 三式占明显优势。

三、成组复合属性词构词方式的成因

成组复合属性词形成以上几种优选的构词方式，而且明显地体现出反义／类义、同／近义语素以与同一语言成分构词为主，并以居于词首的 a1、b1、c1 三式占优势的构词倾向，与下列因素大有关联。

（一）属性词存在的语域影响其构词方式。有多位学者注意到，属性词多出现于科学教育、经济建设、医学卫生等领域。[①]

[①] 吕叔湘、饶长溶《试论非谓形容词》，《中国语文》1981 年第 2 期；李梅《浅论现代汉语区别词》，《内江师专学报》（社会科学版）1994 年第 3 期；王保东《论汉语非谓形容词》，《北方论丛》1998 年第 6 期。

这种主要产生于专业学科领域的特点促成了属性词的语言形式往往追求科学分类及分类的明晰性，运用二分法所做的分类以反义语素构词为优选，运用多分法所做的分类则倾向于以类义语素构词。同时，为了更好地实现除概念种差之外其他方面完全相同这一学科分类理念，二分法与多分法不约而同地采用了"反义/类义语素+Y"的方式构词，这样可以更加清晰地衬托出"类"（同一语言成分Y）的同与"种"（反义/类义语素）的异，使专业学科的语义区分度更高。

（二）反义/类义语素所具有的对立性与分类性符合属性词的功能要求。在现代汉语中，属性词属于功能比较明确而单一的词类——"具有区别或分类的作用"（参见《现汉》"属性词"词条）。既然要对事物或现象进行有效的区分，人们所采用的语言形式就应当尽可能地反映出语义差别，并能够让语言使用者快速地辨识出这种差别。对于反映事物之间的区别而言，反义语素对称的相反相对性是突显这一特点的最佳选择；类义语素明确的类别特征也十分符合属性词的分类要求。所以，利用反义/类义语素构词就可以把事物或现象的区别性/分类性最大限度地凸显在语言形式上，也因此而成为成组复合属性词中占绝对优势的构词方式。同时，为了突出体现反义/类义语素的区分力，也为了让人们将注意力集中于区分性的反义/类义语素，以同一语言成分与之结合构词的组别就占有相当大的比重（74组，占87组的85.06%）。这也有利于属性词区别或分类作用的实现。可以说，属性词本身所具有的功能促使人们采用最能凸显对立性/区分性的反义/类义语素去构造复合属性词。

（三）反义/类义、同/近义语素主要居于词首这一构词倾向与构词模式"种差+类属"①或"方式+行为"有关。在现代汉语名词中,人们往往采用"种差+类属"的模式来区分事物,如"松树、柳树,菊花、梅花";在动词中,人们则倾向于采用"方式+行为"的模式来表达类义(含反义)关系,如"侧击、伏击,干租、湿租"。属性词虽为形容词的附类,实际上处于名动形三大词类的临界点上,很可能被逐渐分派到不同的词类中去。②在句法功能上,属性词处在名词与形容词之间的过渡位置上,③与做属性定语的名词更接近。④成组属性词也基本遵循以上两种具有普遍性的构词模式:同一语言成分主要是类语素,例如表事物性质类的"x线、x档、x性"等,表行为类的"x装、x食"等,表达的是复合词所属的类范畴,主要居于词尾;反义/类义、同/近义语素多是种差语素或限定性方式语素,例如反义语素"长:短""精:简",类义语素"高:中:低",同/近义语素"刚:硬"等,表达的是同一类属内的种或方式的差别,主要居于词首。因而,在构词模式"种差+类属"或"方式+行为"的影响下,反义/类义、同/近义语素居于词首、同一语言成分居于词尾的a1、b1、c1三式全部多于相反的a2、b2、c2三式。

---

① 对于"种差+类属",其他学者有不同的表述,如董秀芳《汉语的词库与词法》(北京大学出版社,2004年,第133页)表述为"提示特征+事物类"等,实质无异。
② 李宇明《非谓形容词的词类地位》,《中国语文》1996年第1期。
③ 张伯江《词类活用的功能解释》,《中国语文》1994年第5期。
④ 董秀芳《汉语的词库与词法》(北京大学出版社,2004年,第129—132页)指出,名名复合是现代汉语定中式名词组合的强势结构类型。王珏《现代汉语名词研究》(华东师范大学出版社,2001年,第14页)也指出,在名词充当属性定语时,"原来比较隐蔽的属性意义则突现出来"。这些表明,充当属性定语的名词与属性词功能相似,都被用来表现事物或现象静态的性质特征。

四、结语

我们从构词语素的同异、对应语素之间的语义关系（反义/类义、同/近义）、语素的特殊性质（类词缀）以及不同语素的词内位置差异等几个侧面剖析了成组复合属性词的四种主要构词方式，并力图从属性词的语域、反义/类义语素的区分性与属性词功能的高度吻合以及构词模式"种差+类属"或"方式+行为"对同异语素词内位置的影响等几个方面阐述这些构词方式的成因。对上述问题的探讨，一方面可以更清楚地了解属性词这个形容词附类比较显著的词法特点和规律，还能够促使我们在此基础上进一步思考：汉语的词义与词法究竟在多大程度上保持对应？对应关系的表现形式有哪些？不同词类之间又有什么异同表现？这些都有待深入探究。另一方面，对属性词构词方式的研究还可以在教学方面给予我们一些启示。比如，在对外汉语词汇教学中，教师可以指导留学生关注属性词的成组性和显著的构词规律性，进而让他们体会汉语词汇的形式与意义之间的高度关联，为留学生更好地掌握汉语词汇的系统性打下基础。另外，属性词的词义多由语素义直接加合而来，引申义较少，因而成组属性词之间的语义对应性就比较显著。[①] 这种语义对应、形式严整、功能明确的词类非常适合采用语素教学法来教授。教师通过对构词语素的分析能够帮助留学生逐步建立"语素观"——汉语最小的词汇单位是语素，而不是词。这将对中高级阶段的对外汉语词汇教学大有裨益。

---

① 孟凯《成组属性词的对应性及其影响因素》，《中国语文》2008年第1期。

附录：现代汉语成组复合属性词（87组）

半自动：自动❸　必然❶：或然　编内：编外　长款¹：短款¹
长途❶：短途　长线❶：短线❶　长线❷：短线❷
初等❶：高等❶　次生：天生　大号²：小号¹❶
单口：对口❶　单向：双向　低倍：高倍　低层❷：高层❷
低层❸：高层❸　低产：高产❶　低端：高端❶　定期❷：活期
额定：额外　恶性：良性❶❷　非分❷：应分　分内：分外❷
否定❷：肯定❷　父系❶：母系❶　父系❷：母系❷
感性：理性❶　刚性❷：柔性❷　共时：历时❷　官办：民办
横向❶：纵向❶　横向❷：纵向❷　宏观❶：微观❶
急性❶：慢性❶　简装：精装❷　静态❷：动态❷
客观❶：主观❶　空心❷：实心❷　口头❷：书面
老牌❷：新兴　劣质：优质　民事：刑事　名优²：伪劣
内向❷：外向❷　内在❶：外在　逆时针：顺时针
轻型：重型　上上❶：下下❶　上上❷：下下❷
同性❶：异性❶　无偿：有偿　无机：有机❶　无形❶：有形
西式：中式　夕阳❷：朝阳❷　显性：隐性　线装：洋装²
业余❷：专业❸　正牌：冒牌　正牌：杂牌　草本¹：木本：藤本
草食：肉食❶：杂食❶　低档：中档：高档　巨额：大额：小额
多年生：二年生：一年生　宏观❷：中观：微观❷
精装❶：平装：毛装　卵生：卵胎生：胎生　次要：首要/主要
大量❶：小量/少量　短程：长程/远程　干⁵❻：亲❷/亲生
惯常❶：偶尔❷/偶发　家养：野❹/野生　家种❶：野❹/野生
历届/往届：应届　柔性❸：刚性❸/硬性　私立❷：公立/国立
下列：上列/上述　天然：人工❶/人造　新式：旧式/老式
正面❸：反面❷/负面　反季节/反季：应季/应时❶
公营/国营：民营/私营　大型：中型：小型：微型/袖珍
低龄：适龄：大龄/高龄❷：老龄

顶级／顶尖❸／超级／特级／高级❶：中级／初级／低级❶
超等／特等／头等／上等／高等❷／头路¹：中等❶／中路：次等／劣等／下等❷／初等❷

第二章

多义词、同义词、易混淆词研究

第一节 多义词在中介语语料库中的义项分布及偏误分析①

在第二语言教学领域,多义词学习已受到国外语言学界和国内外语学界的普遍关注,②其原因主要在于多义词的习得情况不仅仅代表学习者词汇学习的数量,同时也关系到词汇学习的质量。因为多义词的各个义项在语义上互有关联,多义词的学习过程实际上就是对目的语词义系统理解和掌握的过程。

目前针对汉语中介语多义词的研究尚不多见。在汉语作为第二语言的学习中,留学生在不同义项上使用多义词的情况如何?与母语为汉语者相比,有何不同?本研究基于北京语言大学"汉语中介语语料库",在义项标注的基础上统计分析汉语中介语中多义词的义项分布情况,并与现代汉语多义词进行对比,力求探明第二语言学习者使用汉语多义词的主要特点和存在的问题。

---

① 本文以《汉语常用多义词在中介语语料库中的义项分布及偏误考察》为题发表在《世界汉语教学》2007 年第 1 期,作者李慧、李华、付娜、何国锦。

② Tyler, A., & Evans, V. (2001). Reconsidering prepositional polysemy networks: The case of over. *Language*, 77(4): 724-765;瞿云华、张建理《英语多义系统习得实证研究》,《外语研究》2005 年第 2 期。

一、基础工作

（一）目标词的界定

本研究首先依据《现代汉语词典》（第5版，以下简称《现汉》）检索《（汉语水平）词汇等级大纲》甲级词中的多义词。由于本研究主要从词汇语义的角度进行，因此确定一个词是否作为我们要考察的多义词，主要看其是否含有两个或两个以上的动词、名词或形容词性的词义项，[①]姓氏义和未标注词性的语素义都不予考虑。在此基础上，参考国家语委现代汉语语料库（5000万字）的词频统计数据对这些多义词进行词频排序，最后选取前100位高频多义词作为研究对象；但由于国家语委的词频统计未区分同音同形词和异音同形词，因而将同形词计算在内，实际进入本研究考察的词语共118个。

（二）中介语语料的检索

本研究在北京语言大学汉语中介语语料库（200万字）中，按学习者汉语学习时间分三个水平等级对118个目标词进行检索。学习汉语时间在一年（含）以下的为第一等级，一年至两年（含）的为第二等级，两年以上的为第三等级。检索出的目标词语义不明或被用作别字的语例删除不计。如例（1）中的"天"：

(1) 我【天】在多喝一点儿水了，可我经常感冒。

经过删除处理后，进入本研究统计的有效词例共计170 398例。

---

① 《现汉》第5版对可以作为词使用的义项进行了词性标注，我们以此作为判断词义项的标准。

（三）义项的标注

我们依据《现汉》对中介语语料中的目标词进行义项标注。若《现汉》所列义项不能涵盖目标词的所有用例，则考虑新增义项。[①] 如，语料中出现很多"小＋姓氏"的组合，《现汉》"小"词条下无适用于此类组合的义项，因而我们新增义项"词缀，用于姓氏前，称年轻人或比自己小的人"。

（四）目标词使用偏误的标注

若偏误为目标词某义项上的，就标记为该义项的偏误；若不能判断偏误属于哪个义项，就放入"其他偏误"类，标记为"F"。（详见附录2）

二、汉语中介语语料库多义词义项分布

（一）多义词义项呈现情况及其在水平等级上的变化

多义词义项呈现情况可以通过义项呈现数和呈现率在整个语料库和不同水平等级上的表现来考察。呈现数是指某多义词在语料库中呈现出的义项的实际数目；呈现率为多义词义项呈现数在其词义项总数[②]中所占的比重。

118个多义词在现代汉语中词均义项数为4.62，在中介语语料库中词均义项呈现数为3.55，义项呈现数最高为13。具体如下：

[①] 多义词义项的增减依据"现代汉语多义词义项频率统计"课题组（张博、邢红兵主持）的讨论结果。

[②] 若中介语语料中出现了某词的语素义，亦将出现的语素义归入词义项计算。如"对"共15个义项，4个语素义项在语料中都呈现，11个词义项呈现8个，其义项呈现率为(8+4)：(11+4)，即80%。

表 1 多义词义项呈现数

义项呈现数	词数	比重 /%
1	12	10.17
2	34	28.81
3	24	20.34
4	18	15.25
5	13	11.02
6	8	6.78
7	2	1.69
8	3	2.54
9	1	0.85
10	1	0.85
11	0	0
12	1	0.85
13	1	0.85
总计	118	100

上表显示:(1)半数左右多义词的义项呈现数集中在 2 和 3,共 58 词,占 118 词的 49.15%。(2)10.17% 的多义词义项呈现数为 1,在中介语中丧失其多义性,表现为单义。

我们以词为单位,统计了 118 个多义词的义项呈现率,具体如下:

表 2 多义词义项呈现率

义项呈现数	词数	比重 /%
0—19.99	0	0
20—29.99	2	1.69
30—39.99	3	2.54

（续表）

义项呈现数	词数	比重 /%
40—49.99	3	2.54
50—59.99	14	11.86
60—69.99	15	12.71
70—79.99	11	9.32
80—89.99	15	12.71
90—99.99	1	0.85
100	54	45.76
总计	118	100

表2显示：（1）义项呈现率在50%以上的多义词高达93.21%，即绝大多数多义词义项呈现一半以上。义项呈现率低于50%的多义词较少，只有8个。（2）义项呈现率为100%的共54词，占118词的45.76%，比重最大。我们发现，这些多义词中义项数为2和3的居多，共38词，占54词的70.37%。（3）义项呈现率分布在0—19.99之间的多义词为0，这是因为，只有在义项数为5以上且多义词在语料中只出现1个义项时，才可能分布在此区间，但这种情况没有出现。

呈现率在不同水平等级之间的变化不甚明显，因此只考察义项呈现数的变化。我们分别统计了多义词义项呈现数在第一等级到第二等级（阶段一）和第二等级到第三等级（阶段二）的变化，即两个阶段义项呈现数的变化，具体数据①如下（"-"表示义项减少，"+"表示义项增加）：

---

① 需注意的是，某些词在不同等级不仅有呈现数量的增减，还有义项的更换，例如"新"第二等级呈现的是❶❷❹❺❼，第三等级呈现的是❶❷❹❻❼。此类共11词，我们只计数量变化，不计义项更换。

表 3　义项呈现数在不同水平等级上的变化

	呈现数变化值	-3	-2	-1	0	+1	+2	+3	总计
阶段一	词数	0	3	9	70	29	6	1	118
	比重 /%	0	2.54	7.63	59.32	24.58	5.08	0.85	100
阶段二	词数	1	0	17	78	18	4	0	118
	比重 /%	0.85	0	14.41	66.10	15.25	3.39	0	100

表 3 显示：（1）义项增减数最大为 3（包括减少 3 个义项和增加 3 个义项），两阶段词数及比重均随变化量绝对值的增加总体上呈逐降趋势。（2）两阶段义项呈现量变化值为 0，即无增减变化的多义词及比重均为最高，据另外统计，在 118 个多义词中，56 个多义词在三个等级中出现的义项及义项数量没有变化，占 47.46%，接近一半。（3）由各个阶段变化值的正负可以看出，两个阶段中义项数量增加的比重均高于义项数量减少的比重。而且第一阶段义项增加的比重明显高于第二阶段。

总体来看，在各个水平等级中，义项呈现数量发生变化的较少，而且也未发生较大幅度的增减。近一半的多义词呈现的义项在初级阶段就已经处于比较稳定的使用状态，特别是在第二阶段，义项呈现稳定的多义词已近 70%。这是因为本研究选择的这 118 个多义词是甲级词中的高频词语，一般常用的义项学生大多在低年级就已经接触，因而变化幅度不明显。

以上是多义词义项的呈现情况，在此次考察中我们注意到，有的多义词的义项呈现率虽然较高，但是其个别义项出现的次数极低，如"比^{1}❻"（团比方；比喻），在"比^1"的 1310 条语例中只出现一次。因此有必要进一步考察义项频率。

（二）多义词义项频率及其在水平等级上的变化

多义词义项频率是指多义词每个义项出现的词次在该多义词出现总词次中占的比重。我们根据义项标注的结果，对118个目标词各个义项的频率做了统计，具体分布如下：

表4　多义词义项频率分布

义项频率	义项数	比重 /%
0—9.99	344	63.12
10—19.99	34	6.24
20—29.99	27	4.95
30—39.99	18	3.30
40—49.99	18	3.30
50—59.99	13	2.39
60—69.99	13	2.39
70—79.99	13	2.39
80—89.99	22	4.04
90—100	43	7.89
总计	545	100

由表4可见：（1）留学生对多义词的使用较多集中在某一义项上。118个多义词共有545个义项，使用频率超过80%的有65个，即118个多义词中，有65个多义词留学生在使用时主要是集中在某个义项上，占总目标词的55.08%，比例超过一半。如"大¹"在语料库中出现5个义项，出现总词次为3341次，而义项❶（形在体积、面积、数量、力量、强度等方面超过一般或超过所比较的对象）在语料库中出现了3152次，占"大¹"出现总词次的94.34%，即留学生对"大¹"的使用主要集中在义项❶上，其余4个义项虽然出现，但使用频率较低。（2）

使用频率偏低和未使用的义项较多。使用频率分布在 0—9.99 之间的义项占 63.12%，比重较大。其中使用频率为 0 的义项有 126 个，占总义项的 23.12%。这些未使用的义项在现代汉语中的使用频率都相对较低，其中一部分为方言义（如"家（jiā）❿"：〈方〉形饲养后驯服）、古义（如"经济❺"：〈书〉动治理国家）、术语义（如"发生❷"：动卵子受精后逐渐生长的过程），这些义项在现代汉语中都属冷僻义，因而中介语语料中未出现。

义项频率在不同水平等级上有何变化？我们主要观察多义词在三个水平等级上出现频率最高的义项（以下简称"高频义项"）是否一致。具体如下表所示：

表 5 多义词高频义项在三个水平等级上的变化

类型	高频义项一致	高频义项不一致	总计
词数	102	16	118
比重 /%	86.44	13.56	100

表 5 显示：（1）86.44% 的多义词高频义项在各水平等级上的分布是一致的，这说明在不同水平等级上，留学生对大部分多义词的使用都集中在某一义项上。例如"出现"，共有两个义项，其高频义项为❶（动显露出来），在三个水平等级中，义项❶始终处于优势地位。（2）仅 13.56% 的多义词的高频义项在三个水平等级中不一致，如"到"共有 4 个义项，高频义项为❸（动用做动词的补语，表示动作有结果），但是它只在第二与第三等级中处于第一位，而在第一等级中，义项❶（动达于某一点；到达；达到）为使用频率最高的义项。

从整体上看，16 个高频义项不一致的多义词，其高频义项与在某一等级中暂时处于优势地位的义项在频率上的差距并不大。

也就是说，除高频义项以外，另一义项使用频率也较高，所以才有可能在某一等级中处于优势地位。如"天"的高频义项为义项❹（量用于计算天数），义项❸（名一昼夜二十四小时的时间，有时专指白天）在第二等级中处于优势地位。综合三个等级，义项❹的使用频率为49.68%，义项❸为44.92%，仅差4.76个百分点。

部分高频义项在某一水平等级上丧失了其高频地位，主要与留学生的汉语水平及多义词义项出现的顺序有关。如上面提到的"到"，义项❶为其本义，是留学生在初级阶段首先要学习的义项，而义项❸是"到"做补语的用法，它在教材中的出现要晚于义项❶，用法也要难于义项❶。因而，在第一水平等级中，义项❶的使用频率高于义项❸也就不足为奇了。

三、汉语中介语与现代汉语多义词义项频率对比

多义词的某一义项在中介语中没有出现或者出现频率较低并不能说明留学生对这个多义词或者这个义项掌握得不好，因为母语为汉语者在使用多义词时也存在义项呈现不均衡的现象。因此，我们利用张博、邢红兵主持的"现代汉语多义词义项频率统计"项目①的有关数据，将中介语多义词义项频率与现代汉语多义词

---

① 该项目在选择语料时特别注重时间上的当代性（20世纪90年代后）、语体上的口语性和题材的生活化，建立了一个计有2 093 076字、1 491 266词的语料库，语料分布如下：

类型	对话	报刊	汉语教材	科技文章	文学作品	合计
词数	516 666	244 302	166 704	22 534	541 060	1 491 266
比重/%	34.65	16.38	11.18	1.51	36.28	100

义项频率进行对比,①希望有助于加深我们对留学生多义词使用情况的认识。

(一) 中介语与现代汉语多义词义项频率等级序列对比

多义词义项频率等级序列是指多义词各个义项按呈现频率高低而形成的序列。我们只考察等级序列的两端——高频义项与出现频率最低的义项(以下简称"低频义项")在两语料库中是否一致。如果多义词高频义项和低频义项在现代汉语和中介语语料库中一致,称为两端一致,如"文化"在现代汉语与中介语中,义项频率最高的都是义项❶,最低的都是义项❷,其义项频率等级序列两端呈一致分布。若其中一个不一致称为一端不一致,如果高频义项和低频义项都不一致,称为两端不一致。以上三种情况的统计结果如下:

表6 现代汉语与中介语多义词义项频率等级序列对比

类型	两端一致	一端不一致	两端不一致	总计
词数	77	26	5	108
比重/%	71.30	24.07	4.63	100

对比发现:70%以上的多义词其高频义项和低频义项在中介语和现代汉语语料库中都呈现较为一致的分布。上文提到,有的多义词的某个义项在中介语语料中没有出现,通过对比发现这些义项在现代汉语中基本上都是使用频率很低或最低的义项,如"对❾"(〔动〕调整使合于一定标准),在中介语语料库中没有出现,在现代汉语料中出现4例,仅占该词总词次的0.09%,频率极低。

---

① "现代汉语多义词义项频率统计"依据2002版《现汉》进行义项标注,两版《现汉》在义项的分合、增减上存在一些差别,其中义项不对应的多义词共有10个,本研究暂不做比较。

又如:"用❻"(〈书〉连因此,因⑤)在中介语和现代汉语中都没有出现。

一端不一致的多义词共有 26 个,其中高频义项不一致的有 15 个,低频义项不一致的有 11 个,两端不一致的词语较少,仅有 5 个。详见表 7:

表 7 现代汉语与中介语义项频率等级序列不一致的多义词

不一致类型		词 例
一端不一致(26)	高频义项不一致(15)	工作、家(jiā)、来¹(lái)、老、起(qǐ)、起来(qǐ//·lái)、去¹(qù)、上¹(shàng)、思想、条件、为¹(wèi)、要²(yào)、影响、组织、前
	低频义项不一致(11)	可能、起来(//·qǐ//·lái)、上(//·shàng)、时间、世界、问题、小、真、种、让、日
两端不一致(5)		民族、上(·shang)、下²(xià)、要求、有

多义词等级序列不一致的情况、特别是高频义项不一致的情况说明,留学生因汉语水平以及生活学习环境的不同使某些多义词义项的使用频度与母语为汉语者存在差异。

在不一致的高频义项中,中介语中的高频义项往往是多义词的本义或者是意义较为简单的义项,而现代汉语中则是引申义项。如"来¹""去¹"这一对反义词在现代汉语与中介语中的高频义项都不一致。在现代汉语中,高频义项分别为引申义"来¹❺"(动用在另一动词前面,表示要做某件事)、"去¹❽"(动用在另一动词前面表示要做某件事);而在中介语中,高频义项分别为本义"来¹❶"(动从别的地方到说话人所在的地方)、"去¹❶"(动从所在地到别的地方)。又如"上(shàng)"在中介语中使用最多的是其本义❶(动表示由低处向高处),而现代汉语中使用最多的是其引申义❷(动表示有了结果或达到目的)。这在一定程度上也反映了学习者对多义词的学习情况，即对本义的理解和使用要更为容易一些，而对引申义的掌握要困难一些。

有的高频义项的不一致则主要与留学生的作文选题相关。汉语中介语语料库中留学生的作文大多是关于留学生活、旅游、爱好、自己的国家等，因而在多义词的使用中，某些与上述话题相关的义项会出现较多，如"下²❷"（动雨、雪等降落）在中介语语料库中的使用频率最高，出现333次，占"下²"总词次636次的52.36%，而在现代汉语中使用频率仅为26.14%，这是因为留学生作文中很多是介绍天气的，因而文中"下雨""下雪"这样的组合出现较多，致使义项❷的使用频率最高。

（二）多义词高频义项在现代汉语与中介语中的使用频率对比

我们对高频义项在现代汉语与中介语中的使用频率进行了对比。高频义项包括一致与不一致两种情况。高频义项一致的多义词共有88个，通过对比发现以下三种情况：

1.高频义项在现代汉语中的使用频率低于中介语，该类多义词占71.59%，所占比重较大。

2.高频义项在现代汉语与中介语中的使用频率相等，仅有3个。这3个多义词高频义项的使用频率都是100%，即这3个多义词在现代汉语与中介语中都只出现了一个义项，如"情况"共有2个义项，义项❷（名指军事上的变化，泛指事情的变化、动向）在两个语料库中都没有出现。

3.高频义项在现代汉语中的使用频率高于中介语，该类多义词占25%，虽然该类多义词所占比重不大，但是有的相差较大，最高的即"见¹❶"（动看到，看见），现代汉语中的使用频率是中介语中的1.75倍。

总体来看，70%以上的高频义项在现代汉语中的使用频率低于中介语，这说明留学生对高频义项的使用比母语为汉语者更为频繁。其中一个原因是中介语语料库中没有出现的义项远远多于现代汉语，这在一定程度上会使中介语中高频义项的使用频率增高，出现高于现代汉语的现象。

高频义项不一致的多义词共有20个。由于高频义项不一致，因而20个多义词在两个语料库中共有40个高频义项。

与一致高频义项相比，不一致高频义项的使用频率在现代汉语与中介语中的差距更大，其中差距最大的是"老❻"（前缀，用于称人、排行次序、某些动植物名），在现代汉语中为高频义项，频率为41.75%，而中介语中仅出现18次，占"老"总词次的5.83%。

差距的存在是必然的，从不一致高频义项的使用频率差距可以看出学习者对多义词义项的学习情况。如上面提到的"来^1""去^1"，二者作为一对反义词，本义相互对应，而且都衍生出了相同的义位，即"来^{1}❺"与"去^{1}❽"，用在另一动词前面，表示要做某件事。这两个义项在现代汉语中均为高频义项，出现频率分别为45.85%、54.89%；而在中介语中的使用频率都较低，分别为14.21%、28.01%。但是"来^{1}❺"在两个语料库中使用频率的差距要高于"去^{1}❽"，这说明学习者对前者的掌握和使用不如后者。

上面提到的"老❻"在现代汉语中使用频率最高，主要用于"老+姓氏"的组合中，用来称呼年龄较大的人，而中介语出现的18例只有1例用于"老+姓氏"，其余17例用于"老+排行"。这除了与课文内容相关之外，还可能与第二语言学习者的年龄相关。第二语言学习者大多为年轻人，作为说话者，同辈之间称呼可以用"小+姓氏"，而称呼比他们年纪大的人时不能用"老+

姓氏",因而在中介语中"老+姓氏"的组合很少出现;相反,"小+姓氏"在中介语中则多达291次。

总体而言,现代汉语中使用频率最高的义项在中介语中往往也使用最多,而汉语中使用频率最低的义项也是留学生较少使用的或者不用的。因而,从这个一致性出发,以汉语多义词义项的使用频率为参照,在教学和学习词典中安排多义词义项的顺序是合理的。[①] 但同时也应看到,由于留学生的生活环境和汉语水平毕竟与母语为汉语者存在较大差距,致使中介语某些多义词的义项频率等级序列与汉语并不相合。

四、汉语中介语语料库多义词使用偏误分析

(一)多义词义项误例统计

下面从两个方面来观察多义词的义项偏误。首先观察高频义项误例数与该多义词误例总数的比重。我们发现,大部分高频义项出现的误例数在该多义词误例总数中所占比重最大,在109个多义词(排除9个没有出现误例的多义词)中,98个属于这种情况,占多义词总数的89.91%。以下是109个高频义项误例比重的统计数据:

表8 多义词高频义项误例比重

高频义项误例比重	0	0.01—49.99	50—99.99	100	总计
义项数	5	19	53	32	109
比重/%	4.59	17.43	48.62	29.36	100

---

① 张博、邢红兵《对外汉语学习词典多义词义项收录排列的基本原则及其实现条件》,第二届对外汉语学习词典学研讨会论文,2006年7月。

从上表可以看出，80%的高频义项的误例分布都较广，出现的误例数都占该多义词误例总数的一半以上。误例比重为100%的高频义项有32个，其中9个多义词在中介语中只出现了1个义项，因此其高频义项的误例比重为100%。其余23个多义词只有高频义项出现偏误，也为100%。

高频义项由于基数较大，出现的误例也就较多；而其他义项频率较低，出现的误例也就较少。但若从偏误率（即该义项误例总数与该义项所有语例的比重）来看，高频义项的偏误率未必是最高的。

据统计，使用频率最高的义项其偏误率也最高的多义词有48个，在109个多义词中占44.04%，即一半以上的多义词其偏误率最高的义项为非高频义项。以下是109个多义词出现的395个义项的偏误率分布情况：

表9 多义词义项偏误率分布

偏误率 /%	高频义项		非高频义项	
	数量	比重 /%	数量	比重 /%
0	5	4.59	152	53.15
0.01—9.99	99	90.83	102	35.66
10—19.99	4	3.67	16	5.59
20—29.99	0	0	6	2.10
30—49.99	1	0.92	4	1.40
50—69.99	0	0	2	0.70
70—89.99	0	0	0	0
90—100	0	0	4	1.40
总计	109	100	286	100

从上表可以看出多义词高频义项与非高频义项的偏误率分布上的特点：（1）高频义项出现偏误的概率要远远高于非高频义项。在高频义项中只有 4.59% 的义项没有出现偏误，而有一半以上的非高频义项没有出现偏误。（2）大部分高频义项的偏误率较低。90% 以上的高频义项的偏误率分布在 0.01%—10% 之间，偏误率在 10% 以上的仅有 5 个，最高为 32.50%。而仅三分之一的非高频义项偏误率分布于 0.01%—10% 之间，偏误率在 10% 以上的非高频义项有 32 个，其中 4 个义项偏误率高达 100%。

虽然高频义项出现偏误的概率比较高，但是其偏误率一般都比较低，而非高频义项由于本身出现次数较少，因而某些义项出现偏误的概率就小。但是某些非高频义项的偏误率却非常高，如"对❶"、"起❾"、"上¹❷"、"思想❸"的偏误率高达 100%，我们发现这些义项的使用频率都较低，出现次数多为 1 次或 2 次，也就是说学习者对这些义项不仅使用得极少，而且掌握得也不好。

（二）多义词偏误规律分析

多义词具有多个义项，那么不同义项上出现的偏误是否有所不同？我们针对这一问题，以义项为单位，对多义词出现的偏误进行了考察。

首先我们发现词性不同的义项，出现的偏误会表现出不同的倾向，如：

"要求❶"（动提出具体愿望或条件，希望得到满足或实现）、"要求❷"（名所提出的具体愿望或条件）分别在 10.7 个句子中误用，义项❶ 的偏误主要表现为与近义词的混用和搭配错误，如：

（2）我知道【要求】您们这种事，给您们添麻烦，但是请承诺我的央求。

第一节 多义词在中介语语料库中的义项分布及偏误分析

(3)她很早以前已经死了,现在很【要求】采臣把她的骨埋在别的地方因为她在那个地方不能感到安静。

与近义词的混用是"要求❶"最突出的偏误表现,主要是与"请求"等近义词混用;搭配错误主要表现为与状语搭配的错误,如例(3)中与"很"的错误搭配。

"要求❷"的偏误主要表现为搭配错误,如:

(4)我也体会人口问题这么重要,但,有些父母的自然的【要求】也不充满。

(5)我觉得真正的友谊比较少,因为【要求】很大。

与"要求❶"不同,"要求❷"的搭配错误主要表现为与谓语的搭配错误。"要求❷"一般与"高""严格""多"等词语搭配,但是在中介语语料库中发现很多与"大""充满""重"等的错误搭配。

从上面的分析可以看出,"要求"❶❷出现的偏误分别具有自己的特点,两个义项在偏误上呈现出不同的倾向。

由于词性不同,义项出现的偏误的差别比较明显,但进一步观察发现,词性相同的义项出现的偏误也会呈现出不同的倾向,如:

"下¹"❶(名方位词。位置在低处的)、❸(名方位词。次序或时间在后的)、❺(名方位词。表示属于一定范围、情况、条件等)各出现2、3、16句误例。义项❶的偏误是将"下¹"用作动词的宾语,如:

(6)我还不由得记起孟子的"登东山而小鲁,登泰山而小天下",这就是说,由山上看【下】,鲁国(中国)实在是小,由泰山之顶看【下】,天下也是很小的。

"下¹❶"作为方位词一般是做介词的宾语,但不能做动词的宾语。

义项❸出现的3个误例均为构词错误，如：

(7)【下】天从五点排队才买到。
(8)她【下】年走去日本她参观我的家父亲很高兴认识她。来中国以后我们一起访问很多中国的地方，很多城市我病了的时候，阿里送到我医院、我住院了。

"下¹❸"有时间在后的意思，比如"下午""下次""下半年"等，学生在学习时往往会根据自己的理解类推出"下天""下年"这样的生造词。

义项❺出现的偏误为搭配错误，如：

(9)古时候，两个人结婚不见得是在爱情【下】才结婚。
(10)我在这些真实的历史记录【下】，知道了南京大屠杀事件的真相。

"下¹❺"多用于"在……下"的组合中，中间的搭配词一般为"情况、条件"等，但是学习者在使用这个常用搭配时，往往扩大了中间成分的范围，从而出现上述错误。

"下¹"的三个义项都属于方位词，但是出现的偏误各自表现出不同的倾向。因此，我们认为，在对多义词进行偏误分析时，应当按照义项分别进行考察，观察多义词不同义项上的偏误特点。

以往的偏误分析，都是就一个词而言的，不注意区分单义词与多义词。对于多义词，或者只关注出现次数最多的偏误，或者将多义词所有义项上出现的偏误混为一谈。这种做法将多义词偏误简单化，使偏误分析丧失针对性。多义词具有多个义项，在不同的义项上往往又有不同的用法，其使用偏误也表现出不同的倾向，因而应当注意区分多义词在不同义项上的偏误特点，以便在教学中更有针对性地预防和纠正学生在学习多义词时出现的错误。

五、结语

本研究基于汉语中介语语料库对118个常用多义词的使用情况进行调查，这项调查的结果给了我们三点重要的启示：（1）中介语中多义词义项等级序列与现代汉语存在较高的一致性，因此，对外汉语教材和学习词典在安排多义词义项时，应当注意参考现代汉语多义词义项频率统计数据，以便使常用义项优先学得。（2）中介语和汉语中部分多义词义项频率等级序列不一致，因此，在多义词教学和词典编纂中，既要注重频率原则，又要兼顾词义间的逻辑联系和第二语言学习者的表达需求。（3）中介语语料库中多义词的偏误倾向和规律与义项密切相关，因此，在教学中要有明确的义项观，不仅要有意引导学生在新义项和已学义项之间建立意义联系，同时还要注意发现学习者在不同义项上使用多义词时容易出现的问题，从而采取有针对性的教学对策，提高多义词教学的效率。

附录1: 本研究考察的118个多义词

比¹、表现、长（cháng）、长（zhǎng）、成¹、吃¹、出¹、出来（chū//·lái）、出来（//·chū//·lái）、出现、大¹、当²、到、地方（dìfāng）、地方（dì·fang）、对、多¹、发生、发现、发展、高、工作、关系、国家、好（hǎo）、好（hào）、后¹、会¹、会²、活动、技术、家（jiā）、见¹、

叫¹、叫²、教育、进行、经济、开始、看（kān）、看（kàn）、民族、话、科学、可能、可以¹、可以²、来¹（lái）、来（//·lái）、老、历史、利用、领导、没有¹、年、起（qǐ）、起（//·qǐ）、起来（qǐ·lái）、起来（//·qǐ//·lái）、前、情况、去¹（qù）、去（//·qù）、全、让、人、认识、日、上¹（shàng）、上²（shàng）、上（//·shàng）、上（·shang）、社会、生产、生活、时候、时间、世界、事、水、说（shuō）、思想、条件、天、通过、为¹（wèi）、文化、问题、下¹（xià）、下²（xià）、下（//·xià）、想、向¹、像、小、新、需要、学生、学习、研究、要²（yào）、要求、一般、一定、艺术、影响、用、有、月、运动、在、真、中（zhōng）、中（zhòng）、种（zhǒng）、走、组织、做

附录2：多义词信息样表

词条		为¹wéi（100）					发现（100）			
义项		*1	2	3	4	总计	1	2	总计	F
现代汉语	词次	89	89	271	148	597	131	650	781	
	比重	14.91	14.91	45.39	24.79	100	16.77	83.23	100	
中介语	词次	4	106	75	132	317	2	402	404	
	比重	1.26	33.44	23.66	41.64	100	0.50	99.50	100	
	误例数	0	5	6	4	15	1	5	6	5
	误例比重	0	33.33	40.00	26.67	100	16.67	83.33	100	
	偏误率	0	4.72	8.00	3.03	4.73	50	1.24	1.49	
等级	一		+	+	+	3	+	+	2	
	二	+	+	+	+	4		+	1	
	三	+	+	+	+	4	+	+	2	

说明：

（1）词条后括注数字为该多义词在中介语语料库中的义项呈现率。

（2）第二列为多义词义项序号，前标有"*"的为《现汉》标为语

素义但是在中介语中出现了的义项。

(3) 误例数为多义词各义项在中介语中误用的次数；误例比重为多义词义项误例数与该多义词误例总数的比重；偏误率为义项误例数占该义项出现总词次的比重。

(4) F 为中介语中出现的无法判断归入哪个义项的偏误，单独列出。

(5) "等级"栏为多义词义项在每个等级中的呈现情况，呈现即标记为 "+"。对应的 "总计" 为该多义词在每个等级中出现的义项数量。

第二节　汉语单双音同义动词研究 ①

一、引言

（一）问题的提出

同义词研究在词汇学领域历来是一个焦点。有关词汇学的论著和同义词词典都对此做了细致深入的探讨。但目前所存在的问题是，大多数学者多立足于汉语本体对同义词进行研究，结合对外汉语词汇教学对同义词进行研究的论著较少。比如"睡"和"睡觉"、"帮"和"帮助"等词是《汉语水平词汇与汉字等级大纲》中的常用词，但多数同义词词典不予收录。而在教学中碰到学生提出二者辨析的问题，老师经常用互相训释的方法处理，于是留学生便造出了"今天他睡觉得很晚""大家要互相帮"的句子。

---

① 本文以《HSK 单双音同义动词研究》为题发表在《世界汉语教学》2004 年第 4 期，作者程娟、许晓华。

（二）相关问题研究现状

有关同义词的研究，以往的学者在理论上主要从以下几个方面进行探讨，比如同义词的确定标准、同义词的分类、同义词的辨析方法、同义词的构成单位、同义词的特征以及同义词的作用等。目前专门就单双音同义动词进行探讨的论文尚不多见，有些学者主要是在探讨同义词的特点时对此有所涉及。

比如刘叔新论及"现代汉语同义组的特点"时指出："在进入同义组的词的构成上，有两个重要特点，很利于人们辨析意义的细微差异。"一是"同一同义组的词大多含有共同的语素"；二是"单音词同由它发展的同义复合词互相对应"。并进而论述二者在意义上的主要差异："彼此同义的复合词和单音词，相互在意义上的差别，通常主要在于单音词不如发展出的复合词表现得那样显豁、具体，往往还没有复合词所强调的地方，没有它的特殊意味或较重的语气。"以及二者在使用时的主要差异："单音成员一般多同单音词搭配，双音词成员却往往以同双音词搭配较为适当。"[①]

针对留学生在单双音同义词辨析方面的问题，北京语言大学的两篇硕士学位论文对同义动词从不同角度进行了探讨。一篇是许晓华的《HSK 甲乙级动词同义组研究与探讨》，另一篇是季谨的《HSK 甲级单双音同义动词替换类型与原因考察》[②]。本研究进一步扩大了单双音同义词的考察范围，对单双音动词的同义类

---

① 刘叔新《汉语描写词汇学》，商务印书馆，1990 年。
② 许晓华《HSK 甲乙级动词同义组研究与探讨》，北京语言大学硕士学位论文，2003 年；季谨《HSK 甲级单双音同义动词替换类型与原因考察》，北京语言大学硕士学位论文，2003 年。

型进行了计量分析，进而探讨单双音同义动词的辨析角度与方法，并试图对造成二者辨析角度差异的原因做出解释。

（三）单双音同义动词的界定

1. 意义方面。

同义词的同是以词的词位意义为基础。关于同义词的意义标准目前尚有很大分歧，我们主要借鉴了符淮青的观点。[①] 符淮青先生在借鉴英国学者莱昂斯有关词义理论的基础上，提出应将词义内容区分为词位意义（sense 义项义）和应用中的词的具体所指（reference）等不同方面，并指出确定同义词应依据词的词位意义，而非词位和词位在具体运用中的具体所指（因为在具体语言运用中，词位义 T 和具体所指对象 R 并不是固定不变的）。

其词位义相同相近的程度，除借鉴前人的有关论述之外，还参照了《汉英双语现代汉语词典》以及《汉语 8000 词词典》中的英文释义。一般来说我们所选择的一组同义词，其英文释词基本相同。

2. 词性方面。

尽管同义词的词性标准还存在一定分歧，一般来说从事对外汉语教学的学者所用的标准较宽，但目前从我们所搜集到的语料来看，单双音同义动词的词性基本上是一致的。

3. 单双音同义动词的范围与语料来源。

本研究所讨论的单双音同义动词限制在《汉语水平词汇与汉字等级大纲》范围之内，其双音词的某一语素须与单音词相同，如"长"与"生长"、"信"与"相信"。而双音词语素与单音

---

① 符淮青《同义词研究的几个问题》，《中国语文》2000 年第 3 期。

词不相一致的同义词，如"爱"与"喜欢"以后再做讨论。由于助动词是动词中比较特殊的一类，本研究暂不涉及。

对多义词而言，本研究同义词的同是建立在词的基本义、常用义之上。众所周知，单音词大都有多个义项，因此对多义单音词而言，是以词的基本义项、常用义项为依据。在此主要借鉴了《现代汉语词典》（2002年增补本，以下简称《现汉》）的释义。

文章的例句主要来自《现汉》《汉语8000词词典》《汉语常用词用法词典》《现代汉语规范词典》以及《动词用法字典》等多部辞书，因为以上词典中的用例丰富经典，侧重于口语；同时查阅了《北京青年报》网络版的相关同义词用例，加以补充。

二、HSK 单双音同义动词的分类与界定

我们共筛选出单双音同义动词181对，按词位意义是否相同分为两大类。

（一）词位义相同的单双音同义动词

据统计，该类词共计76对，占单双音同义动词总数的42%。该类词的界定主要参照《现汉》的释义模式。对词位义相同的单双音同义动词《现汉》在释义上主要有以下特点：

1. 以对应的双音动词解释单音动词。

该类词数量最多，共58对，占词位义相同同义词总数的76.3%。比如，"帮／帮助"是一对同义词，《现汉》对二者的解释：【帮[1]】❶帮助：大孩子能～妈妈干活儿了。【帮助】替人出力、出主意或给以物质上、精神上的支援：互相～｜～灾民。其他同义词如"超／超过、查／检查、测／测量、代／代替、待／对待、

赌／赌博、堆／堆积、否／否定、还／归还、建／建筑、搅／搅拌、禁／禁止、拒／拒绝、考／考试、连／连接、没／没有、盼／盼望、赔／赔偿、聘／聘请、燃／燃烧、摄／摄影、胜／胜利、睡／睡觉、算／计算、搜／搜查、叹／叹气、忘／忘记、畏／畏惧、学／学习、占／占据、照／照射、增／增加、胀／膨胀、震／震动、知／知道、治／治理、制／制造、铸／铸造、奏／演奏"等，都采用了以上释义模式，即用双音词解释单音词，而对双音词进行具体的描写说明。

2. 以对应的单音动词解释双音动词。

该类词数量最少，仅有 5 对，占词位义相同同义词总数的 6.6%。比如，"寻找／找"是一对同义词，《现汉》的处理方式是：【寻找】找：～失物|～真理。其他同义词如"给／给以、关／关闭、拍／拍摄、洗／洗涤"等，都采用了该种释义模式。

3. 单双音动词释语相同。

该类词仅有 6 对，占词位义相同同义词总数的 7.9%。如《现汉》对同义词"购／购买"的处理方式相同：【购】买：采～|统～统销|认～公债。【购买】买：～力|～年货。其他同义词如"喊／喊叫、售／出售、忘／忘却、寻／寻找、祝／祝愿"等，都采用了以上的释义模式。

4. 其他。

对单双音动词分别加以解释，单音动词多用语词式，双音动词多用描写说明式，二者虽然释语不同，但实质相同。比如，"别／离别"这一对同义词，《现汉》的处理方式是：【别[1]】❶ 分离：告～|临～纪念|久～重逢。【离别】比较长久地跟熟悉的人或地方分开：三天以后咱们就要～了|～母校已经两年了。我们查阅了"分离"

一词的注释,【分离】❷别离:～了多年的兄弟又重逢了。而【别离】《现汉》释义为:离别:～了家乡,踏上征途。如果我们用形式化的方式来表示:别 = 分离 = 别离 = 离别。因此我们认为同义词"别/离别"的词位义相同。类似的同义词还有"爱❷/喜爱、聊/聊天、抄/抄写、盗/盗窃、偷/偷窃"等。需要指出的是,对"予/予以"一对同义词,《现汉》的处理方式有所不同,二者都采用了语词式,比如【予】给。【予以】给以。由于"给/给以"词位义相同,因此我们认为"予/予以"的词位义也应当相同。属于"其他"类情况的同义词仅有 7 对,占词位义相同同义词总数的 9.2%。

需要注意的是,尽管有些单双音动词其词位义相同,但在实际运用中还存在一定的区别。比如"给/给以",《现汉》的释义是:【给】❶使对方得到某些东西或某种遭遇:叔叔～他一支笔|杭州～我的印象很好|我们～敌人一个沉重的打击。【给以】给①:职工生病的时候应当～帮助|对于劳动竞赛中优胜的单位或个人,应当～适当的奖励。《现汉》同时指出"给以"在使用中后面只说所给的事物(并且多为抽象事物),不说接受的人。如(表1):

表 1

例 句	给	给以
这条裙子～妹妹。	+	−
他的话～我很多启发。	+	−
对工作中有成绩的同志,我们应当～一定的物质奖励。	+	+
一个地区受了洪灾,全国各地都～支援。	−	+

因此对该类词的辨析,一方面要结合词典释义,另一方面还

要考察词语的实际运用情况。关于同义动词在意义上的差异，我们将在后文集中进行探讨。

（二）词位义相近的单双音同义动词

据统计，词位义相近的单双音同义动词共计 105 对，占同义词总数的 58%。词位义相近的单双音同义动词的界定也主要参照词典的释义模式。对词位义相近的单双音同义动词，词典在释义上主要具有以下特点：

1. 以对应的双音动词解释单音动词，但双音动词仅占释语的一部分。

该类词共计 43 对，占词位义相近同义词总数的 41%。比如"忍／忍受"是一对同义词，《现汉》对二者的释义如下：【忍】❶忍耐；忍受：容～|～痛|～让|是可～，孰不可～。【忍受】把痛苦、困难、不幸的遭遇等勉强承受下来：无法～|～苦难。一般来说单音语素未与其他语素结合之前，其指称范围较大，表意比较模糊，一旦进入到双音词中其意义便明晰起来。因此采用该种释义模式的同义词其指称范围都有一定差异，单音词所包含的内容更丰富，而双音词所包含的内容则小些。如"忍"所包含的意义除"忍受"之外，还有"忍耐"的意思，因此在下列句子中多用"忍"，而不能用"忍受"替换。

她本来绷着脸，让我一逗，忍不住笑了。（*忍受）
我忍着没发火。（*忍受）

其他同义词如"比／比较、办／办理、保／保护、变／变化、藏／躲藏、成／成功、到／到达、等／等待、调／调动、改／改变、供／供应、管／管理、滚／滚动、见／看见、耗／消耗、护／保护、获/获得、降/降低、练/练习、流/流动、派/派遣、骗/欺骗、缺/缺乏、容/容纳、溶/溶化、溶/溶解、修/修理、运/运输、长/生长、助/帮助、住/居住、筑/建筑"等,其释义模式都属于以上情形。

2.单双音动词的释语包含某些相同相近的成分。

该类词共计 37 对,占词位义相近同义词总数的 35.2%。对其中的一个词,词典多用语词式释义。比如"照/照耀",《现汉》释义如下:【照】照射:日~|阳光~在窗台上|用手电筒一~。【照耀】(强烈的光线)照射:阳光~着大地。二者释语中都包含"照射"一词。但"照"一般多用于具体事物,而"照耀"既可用于具体事物,也可用于抽象事物。在与具体事物搭配方面,"照耀"由于受语义"强烈的光线"的制约,不如"照"用得那么广泛。例如(表 2):

表 2

例 句	照	照耀
他用马灯给我~着路。	+	-
无数盏灯把体育场~得像白昼一样。	+	+
~着前程/~着征途	-	+
先烈的英雄事迹将永远~后世。	-	+

又如"摇/摇晃",《现汉》的释义如下:【摇】摇摆;使物体来回地动:~动|~晃|~手|~铃|~橹|~纺车。【摇晃】摇摆:~灯光|摇摇晃晃地走。二者释语中都包含"摇摆"一词。但"摇"还含有"使动"的意义,后多带宾语。其他同义词如"败/失败、扮/扮演、颤/颤抖、称/称呼、猜/猜测、出/出来、出/出去、抖/颤抖、懂/懂得、返/返回、关/关闭、过/经过、

缴／缴纳、耗／耗费、混／混合、毁／毁坏、寄／邮寄、亏／亏损、讲／讲话、进／前进、进／进来、进／进去、攀／攀登、陪／陪伴、缺／缺少、生／生产、死／死亡、谈／谈论、投／投掷、掷／投掷、握／把握、掀／掀起、予／予以、造／制造、占／占领"等，其释义模式都属以上情形。

3.对单双音动词分别加以解释，所用释语不同。

该类词共计 25 对，占词位义相近同义词总数的 23.8%。对该类词词典多采用说明描写式释义。比如"换／交换"，《现汉》释义如下：【换】❶给人东西同时从他那里取得别的东西：交～｜～调。【交换】双方各拿出自己的给对方；互换：～纪念品｜～意见｜两队～场地。

二者释义不同，搭配对象也有差异，单音动词"换"多用于具体的事物；而双音动词"交换"既可是具体的事物，也可是抽象的事物。其他同义词如"唱／歌唱、付／支付、飞／飞翔、花／花费、记／记得、叫／叫喊、叫／叫嚷、捐／捐助、看／看见、领／带领、略／省略、拟／拟定、陪／陪同、劝／劝告、抢／抢劫、烧／燃烧、生／生产、省／俭省、属／归属、听／听见、问／询问、演／演出、遭／遭到、炸／爆炸、植／种植"等，其释义模式都属于以上情形。

三、HSK 单双音同义动词的主要差异

从词位义角度对单双音同义动词分类的目的，主要是为了更有针对性地探讨辨析该类同义词的角度和方法。一般来说，对词位义相同的单双音同义动词而言，其差异主要表现在音节制约、

句法功能不同等方面，仅有部分同义词存在着搭配上的区别；而对词位义相近的同义词来说，其差异首先表现在意义制约方面，其次才是音节制约、句法功能差异等问题。因此对单双音同义动词差异的分析探讨，我们主要借鉴了已有研究成果，一方面参照词典释义，但更重要的是考察同义词语在组合中的情况。下面主要从意义内容、音节制约、句法功能、语体色彩等方面考察二者的主要区别。

（一）意义内容的差异

这里的"意义内容"（理性义方面）所指范围较大，既包括词位意义（sense 义项义），也包括应用中的词的具体所指（reference）等不同情况。据统计，在意义内容方面表现出一定差异的单双音同义动词共计 121 对，占单双音同义动词总数（181）的 67.4%。其中词位义相同但搭配对象有一定差异的同义词有 16 对，占 121 对同义词总数的 13.2%；词位义相近、搭配对象有一定差异的同义词有 105 对，占 86.8%。

1. 词位义相同，但搭配范围不同。

该类词主要是针对词位义相同的单双音同义动词而言。据统计，该类同义词仅有 16 对，占词位义相同的同义词（76 对）总数的 21%。该类词的共同特点是：在《现汉》中，大都是用双音词解释单音词，个别的是用单音词解释双音词。从词位义方面分析，单双音动词没有什么差异，但在具体语境中却有一定区别。比如"得/得到"，《现汉》释义为：【得[1]】得到（跟"失"相对）：取～｜～益｜不入虎穴，焉～虎子。【得到】事物为自己所有；获得：～鼓励｜～一张奖状｜～一次学习的机会｜得不到一点儿消息。我们还可以补充以下例句（表 3）：

第二节 汉语单双音同义动词研究

表 3

例　句	得	得到
这次比赛，小李～了冠军。	+	-
我最近没～过感冒。	+	-
他前一段～了一场大病。	+	-
你真是～便宜卖乖。	+	+
老王～一个出国深造的机会。	-	+
～大家的认可。	-	+

从中我们可以看到，单音动词"得"与双音动词"得到"尽管词位义一致，但在搭配范围上有较大的区别："得"侧重于具体事物，事物现象可以是积极意义的，也可以是消极意义的；而"得到"多与抽象事物相搭配，事物现象多是积极意义的。

又如"挑/挑选"，《现汉》释义如下：【挑[1]】❶挑选：～心爱的买。【挑选】从若干人或事物中找出适合要求的：～人才|～苹果|小分队的成员都是经过严格～的。

我们还可以补充下列例句（表 4）：

表 4

例　句	挑	挑选
～衣服/种子/电视机	+	+
～女婿/丈夫	+	+
～几个身强力壮的。	+	+
～干部/运动员	-	+
人家把坏的～出去。	+	-

从中我们可以看出单音动词"挑"多用于具体事物方面，事物现象可以是积极意义的，也可以是消极意义的；而"挑选"的搭配范围多是积极意义的。

再如"寻/寻找",《现汉》释义为:【寻²】找:～求|～觅|～人|搜～。【寻找】找:～失物|～真理。我们还可以补充以下例句(表5):

表5

例　句	寻	寻找
我得了这个病,老也治不好,后来～了个偏方,就治好了。	+	+
孩子丢了,大家到处去～。	+	+
毕业生们自己去～用人单位。	—	+
～出路/目标	—	+

从中可以看出,单音动词"寻"多用于具体事物,而双音动词"寻找"既可用于具体事物,也可用于抽象事物。据统计,在16对词位义相同的单双音同义动词中,搭配对象主要体现为具体与抽象之别的有4对,占16对同义词总数的25%,除上文所举的"给/给以、寻/寻找"等同义词外,还有"熄/熄灭、追/追赶"等;搭配对象主要体现为范围大小之别的有7对,占43.8%,比如"堵/堵塞、封/封闭、积/积累、聚/聚集、买/购买、挑/挑选、选/挑选"等;搭配对象主要体现为人与物之别的有2对,占12.5%,比如"替/代替、信/相信"等。其他较复杂情况的有3对,比如"经/经过、停/停止、止/停止"等,占18.7%。以下是词位义相同的单双音动词差异分布的情况(表6):

表6

类型	具体与抽象之别	范围大小之别	人与事物之别	其他	合计
数量	4	7	2	3	16
比例	25%	43.8%	12.5%	18.7%	100%

当然有些词义的辨析比较复杂，既有具体与抽象的差异，同时又有积极意义与消极意义的差异，比如"得/得到"等。这里仅取其某一方面的情况加以分析讨论。

2. 词位义相近，搭配范围等不同。

该类词主要是针对词位义相近的单双音同义动词而言。据统计，该类同义词共计 105 对，占单双音同义动词总数（181）的 58%。符淮青对表示动作行为的词在词典中的释义模式进行了深入细致的分析，并用公式表示为：$A+^bB+^dD_1+^dD_2+\cdots^eE+F$。其中 A= 原因、条件，B= 施动者，b= 施动者的各种限制，D_1= 动作 $_1$，d_1= 动作 $_1$ 的各种限制，D_2= 动作 $_2$，d_2= 动作 $_2$ 的各种限制，E= 关系对象或关系事项（E 或同 D_1 或同 D_2 发生关系），e= 关系对象或关系事项的各种限制，F= 目的、结果。① 在此基础上，我们将动词的释义模式概括为三个方面的内容，即：动作行为的主体，动作行为本身，动作行为的关系对象。对单双音同义动词的意义辨析我们主要从以上三个方面入手。

（1）单双音同义动词在行为主体方面所存在的主要差异。

据统计该类同义词数量较少，有 19 对，占 105 对同义词总数的 18.1%。细分主要有以下情形：

①动作行为的主体在人与动物、植物等方面的区别。该类词有 5 对，占 19 对同义词总数的 26.4%。例如"产/生产"，《现汉》释义为：【产】❶人或动物的幼体从母体中分离出来：～妇｜～籽｜～卵。【生产】ⓓ生孩子。从词典释义本身即可看出，单音动词"产"的行为主体可以是人，也可以是动物；而双音动词"生产"的行为主体多是人。

---

① 符淮青《词义的分析和描写》，语文出版社，1996 年。

又如"叫/叫喊",《现汉》释义为:【叫¹】❶人或动物的发音器官发出较大的声音,表示某种情绪、感觉或欲望:鸡～|蝈蝈儿～|拍手～好|大～一声◇汽笛连声。【叫喊】大声叫;嚷:高声～|～的声音越来越近。从词典释义本身可以看出,单音动词"叫"的搭配范围较大,可以是人,也可以是动物,或是无生命的事物;而双音动词"叫喊"搭配的范围有一定限制,只能是人。其他同义词如"叫/叫嚷、生/生育"等都属于以上类型。

许晓华曾提到"长/生长"一对同义词。① 《现汉》释义为:【长¹】:生长;成长:杨树～得快|这孩子～得真胖。【生长】生物体在一定的生活条件下,体积和重量逐渐增加。～是发育的一个特性|～期。我们还可以补充下列例句(表7):

表7

例　句	长	生长
山坡上～着一人多高的野生植物。	+	+
高山上～着雪杉。	+.	+
这孩子～得真快!	+	－

从中可以看出,单音动词"长"的搭配范围较大,可以是人,也可以是植物;而双音动词"生长"多为植物。

②动作行为的主体在具体事物与抽象事物方面的区别。该类词数量较少,占10.5%。例如"死/死亡",《现汉》释义为:【死】❶(生物)失去生命(跟"生、活"相对):～亡|～人|这棵树～了◇～棋|～火山。【死亡】失去生命(跟"生存"相对):～率。我们还可以补充以下例句(表8):

---

① 许晓华《HSK 甲乙级动词同义组研究与探讨》,北京语言大学硕士学位论文,2003年。

表8

例　句	死	死亡
不知什么原因，她家的鸡一下子都～光了。	+	−
殖民主义正在走向～。	−	+
许多动物由于缺少生态环境而～。	−	+

从中可以看出，单音动词"死"多用于具体事物；而双音动词"死亡"还可用于抽象事物。其他同义词如"进／前进"等。

③动作行为的主体在有生命与无生命方面的区别。该类词数量较少，仅占15.8%。比如"颤／颤抖"，《现汉》释义为：【颤】颤动；发抖。【颤抖】哆嗦；发抖。一般来说，单音动词"颤"所搭配的范围较大，可以是有生命的，也可以是无生命的。而双音动词"颤抖"所搭配的对象多是无生命的。请看下列例句（表9）：

表9

例　句	颤	颤抖
吓得声音都～了。	+	+
小羊见到狼之后，四条腿不停地～。	+	+
挑起扁担一～一～地走了。	+	−

其他同义词如"滚／滚动、败／失败"等。

④动作行为的主体在范围大小方面的区别。该类词数量最多，占19对同义词总数的42.1%。比如"飞／飞翔"，都可用于动物，但"飞"的范围较大，既可用于禽类，也可用于昆虫；而"飞翔"只可用于飞禽。其他如"亏／亏损、流／流动、炸／爆炸、成／成功、到／到达、照／照耀"等同义词在动作行为的主体范围上都有较大的区别。

⑤动作行为的主体同为一类事物，但在使用上有明显的不同。

该类词数量最少,仅占 5.2%。比如"称/称呼",都只用于人,《现汉》释义为:【称^1】❶ 叫;叫作。【称呼】❶ 叫。但二者在使用上却有一定的差异,单音动词"称"既可用于自己,也可用于别人;而双音动词"称呼"多用于对他人的称谓方面。比如(表 10):

表 10

例 句	称	称呼
他自~诗人。	+	-
他足智多谋,人~智多星。	+	-
她被人们~为英雄。	+	-
你说我该怎么~她?	-	+
我~她阿姨可以吗?	+	+

以下是单双音同义动词动作行为主体差异的分布情况(表 11):

表 11

人与动物、植物之别	具体与抽象之别	有生命与无生命之别	范围大小之别	其他	合计
5	2	3	8	1	19
26.4%	10.5%	15.8%	42.1%	5.2%	100%

(2)单双音同义动词在关系对象方面的差异。

据统计,该类同义词数量最多,有 63 对,占 105 对同义词总数的 60%。细分主要有以下情形。

①关系对象在范围大小方面的区别。一般来说,单音动词的搭配范围较大,而双音动词的搭配范围较小。比如"问/询问",《现汉》释义为:【问】❶ 有不知道或不明白的事情或道理请人解答:询~|~事处|不懂就~|答非所~。【询问】征求意见;

打听：他用～的目光望着大家 | 向经理～公司的情况。我们还可以补充以下例句（表12）：

表12

例　句	问	询问
这道题不会，就～同学。	+	－
他在～对方的电话号码。	+	+
～问题／～路	+	－
他向当地群众～了受灾的情况。	－	+

从中可以看出，单音动词"问"的搭配范围较广，可以是大事，也可以是小事；而双音动词"询问"一般多用于大事方面。其他如"办／办理、比／比较、避／躲避、猜／猜测、唱／歌唱、超／超过、等／等候、调／调动、改／改变、管／管理、缴／缴纳、捐／捐献、毁／毁坏、领／带领、抢／抢劫、劝／劝告、忍／忍受、烧／燃烧、属／属于、投／投掷、握／把握、修／修理、演／演出、运／运输、植／种植、掷／投掷、住／居住"等同义词大都属于以上类型。该类同义词数量最多，有35对，占63对同义词总数的65.5%。

②关系对象在具体事物与抽象事物方面的差异。比如"缺／缺乏"，《现汉》释义为：【缺】❶缺乏；短少。【缺乏】（所需要的、想要的或一般应有的事物）没有或不够。一般来说单音动词"缺"既可搭配具体的人或事物，也可搭配抽象的事物；而双音动词"缺乏"多搭配抽象事物。例如（表13）：

表13

例　句	缺	缺乏
我们这儿人手不够，还～几个人。	+	－

(续表)

例　句	缺	缺乏
庄稼～肥～水就长不好。	＋	－
～材料／～经验／～锻炼	＋	＋

又如"省／节省",《现汉》释义为:【省¹】俭省;节约(跟"费"相对):～钱｜～吃俭用。【节省】使可能被耗费掉的不被耗费掉或少耗费掉:～时间｜～劳动力｜～开支。我们还可以补充以下例句(表14):

表14

例　句	省	节省
骑自行车～鞋。	＋	－
为了买一台计算机,他～吃～喝。	＋	－
今天我～了两顿饭。	＋	－
～点精力吧。	＋	＋

从中我们可以看出,单音动词"省"所搭配的范围较大,既可以是具体事物,也可以是抽象事物;而双音动词"节省"多用于抽象事物方面。其他如"攀／攀登、容／容纳、保／保护、等／等待、赌／赌博、耗／消耗、耗／耗费、获／获得、掀／掀起"等同义词都属于以上类型。该类词有21对,占58对同义词总数的36.2%。

③关系对象在人与事物方面的区别。比如"练／练习","练"包含"练习;训练"等意义,因此可以说"练兵,练毛笔字"等;而"练习"因不具有"训练"的意义,所以一般不可与"兵"搭配。又如"躲／躲避",单音动词"躲"搭配的对象可以是人,也可以是物,比如"躲人,躲雨,躲车"等;而双音动词"躲避"

多与人相关的词语相搭配。同样"演／演出"这一对同义词,单音动词"演"包含有"表演技艺；扮演"等意义,所以可以说"演节目,演阿庆嫂"等；双音动词"演出"只能用于"节目,杂技"等事物方面。该类词数量较少,占58对同义词总数的8.6%。其他同义词如"供／供给、供／供应"等。

④关系对象在有生命与无生命方面的区别。比如"闭／关闭",一般来说,单音动词"闭"所搭配的对象可以是有生命的,也可以是无生命的；而双音动词"关闭"所搭配的对象多是无生命的（表15）。

表 15

例　句	闭	关闭
门窗都紧紧~着。	+	+
把嘴~上。	+	-
~上了眼睛。	+	-
~目养神／~口无言	+	-

又如"派／派遣","派"含有"分配,派遣,委派,安排"等意义,可以说"派人,派车"；但"派遣"的搭配对象只能是人,比如"派遣代表团出访欧洲"。该类词有2对,占58对同义词总数的3.4%。以下是单双音同义动词关系对象差异的分布情况（表16）：

表 16

类型	范围大小之别	具体与抽象之别	人与事物之别	有生命与无生命之别	合计
数量	35	21	5	2	63
比例	55.6%	33.3%	7.9%	3.2%	100%

(3) 单双音同义动词在动作行为方面的差异。

在动作行为的主体、关系对象都比较一致的情况下，若单双音同义动词还不可完全互换，可考虑行为自身方面的制约。据统计，该类词有 20 对，占 105 对同义词总数的 19%，主要有三种类型：①双音动词强调动作行为的结果。如"遭／遭到、懂／懂得、记／记得、看／看见、失／失掉、失／失去、听／听见、降／降低、拟／拟定"等同义词，其中双音动词多为动补结构，含有结果意义。②双音动词强调动作行为的趋向。如"进／进来、进／进去、出／出来、出／出去、返／返回"等同义词，其中双音动词多为动补结构，含有趋向意义。③双音动词强调动作行为的方式或目的。如"陪／陪同"，《现汉》释义为：【陪】陪伴。【陪同】伴随着一同（进行某一活动）。双音动词"陪同"所强调的目的意义是单音动词所不具备的，所以单音动词的后面可以不接其他行为动词，而双音动词后如果不接其他行为动词则表意不够完整。如：

今天你哪儿也别去，在家陪弟弟。（*陪同）
陪同客人前往故宫参观。（√陪）

(4) 复杂情况。

有些同义词的情况比较复杂，可能会同时涉及行为主体与关系对象的问题。比如"藏／躲藏"，《现汉》释义为：【藏】躲藏；隐藏。【躲藏】把身体隐蔽起来，不让人看见。比如（表 17）：

表 17

例　句	藏	躲藏
他悄悄地～在门后。	+	+
～粮食／～钱	+	－
山里～着很多金银财宝。	+	－

从中我们可以看出,"藏"的搭配对象,既涉及行为主体"他",又涉及关系对象"粮食、钱、金银财宝"等;而"躲藏"仅涉及行为主体方面的问题。其他如"躲/躲藏"等同义词都属于以上情形。该类词数量很少,仅占 2.8%。

有关词位义相近的同义词主要差异情况如下(表 18):

表 18

类型	行为主体方面的差异	关系对象方面的差异	动作行为本身的差异	复杂情况	合计
数量	19	63	20	3	105
比例	18.1%	60%	19%	2.9%	100%

需要强调的是,有些同义词的差异实际上同时涉及多个方面,比如既有关系对象方面的差异,又有行为本身方面的差异。这里仅是依据同义词的主要差异进行的一种归类。

(二)音节方面的差异

众所周知,在语用中汉语的单音词多与单音词相搭配,双音词多与双音词相搭配。比如"禁烟"与"禁止吸烟","办事"与"办理事务"等。究其原因,冯胜利已做了专门探讨,特别是他对动宾结构[1+2]与[2+1]模式的分析,对我们有很大启发。他指出:"就句子的基本结构而言,双音动词一般不能支配一个单音成分。这可以从下例的动宾关系看出来(轻读的单音宾语如代词'他'不在这条韵律规则控制之内):种树—*种植树、还钱—*归还钱、读报—*阅读报、选课—*选择课、浇花—*浇灌花、砍树—*砍伐树。一般说来音量实足的双音动词不能以单音成分为宾语。"[①]结合单双音同义词教学,可以这样理解:虽然单音词与双音词在

---

① 冯胜利《汉语的韵律、词法与句法》,北京大学出版社,1997 年。

音节选择上都有一定限制，但相比而言，在动宾结构关系中单音词的使用似乎更自由一些，从例句中可以看出，单音动词既可以与单音名词相搭配，也可以与双音名词相搭配。而双音动词受制约的程度更强一些，只可以与双音词语相搭配。

（三）句法功能方面的差异

单双音动词在句法功能方面的差异主要表现在以下方面：

1. 所带补语的差异。

许晓华指出：在65组单双音对应的同义词中，"其中25组单音词能带结果补语、程度补语或可能补语，而同组的双音节词往往很少带补语"。比如"学/学习、答/回答、帮/帮助、查/检查、抄/抄写"等。①

我们以孟琮等主编的《动词用法词典》为依据，对单双音动词带补语的情况进行考察，发现单音动词大都可以带补语，而且补语的类型丰富多样，除结果、程度、可能补语之外，还可以是趋向、数量、状态甚至介词短语等。而双音动词在带补语方面却有较大的限制，大多可以带可能补语、数量补语等，较少带结果补语。以"帮/帮助"为例（表19）。

表19

补语类型	例句	帮	帮助
结果补语	～错了对象了。	+	-
趋向补语	他又～上小刘了。	+	+
可能补语	这么多人学英语，我可～不过来。	+	+
数量补语	～过几回。	+	+

---

① 许晓华《HSK甲乙级动词同义组研究与探讨》，北京语言大学硕士学位论文，2003年。

其他如"背／背诵、喊／喊叫、关／关闭、谈／谈话、偷／偷窃、忘／忘记"等。那么同义的双音动词为何较少带结果补语？主要有以下四个方面的原因：一是结果补语结构特点的制约。朱德熙指出："由结果补语组成的述补结构是一种粘合式述补结构。""带结果补语的述补结构在句法功能上相当于一个动词，后头可以带动词后缀'了'或'过'。例如：学会了开车｜打破了一个｜看见过鲨鱼｜从来没喝醉过。从这一点看，这一类述补结构跟述补式复合词没有什么不同。"二是韵律上的制约。我们认为冯胜利对复合词韵律方面的解释也同样适合于动补结构。他指出，"我们知道动宾跟动补式复合词在汉语中是相当能产的。可是我们很难发现由双音节动词加上单音节宾语或补语构成的复合词，譬如：提高—*提拔高，站稳—*站立稳，压碎—*压挤碎，改正—*修改正……"。"我们必须解释为什么不存在［2+1］式动宾／补复合词？不从韵律学上来观察，不承认原始复合词必须首先是韵律词，也是很难说明问题的。"① 三是语体上的制约。刘月华等指出"结果补语是口语中较常见的一种语法现象"②。单音词具有浓郁的口语色彩，所以多带结果补语；而双音动词多用于书面语体，因此较少带结果补语。四是构词法的制约。双音动词一般较少带结果补语的情况对单双音同义词来说具有很大的普遍性，不仅是针对词位义相同的同义词，也可以包括词位义相近的同义词。有些双音动词是述补结构，该类词则很难再带结果补语。如"出／出来、出／出去、进／进来、懂／懂得、记／记得、看／看见、听／听见、熄／熄灭、降／降低"等。单双音同义动

---

① 冯胜利《汉语的韵律、词法与句法》，北京大学出版社，1997年。
② 刘月华等《实用现代汉语语法》（增订本），商务印书馆，2001年。

词除在带结果补语上有较大不同之外,在带其他补语上也有一定差异。比如"败/失败"这对同义词。

> 败在年轻人手里。(介词短语补语)(*失败)
> 敌人败了下来。(趋向补语)(*失败)

2. 所做体词性成分的差异。

一般来说,双音动词在语用中除可以做谓语等谓词性成分之外,还可以做主语、宾语、定语等体词性成分。季谨对 93 对单双音同义词的句法功能做了十分具体的统计。① 她对每一对单双音同义动词都搜集了 100 余条例句,并对其句法功能逐一进行了考察分析。我们对其论文附录中所列举的双音动词的句法功能进行了统计,看出 92.5% 的双音动词都存在着做体词性成分的情况。有的双音动词做体词性成分的比例较高,如"花费、朗读、学习、办理、害怕、谈论、检查、等待、等候"等;有的则很低,如"忘记、记得、听见、起来"等。单音动词做体词性成分的情况很少。有关双音动词做体词性成分的情况语法学界早有论述,在此不再赘述。从对外汉语同义词教学看,指出单双音同义动词的这种差异还是非常必要的。

3. 所带宾语的差异。

所带宾语的差异远不如上文所论述的所带补语和所做体词性成分两个问题那么普遍,只是涉及部分动词。主要有以下两类:

(1) 是否可以带宾语。

有些动词是离合词,一般不可带宾语,而单音动词多可带宾语。这样的同义词如"谈/谈话、睡/睡觉、聊/聊天、考/考试、讲/讲话、叹/叹气、帮/帮忙"等。有些动词虽不是离合词,

---

① 季谨《HSK 甲级单双音同义动词替换类型与原因考察》,北京语言大学硕士学位论文,2003 年。

但也不可带宾语,而单音动词多可带宾语。这样的同义词如"变/变化、赌/赌博、喊/喊叫、流/流动"等。例如:

几年不见,孩子已变了模样。(*变化)
打赌就打赌,你说赌什么?(*赌博)
孩子又流鼻涕了。(*流动)
他掉到水里,拼命喊救命。(*喊叫)

(2)带体宾还是谓宾。

有些单双音同义动词都可带宾语,但所带宾语的性质不同。有的既可带体宾也可带谓宾,有的侧重带谓宾。比如"停/停止":

停水/停电(体宾);停办(谓宾)
停止营业/停止比赛/停止调查/停止供暖/停止广播(谓宾)

单音动词"停"所带宾语可以是体宾,也可以是谓宾,而双音动词"停止"只可带谓宾。

又如"遭/遭到",单音动词"遭"既可带体宾,如"遭了毒手、遭了水灾、遭这个罪",也可以是谓宾,如"遭人暗算"等;而双音动词"遭到"多带谓宾,比如"遭到打击、遭到破坏、遭到摧残、遭到轰炸、遭到折磨"等。

4. 在句类或句型等方面的差异。

(1)常用于肯定形式还是否定形式。

比如"畏/畏惧",单音动词"畏"的前面常加否定副词"不",而双音动词"畏惧"则没有这方面的限制。例如:

他们不畏艰险,投入到抗洪救灾斗争中去。(√畏惧)
与韩国队相遇,个别足球运动员有一种畏惧心理。(*畏)

(2)常用于主动句还是被动句。

比如"爱/喜爱",二者都可用于主动句,但双音动词"喜爱"还可用于被动句。

他很喜爱游泳。(√爱)
他受到大家的喜爱。(*爱)

(3)是否用于某种特殊句型。

比如"陪/陪同",双音动词"陪同"只能用于兼语句,而"陪"则无此限制。例如:

陪大家参观工厂。(√陪同)
在家陪孩子。(*陪同)

又如"命/命令",单音动词"命"只可用于兼语句,而双音动词"命令"既可用于兼语句,也可用于非兼语句。

连长命令一排担任警戒。(√命)
命令转移/命令进攻/命令撤退(*命)

其他如"骗/欺骗",单音动词"骗"可用于双宾句,而"欺骗"则不可用于双宾句。

(四)语体色彩方面的差异

一般来说,单音动词与双音动词相比,前者带有口语色彩,而后者带有书面语色彩。但有些单双音同义词并不完全是这种情形。从词语使用频率的角度考察,有些单音动词的使用频率与双音动词相一致,即都属于甲级或乙级等,比如"看(甲)/看见(甲);出(甲)/出来(甲)"等。有些却低于双音动词,在此我们以《汉语水平词汇与汉字等级大纲》所标注的甲乙丙丁四种级别为判断依据,对181对同义词进行了具体统计。现将统计结果列表如下(表20):

表 20

类型	单双音动词的使用频率相一致	单音动词的使用频率高于双音动词	单音动词的使用频率低于双音动词	合计
数量	61	85	35	181
比例	33.7%	46.9%	19.3%	100%

从上表我们可以看出,有 46.9% 的单双音同义词在语体上存在着明显的差别;而有 33.7% 的同义词因使用频率相同,其语体色彩的差异并不突出;有 19.3% 的同义词,单音词的使用频率低于双音动词,因此与双音动词相比,反而具有一定的书面语色彩。比如"助／帮助、别／别离、护／保护、禁／禁止、筑／建筑、制／制造、植／种植、摄／摄影、寻／寻找、思／思考、拒／拒绝、计／计算、命／命令、获／获得"等。据考察,上例中的单音词多用于某些特定的格式之中,所以与双音动词相比,反倒具有一定的书面语色彩。

四、结论

通过对 HSK 单双音同义动词的分类与差异的探讨,我们主要得出以下结论:

(一)在 181 组单双音同义动词中,词位义相同的同义词数量较少,共 76 对,占 42%。对此《现汉》主要采用了四种释义模式:用双音词解释单音词,用单音词解释双音词,二者释语相同,其他;其中"以双释单"比例最高,占 76.3%,其他三类合计占 23.7%。词位义不同的同义词数量较多,共 105 对,占 58%。《现汉》主要采用了三种释义模式:用双音词解释单音词,但双音词仅占释语的一部分；单双音动词释语中包含相同相近的成分；分别解释，释语不同。其中第一种情况占41%，其他两类分别占35.2%和23.8%。词典释义模式的不同，从某种程度上说明了单双音动词之间尚存在一定的差异。

（二）就词位义相同的单双音同义动词而言，其差异主要表现在音节制约、句法功能不同以及语体色彩不同等方面，仅有21%的同义词在搭配范围上表现出一定的差异。就词位义相近的单双音同义动词而言，其差异主要表现在意义内容方面，其次才是音节制约、句法功能不同、语体色彩不同等问题。也就是说，对单双音同义动词的辨析，我们可以从意义内容、音节制约、句法功能、语体色彩四个方面加以考虑。其中意义内容不同的同义词约占同义词总数的66.8%；音节制约对单双音同义动词来说具有普遍意义；句法功能上能否带结果补语、能否做体词性成分是单双音同义动词普遍存在的问题；语体色彩有明显差异的同义词约占46.9%。

（三）就词位义不同的单双音同义动词而言，其在意义内容方面的差异主要表现为三个方面，其中在关系对象方面表现出一定差异的同义词数量最多，占60%；在动作行为的主体和动作行为本身方面表现出一定差异的同义词较少，分别占18.1%和19%。就关系对象和行为主体而言，其共同之处主要体现为四种类型，所占比例如下表所示（表21）：

表21

类型	范围大小之别	具体与抽象之别	人与物之别	有生命与无生命之别	其他
关系对象	35	21	5	2	
行为主体	8	2	5	3	1

(续表)

类型	范围大小之别	具体与抽象之别	人与物之别	有生命与无生命之别	其他
合计	43	23	10	5	1
所占比例	52.5%	28%	12.2%	6.1%	1.2%

（注：词位义不同的同义词中涉及关系对象与行为主体差异的共有82对。）

除以上四种常见的差异类型之外，单双音同义动词的区别还可表现在是否与表积极意义或是表消极意义的词语搭配方面。因与上述四种情形有交叉，所以文中未单独列出。

（四）在181对单双音同义动词中，共有121对同义词表现出意义方面的差异。占同义词总数的66.8%。据考察，单音动词与双音动词相比，绝大多数单音动词所搭配的范围明显大于双音动词。换句话说，即双音动词在搭配对象上往往受到一定的限制。比如在"范围大小之别"一类中，单音动词往往是搭配范围较大的一方，而双音动词往往是较小的一方。这与单音动词表意宽泛而双音动词表意确定有关，毕竟双音动词多一个语素就多了一种限制。当然并不是每个双音动词的搭配范围都小于单音动词。比如"替／代替"，"替"的搭配范围就小于"代替"，因为"代替"的搭配对象既可以是人，也可以是物，如"大机器生产代替了手工作业"，此时不可用"替"来替换。双音动词的搭配范围大于单音动词的搭配范围的同义词，多是词位义相同的类型，这与双音动词的使用频率有关。而词位义相近的同义词，多是单音词的使用范围大于双音动词。

（五）在"具体与抽象之别"一类中，据考察，双音动词多偏向于指称抽象事物。这也许与双音动词所出现的语体有关，双音动词多用于书面语体，常与表示抽象意义的词语组合，因而在特定的语境中自然而然形成了这种特点。

第三节 汉语同义词语体差异定量分析[①]

语体是学界一直探索的问题。近年来，不断有学者就划分语体的标准进行讨论，[②]还有一些学者在语体中发现了汉语语法的规律，[③]而关于口语与书面语在词汇上的差异的研究却相对较少。[④]口语、书面语的词汇差异到底有多大？除了方言词以外，哪些常用的词汇有语体差异？目前还缺少这方面的定量研究。

在对外汉语教学中，要使学生能够得体地表达，就要有语体意识。李泉认为，对外汉语教学的根本目的就是培养学习者准确地把握和正确地使用各种语体的能力。[⑤]有些教材注明了词汇的

[①] 本文以《基于语料库的汉语同义词语体差异定量分析》为题发表在《汉语学习》2012年第3期。作者张文贤、邱立坤、宋作艳、陈保亚。

[②] 刘大为《语体是言语行为的类型》，《修辞学习》1994年第3期；陶红印《试论语体分类的语法学意义》，《当代语言学》1999年第3期；方梅《语体动因对句法的塑造》，《修辞学习》2007年第6期。

[③] 方梅《自然口语中弱化连词的话语标记功能》，《中国语文》2000年第5期；张伯江《语体差异和语法规律》，《修辞学习》2007年第2期；王洪君、李榕、乐耀《何时用"了$_2$"？——兼论话主显身的主观近距交互式语体》，载《语言学论丛》第四十辑，商务印书馆，2009年；王伟、周卫红《"然后"一词在现代汉语口语中使用范围的扩大及其机制》，《汉语学习》2005年第4期；宋作艳、陶红印《汉英因果复句顺序的话语分析与比较》，《汉语学报》2008年第4期。

[④] 冯胜利、胡文泽《对外汉语书面语教学与研究的最新发展》，北京语言大学出版社，2005年。

[⑤] 李泉《面向对外汉语教学的语体研究的范围和内容》，《汉语学习》2004年第1期。

语体差异。例如北京大学出版社出版的博雅系列汉语教材中《冲刺2》在生词注解中就标明了某些词语有语体倾向，比如第233页：搋（口语），攒（口语）；第235页：渐次（书面语）。《飞翔1（使用手册）》第5页："深邃"常用于书面语，"深刻"口语、书面语都可以用；"提示"多用于书面语，"提醒"口语、书面语都常用。那么，到底哪些同义词有语体上的差异？当我们说某个词口语、书面语都可以用的时候，是不是意味着该词的语体差异不大？在判断一对同义词的语体差异时，除了语感以外，还有没有其他依据？

程雨民指出"语体建立在同义性的基础上"。"语体的实质是在一些使用场合上有区别的同一变体的选择。"[①] 这样看来，比较词语的语体差异的最好办法就是看同义词之间的语体差异。本节通过考察同义词在不同语体中的分布，计算出它们的语体差异度，从而对同义词的语体差异进行一个定量化的描述，然后分析这些同义词词对之间的区别特征，最后说明同义词语体差异对教学的启示。

一、语料来源

尽管学者们对语体有不同的认识，划分出来的类别也不统一，本节还是采用了口语、书面语这一说法，因为这种划分最方便，在教学中也是最常用的。本节所使用的口语语料共计149万字，包括三部分：第一部分是电视情景剧《我爱我家》《编辑部的故事》

---

① 程雨民《英语语体学》，上海外语教育出版社，2004年。

的对白，分别为 55 万字和 13 万字；第二部分是电视访谈节目《实话实说》《对话》的对白，61 万字；第三部分是完全无准备的自然谈话，包括北京大学自然口语语料库，13 万字，北京语言大学口语语料，7 万字。书面语语料选取的是《人民日报》语料库（1998 年 1 月份的数据），总字数为 186 万字。[①] 该语料库经过分词和词性标注（人工校对），但是为了使口语语料库和书面语语料库具有一致的分词和词性标注，我们没有使用该语料库的分词和词性标注结果，而是使用同样的工具对口语和书面语语料库进行自动分词和词性标注。

本研究使用的同义词词典为《同义词词林（扩展版）》。《同义词词林》由梅家驹等（1984）编纂而成，该词典按照树状的层次结构把所有收录的词条组织到一起，并把词汇分成五层类别，第一层有 12 个类，第二层有 97 个类，第三层有 1428 个类，第四层有 4223 个类，第五层有 17 807 个类。哈尔滨工业大学信息检索技术研究中心参照多部电子词典资源，对之进行了大规模的扩展，其最终的词表包含 7 万余条词语，称之为《同义词词林（扩展版）》（以下简称《词林》）。[②] 本研究所取的同义词为第五层，即，如果两个词在《词林》中属于同一个五层类，则视之为一对同义词。平均而言，一个同义词簇包含大约 5 个词。需要说明的是《词林》中的同义词并不一定是严格意义上的同义词，有许多是近义词，

---

① 《人民日报》中也有部分语料不是书面语，但比例较小。本节按照词语的频率计算语体差异，应该能够反映书面语词汇的全貌。即使某一口语词语出现在《人民日报》中，频率也不会太高，不影响本研究的结论。

② 《同义词词林（扩展版）》的相关说明请见 http://ir.hit.edu.cn/phpwebsite/index.php?module=pagemaster&PACE_user_op=view_printable&PAGE_id=162&lay_quiet=1。

在下文中我们会进一步分析这一事实对实验结果的影响。

二、同义词语体差异的计算方法

本研究所使用的调查方法流程有如下几个步骤：(1) 分别对口语语料和书面语语料进行分词和词性标注；(2) 分别统计口语语料和书面语语料的带词性词频；(3) 将绝对词频转换为相对词频；(4) 遍历同义词词典中的第一对同义词，计算同义词的语体差异显著度；(5) 根据所得的语义差异显著度对同义词进行排序，即可得出语体差异显著度比较大的词。

（一）分词和词性标注

本研究的分析基于词语这一级单位进行，因此首先要对词语进行分词和词性标注的预处理。我们使用中国科学院计算技术研究所的ICTCLAS汉语分词系统对语料进行词语切分和词性标注，该软件所使用的词性标注体系与《人民日报》标注语料库相同，便于在词性一级直接对应。下面是一个经过词语切分和词性标注的示例：迈向/v 充满/v 希望/n 的/u 新/a 世纪/n。词与词之间用两个空格隔开，词与词性之间用"/"隔开，"v、n、a、u"分别表示动词、名词、形容词和助词。

（二）统计带词性词频

对语料库进行分词之后，我们就可以从语料库中统计出词语的频次。在汉语中存在大量的兼类词，一个词可能被标注多种词性，比如"希望"兼属于动词和名词，不同词性的词在语法意义上差别较大，应该作为不同的单位进行分析。通过词性标注，在一定程度上可以消解这种歧义，从而实现更细粒度的比较分析。

因此，我们在分词和词性标注的基础上统计出带词性的词频表，下面的表 1 和表 2 分别标明了书面语和口语语料库的带词性词频示例。

（三）将绝对词频转换为相对词频

绝对词频容易受到语料库规模、分布不平衡等影响，一般不能直接用于语料库之间的词汇比较。因此，我们需要将绝对词频转换为相对词频，通过相对词频的差异来比较同义词词对在不同语体中的使用差异。

我们的转换方法是（以书面语语料库为例）：（1）将书面语语料库带词性词频表按频次降序排列；（2）将词频表等分为 1000 块，每一块的 ID 分别为由 1 到 1000；（3）每一块中的所有词语的相对词频为 1001-ID，即绝对频次最高的一块中相对词频为 1000，绝对频次最低的一块中相对词频为 1。依照相同的方法可以对口语语料库带词性词频进行转换。我们可以得到两个相对词频表（表 1、表 2）。

表 1　书面语带词性词频示例

词 / 词性	频次
的 / u	60 281
在 / p	13 078
和 / c	12 735
了 / u	11 384
是 / v	11 009
一 / m	7621
有 / v	5071
不 / d	4942

（续表）

词 / 词性	频次
对 / p	4556
中 / f	3677
为 / p	3664
工作 / v	3655
要 / v	3638
上 / f	3614
这 / r	3546

表2 口语带词性词频示例

词 / 词性	频次
的 / u	34 780
我 / r	29 752
是 / v	25 469
不 / d	17 914
你 / r	16 095
就 / d	13 980
了 / y	12 309
这 / r	11 026
说 / v	9630
有 / v	9059
一 / m	8629
也 / d	7828
了 / u	7627
他 / r	7557
我们 / r	7043

（四）语体差异显著度

给定一对同义词 wi 和 wj，设两个词在口语语料库中的相对词频分别为 fsi 和 fsj，在书面语语料库中的相对词频分别为 fwi 和 fwj。我们用一个词语在口语和书面语两种语料库中的相对词频比来表示该词语的语体差异显著度，如公式（1）中 S_i 表示 wi 的相对词频比。然后，可以在两个词各自的语体差异显著度基础上计算两个词语之间的语体差异显著度，如公式（2）所示。其中 OS_{ij} 表示同义词 wi 和 wj 之间的语体差异显著度。

公式（1） $S_i = \dfrac{fs_i}{fw_i}$ 　　公式（2） $OS_{ij} = \dfrac{s_i - s_j}{s_i + s_j}$

由于我们所使用的语料库是没有进行词义消歧的，所以《词林》中的多义词在语料库中无法分开。在这种情况下，我们只能使用词性标注来消解一部分歧义。因此，在选择同义词词对时，除了要求在《词林》中处于同一个第五层类之外，还要求两个词的词性相同。

比如"今儿"和"今日"这一对词在《词林》中属于同一个第五层类（类 ID 为 Ca23A03），并且两者具有共同的词性标记"t"（时间词），因此我们可以将它们作为一对同义词来计算其语体差异显著度。"今儿"在口语和书面语语料库中的相对频次分别为 179 和 1，而"今日"的相对频次分别为 5 和 69，因此，我们可以计算出"今儿"和"今日"的语体差异显著度为 0.999。

我们在调查时把词类分为：名词（n）、动词（v）、副词（d）、代词（r）、形容词（a）、连词（c）、方位词（f）、介词（p）、数词（m）、语气词（y）、助词（u）等。与同一个词对应的可能有几个同义词，每一对的语体差异度可能不同。比如"要是"的同义词有"如果、假如、假使、倘若、若"等，在计算语体差异时，我们分别拿"要是"与"如果"、"要是"与"假如"、"要是"与"假使"、"要是"与"倘若"、"要是"与"若"进行对比。

三、实验结果与分析

（一）实验结果

通过上述方法得到每一对同义词差异的具体数值，数值越大语体差异越大。统计显示，差异度大于 0.900 的同义词共有 2470 对。我们对这 2470 对进行了人工校对，删除不合格的同义词，得到 1343 对口语、书面语语体差异显著的同义词，算法正确率为 54%。

不合格的同义词的产生，主要是由于以下两种情况：（1）我们的语料库没有经过词义消歧，所以无法区分多义词的不同义项，这就使得对多义词的处理效果不好。比如"打"有很多义项，每个义项都有对应的同义词，调查的结果就显示"打—选购、打—发射、打—建造、打—砌"等的差异度都在 0.9 之上。（2）有一些词对只是同类而已，也被当作了同义词。比如量词、助词、表示职称或称呼类的名词等。出现错误的词对有"班—旅、班—组、丝—分、俩—两、呢—哉、啊—也罢、哎—咦、校长—院长、总裁—总统、满族—匈奴、姥姥—老妈妈、家长—县长、旗—市、奥运会—研讨会、年级—班组"等。

（二）语体差异最大的同义词

表 3　语体差异大的前 100 对同义词的词性分布

实词（54 对）				虚词（46 对）				
动词 v	名词 n	代词 r	形容词 a	副词 d	连词 c	方位词 f	数词 m	介词 p	语气词 y
30	19	3	2	26	11	3	3	2	1

表格列数修正：

实词（54 对）				虚词（46 对）					
动词 v	名词 n	代词 r	形容词 a	副词 d	连词 c	方位词 f	数词 m	介词 p	语气词 y
30	19	3	2	26	11	3	3	2	1

表 4　1330 对同义词的词性分布差异

实词				虚词				
动词 v	名词 n	形容词 a	代词 r	副词 d	连词 c	方位词 f	数词 m	介词 p
658	250	99	8	200	41	35	21	18

我们对语体差异度最高的前 100 对同义词，即差异度在 0.9838 以上的词汇的词性进行了统计，发现实词有 54 对，虚词有 46 对。其中，动词（30 对）、名词（19 对，包括 4 对时间名词 t）所占的数量较大。出乎意料的是，形容词居然只有 2 对，而且是同义词，它们是"不错—良好""好—良好"。虚词方面，同义副词的差别最大（26 对），其次为连词（11 对），再次为方位词（3 对），数词（3 对）。

如果把统计范围扩大到 1330 对同义词，则数量大的词性的分布结果为上面的表 4，可以看出词性差异的排列次序几乎没有变化，仍然是实词里动词最多，其次为名词。虚词里副词最多，其次为连词，然后是方位词、数词、介词。也就是说，前 100 对语体差异大的词基本能够反映词汇语体差异在词性分布上的特点。

（三）同义词语体差异的类型

我们进一步考察了语体差异大的 1343 对同义词，统计具有口语词汇特征的重叠、有词缀的词和具有书面语特征的古代汉语遗留词汇的出现情况，以及单双音节的对应情况等。

1. 重叠与词缀。

重叠与包含词缀"子、儿、头"的词汇为典型的口语词,但是数量并不多。口语为重叠式,书面语为非重叠式的同义词有9对,除了"慢慢—日益"[①]为副词外,其余8对均为动词。

表5 重叠与非重叠式(按差异度排列)

同义词	差异度	同义词	差异度	同义词	差异度
慢慢—日益	0.998	问问—讯问	0.974	问问—咨询	0.974
想想—思索	0.974	听听—收听	0.971	谢谢—感谢	0.969
谈谈—座谈	0.964	看看—察看	0.961	想想—思考	0.918

含有词缀"子、儿、头"的同义词语体差别最大,除了"脑子—脑""味儿—滋味"外,其他的同义词全部都在0.97以上。"儿"是典型的口语词标记,表中带有"儿"的口语词有8个[②],带"子"的有5个,带"头"的只有1个。

表6 口语词带有词缀(按差异度排列)

同义词	差异度	同义词	差异度	同义词	差异度
事儿—事务	0.999	事儿—事宜	0.999	今儿—今日	0.999
女孩子—女童	0.998	那会儿—其时	0.997	样子—势头	0.997
这会儿—此时	0.996	一块儿—共同	0.996	一点儿—一些许	0.991
片子—影片	0.990	外头—外侧	0.971	房子—房屋	0.968
脑子—脑	0.909	味儿—滋味	0.909		

2. 古代汉语遗留词汇。

书面语词汇是古代汉语在现代汉语中的遗留词汇。这样的

[①] "慢慢—日益""慢慢—日趋""慢慢—日渐""慢慢—渐"分别构成同义词,本表只列了一对。

[②] "一块儿"与"共同""一道""一齐"等分别构成同义词,本表只列了一个。

词汇有20对,其中包括"比如说—诸如""乐意—甘于""叫—令""挨—倚""看—访""好像—恍若""瞧—觑""信—函""杀—屠"9对实词,其他11对为虚词。①

表7 书面语词是古代汉语的遗留(按差异度排列)

同义词	差异度	同义词	差异度	同义词	差异度
挺—颇	0.999	跟—与	0.998	还—仍	0.997
比如说—诸如	0.997	就是说—即	0.994	要是—倘若	0.993
哪—焉	0.989	乐意—甘于	0.984	叫—令	0.982
挨—倚	0.979	看—访	0.976	没有—尚未	0.975
还—尚	0.974	好像—恍若	0.966	瞧—觑	0.960
你—汝	0.944	信—函	0.940	把—将	0.934
全—皆	0.901	杀—屠	0.900		

3. 汉语口语与书面语单双音节的对应关系。

我们对提取出来的口语词与书面语词差异度高的词对进行了考察,得到口语单音节、书面语双音节的427对,口语双音节、书面语单音节的47对,二者的比例是9∶1。可见,口语词单音节词的数量远远多于书面语。口语是单音节、书面语是双音节的词汇有两类:一类是一个口语单音节词与几个书面语双音节词对应,如表8所示;另一类是口语词是书面语词中的一个构成成分,如表9所示。

表8 一个单音节词与多个双音节词对应(按差异度排列)

同义词	差异度	同义词	差异度	同义词	差异度
帮—扶助	0.984	办—设立	0.977	扔—抛弃	0.971
帮—协助	0.971	办—开设	0.964	扔—摈弃	0.971

---

① 既是古代汉语遗留词汇,又与口语词有单双音节差异的,列在下文表10,不在表7重复列出。

（续表）

同义词	差异度	同义词	差异度	同义词	差异度
帮—声援	0.957			扔—废弃	0.971

表 9　单音节词是多音节词的一个成分（按音序排列）

同义词	差异度	同义词	差异度	同义词	差异度
爱—喜爱	0.965	搬—搬迁	0.980	比—比照	0.957
必—必将	0.953	菜—蔬菜	0.971	带—带动	0.971
得—博得	0.959	得—得以	0.977	得—获得	0.974
得—获取	0.976	得—赢得	0.990	登—刊登	0.961
等—等待	0.966	等—等候	0.974	地—土地	0.956
对—针对	0.980	盖—覆盖	0.980	跟—跟随	0.967
好—友好	0.975	家—家园	0.985	交—提交	0.974
交—交纳	0.960	开—开办	0.963	开—开设	0.974
开—召开	0.961	忙—忙碌	0.973	忙—繁忙	0.978
签—签署	0.993	书—图书	0.979	算—计算	0.971
听—听取	0.979	推—推迟	0.966	推—推动	0.978
屋—房屋	0.982	写—编写	0.966	写—书写	0.959
写—撰写	0.957	行—施行	0.979	行—履行	0.996
演—上演	0.968	有—享有	0.969	找—查找	0.972
长—增长	0.985				

口语双音节、书面语单音节的主要是虚词，如下表10所示。

表 10　口语双音节书面语单音节（按差异度排列）

同义词	差异度	同义词	差异度	同义词	差异度
要是—如	0.999	就是—即	0.984	里面—内	0.980
因为—因	0.967	或者—或	0.965	所以—故	0.961
仍然—仍	0.958	肯定—必	0.936	已经—已	0.926
假如—若	0.909				

四、对对外汉语教学的启示

（一）词汇选择与语体的关系

正如刘大为指出的，语体类型先是由交际需要决定的，交际需要支配着我们选择不同的行为方式，不同的行为方式又会影响语言的形式变异，使交际者在进行某一语体的行为时倾向于选择某些语体特征。[①] 所以，口语、书面语选择的词汇体现了其语体特点。吴丽君指出，口语体口语使用的是口语体词汇，书面语体书面语使用的是书面语体词汇，通用语体词汇包括书面语体口语词汇与口语体书面语词汇。[②] 本研究统计出来的语体差异大的同义词应该分别属于口语体口语与书面语体书面语。

在对外汉语教学中，可以有针对性地加入语体知识，增强学生的语体意识。首先，可以从总体上讲明语体与词汇的关系。我们从表1、表2中可以看出口语与书面语在用词上的一些差别，比如口语中人称代词"我、你、他、我们"使用较多；若同义词有单双音节的差异时，实词在口语中倾向于使用单音节，在书面语中倾向于使用双音节。其次，可以根据本文的结论设计一些语体转换的练习，教会学生表达同一个意思时，书面语用什么词汇，口语用什么词汇。比如，在教学中可以设计这样的练习：

把下面的口语性强的句子改为书面语强的句子：

（1）你听听新闻就知道了，我们的国家慢慢地强了。
→你收听新闻就知道了，我们国家的实力日益增强了。

[①] 刘大为《语体是言语行为的类型》，《修辞学习》1994年第3期。
[②] 吴丽君《口语词汇与书面语词汇教学研究》，《云南师范大学学报》（对外汉语教学与研究版）2004年第3期。

(2) 我们叫这座山为"天下第一山"。
→这座山被誉为"天下第一山"。

（二）单双音节词汇与语体的关系

单双音节的不同也是口语与书面语词汇差异的一个重要类型。在对外汉语教学中，谈到词汇的语体差异时，我们常说"所以"是口语的，"故"是书面语的，这时给留学生的印象是，口语表达倾向于双音节，书面语表达倾向于单音节。但有时却会使留学生得出完全相反的结论，比如我们告诉他"买"是口语的，"购买"是书面语。本研究总结出了哪些词汇在口语中是单音节，而在书面语中是双音节，哪些词汇相反。在1343对同义词中，口语单音节、书面语双音节的是427对，口语双音节、书面语单音节的是47对。也就是说，有音节差异的词对共有474对，占35%。除了少数同义词是单音节对单音节之外，大多数同义词还是双音节对双音节。

口语单音节、书面语双音节的实词居多，口语双音节、书面语单音节的虚词居多。这是因为这些虚词是对古汉语的继承，因为文言化而显得书面化。一般认为，汉语词汇的发展经历了一个从古代汉语单音节向现代汉语双音节发展的过程，现代汉语以双音节为主。张国宪、汤志祥都有统计数据证明这一点。[①] 曹炜以《现代汉语词典》所收录词语为研究对象，得出的结论是"从音节结构来看，口语词中双音节词占绝对优势，而书面语词中，单音节词的数量逼近双音节词的数量"[②]。根据现代汉语的实际语

[①] 张国宪《单双音节形容词的选择性差异》，《汉语学习》1996年第3期；汤志祥《当代汉语词语的共识状况及其嬗变》，复旦大学出版社，2001年。

[②] 曹炜《现代汉语口语词和书面语词的差异初探》，《语言教学与研究》2003年第6期。

料，这一结论需要再验证。也有一些学者观察到单音节在现代汉语中占有相当的地位，如刁晏斌、蔡长虹等。① 什么是口语词？什么是书面语词？口语词与俚语、方言词怎么区分？如果仅仅以词典或词表为依据，不可避免地会将口语词与其他词语纠缠在一起。正如苏新春和顾江萍所指出的那样，口语词难以确定，一方面是因为与方言词纠缠在一起，另一方面是因为口语词自身所发生的变化。② 本研究从实际语料出发，研究普通话中常用的词汇，说明口语与书面语词汇在音节上确实存在差异，但这种差异的比例并未过半。

（三）对外汉语教学中的同义词辨析视角

同义词教学是对外汉语教学中的难点，学者从不同角度论述过同义词辨析问题。③ 目前的同义词辨析主要是从以下角度来进行的：（1）词义的侧重点、轻重、范围；（2）词义的褒贬色彩；（3）与该词时常搭配使用的词；（4）语体差异。在这些常用的辨析方法中，语体特征究竟占据什么样的地位？已有成果大多认为语体差异在同义词辨析中占有很重要的地位，比

---

① 刁晏斌《现代汉语词的音节及其发展变化》，载《南开语言学刊》第 1 期，商务印书馆，2006 年；蔡长虹《当代汉语词汇的单音节化现象考察》，《汉语学报》2007 年第 1 期。

② 苏新春、顾江萍《确定"口语词"的难点与对策——对〈现汉〉取消"口"标注的思考》，《辞书研究》2004 年第 2 期。

③ 赵新、李英《对外汉语教学中的同义词辨析》，《暨南大学华文学院学报》2001 年第 2 期；杨寄洲《课堂教学中怎么进行近义词用法对比》，《世界汉语教学》2004 年第 3 期；敖桂华《对外汉语近义词辨析教学对策》，《汉语学习》2008 年第 3 期；张博《第二语言学习者汉语中介语易混淆词及其研究方法》，《语言教学与研究》2008 年第 6 期；苏英霞《汉语学习者易混淆虚词的辨析视角》，《汉语学习》2010 年第 2 期；田惠刚《双语体同义词语的探索及其教学实践意义》，《云南师范大学学报》（对外汉语教学与研究版）2010 年第 1 期。

如吴丽君认为"近义词间的差别除了功能和使用范围以外,很重要的一点就是适用语体的不同"[①]。田惠刚认为"语体是同义词最重要的特征之一"[②]。但是这些结论多来自感性的认识,论证是举例性质的,没有统计方面的证据,更没有指出语体差异的程度到底有多大。

通过本研究的调查分析,可以给同义词的语体特征一个更加准确的定位。第一,从整体上看,同义词的语体差异并不一定是同义词最主要的差异。第二,语体差异只是同义词辨析的一个方面,但不一定是最主要的方向,因为只有部分同义词有语体差异。第三,即使一对同义词有语体差异,也不能简单地用音节、词缀等因素来解释。音节、词缀等只能用来解释少部分同义词的差异。第四,虽然语体差异是词汇、语法等综合作用的结果,要培养学生得体地运用语言的能力要考虑多种因素,但是毫无疑问,同义词是一个很好的切入点。在这些词上多做训练,能够增强留学生的语体意识。对于语体差异大的动词、副词、名词和连词,在教学时更要特别给予重视。

五、结语

本研究通过计算的方法得到了口语、书面语实际语料中有语体差异的同义词。口语、书面语的同义词差异主要在词性以及音

[①] 吴丽君《口语词汇与书面语词汇教学研究》,《云南师范大学学报》(对外汉语教学与研究版)2004年第3期。
[②] 田惠刚《双语体同义词语的探索及其教学实践意义》,《云南师范大学学报》(对外汉语教学与研究版)2010年第1期。

节上。动词、名词、副词、连词为语体差异大的词类。口语中单音节词多于书面语。本研究的成果主要在于：首先，得到一张口语、书面语语体差异大的同义词的列表，从词汇的角度考察了汉语的语体问题。其次，描写了口语、书面语在词汇特征上的差异，这使我们对语体的差异有了更深入的认识。再次，本研究的结论为对外汉语教学以及教材编写提供了参考依据。

第四节　汉语中介语易混淆词及其研究方法[①]

一、词语误用与词语混淆

20世纪七八十年代，英语作为第二语言的习得研究已经表明，在各种类型的言语错误中，词汇错误是最严重的。就某一语料库的统计分析来看，词汇错误与语法错误的比例是3∶1。[②] 近年来，我国对外汉语教学领域多项研究成果也证实，不同母语背景学习者汉语表达中的词汇错误在数量上都是最多的。例如罗青松"对英国杜伦大学中文专业的两届毕业生的42份汉语写作毕业考试试卷（约4万字）中的错误的统计表明，在收集到的210

---

① 本文以《第二语言学习者汉语中介语易混淆词及其研究方法》为题发表在《语言教学与研究》2008年第6期，作者张博。

② Gass, S. M., & Selinker, L. (1994). *Second Language Acquisition: An Introductory Course.* Lawrence Erlbaum Associates, Inc.

个词语和句法错误中，有 138 个是属于词语运用方面的错误，约占 66%"①。吴丽君等基于约 35 万字的日本学生汉语中介语语料进行统计分析，发现"词语运用方面的偏误占 88% 左右"②（见该书"前言"）。

基于对汉语中介语的初步考察，我们将二语学习者的词汇错误概括为三种主要类型。

（一）词语误用

词语误用细加区分有两种性质，一是词义不合，二是搭配不当。例如：

（1）我<u>可怕</u>跟中国人说话。……一旦站在中国人<u>前边</u>，我的嘴就不由得<u>关</u>起来。③

在"（我）站在中国人前边"中，词语搭配没有问题，因为"张三站在李四前边"是可以说的，但句中的"前边"当改作"面前"，因为"前边"的意义并不符合说话者实际所要表达的意思。类似的词语误用属词义不合。

在"我的嘴就不由得关起来"中，"关"当改作"闭"。"关""闭"同义，用"关"不属词义不合，只是"关"不能与"嘴"搭配。"关嘴"之类的错误即属搭配不当。

---

① 罗青松《英语国家学生高级汉语词汇学习过程的心理特征与教学策略》，载《第五届国际汉语教学讨论会论文选》，北京大学出版社，1997 年。

② 吴丽君等《日本学生汉语习得偏误研究》，中国社会科学出版社，2002 年。

③ 本研究所用中介语例连续编号，汉语语例不编号。目标词加下划线的中介语例取自课题组采集的中介语语料及博士研究生萧频、萨仁其其格采集的印尼和蒙古国学习者的汉语中介语语料，目标词加【 】的语例取自北京语言大学"汉语中介语语料库"。为节约篇幅，下文一般不详列出处。

"词义不合"与"搭配不当"并不能截然分开,在很多情况下,误用词不仅在意义上与语境不合,而且在组合关系上也不能与其前后的词语搭配共现。例如"我可怕跟中国人说话"中的"可怕",就兼有词义不合和搭配不当两方面的问题。

(二)自造词语

自造词语的产生主要有两种途径:(1)学习者利用汉语的语言成分和(或)构词规则自主创造,比如外国学生利用后缀"-人""-子",将汉语表人名词的构词规则加以类推而造出"亲戚人"(亲戚)、"小偷子"(小偷儿)等;根据反义词多与同一语素组合构词的特点,类比"大笑"造出"小笑"(*每次见到她一定会看见她甜蜜小笑)。(2)学习者根据母语词的构词语素和结构用汉语直译而来,例如蒙古学生造出的"选买"(意即"选择"),源自蒙古语词 сонгож авах(选择)的直译(сонгож 选,авах 买)。

(三)径用母语词

径用母语词主要指汉字文化圈的学生在汉语表达中径自使用母语中的汉字词。例如"他买的片道票,我买了往复票""韩国人不喜欢输入汽车",其中的"片道""往复"和"输入"都是韩国语中的汉字词,意思分别相当于"单程""往返"和"进口"。"输入"这类汉字词与汉语词意义不同而形式相同,属于汉语词的"假朋友"(False Friend),二语学习者最容易将它们当作汉语词来使用。

在以上三类词汇错误中,最为突出和普遍的当属词语误用。中介语中的误用词有时找不到合适的词来替换,只能换一种表达。例如,"国家弱时候金牌是重,国家强大起来金牌减轻是无可置疑的"中，误用词"减轻"不便换为其他词，最好改为"就不那么被看重"。但在通常情况下，误用词都可以找到一个当用词来替换。

第二语言学习者为什么在当用甲词的地方用了乙词？这大概有两种情况。

一种情况是词汇量有限，尚未学到当用词，只能在学过的词中选一个用于表达。例如：

（2）要是有人没结婚能活下去的话，一定在他的活着总是感<u>安静</u>。

从上下文看，作者是说不结婚会使人感到"寂寞"，由于"寂寞"不太常用，可能尚未掌握，故误用了"安静"。这种因词汇量不足而过度使用常用词所导致的词语误用是阶段性的，随着词汇量的增加，大部分误用自然会被克服。因此，教学中对此类词语误用应予以适度宽容。

另一种情况是，学习者既学过甲词，也学过乙词，但他不完全清楚何时该用甲、何时该用乙，也不完全清楚何时不该用甲、何时不该用乙，在其心理词典中混淆了甲词和乙词的意义及用法。于是，在当用甲时却误用了乙，或当用乙时却误用了甲。这类词语误用的心理根源在于词语混淆，误用只是词语混淆的外在表现。要想有效地克服源于词语混淆的词语误用，必须通过有针对性的词语辨析解决词语混淆，帮助学习者厘清相关词的意义及用法。

二、汉语中介语易混淆词的主要特点

第二语言学习者汉语中介语中有些词语混淆现象比较罕见，

是个别学习者混淆的词语,可视为偶发性词语混淆。有些词语混淆现象则比较普遍,例如"可惜""遗憾"都是《(汉语水平)词汇等级大纲》中的丙级词,可留学生却经常在当用"遗憾"的时候误用"可惜":

(3)可最【可惜】的是他不能再继续生活因为犯了一个大罪。
(4)大河马醒了以后就把老太太吃光了,太【可惜】了。
(5)我就真【可惜】那时候没买到他们的优质产品。
(6)最后梦里有一个问题"为什么我要工作呀?"因为我希望在上海也还在大学学习汉语,可是我已经知道这个是不可能实现的。这个让我很可惜地起床。

"可惜∶遗憾"这种群体性高频误用词与当用词构成的词对或词聚就是易混淆词。

从总体上看,汉语中介语易混淆词具有以下四个特点。

(一)词语误用的频率较高。易混淆词中的误用词不是偶尔出现,而是经常出现的。所谓"经常",一方面是指与其他误用词相比,某词误用的绝对频率较高;另一方面也指某词误用的频次在该词总频次中所占的比重较高,即误用的相对频率较高。

(二)具有广泛的分布。易混淆词不是个别学习者分辨不清的词,而是众多学习者普遍混淆的词。它在分布上的广泛性体现于纵横两个向度上。有的易混淆词广泛地分布于单一母语背景各水平等级学习者的汉语中介语中,呈纵向分布;有的易混淆词广泛地分布于不同母语背景学习者的汉语中介语中,呈横向分布。横向分布中实际上还包含纵向分布。

(三)从易混淆词的词际关系看,有一对一混淆、一对多混淆和多对多混淆等类型。比如,"可惜"只经常与"遗憾"混淆,属一对一混淆。"厉害"则常与"大、重、恶劣、严厉"等词混淆，属一对多混淆。例如（目标词后的括号内为当用词。下同）：

(7) 雨越来越【厉害】（大）了。

(8) 但是以后越来越这个病更【厉害】（重）了。

(9) 这表示这里的气候很【厉害】（恶劣），不允许人们住在这里。

(10) 现在以前那样的严格的母亲在他的性格上还存在，但是现在在表面上她没表现出那样【厉害】（严厉）的态度。

"认识、了解、知道、明白、懂得（懂）"等词交相混淆，属多对多混淆。例如：

(11) 我【认识】（知道）好多样树和花的名字。

(12) 因为我不【认识】（了解）中国的蛋糕，所以我不知道应该怎么选择好吃的。

(13) 因为我受到了她的爱，【认识】（懂得）了爱，才知道把爱分给别人。

(14) 音乐可以增进人和人的中间情感交流，可以加深自己和别人中间的明白（了解）。

(15) 可是去学校途中丢了钱包，我不明白（知道）在哪儿丢了。

(16) 在初期对中国人 yǐn 想不太好。因为我听说过对中国人不好的事情。那当然对中国人一点儿也不知道（了解），但是，现在我才知道该是我的误会。

(17) 住在学校里的许多留学生跟他们的同屋有多问题，……可是我们没有这样的问题，您也知道（明白）了吧！我们是夫妇。

(18) 我来中国以前，连一个汉字也不知道（认识）。还是一句话也不会说。

(19) 陕西人的老人和广东的青年聊天儿的时候，看起来他们的对话有点困难。因为他们的发音不太准确，他们俩相互不了解（明白）对方的意思。

（20）我一边听一边看歌词。哪个字不懂（认识）就查词典。查了以后就记在书上。

（四）从易混淆词误用的方向看，既有单向误用，又有双向误用。例如外国学生在当用"遗憾"时经常误用"可惜"，未见当用"可惜"而误用"遗憾"的情况，这属单向误用；而"认识"常误用为"知道"，"知道"也常误用为"认识"，这属双向误用。

词语混淆存在于第二语言学习者目的语理解和使用两个层面。[①] 由于我们对语言理解层面的词语混淆缺乏研究，因此，这里主要是通过中介语中的词语误用来归纳易混淆词的特点，下文也将主要针对词语误用来探讨易混淆词的研究方法。

三、汉语中介语易混淆词的测查方法

探明汉语中介语中哪些词语容易混淆，首先要注意区分学习者的母语背景，对不同母语背景学习群体的汉语中介语分别进行观察。因为受母语词汇知识的影响，不同学习群体的词语混淆会有一定的特异性，分别观察可使之得以凸显，否则，某些特定学习群体（特别是人数不多的群体）特有的高频误用词在词汇错误的综合性统计数据中可能处于沧海一粟的地位，被淹没掩盖。例如，在表示时间长久时，蒙古学生经常把"很长时间"说成"很慢时间"，[②] 假如把"慢"的这种误用置于综合

---

① 张博《同义词、近义词、易混淆词：从汉语到中介语的视角转移》，《世界汉语教学》2007年第3期。

② 更多误例请参看张博《同义词、近义词、易混淆词：从汉语到中介语的视角转移》，《世界汉语教学》2007年第3期。

性中介语语料库中来统计，不论是绝对频率还是相对频率，可能都是微不足道的，这会使蒙古学生"慢"与"长／久"的混淆得不到应有的重视。

在区分不同母语背景学习群体汉语中介语的基础上，可采用以下方法测查易混淆词。

（一）自然观察

在课堂教学、日常交谈、作文批改和中介语语料阅读浏览的过程中，对学习者使用不当的词语多加留意和记录。当反复遇到某一词语误用时，可基本确认该误用词与当用词为易混淆词。这是比较常用且便于使用的方法，但效率较低，需长期积累，而且较难判断混淆的程度究竟有多高。因此，通常需要到大规模中介语语料库中查检核实。

（二）基于语料库调查统计

如果利用规模较大、语料分布合理且便于检索的中介语语料库，对其中词语进行正误标注，可以详尽地获得多种信息，比如，每一个词的绝对误用频率和相对误用频率如何，在什么义项、何种组合关系上误用，当用词是什么，等等，以此测定哪些是学习者容易混淆的词语。例如李慧等基于北京语言大学"汉语中介语语料库"200万字的语料对118个汉语常用多义词的使用情况进行了穷尽性调查，涉及词例共计170 398条，观察到不少误用词语及其混淆情况。[①]用语料库语言学的方法进行易混淆词测查，准确性较高，但工作量大，且无法达及语言理解层面的隐性词语

---

① 李慧、李华、付娜、何国锦《汉语常用多义词在中介语语料库中的义项分布及偏误考察》，《世界汉语教学》2007年第1期。

混淆,也难以克服由于学习者使用回避策略而使诸多词语混淆现象未能暴露出来的局限。

(三) 特定语言任务诱导

一般的口头表达和写作中,学习者在用词上都力求稳妥,对那些拿不准的、略感模糊的词语采用回避策略,因而所调用的词语非常有限,使用最多的是那些课本上出现过、又经反复练习的词语和常见表达,这样就使大量易混淆词被掩盖下来。因此,要设法让学习者完成一些非自主表达的语言任务,以便使他们暴露更多混淆的词语。比如:(1)故事复述任务。让学生听/读一个情节较为复杂的故事,然后即时复述。为把故事讲清楚,加上时间有限,复述者不能特别留意遣词用语,会在不经意间使用一些平时不敢用的词,从而暴露出更多的词语混淆问题。(2)母语译为汉语的任务。在完成翻译任务时,译者都有一种翻译对等意识,会自觉不自觉地寻找与母语对应的词,追求词汇层面的对等。这使译者不能拘泥于自己特别有把握的词,必须大量起用在自主表达中有意回避的词。因此,一般来说,译文的词汇量要大于作文,词汇错误也比作文中的更多更复杂,其中不少词语误用反映了学习者的词语混淆情况。(3)词义猜测—解释任务。标出语篇或语句中的生词,让学习者猜测其意义,并用母语或汉语进行解释。这种方法有助于发现学习者汉语理解中的词语混淆现象。钱旭菁对一个日本留学生阅读过程中的词义猜测活动进行了个案分析,指出提取词语(sense selection)是猜测词义的主要方式之一。[①] 从这项研究可以看出,成功地提取词语有助于快速理

[①] 钱旭菁《词义猜测的过程和猜测所用的知识》,《世界汉语教学》2005年第1期。

解文意，但学习者未必能准确地获知生词的词义，可能会在一定程度上导致提取词与生词的混淆。

（四）基于汉外词汇对比进行预测和验证

对比语言学最早是在外语教学的驱动下发展起来的。早期的研究者曾假设，母语和目的语相同之处，学习者容易掌握；不同之处则难以掌握，会受母语影响发生错误。但后来的研究没有完全证实这种假设，甚至发现了一些相反的情况。因此，对比分析的方法晚近受到较多非议。但是，"现有确凿证据表明，母语是影响第二语言习得的一个主要因素"[①]。因此，在研究易混淆词时，还是应当充分重视词汇对比分析的方法，只是要正确地对待它。要认识到，对比分析更适合于对特定学习群体普遍性的词汇错误进行探因和解释；另外，它也可以用来预测，但必须对预测进行验证。验证时可以利用语料库，也可以利用词语填空、词语选择、正误判断等语言测试手段。例如，朴祉泳对汉语和韩国语中"大""小"这对反义词的义位和语义组合关系进行了对比，并根据它们的异同设计了一套填空题，要求韩国学生在该用"大""小"的地方打"√"，在不该用的地方填合适的形容词。测试结果显示，韩国学生"大""小"与其他词语的混淆是有规律的，主要受到韩国语"大""小"的词义系统和组合关系的影响，但在不同义位或不同的词语组合上，与其他词语混淆的程度并不相同。[②]

[①] Ellis, R. (1994). *The Study of Second Language Acquisition*. Oxford: Oxford University Press.

[②] 朴祉泳《韩国学生汉语反义词学习情况考察》，北京语言文化大学硕士学位论文，2001年。

(五)相关词连类探查

各种语言的词汇都有系统性,表现之一是,有语义聚合关系的词在义位、义域和搭配同现上都有一定的对应性。中介语也不例外,其词语混淆现象往往不是孤立存在的,性质相同的词语混淆可能存在于若干个有语义聚合关系的词上。张博等观察[①]到,蒙古学生汉语中介语时间表达中最突出的问题之一是当用"点"时经常误用"小时",例如:

(21)今天是2006年11月6日。早11小时我和我姐姐一起到去商店,买东西。

还有个别"点""小时"合用的情况,例如:

(22)我下午回家以后一点半小时睡觉。起床以后做晚饭。

"小时"是典型的时段时间词,"点"则是典型的时点时间词。当发现蒙古学生常常混淆这两个词后,进一步观察与"小时"有上下义关系的时段词"分钟"和与"点"有上下义关系的时点词"分"的使用情况,发现"分钟"与"分"混淆更甚,而且表现为双向误用。一方面,当用"分"时经常误用"分钟",例如:

(23)今天是我班上课阅读,道理和中国国情也翻译。两点五十分钟下课了。

另一方面,当用"分钟"时又常误用"分",例如:

(24)吃早饭就我去学校。我来八点五分学校了。五分落后课迟到了五分钟。

---

① 张博、萨仁其其格《蒙古学生汉语中介语中时段时点词语混用的深层原因及表现形式》,"面向蒙古学生的汉语教学国际学术研讨会"会议论文,2007年7月11—13日,乌兰巴托。

这类研究实例显示，从词语的语义类聚关系出发，对词语混淆现象进行由此及彼、连类而及的考察，往往是很有效的。

四、汉语中介语易混淆词的辨析要领

汉语同义词、近义词辨析是汉语词汇研究的重要内容，为汉语中介语易混淆词研究提供了丰富的可资参鉴的辨析方法。但由于汉语中介语易混淆词辨析的内容更复杂，面对的又是第二语言学习者，因此，易混淆词辨析在以下几个方面需要格外注意。

（一）"对症"辨析

词语的异同可以体现在词义系统、相关义位、句法功能、搭配关系及语境限制等诸多方面，而第二语言学习者对相关词的混淆通常却只集中于某些特定方面或某一点上，因此，易混淆词辨析不宜面面俱到地予以详解比较，机械地反映词语异同的本然状况，而应力求探明词语误用的倾向和规律，切实针对混淆点进行辨析。例如，外国学生经常混淆"人"与"人们"。汇集二词的误用实例进行分析，可以发现它们的误用各有特定的条件，即：

A. 在"都"前误用"人"。例如：

（25）北京西山有一个村子，村子里住着一个姑娘，【人】都开玩笑地叫她"虎妞"。

（26）他画花画得跟真的一样，【人】都喜欢他画的花儿。

B. 在"多"后误用"人们"。例如：

(27) 很多人们从农村来到汉城开始找工作。
(28) 我在日本的时候,中午在街上没看过那么多【人们】。

鉴于此,我们应抓住二者是否表示多数这一语义区别,重点辨析与之相关的组合规则上的异同,而不必像某些辨析词典那样,常常说甲词还有某义/用法,乙词没有;或乙词还有某义/用法,甲词没有。那种对相关词词义和用法进行全面比较的做法会削弱辨析的针对性,而对症下药式的辨析才能有效地化解混淆点,帮助学习者准确地理解词义,恰当地使用词语。

(二) 贯通词语意义和组合关系

从总体上看,供本族语者使用的汉语同义/近义词词典偏重词义的辨析,略于词语用法的辨析;而对外汉语学习词典因注重二语学习者的语言生成,故略于词义辨析,偏重词语用法的辨析。这类词典或广列词语搭配实例,以使学习者通过大量语例体会和掌握词的用法;或用表格的形式,在可搭配项下划"√",不可搭配项下划"×",直观地显示词语用法的异同。但这些做法通常只能让学习者知其然而不能让他们知其所以然,不利于学习者在语义理解的基础上把握词语组合规律。因此,易混淆词辨析应充分注重深层的词义特征与词语搭配同现之间的关系,在语义内容和组合关系的关联上多下功夫。

对于单语素词,要注重揭示本源义对其组合关系的制约。例如,外国学生之所以有"我的嘴就不由得关起来"这样的表达,是因为他们混淆了"关"与"闭"。以往有近义词词典收录了这两个词,在简要释义后,将二词"词语搭配"的异同表列如下。[①]

---

① 杨寄洲、贾永芬《1700对近义词语用法对比》,北京语言大学出版社,2005年。

第四节 汉语中介语易混淆词及其研究方法

	～门	～窗户	～电视	～机	～头	～口	～上嘴	～会	～幕	～路电视
闭	√	×	×	×	×	√	√	√	√	√
关	√	√	√	√	√	×	×	×	×	×

此表使这两个词能与哪些词（或语素）组配、不能与哪些词组配一目了然，但是，这样的描写不能完全解决问题，因为：（1）同类组合可能比较多，不易穷尽，如"闭"还可用于"闭眼、闭目、闭卷、闭关"等，"关"还可用于"关抽屉、关闸、关水龙头"等；（2）同义词与同一语素构成的复合词，可能各自又有不同的组合关系，如可以说"闭门读书、闭门思过"，但不能说"关门读书、关门思过"；可以说"请随手关门、别关门"，但不能说"请随手闭门、别闭门"。

即便我们能把同义词在词法层面和句法层面特定的组合关系穷尽性地告诉学生，学生也不容易记住，或者不想一个一个去记。高水平的留学生总是想了解这里面有没有规则，他们往往会问，为什么可以说"关门"，却不能说"关眼睛""关书"？如何解答这一类问题，消除学习者的混淆？往往要追溯词的本源义。因为，现代汉语中词语的同义关系大多来自词义的发展衍化，也就是说，本源义不同的词语在意义不断引申的过程中可能发展出一个（或几个）相同的义位，从而变成同义词。这些词尽管有了相同的义位，可本源义的某些语义特征或许并未完全消失，而是像生物体的遗传基因一样，潜隐在后起的义位之中，在一定条件下制约着词语的语义组合关系[①]。比如，《说文》："关，以木横

[①] 张博《本义、词源义考释对于同义词教学的意义》，载赵金铭主编《汉语口语与书面语教学》，北京大学出版社，2004年。

持门户也。""关"的本义是门闩,即用以插门的木棍或铁棍。《汉书·杨恽传》"闻前有犇车抵殿门,门关折"即用"关"之本义。"闭"的本义是闩门的孔。《说文》:"闭,阖门也。从门,才所以距门也。"从古文字形体看,门中间不是"才",而像跟闩门有关的部件。《礼记·月令》"脩键闭"郑玄注:"键,牡;闭,牝也。"孔颖达疏:"凡键器入者谓之牡,受者谓之牝。"从"关"与"闭"的本源义出发,不难发现,这两个词在关闭义上特定的组合关系,是受其本源义制约的。"关"倾向用于有插销、有开关装置的事物,如"门""窗户""闸",而一般不用于没有插销、没有开关装置的事物,如"*关嘴""*关书"等。"关"的意义进一步引申,还可指使机器等停止运转,如"关机""关灯""关电视"等,这仍与其本义的特点有关。而"闭"没有这样的用法。"闭"作为闩门的孔,不像插在孔中的木棍或铁棍那样在闩门中起决定作用,也就是说,没有"关(门闩)"介入,所谓闭门只能是把门掩上、合上,因此,"闭"转为动词,跟闩门有关的语义内容就容易消失,也容易把搭配范围扩大到没有插销、没有开关装置的事物,如"闭嘴""闭卷"等。另外,尽管"关""闭"都可以和"门"组合,但由于本源义的制约,"关门"突显的是"关"的动作,"闭门"突显的则是门掩阖着的状态。之所以不能说"关门读书""关门思过",是因为这样的两个动作不能同时并行;之所以不能说"请随手闭门""别闭门",是因为要对"门"施以具体的动作。

对于复合词,常常需要回溯它们作为词组的意义或构词理据,分析初始义遗存的语义特征对词语组合关系的潜在制约。现代语文工具书一般只收录复合词的词义,而不涉及它们作为词组的意义或语素间的语义关系，例如《现代汉语词典》将"遗憾"释为"不称心；大可惋惜（在外交方面常用来表示不满或抗议）"，将"可惜"释为"令人惋惜"。如果局限于这种整词的意义对"遗憾"和"可惜"进行辨析就十分不便，这时不妨回溯二词作为词组的意义，即"遗憾"在古汉语里初指遗留恨憾，"可惜"指值得惋惜。例如：

> 毫发无遗憾，波澜独老成。（唐杜甫《敬赠郑谏议十韵》）
> 甑破可惜，何以不顾？（晋袁宏《后汉纪·灵帝纪》）

在现代汉语中，二词的语素义高度融合，都能作形容词，表示惋惜，有时可彼此替换：①

> 如果谁家过年没有份新挂历，那似乎是有点遗憾（/可惜）。
> 我觉得最可惜（/遗憾）的是没有拿到团体赛的金牌。

但由于"遗憾"和"可惜"的原初意义不同，其语素义及语义关系仍潜隐在词义中，使词义微殊，制约着某些特定语境对它们的选择，导致它们在词语的组合同现上存在一些差异。主要表现在以下三个方面。

一是语义上程度有差异。"遗憾"的词组义是遗留恨憾，词化后所表示的惋惜程度较高，多用于无法弥补的不幸遭遇或大不如意，是深切的、难以释怀的惋惜；"可惜"的初始义是值得惋惜，惋惜的程度相对较低，主要表示浪费、损坏或失去具体事物时的感受。例如：

> 他们说，大家革命半辈子，现在革命胜利了，还没见过我们领袖的

---

① "可惜""遗憾"的现代汉语语例取自北京大学汉语语言学研究中心现代汉语语料库。

面，实在遗憾！

老甘啊，太遗憾了，你革命几十年，连个孩子也没有啊！

这碗汤炖得好，不喝光了实在可惜。

有几个朋友来，也劝我不要用这把茶壶，这么值钱的玩意儿，摔破了太可惜。

以上"遗憾"和"可惜"所处的句法环境大体相同，但不宜互换，主要取决于语义程度的高低不同。上文例（3）、例（4）不被接受，就是因为误将"可惜"用于深切的惋惜。

"遗憾"倾向表高度惋惜，"可惜"倾向表低度惋惜，这决定了它们与其他词语的同现关系有所不同，例如，与"深感～""颇感～""～不已""终生～"等词搭配同现的，只能是"遗憾"而不是"可惜"，因为这些词都与深度和长时有关；"可惜"常与表示限止的副词"只"同现（你剑法倒不弱，只可惜太慢了些），"遗憾"则不与"只"搭配。

二是语义侧重点有差异。"遗憾"侧重于特定主体的心理感受，因此在做谓语或状语时，前面总有"遗憾"的主体；而"可惜"的语义重心在于值得惋惜的事件，它一般不与表人的主语挂钩，即使其前有表人主语，惋惜之情也不是主语发出的，而主要来自叙述者。例如：

王会凤又一次遗憾地站到亚军台。

姑娘啊，你很可惜，你的两个耳朵长颠倒了。

"可惜"的语义进一步偏移和虚化，与惋惜这种心理感受关系更远，将之视为对事件的转折性评注或许更为合适。例如：

何家父子在地下躺着，听得满清楚，可惜不能说话，也不能动了！

唐斯他们吓得慌忙逃跑，可惜迟了一步，被调查局的特工们抓住，带了回去。

上文例(5)、例(6)之所以不可接受,就是因为误将"可惜"用来表示其前主语"我"的感受。

由于"可惜"前不接受表人主语,因此,尽管"令人遗憾"是一个高频短语,而"可惜"却极少出现于这样的兼语结构中。①

三是"可"动作性弱,"遗"动作性强,动作性弱的词容易虚化,因此"可惜"虚化为副词;"遗憾"则发展出名词义,词内成分的结构关系由动宾变为偏正。

"闭:关"和"遗憾:可惜"的辨析显示,同/近义词的组合同现关系往往受制于其原初的语义特征。因此,在词义辨析时,注意沟通古今词义,由词语的深层语义特征出发去归纳易混淆词特定的搭配限制,是汉语教师应有的辨析思路,这对于成人学习者、特别是高水平学习者也有一定的适用性。

(三)揭示致误原因

第二语言学习者大多是成人,他们在学习目的语词汇时会较多利用母语的词汇知识,表现之一是特别容易联系母语中的对应词。当知道汉语中的某词对应母语中的哪个词后,他们往往会把母语词的组合关系或其他义位类推到汉语的对应词上。比如,英语中"骑自行车(by bike)""乘地铁(by underground)"都可以借助介词 by 来表达,"骑马(to ride a horse)""乘地铁(to ride the subway)"动词又都可以用 ride。因此,当学过汉语的"骑自行车"或"骑马"后,学习者可能会把英语 by 或 ride 的组合

---

① 北京大学汉语语言学研究中心现代汉语语料库中"遗憾"6355条,"可惜"7298条,"可惜"的频次略高;但"令人遗憾"519条,"令人可惜"只有10条,频次悬殊。

关系类推到"骑"上，于是产生了"骑地铁"这样的表达：

（29）她妈妈ji动地提建议他们骑地铁，所以他们买东西以后，骑了地铁回家。

在进行易混淆词辨析时，可以根据成人学习者的特点，适当引入词汇的对比分析，指出目的语词与其母语词在组合关系或多义词义位系统等方面的异同，既使他们明白致误原因，加深记忆，又帮助他们克服把语际对应词完全等同起来的习惯，学会留意目的语词在义域、附属义、义位系统和组合关系等方面的特征。

以上主要从研究的角度讨论汉语易混淆词辨析需注意的几个问题。当前，随着汉语走向世界的进程加快，急需编纂面向不同母语背景学习群体的汉语易混淆词辨析词典。由于汉语易混淆词的语义关系、组合限制及混淆原因十分复杂，具体的辨析方法和词典的体例设计还需进一步探索。

第三章

词汇搭配与用法研究

第一节 词语搭配知识与二语词汇学习 ①

从目前的研究现状来看,语料库资源在第二语言教学及第二语言习得研究中的应用越来越受到重视,研究者可以从第二语言学习者(以下简称"二语者")学习的目的语(TL,Target Language)语料库中提取例句,进行句法属性的相关研究并应用于教学中;提取词语的频度、词语的搭配(collocation)知识等信息,并将这些基于语料库的统计数据应用于教学大纲的编写,为教材编写中教学项目的难度顺序分布等提供排序的依据。研究者同样也可以从二语者的母语(NL,Native Language)语料库和二语者的中介语(IL,interlanguage)语料库中提取相应的信息,应用于语言教学与习得研究之中,比如中介语对比研究(CIA,Contrastive Interlanguage Analysis)②,就是将学习者的中介语语

---

① 本文以《词语搭配知识与二语词汇习得研究》为题发表在《语言文字应用》2013年第4期,作者邢红兵。

② Granger (1998). The computer learner corpus: A versatile new source of data for SLA research. In Granger (Eds.), *Learner English on Computer*. London: Longman; Granger (2002). A bird's-eye view of learner corpus research. In Granger, Hung, & Petch-Tyson (Eds.), *Computer Learner Corpora, Second Language Acquisition and Foreign Language Teaching*. Amsterdam: John Benjamins.

料库和学习者的目标语语料库进行对比，并且结合学习者自己的母语系统进行的研究。词语的搭配一直是研究者们进行词汇知识研究所关注的重要内容，[①] 在第二语言词汇习得研究中，二语者心理词典中词汇知识的构成及其发展过程一直受到研究者的关注，有研究者认为词语在目的语中的正确运用是第二语言词汇习得的最关键阶段。[②] 从留学生习得汉语词汇的情况来看，出现在搭配上的问题是词语使用过程中最突出的问题，蔡北国对汉语中介语语料库中留学生使用的动词"看"的替代错误进行分析，发现"看"代替了"检查、见、见到、看到、了解、欣赏、游览、展示、观、瞧、斜视"等词语，出现了大量的不合理的搭配，混用的范围也远远超出我们所界定的同义词范畴。[③] 从现状来看，基于语料库资源的词汇知识的提取及利用在汉语教学中并未被最大限度地应用，对中介语的词汇系统进行对比分析研究还不够深入。我们认为，在第二语言词汇习得过程中，学习者习得目的语词语的关键是以目标词在目的语言中的使用情况为核心的动态词

[①] 张寿康《注意词类和实词搭配的教学》，载《第一届国际汉语教学讨论会论文选》，北京语言学院出版社，1985年；张寿康《谈汉语常用词的搭配》，《语言教学与研究》1988年第1期；Nation, P. (1990). *Teaching and Learning Vocabulary*. New York: Newbury House；林杏光《论词语搭配及其研究》，《语言教学与研究》1994年第4期；胡明扬《对外汉语教学中语汇教学的若干问题》，《语言文字应用》1997年第1期。

[②] Jiang, N. (2000). Lexical representation and development in a second language, *Applied Linguistics*, 21；邢红兵《基于联结主义理论的第二语言词汇习得研究框架》，《语言教学与研究》2009年第5期。

[③] 蔡北国《中介语动作动词混用的调查与分析》，《世界汉语教学》2010年第3期。

汇知识体系的形成。① 通过语料库获取二语学习者目的语语料库的词汇知识是二语词汇习得研究的重要基础，考察中介语的词汇知识及其发展过程，参照学习者母语词汇知识，对三种知识进行对比分析，也是二语习得研究的重要方向。因此，如何在语料库中提取词汇知识，就显得非常重要。本研究提出词语"搭配知识"这样一个概念，希望将词语及词语之间的搭配关系看成是词汇知识的重要组成部分，并利用词汇搭配知识体系进行第二语言词汇习得研究。

一、第二语言词语搭配知识

（一）关于词语搭配

在讨论词语搭配知识之前，我们先了解一下词汇知识的概念，Richards 提出了一个词汇知识框架，认为词汇知识主要包括词语的频率、搭配、存储、位置、词形、关联、语义内涵、多义关系等几个层面的信息。② Nation 在此框架的基础上，将词汇知识归纳为形态、位置、功能、语义等四个大类，并提出了贯穿各个层面的产出性词汇和理解性词汇的概念。③ Schmitt

---

① 邢红兵《基于联结主义理论的第二语言词汇习得研究框架》，《语言教学与研究》2009 年第 5 期；刘慧芳《基于语料库的形容词词汇知识习得研究》，北京语言大学硕士学位论文，2011 年；邢红兵《第二语言词汇习得的语料库研究方法》，《汉语学习》2012 年第 2 期。

② Richards, J. C. (1976). The role of vocabulary teaching. *TESOL Querterly*, 10 (1).

③ Nation, P. (1990). *Teaching and Learning Vocabulary*. New York: Newbury House.

& Meara 还进一步强调了不同类词语之间的联结和关联。① 在不同的词汇知识系统中,除了形、音、义等基本信息以外,主要是词语使用情况的相关信息,其中非常重要的是搭配信息和词语关系信息。

搭配的概念最早是由 Firth 提出来的,他认为一个词的意义是由和它一起结伴出现的词语来体现的。② 目前学界对搭配的认识已经比较深入和全面,大部分研究者认为搭配知识涉及词汇—语义层面,强调搭配过程中语义的作用;③ 也有的学者认为搭配属于句法层面的知识;④ 还有学者认为搭配是词汇—句法层面的属性;⑤ 甚至有学者认为搭配涉及语义—语用层面,把搭配扩展到更大的范围。⑥ 这些研究给了我们很多启示,那就是词语搭配并不仅仅是一种语法关系,涉及语义和语用层面等。国内语言学界很早就重视搭配研究,张寿康认为词在语言运动中是一种磁性体,词同哪些词可以相互吸引产生搭配关系,同哪些词语相排斥

---

① Schmitt, N., & Meara, P. (1997). Researching vocabulary through a word knowledge framework: Word associations and verbal suffixes. *Studies in Second Language Acquisition*, 19 (1).

② Firth, J. R. (1957). Modes of meaning. In *Papers in Linguistics 1934-1951*, 190-215. Oxford: Oxford University Press.

③ Firth, J. R. (1957). Modes of meaning. In *Papers in Linguistics 1934-1951*, 190-215. Oxford: Oxford University Press; Halliday, M. A. K. (1985). *An Introduction to Functional Grammar*. London: Edward Arnold; 伍谦光《语义学导论》,湖南教育出版社,1988 年。

④ Palmer, F. R. (1976). *Semantics-A New Introduction*. Cambridge: CUP; 胡壮麟《语篇的衔接与连贯》,上海外语教育出版社,1994 年。

⑤ 朱永生《搭配的语义基础和搭配研究的实际意义》,《外国语》1996 年第 1 期。

⑥ Lyons, John (1977). *Semantics*. Cambridge: Cambridge University Press; Werth, P. (1984). *Focus, Coherence and Emphasis*. London: Croom Helm.

不能产生搭配关系，在教学中具有非常重要的意义。① 随着认知心理学理论对语言加工和语言学习的影响，研究者们已经越来越意识到搭配是一个心理过程，是词汇知识的一个部分。

（二）关于二语者心理词典

心理词典（mental lexicon）是指词汇知识有组织地存储在大脑中，并能够进行输入和输出加工的表征体系。从董燕萍和桂诗春综述的各种模型特点可以看出，二语学习者的心理词典和母语心理词典存在着一定的关联，母语心理词典为二语词汇知识的获得提供一定的语义基础。② 尽管二语词汇在意义系统上无法完全和母语词汇知识截然分开，但是，建立一套接近于目的语的二语词汇知识表征系统，是二语词汇学习的最终目标。因此，我们要强调的是，二语词汇习得过程不仅仅是一个简单的会与不会的过程，而且是一个词汇知识逐渐丰富的过程，也是一个逐渐接近目的语词汇知识的过程，这个过程是很漫长的，需要很长时间的积累。而在二语词汇知识的构建过程中，词语在目的语中的用法应该是习得过程中最难的，因此，研究者提出了二语词汇习得的阶段性模型，③ 而能够获得正确运用二语词汇的能力是二语词汇表征形成的目标。因此，建立逐渐接近目的语的词汇知识体系（特别是搭配知识体系）是二语学习者建立心理词典表征的关键。邢

---

① 张寿康《注意词类和实词搭配的教学》，载《第一届国际汉语教学讨论会论文选》，北京语言学院出版社，1985 年。

② 董燕萍、桂诗春《关于双语心理词库的表征结构》，《外国语》2002 年第 4 期。

③ Jiang, N. (2000). Lexical representation and development in a second language, *Applied Linguistics*, 21; 邢红兵《基于联结主义理论的第二语言词汇习得研究框架》，《语言教学与研究》2009 年第 5 期。

红兵基于联接主义理论,提出第二语言词汇知识包括读音、词形、意义三个部分,以及三个部分之间相互的联结,每个部分都有自己的特征,各类知识按照一定的规则组织在各自的词典当中,其中词汇的语义知识是词汇知识的核心。[1] 词汇语义知识主要包括三个方面:(1)静态知识,指从第一语言中直接获得的词汇意义。静态意义受母语的词义影响,受到第二语言使用的影响有限。(2)动态知识,是在使用语言中逐渐获得的词汇知识,动态属性包括词语频度、家族关系、句法功能和搭配关系等知识,动态知识尽管还要受到第一语言词汇知识的影响,但不能直接从第一语言获得。(3)词语关系知识。由于联结主义强调的是分布表征,因此,词汇知识不是独立存储的,词语之间的相互关系就成为词汇知识的重要组成部分。第二语言词汇关系的建立是第二语言词汇知识的重要内容。

(三)第二语言词汇搭配知识

第二语言词汇习得的研究由早期的主要关注词汇量问题逐步转向着重进行词汇知识的研究,比如说"学会一个词意味着什么"。近年来,研究者越来越关注第二语言搭配知识的作用,Ellis 认为格式化语言中的语言学习就是组块驱动学习过程。[2] Sinclair 指出,外语学习过程中一个最重要的特点就是目的语中的常用词及其主要用法模式和典型搭配的学习是最重要的。[3] 缪海燕和孙蓝通过

---

[1] 邢红兵《基于联结主义理论的第二语言词汇习得研究框架》,《语言教学与研究》2009 年第 5 期。

[2] Ellis, N. C. Memory for language. In Robinson, P. (ed.), Cognition and Second Language Instruction. Cambridge: Cambridge University Process, 2001.

[3] Sinclair, J. (1991). *Corpus, Concordance and Collocation*. Oxford: Oxford University Press.

中国英语学习者语料库考察了中国英语学习者对非词汇化高频动词与名词搭配的情况，结果表明：搭配频度决定学习者是否将其形成组块来存储、提取和使用，证明了搭配及其频率在第二语言词汇习得中起到非常重要的作用。[1]Durrant 通过实证研究发现，成人在第二语言学习过程中会将词语同现信息保留在他们的心理词典的输入词典中。[2]

我们认为母语的词汇习得实际上是一个从用法到意义的过程，母语者的词汇的特征是在母语学习中逐渐提取和积累的，最后在心理词典中形成词汇知识，而二语习得实际上是一个相反的过程，因为学习者已经通过母语建立了较为完备的语义知识体系，并且具备了完备的认知功能，因此，二语词汇知识的获得实际上是从意义到用法的一个过程。从心理词典的构建角度来看，第二语言学习者需要在区分两种语言之间的关系的基础上建立自己的双语词汇表征体系，词汇知识的获得过程实际上是建立两个心理词典、形成各自的表征并建立两个词典之间的各种关系的过程。学习者母语词汇知识和目的语词汇知识关系的建立在二语词汇习得研究中就显得至关重要，二语词汇知识习得实际上就是摆脱母语对应词用法对目的语词汇用法知识的影响的过程。我们给词语搭配知识（collocational knowledge）下一个定义，指词语在使用过程中和能够与其形成一定搭配关系的词语组成的词语关系体系在学习者心理词典中的存储和表征。

---

[1] 缪海燕、孙蓝《非词汇化高频动词搭配的组块效应——一项基于语料库的研究》，《解放军外国语学院学报》2005 年第 3 期。

[2] Durrant, P. L. (2008). *High Frequency Collocations and Second Language Learning*. PhD thesis, University of Nottingham.

二、基于语料库的词汇搭配知识构建

（一）通过搭配的词语分析句法功能

我们知道，汉语没有形态变化，因此，汉语的实词一般具有多种句法功能，而每一种功能则会形成一种搭配词语聚合，因此就会形成不同的搭配聚合关系。比如说动词能够带宾语，动词和其宾语之间就形成了一个搭配的功能聚类，我们可以通过聚类词语的数量及其出现次数等数据来衡量一个词语的搭配功能分布情况。我们用一组表示"美丽"意义的词语为例来分析同类词语的句法功能分布情况，这组词包括"美丽""漂亮""好看"。我们统计了这三个词语在语料库中的各种功能下搭配的词语的使用次数总和及其在该词语中所占的比例，这些功能包括做谓语、做定语、做状语、做补语、做主语、做宾语等。图 1 显示了三个词语的各个功能搭配的词语所占的比例。

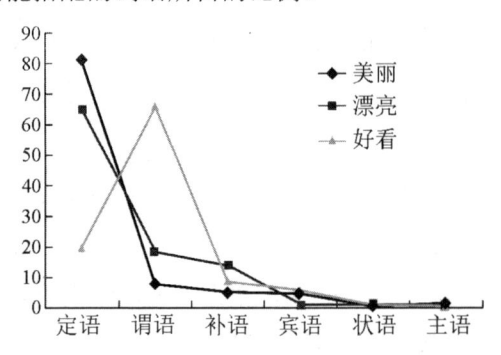

图 1　"美丽""漂亮""好看"各功能搭配词语数量分布图

从上面的对比我们可以看出，按照搭配词语的使用次数的分布，在句法功能上，"美丽"和"漂亮"更接近，做定语是它们的主要功能，而且在比例上占绝对优势，"美丽"做定语时搭配的词语使用次数占81.17%,"漂亮"做定语时搭配的词语使用次数占65.03%,"好看"做定语时搭配的词语使用次数只占19.46%。而在做谓语的功能上,"美丽"和"漂亮"做谓语时搭配的词语使用次数分别占7.91%和18.53%,而"好看"则占65.77%,三个词语在主要功能分布上并不一致。因此,功能的分布是搭配知识的一个重要组成部分,通过这样的数据分析,我们就可以在教学中对三个形容词的功能各有侧重。

(二)词语搭配形成组合关系和聚合关系

一个词语和另外一个词语搭配使用,这两个词语之间就形成了组合关系,这种组合关系在第二语言词汇习得过程中也存在一定的难度,这主要有两个方面的原因:(1)目的语的搭配具有一定的条件,比如"讲故事",我们一般不说"说故事""告诉故事",这说明词语的组合除了语法规则以外,还有其他很多因素起作用,这些因素包括语体色彩、常用度、音节搭配等;(2)学习者已有的意义系统会产生语义上的搭配,但是并不能符合目的语的使用习惯,比如说"拿机会""拿自行车"等搭配,就不符合汉语的搭配,因此,组合关系是搭配习得的重要方面。和同一个词语能够进行搭配的两个或多个词语就形成了聚合关系,比如"感到、觉得、感觉"都可以和"高兴"形成搭配,因此这三个词语实际上形成了一种聚合关系,这种聚合词语的选择也是第二语言词汇习得的难点。我们以形容词"高兴"为例,对"现代汉语研究语料库"中形容词"高兴"所搭配的各类词语按照功能进行分类,并统计了搭配词语的次数和数量及其比例(表1)。这些搭配词语包括:做谓语时描写的主语词语;做动词时的宾语;做谓语所带的补语;做补语时的中心语;做谓语时的状语;做状语时的谓语动词；做定语时的名词；做谓语时所带的动态助词，等等。

表1 "高兴"的搭配词语按功能的情况统计分析

类型	搭配次数		搭配词语数		例词
	次数	比例/%	数量	比例/%	
主谓搭配中的主语	168	31.17	29	23.58	我、你、他、她、心情、家长、父母
动宾结构中的谓语	22	4.08	9	7.32	感到、觉得、表示、感觉、显得、破坏
动补结构中的补语	30	5.57	20	16.26	起来、坏了、极了、不得了
动补结构中的中心语	9	1.67	8	6.50	玩、喝、吃、忙、看、活、听、闹
状中结构中的状语	252	46.75	36	29.27	很、不、特别、非常、挺、就、真、更、最、这么
状中结构中的中心语	24	4.45	13	10.57	说、笑、点头、看、走、告诉、听、发现、握手
定中结构中的中心语	18	3.34	6	4.88	事、时候、样子、事情、人
动态助词	16	2.97	2	1.63	了、着

从表1的数据可以看出，形容词"高兴"的主要句法功能是做谓语，形成两个类型的搭配：主谓结构和状中结构，占我们统计的8种搭配关系的52%左右，同时，"高兴"还能够做动词的状语，和中心语形成状中搭配关系；做名词的定语，和中心语形成定中搭配关系；做宾语，和动词形成动宾关系。形容词"高兴"和在语料库中使用的全部搭配词语按照句法属性可以形成不同的聚类，形成以"高兴"为核心的知识体系，在这个体系中，"高兴"通过与其搭配的词语，获得了自身的语义特征，比如通

过状语"很、非常、十分"等词语的修饰,"高兴"可以获得具有程度的属性,通过主语和定语中心语,"高兴"可以获得中心语的分布情况,比如具体物"人"、抽象物"事情、事、样子"、时间词语"时候"等。

(三)搭配词语的频度分布

在上述搭配关系所形成聚类关系词语中,每个词语的搭配次数并不相同,这就是搭配频率问题,从现有的研究来看,搭配频率也是二语学习的重要因素,因此,我们认为,词语搭配频率也是二语学习者需要获得的词汇知识的一个重要内容。比如在"高兴"的状语位置与之搭配的共有 26 个词语,这些词语可以分为表示程度、表示否定和表示情态等类型,各类词语及其搭配次数如下:

表示程度:很(45)、特别(22)、非常(20)、有点儿(19)、挺(16)、这么(4)、真(4)、更(4)、最(4)、多(2)、比较(2)、有些(2)、怪、可、特、多么、极、那么、好不。

表示否定:不(67)、不太(4)、并不、别。

表示情态等:就(7)、都(6)、也(4)、会(2)、照样、尽快、按捺不住、当然、倒、瞎、有时、正、当然。

从和"高兴"形成的"状语—中心语"的搭配关系来看,这个聚类中主要是表示程度的词语,共有 19 个,也有一部分表示否定和情态等。表示程度的词语常用的是"很、特别、非常、有点儿、挺"等。我们从目的语语料库中获取这样的搭配信息并应用于教学中,使学习者逐步确立搭配意识,并能够熟练使用常用的搭配。

(四)通过提取搭配知识进行同类词区分

二语词汇习得的一个重要的过程就是从词语搭配的角度逐渐

区分同类词语的使用环境,使得同类词语搭配知识逐渐接近目的语的分布情况。第二语言词汇习得过程的重要阶段实际上是同类词语各自搭配关系的建立过程,二语学习者需要习得大量的搭配知识来区分同类词语的使用情况。因为在一组同类词语中,各个词语的意义相近,用法有一定的相似性,但是在搭配的类型及其分布、搭配的词语等方面表现出它们之间的差异。下面我们以同义词"改变"和"转弯"所搭配的宾语情况来对两个词语进行分析(参见图2)。

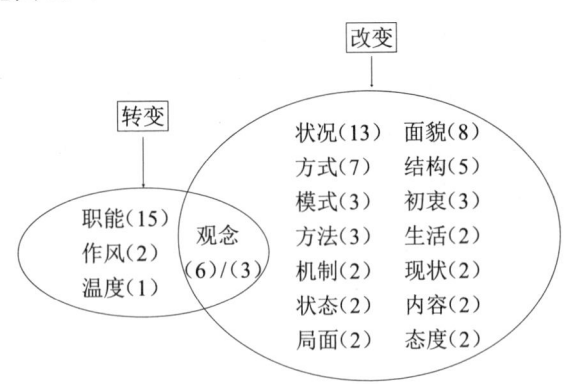

```
                                    改变
              转变
                        状况(13)  面貌(8)
                        方式(7)   结构(5)
        职能(15)  观念   模式(3)   初衷(3)
        作风(2)  (6)/(3) 方法(3)   生活(2)
        温度(1)          机制(2)   现状(2)
                        状态(2)   内容(2)
                        局面(2)   态度(2)
```

图2 "改变""转变"和宾语搭配情况示意图

从图2的搭配情况来看,"改变"带宾语的能力强,表现在搭配的词语总数和搭配词语的总使用次数都高于"转变",两个词的共同宾语成分只有"观念"一个词,并且"观念"更倾向于跟"转变"搭配。"改变"常用的搭配有"状况、面貌、方式、结构、观念、模式、方法"等,"转变"常用的搭配是"职能"和"观念"。通过分析能够和两个词语搭配的词语,我们就可以比较直观地看出两者之间的差别,这种差别不仅可以通过词语的意义层面来解释,还可以通过各自的搭配词语来进行分析。

三、搭配知识在二语词汇习得研究中的应用

(一) 通过中介语词语搭配的错误率观察搭配的难点

一般情况下,错误率是指在中介语语料库或中介语语料库某个水平阶段的全部语料、某个母语背景等特定范围内词语出现错误的次数与使用总次数的比例,这是目前第二语言习得研究中衡量学习效果使用最广的指标。对于词语的句法功能和搭配关系来说,我们界定的错误率就是中介语使用的错误搭配数量和总搭配数的比值。比如在中介语语料库中,"简单"的状语搭配次数是7次,其中有一个"比"做状语是错误的,因此出现错误的次数是1次,所以形容词"简单"的状语搭配的错误率就是1除以7得到的比例,是14.29%,正确率就是85.71%。我们从"汉语中介语语料库"中选取了5个形容词,考察这些形容词的三个主要句法功能的偏误率(表2)。

表2 形容词句法功能偏误率统计表

词语		长	大	方便	高	高兴
状中结构: 状语+~	次数/次	167	544	97	205	384
	错误数/个	1	7	5	3	17
	偏误率/%	0.60	1.29	5.15	1.46	4.43
定中结构: ~+中心语	次数/次	134	447	16	83	23
	错误数/个	11	32	7	9	4
	偏误率/%	8.21	7.16	43.75	10.84	17.39
主谓结构: 主语+~	次数/次	66	273	46	189	349
	错误数/个	5	38	8	31	11
	偏误率/%	7.58	13.95	17.39	16.40	3.15
总偏误率/%		4.63	6.09	12.58	9.01	4.23

通过偏误率的分布情况可以看出,5个形容词的三种成分的总

偏误率中,"方便"和"高"偏误率较高,而"高兴"和"长"的偏误率较低。在和形容词形成搭配关系的各类成分中,状语成分的错误率不高,但是,形容词和修饰的中心语的搭配存在一定的困难,比如"方便"的错误率达到44.75%,形容词在做谓语的时候和主语的搭配上也存在一定的困难,比如"大、方便、高"等。从上面的数据也可以清楚看出,每个形容词的各个功能的错误率表现出的规律也不相同,表明形容词的功能使用不均衡,各自有不同的难点。

(二)通过丰富度观察中介语搭配知识的范围

搭配知识的丰富度,是指一个词在中介语语料库中搭配的词语数量占目的语语料库中全部搭配词语数量的比例,比如在现代汉语语料库中,修饰"长"的状语共有50个,如"很""这么""最""好"等,而在中介语中"长"的状语有20个,我们认为中介语语料库形容词"长"的状语搭配丰富度是40%。我们统计了5个形容词的四种功能形成的搭配丰富度情况(表3)。

表3 形容词各句法功能丰富度统计表

词语		长	大	方便	高	高兴
状语+～	中介语/个	23	46	34	40	76
	现汉/个	51	40	14	38	8
	丰富度/%	45.10	115.00	242.86	105.26	950.00
～+中心语	中介语/个	27	197	11	33	12
	现汉/个	62	215	2	69	6
	丰富度/%	43.55	91.63	550.00	47.83	200.00
主语+～	中介语/个	25	121	24	67	10
	现汉/个	47	120	13	99	4
	丰富度/%	53.19	100.83	184.62	67.68	250.00

(续表)

词语		长	大	方便	高	高兴
~＋谓语	中介语/个	0	2	2	0	44
	现汉/个	7	13	4	3	14
	丰富度/%	0.00	15.38	50.00	0.00	314.29
总丰富度/%		44.91	94.33	215.15	66.99	443.75

从表3的数据可以看出，每个词语的搭配丰富度并不相同，"长"和"高"的搭配总丰富度不足，而"方便"和"高兴"的搭配总丰富度很高，这表明形容词搭配的丰富度并不一致。每个词语的各个功能的搭配丰富度也有差别，比如"高"的状语丰富度和现代汉语语料库接近，但是"高"修饰的定语中心语的丰富度就不够，这表明中介语语料库中"高"修饰的中心语还不丰富，而"高兴"和"方便"的状语成分却存在搭配泛用的情况，比如"高兴"的状语有"常常""有点儿"等、"方便"修饰"看法"等，这些搭配在现代汉语语料库中都不出现。通过丰富度可以较全面观察词语搭配数量和目的语中词语搭配数量的差别，了解搭配的词语是不是存在不足和泛用的情况。

（三）通过匹配度观察搭配知识和目的语的差异

我们所说的搭配知识的匹配度，是指一个词语在中介语语料库中搭配的词语在目的语语料库中出现的搭配词语的重合程度，比如说在中介语语料库中，修饰"长"的状语，和"长"形成的搭配共有23个，其中在现代汉语语料库中出现的搭配数量有22个，"长"的状中搭配匹配度是95.65%（22除以23），而"方便"作为定语，在中介语语料库中和修饰的中心语形成的搭配共有11个，其中在现代汉语语料库中出现的搭配数量只有1个，"方便"

的定中搭配匹配度是9.09%（1除以11）。我们同样统计了下列5个形容词的匹配度情况（表4）。

表4 中介语语料库形容词各句法功能匹配度统计表

词语		长	大	方便	高	高兴
状语+～	重合/个	22	31	10	18	6
	全部/个	23	46	34	40	76
	匹配度/%	95.65	67.39	29.41	45.00	7.89
～+中心语	重合/个	8	53	1	8	4
	全部/个	27	197	11	33	12
	匹配度/%	29.63	26.90	9.09	24.24	33.33
主语+～	重合/个	5	25	3	21	2
	全部/个	25	121	24	67	10
	匹配度/%	20.00	20.66	12.50	31.34	20.00
～+谓语	重合/个	0	2	0	0	4
	全部/个	0	2	2	0	44
	匹配度/%	0.00	100.00	0.00	0.00	9.09
总匹配度/%		42.17	26.49	19.72	31.76	10.96

从总匹配度来看，5个词语的匹配度不高，最高的"长"的匹配度也只有42.17%，这表明在中介语语料库中词语的搭配总量和现代汉语语料库的搭配总量差异很明显，显示出中介语搭配的自身特点。每个词语的各个功能的匹配度也有差异，我们经过分析发现，在中介语语料库中出现的和现代汉语语料库不匹配的搭配主要包括一些错误的搭配或者是汉语不使用的搭配，比如说"长的骑""长年月""高兴的心里""高兴的精神""高兴地感谢"等。匹配度用来衡量中介语词语中的搭配项目和目的语之间的重合情况，匹配度越高，搭配的范围越接近母语的搭配知识，表明

中介语的搭配知识与目的语的搭配知识更接近,这也是我们观察中介语搭配知识发展过程的重要指标。

(四)通过搭配率观察词语搭配的频度分布

词语的搭配率是指词语在中介语语料库或目的语语料库中和另外一个词语搭配的次数和该词语总搭配次数的比例。搭配率可以结合功能分类进行考察,比如形容词"高"在现代汉语语料库中和"要求"形成主谓关系的搭配共有12次,"高"做谓语形成的主谓搭配合起来共有170次,"要求"和"高"搭配率就是7.06%,而"高"在中介语语料库中和"要求"形成的主谓搭配是2次,"高"做谓语形成的主谓搭配合起来共有189次,"要求"和"高"搭配率只有1.06%。我们从语料库中抽取了6个和"高"形成主谓关系的词语的搭配次数,并计算了它们的搭配率,具体数据见表5。

表5 和"高"形成主谓搭配的部分词语的搭配率表

搭配词语		水平	气温	个子	要求	程度	收入
现代汉语	次数/次	5	2	3	12	4	8
	搭配率/%	2.94	1.18	1.76	7.06	2.35	4.71
中介语	次数/次	32	21	18	2	1	1
	搭配率/%	16.93	11.11	9.52	1.06	0.53	0.53

为了更直观反映这6个词语和"高"搭配的搭配率情况,我们将其搭配率制成曲线图(图3)。

从曲线图可以看出,这6个词语在现代汉语语料库中的搭配率和在中介语语料库中的搭配率还是有很大差别的,表现为中介语语料库中"水平""气温"和"个子"的搭配率高于现代汉语,而"要求""程度"和"收入"的搭配率却低于现代汉语语料库,这也表明二语学习者尽管已经获得了搭配知识，但是在使用上还不是很平衡，同样表现出泛化和使用不足的问题。

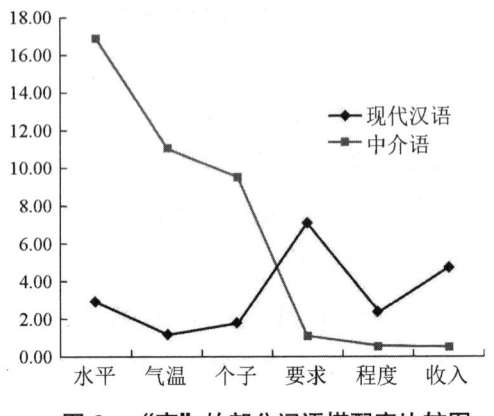

图3 "高"的部分词语搭配率比较图

我们可以从上述几个方面进行中介语和目的语搭配知识的对比分析，从不同角度来考察中介语词语搭配知识的状态，分析和目的语之间的差异。这些概念同样也可以用于中介语和母语、目的语和母语的对比研究之中，也可以用于中介语语料库不同阶段的对比研究。

四、结语

本研究探讨了基于语料库的词语搭配知识提取及其在汉语教学中的应用，文章强调基于目的语语料库的搭配知识在二语词汇习得过程中的重要作用。我们认为，词语搭配知识是词汇知识的重要组成部分，同时也是二语学习者目的语词汇知识的核心，是二语学习者学习目的语词汇的难点所在。通过分析，我们认为搭配知识是句法信息、语义关系、使用频度信息在心理词典中的反映,因此搭配知识更应该是一种知识表征体系,具有心理现实性。二语词汇学习的过程,实际上是二语学习者目的语词语搭配知识逐渐丰富的过程,这个过程包括搭配词语的数量增加、搭配类型丰富、同类词语的搭配范围的区分,并在此基础上形成目的语的词汇知识系统。根据上文的分析,我们提出基于语料库的词汇搭配知识习得研究的基本原则。这些原则可以概括为以下几个方面:(1)考虑词语的句法功能的分布情况;(2)考虑搭配词语的数量及其使用频度;(3)从总体上考察中介语词汇在错误率、丰富度、匹配度和搭配率等方面和目的语的差异。不过,我们还应该意识到,二语词汇习得过程中涉及的因素并不仅限于搭配知识,学习者母语对应词语的词汇知识及其在母语中的使用情况也会影响二语词汇习得,所以学习者母语语料库的知识提取及其与目的语的对比研究在基于语料库的词汇习得研究中也具有非常重要的参考价值,这方面还需要做大量的工作。

第二节　单音节形容词与名词组合的语义选择关系[①]

语言搭配(collocation)在对外汉语教学中具有重要的应用价值,词语之间的搭配关系是选择性(selective properties)的一

[①] 本文以《单音节形容词与名词组合的语义选择关系分析——基于定量统计的形容词"小"的个案研究》为题发表在《华文教学与研究》2011年第3期,作者祁峰。

种表现，搭配选择性规律很复杂。孙茂松等认为："约束组合（搭配）是不可预期的，在同样的语法、语义制约条件下，为什么非得这么讲，那么讲就不行，没有太多的道理，恐怕一般只能解释为习惯使然。这是语言教学，尤其是第二语言教学过程中最感困难的环节之一，基本上无规律可循。"[1] 单音节形容词和名词的选择组合关系受到多种因素的制约，吕叔湘、文炼、范晓、张敏、铃木庆夏、吴颖、张国宪等从不同角度对形容词修饰名词的格式进行了描写与解释。[2] 本节结合语料库[3]对高频单音节形容词"小"和后现名词的搭配情况进行分析，主要研究形容词"小"直接修饰名词这一语法格式，以解释语言教学中出现的"形名组合"的语义选择限制因素。

一、形容词义项的量级与非量级

就词类的原型范畴（prototype-based category）而言，几乎所有的单音节形容词都是词类范畴的典型成员，也就是说，汉语的单音节形容词一般都最具有原型性，因此它的词类范畴的特征最

---

[1] 孙茂松、黄昌宁、方捷《汉语搭配定量分析初探》，《中国语文》1997年第1期。

[2] 吕叔湘《单音形容词用法研究》，《中国语文》1966年第2期；文炼《词语之间的搭配关系》，《中国语文》1982年第1期；范晓《词语组合的选择性》，《汉语学习》1985年第3期；张敏《认知语言学与汉语名词短语》，中国社会科学出版社，1998年；铃木庆夏《形名组合不带"的"语义规则初探》，载《语法研究和探索》（九），商务印书馆，2000年；吴颖《现代汉语单音节形容词词义结构研究》，上海师范大学博士学位论文，2002年；张国宪《性质形容词重论》，《世界汉语教学》2006年第1期。

[3] 本文使用的是300万字的现代汉语分词语料，语料来源于：《人民日报》（1998年1月）标注语料库；现当代作家作品和《读者》杂志中的文章。

为明显。我们从《现代汉语语法信息词典详解》和《现代汉语频率词典》中选出高频单音节形容词"小",作为形名组合选择性关系研究的突破口。[①] 以往对单音节形容词词义的研究还没有细分形容词义项的级差。级差是人类对世界的一种认知方式,也是对世界的一种表述方式,属于量的语义范畴系统。形容词的量主要体现在程度的高低上,可以用加程度副词的方法来切分出一系列程度不等的量级。这里,我们根据形容词义项级差的有无,把形容词义项分为量级和非量级两种,量级义项是指该形容词义项有级差,非量级义项是指该形容词义项没有级差。区分形容词义项的量级和非量级是研究形名组合选择性关系的基础。下面我们从《现代汉语词典》(第 5 版)和《汉语形容词用法词典》中找出形容词"小"充当定语的义项并区分其义项的量级和非量级,详见表1:

表1 形容词"小"的义项[②]

义项	有点	很	最	不	举例
(1)在体积、面积、数量、力量、强度等方面不及一般的或不及比较的对象(跟"大"相对)	+	+	+	+	小河、小桌子
(2)排行最末的	-	-	+	-	小姑妈、小女儿
(3)谦辞,称自己或与自己有关的人或事物	-	-	-	-	小女、小弟

---

① 俞士汶、王惠、张化瑞《现代汉语语法信息词典详解》,清华大学出版社,1998年;北京语言学院语言教学研究所《现代汉语频率词典》,北京语言学院出版社,1986年。

② "小"充当定语的义项(1)(2)是形容词,而义项(3)是语素,它和后现成分组合后已经词汇化,所以"小女""小弟"是名词,属于谦称。

根据表1的分析，形容词"小"的量级义项为（1）（2），即以上义项有级差，具有对称性，例如：

小河　大河；小姑妈　三姑妈　二姑妈　大姑妈[①]

同时"小"的量级义项还能受到不同的程度副词和否定词修饰，其最典型的数量特征是连续性，在句法上可以有下列变换式：

第一种：形＋名→名＋形→名＋是＋形＋的→名＋程度副词＋形→名＋不＋形。例如：

小桌子→桌子小→桌子是小的→桌子有点（很、最）小→房子不小

第二种：形＋名→名＋是＋形＋的→名＋程度副词（最）＋形。例如：

小女儿→（这个）女儿是小的→（这个）女儿最小

当后现名词是亲属称谓名词时，上例如果要成立，需要在一定的语境中，即设想某户人家有好几个女儿。如果离开这样的语境，"女儿小""女儿很小"也可以说，但是其意义发生了变化，这里的"小"已从"排行最末"义变为"年龄小"义。

根据表1的分析，形容词"小"的非量级义项为（3），即该义项没有级差，一般情况下，该义项不具有对称性，例如：

小女　＊大女；　小弟　＊大弟

形容词"小"的非量级义项的意义不是说明"量的大小"，而是表示谦虚的意味，其后现成分一般是指与自己有关的人或事

[①] 当"小"的后现名词是亲属类称谓名词时，它们可以有其他中间状态的对应关系，但是根本性的对应关系始终存在，即有"小姑妈"就一定有相应的"大姑妈"。

物，当然这一类格式必须联系它的后续句才能清楚地说明。同时"小"的非量级义项不能受到不同的程度副词修饰，在句法上一般没有相应的变换式。"小"这一义项意义比较虚化，不是说明在体积、面积、数量、力量、强度等方面"量的大小"比较，而是语用上礼貌原则的一种表达方式。

二、*后现名词的语义细节分类*

以往对形名组合的研究，大多是一种定性研究。本节将进行定量统计分析，具体的做法是：从语料库中搜索出相关的形名组合，从形容词量级义项和非量级义项的角度来区分，找出形容词量级义项和非量级义项修饰的名词成分，再对这些名词成分进行语义上的归类。这里，我们对后现名词的分类标准主要是参考彭睿、王珏中的分类标准，把后现的名词成分分为个体名词、抽象名词、物质名词、集合名词和专有名词。[①] 这五种名词小类下面还有若干下位的语义小类。如个体名词下位的语义小类有：实物类[②]、交通工具类、植物类、动物类、身体器官类、场所山川类、行为事件类、时点时段类、地域类、艺术类、称谓类等，但是个体名词是一个非常庞大的开放类，语义本身又是十分复杂的，以上各小类不可能穷尽个体名词的所有语义类型。其他的几类名词

---

① 彭睿《名词和名词的再分类》，载胡明扬主编《词类问题考察》，北京语言文化大学出版社，1996 年；王珏《现代汉语名词研究》，华东师范大学出版社，2001 年。

② 实物类是指可以触摸、看得见的实体，有一定形状或无固定形状，其包括的范围比较广。本节中的实物类不包括交通工具类、植物类、动物类、身体器官类等个体名词。

情况也大致相似。下面结合形容词"小"的不同义项，考察其后现名词的具体情况。

（一）受单音节形容词"小"的量级义项修饰的名词类型

1. 个体名词。

a. 实物类（85例）：包、报、旗、牌、书、碗、门、纸、图、网、锅、盘子、钱包、电炉、皮箱、石子、石块、窗户、甜饼、包袱、茶几、佛像、提兜、口袋、提包、拎包、风铃、钢笔、匕首、凳子、铁盒、木盒、盒子、裙子、绒球、邮包、桌子、佛龛、圆圈、袜子、彩灯、闹钟、手枪、册子、手帕、布包、饭桌、木床、镜子、弹弓、圆顶、画面、擀杖、板凳、黑板、高炉、毡子、纸盒、抽斗、头像、木棍、布片、鞭炮、冰棍、探针、玩具、彗星、卫星、行星、孩子、男孩、女孩、姑娘、娃娃、斑点、水滴、礼物、礼品、手饰、照明灯、油葫芦、太阳灯、降落伞、收音机、轧花机

b. 交通工具类（8例）：船、卡车、货车、游艇、木船、商船、三轮车、四轮车

c. 植物类（7例）：树、花、树林、榆树、柳树、冷杉、香瓜儿

d. 动物类（22例）：虾、驴、狗、狼、乌、鱼、鸡、猫、鹿、虎、牛、猪、虫子、白兔、翠鸟、老鼠、甲虫、老虎、狐狸、银鱼、动物、蛐蛐儿

e. 身体器官类（14例）：手、脚、眼、脸、嘴、口、嘴唇、胡子、眼睛、脑袋、嘴儿、拳头、耳轮、平头

f. 场所山川类（75例）：院、店、站、楼、街、路、池、屋、桥、坑、山、河、湖、岛、宾馆、歌厅、舞厅、餐厅、茶厅、浴池、水池、水窖、饭店、饭馆、商店、客栈、客房、阁楼、洋楼、茶楼、

房间、隔间、馆子、园子、房子、花园、公园、机场、街道、池塘、木屋、草屋、山坡、河流、火山、海湾、山丘、瀑布、胡同、弄堂、地方、角落、水潭、河槽、山沟、农场、卧室、粮仓、塘坝、泵站、水渠、水库、溪流、居室、包厢、煤场、煤窑、窝棚、街巷、礼堂、咖啡店、采矿点、防空壕、办公室、会议室

g. 群体组织类（14例）：家、党、厂、工厂、学校、公司、党派、社会、团体、集体、单元、队伍、冶炼厂、俱乐部

h. 地域类（12例）：国、城、县、镇、村、城市、城镇、县城、乡镇、山村、村庄、流域

i. 符形类（1例）：字

j. 行为事件类（4例）：事、会、事情、手术

k. 艺术类（1例）：喜剧

l.（亲属）称谓类（11例）：妹、娘舅、姑丈、女儿、儿子、侄子、外甥、妹妹、弟弟、孙女、孙子

2. 抽象名词。

a. 度量类（2例）：面积、幅度

b. 疾病类（2例）：病、毛病

c. 余类（6例）：错、数目、问题、错误、场面、生意

3. 物质名词。

a. 风雨类（3例）：雨、风、龙卷风

b. 钱款类（1例）：财

c. 有机物类（1例）：泥肠

4. 集合名词（1例）：电器

从上面的名词小类看：实物类个体名词有85个，占总数（270个）的31.5%；场所山川类个体名词有75个，占总数的27.8%。

这两类名词是具有空间义的名词。可见，"小"的量级义项主要是修饰具有空间义的名词，"小"的意义所指往往是比较实在的。而"小"的量级义项所修饰的抽象名词、物质名词和集合名词相对较少，只有 16 个，占总数的 5.9%。这些名词往往不具有空间义，其中的疾病类抽象名词和钱款类、有机物类物质名词除了上面所列举的几个名词以外，大多数情况下是不能受"小"的量级义项修饰的，像疾病类抽象名词有"肝炎、传染病、病虫害"等，钱款类、有机物类物质名词有"学费、津贴、存款；蔬菜、肌肉、中药"等。可见，上述三类名词大多数难以受到"小"的量级义项的修饰，形容词"小"的量级义项主要修饰个体名词。

（二）受单音节形容词"小"的非量级义项修饰的名词类型

1. 个体名词。

a. 实物类（1 例）：玩意儿

b. 植物类（2 例）：草、树苗

c. 动物类（4 例）：牛犊、鸡雏、羊羔、猪崽

d. 时点时段类（1 例）：时候

e. 符形类（1 例）：诗

f. 称谓类（43 例）：教授、编辑（职称、职位称谓名词）；记者、律师、老师、木匠、画匠、师傅、演员、棋手、商人、书商、伙计、船老大、庄园主（职业称谓名词）；女子（谦称名词）；宝贝、美人、天使（昵称名词）；痞子、寡妇、东西（恶称名词）；祖宗、姑奶奶（哀求称谓名词）；行家、名家、英雄、同学、客人、顾客、家伙、同乡、戏子、精灵、读者、信使、使者、巨人、主人、王子、年轻人、淘气包、球迷

2. 抽象名词。

a. 意念类（3例）：灵感、建议、心灵

b. 策略法则类（1例）：伎俩

c. 余类（10例）：命、纠纷、意思、别扭、病毒、生命、角色、职务、故事、零碎儿

3. 物质名词。

a. 无机物类（1例）：食品

b. 光声电色彩类（1例）：水电

4. 集合名词（3例）：夫妻、姐妹、天地

5. 专有名词（7例）：白宫、联合国；燕妮、冰心、顺子、汤姆、扎耶德（人名）[①]

在上面的个体名词中，有几个个体名词不具有对称性，如实物类中的"玩意儿"，植物类中的"草、树苗"，动物类中的"牛犊、鸡雏、羊羔、猪崽"，符形类中的"诗"等。先看下面例句：

（1）那女孩也算机灵，把国货风油精、清凉油一类的小玩意儿塞到捷克军人手里。

（2）在它跟前，她简直像一叶没根的小草。

（3）巴兹多少还是懂得一点规矩，比如满嘴嚼东西的时候不要说话，仅此而已，吃牛排时，戴校长教他切牛排要不慌不忙，切不可抓起餐刀狠命去切，像宰一头小牛犊似的。

（4）用它抄了一部又一部的《普希金诗选》《海涅诗选》；抄整章的《奥勃洛摩夫》，整本的《飞鸟集》；还写了第一首成形的小诗《致杭城》。

[①] 形容词"小"加上人名往往表示"年龄小"的意思，如"小汤姆"是指小时候的汤姆，一般不说"大汤姆"。但也有例外的情况，如果一个班级里同时有两个叫汤姆的孩子，老师为了区分他们，就可以说"大汤姆""小汤姆"。

对于这些情况，我们的解释是：有的名词本身就包含"小"的意思，如"牛犊、鸡雏、羊羔、猪崽、树苗"等，这和形容词"小"的核心语义相同，因此可以通过同义叠加来增强语义和感情色彩，同义叠加是最常见也是最简便的用增量来加强语义强度的语法手段。[①]还有些名词，如"草、诗、玩意儿"，在人们的日常认知模式中，总是不用"大"来修饰，而只用"小"来修饰，形容词"小"起到描写的作用，这可以解释语言中许多"有小没大"的不对称现象。

从上面所举的这些名词来看，首先，"小"的非量级义项还能修饰的名词小类有称谓类、时点时段类个体名词，意念类、策略法则类抽象名词和专有名词。其次，"小"的非量级义项也能修饰物质名词、集合名词。其中物质名词的数量很少，而且受到统计语料的范围限制，这不是"大/小"这对反义形容词的一个显著的区别性特征。而"小"的非量级义项可以修饰联合式的集合名词，例如：

（5）婚后，小夫妻不和，经常为一些鸡毛蒜皮的小事争吵打架。
（6）这一方小天地使它的翅膀感到陌生和委屈，但它似乎并没有意识到这意味着什么，依旧很活泼地抖动双翅，自在地啼叫。

一般而言，形容词"大"不能修饰集合名词，这一点可以作为"大/小"这对反义形容词的一个区别性特征。产生这一区别性特征的原因，我们认为，形容词"小"相对于"大"而言，更具有概念上的可及性，这种可及性原则主要体现为形容词直接做定语来修饰后现名词，即粘合式的形名组合，从语义上说，形名之间的关系紧密，在意念上是一个整体。我们可以说"小天地"，

---

① 江蓝生《概念叠加与构式整合》，《中国语文》2008 年第 6 期。

而一般不说"大天地",形容词"大"在这里不具有描写性,相应来说,其可及性就比较弱。但可以说"大大的天地",起到描写作用,但是"大大的"相对于"小"而言,定中之间的概念距离比较长,修饰语和名词在意念上保持比较大的独立性,其整合程度就不高,那么其修饰语对后现名词的可及性就减弱。而这种概念上的可及性是源于人们对所处的环境中各种事物及其属性、状态在相关的行为模式中的关系的认识。最后,"小"的非量级义项修饰的部分称谓名词也具有对称性,这里的量级不是语义上量的等级,而是一种体现说话人主观量的语用等级,如"小律师、大律师"。① 一般而言,形容词"小"含有说话人的自谦义,有时也含有讽刺义,例如:

(7)兰叶是个安徽小女子,本来在地方剧团唱黄梅戏,有一日遇上到安徽漫游的吴双,便跟着吴双进京闯世界了。

(8)体现她人生最高价值的时刻到来了,她高挺胸脯,翘着臀部,顾盼生姿,一下子把个小戏子的恶俗暴露无遗,除了李晓非色迷心窍,不觉其丑之外,牟林森、吴双和我都掉开了眼睛。

当然,具体的语用等级要根据实际的语境来理解。

(三)受单音节形容词"小"的量级义项修饰的语符串类型

第一类:小红嘴、小红脚、小黄花、小绿叶、小白脸、小白猪、小白猫、小红爪子、小白房子、小黑绒球、小黑女孩、小红蛐蛐儿、小矮人、小扁瓶、小圆铁盒、小小孩子

---

① 部分"小+称谓名词"在一定的语境下也可理解为"小"的量级义项修饰称谓名词,即形容词"小"是"年龄小"的意思,如"小记者、小老师"等。因为这类称谓名词既是一种职业,又是一种称谓。例如,现实生活中有不少中小学生课余进行新闻采写,对他们称谓时,需用"小"的量级义项修饰名词"记者",表示"年龄小",以示与专职记者有别,所以有"小记者"之称。

第二类：小氧气罩、小铁旗子、小左轮手枪、小山羊胡子、小牛肉香肠

第三类：小格纸、小瓶酒、小规模交易、小商店经理、小包装礼品包

第一类组合情况是"形（小）+形+名"，根据语料，第二个形容词大多是表示颜色的形容词，如"红、黄、绿、白、黑"等，在与后现名词的结合上更加紧密，所以这类情况的结构层次关系是：[A$_1$+（A$_2$+N）]。一般而言，名词前面的两个形容词位置不能互换，如不能说"红小嘴、黑小绒球、矮小人、圆小铁盒"等。单音节形容词不同层次的连用引起广泛的关注。马庆株把单音节形容词按语义特征分为六类：A$_1$：大小 $_1$，A$_2$：质量，A$_3$：嗅味，A$_4$：大小 $_2$，A$_5$：颜色，A$_6$：形状。不同结构层次的连用遵循序号由小到大的原则。① 陆丙甫指出，粘合式分类性定语的顺序排列原则是：越是反映事物稳定的内在本质的定语越靠近核心。② 也就是说，越靠前的越带有强烈的主观色彩，越靠后的往往是物体本身的客观属性。形容词"小"相对于"红、黑、黄"等形容词而言，其主观性较强，所以其位置在这些形容词的前面。张伯江和方梅得出一个性质属性词的排序规律：德性（如"笨、懒"）>价值（如"好、坏"）>真假（如"对、错"）>新旧（如"新、旧"）>属性（如"干、湿"）>度量（如"大、小"）>色彩（如"黑、红"）。③ 可见，形容词"小"不仅可表示度

---

① 马庆株《多重定名结构中形容词的类别和次序》，《中国语文》1995年第5期。

② 陆丙甫《核心推导语法》，上海教育出版社，1993年。

③ 张伯江、方梅《汉语功能语法研究》，江西教育出版社，1996年。

量上的"小",而且还能表示一种说话人的主观性。第一类中有几个例子比较特殊,如"小小孩子",例句如下:

(9) 那时我虽然还是一个小小孩子,不懂事,可我似乎明白自己正置命运中的沦落,整日哭喊不止。

这种用法,诸如现在常说的"新新人类",但这不同于"小小的孩子",而应是[小(小孩子)]。

第二类组合情况是后现的名词性成分先组合成为偏正短语,再与形容词"小"结合,即[$A_单$+(N_1+N_2)];第三类组合情况是形容词"小"先与后现名词结合,再与组合后面的名词结合,即[($A_单$+N_1)+N_2]。以上分析我们是通过语感判断出来的,但是当计算机面对[$A_单$+N_1+N_2]这一语符串时,往往会难于判断。因为书面汉语的文本是连续的汉字流,词和词之间没有空格。而中文的自动句法分析和语义分析,都是以单词为基本单位的。当前自然语言处理中应用的一种"基于优先的分析技术"主张:在自然语言中,词与词之间存在着优先(preference)关系,通过计算词与词之间的互信息(mutual information),就可以从语料库中提取一些有用的优先关系信息。例如:

(10) 夜里,她给斯大林写了封充满指责的信,亲吻了孩子后,就用她哥哥帕维尔从柏林带给她的小左轮手枪结束了自己年轻的生命。

(11) 一次大规模交易比分次的小规模交易加总更节省时间,交易成本和运输成本也低。

例(10)中的"小左轮手枪","左轮"和"手枪"这两个名词之间在语义上存在着紧密的联系,它们在语义联系上的互信息就比较多。例(11)中的"小规模交易","小"和"规模"

这两个词在语义上存在着紧密的联系，它们在语义联系上的互信息也就比较多。这些互信息反映的优先关系，对于自然语言的句法—语义分析和歧义消解都是很有用的。

三、单音节形容词对名词的语义选择关系分析

单音节形容词与名词的组合关系主要是体现在单音节形容词对后现名词的语义选择关系上，下面以形容词"小"为例，从形容词义项与名词组合的基本语义特征和认知语义上的突显性两方面来分析。

（一）形容词义项与名词组合的基本语义特征

1. 限制性和描写性。

张敏指出，西方语言学传统中有"restrictive modifier"（限制性修饰语，RM）和"non-restrictive modifier"（非限制性修饰语，NRM）的分野，RM 的作用是限制、缩小中心语名词的所指范围，以便确定其特定的指称，它们通常具有潜在的对比性；NRM 则提供一些信息，它们是对中心语名词惯常已知的属性的描述，通常不含对比意味。[①]所以，我们传统上把形容词定语分为限制性（分类性）和描写性。研究表明，人类对事物的分类，总是根据事物某一稳定的、关系密切的属性进行的。一般而言，稳定的、客观的、本质的属性更适宜于用来分类，可以称它们为原型性的分类指标。可见，事物的分类是有人类认知上的理据的。而过去的研究主要关注单音节形容词定语的限制性语法意义，忽视对描写性语法意

---

① 张敏《认知语言学与汉语名词短语》，中国社会科学出版社，1998 年。

义的研究，我们希望通过分析形容词义项的量级和非量级来研究形名组合的语法意义。根据上文的分析，形容词"小"的量级义项修饰后现名词具有限制性的语法意义，而非量级义项修饰后现名词具有描写性的语法意义。由此我们认为，形容词修饰后现名词产生限制性的语法意义还是描写性的语法意义，其关键在于该形容词的义项是否具有级差：如果形容词义项有级差，就具有对称性，属于量级义项，修饰名词时为限制性的语法意义；相反，该义项没有级差，也就不具有对称性，属于非量级义项，修饰名词时为描写性的语法意义。细分形容词义项的级差，对研究形名组合的语法意义有着重要的作用。

2.述谓性和非述谓性。

先看下边的例句：

（12）这人穿一件旧长衫，腋下夹着个小包袱。

（13）想当初，我在出版社当小编辑，编一本社科类工具书，一百多万字，厚厚的两大册，一切从零开始，参与策划，组织人撰稿，改错别字，统一格式，前前后后忙了两年，年终计算成果，一分钱的奖金也没有。

例（12）中的形容词"小"具有限制性的语法意义，其形名组合"小包袱"具有"可述谓的属性"，即［+述谓性］，它所表示的属性和中心语名词所代表的事物之间概念的整合程度比较低，由此可以自由转为谓语说明，也就是它具有潜在的述谓能力，或者说具有一定程度的表述性；例（13）中的形容词"小"具有描写性的语法意义，其形名组合"小编辑"具有"不可述谓的属性"，即［-述谓性］，它所表示的属性和中心语名词所表示的事物之间概念的整合程度很高，不能自由转为谓语说明。可见，形名组合是否具有述谓性，在于该形容词义项是否具有级差，如果该形容词义项是量级的，那它可以受到不同程度副词的修饰，就可以自由地进行句式的变换；相反，该形容词义项就不能自由地进行句式的变换，也就不具有述谓性。

（二）认知语义上的突显性

同一范畴的一组事物往往具有共同的特征，但它们在等级上存在着差异。有的是这个范畴里的典型成员，有的是非典型成员。与非典型成员相比，典型成员的特征更鲜明，处于等级上的最高点。非典型成员在数量上占全体成员的大多数，典型成员的数量相对少一些，因而显得非常突出和醒目。这就是认知上的"突显性"（saliency）。而观念上的突显性信息往往在话语结构中表现为有标记形式（marked form）。① 在"小（非量级义项）+名词"这一结构形式中，有的就体现出认知语义上的突显性，形容词"小"是一个突显性语义单位的标记成分。一般而言，形容词"小"后面是指人名词，表示处在某一等级系列中较低级别或社会地位低、影响力小的人物，对于谈话的双方而言，如果说话者是指称自己，那么"小（非量级义项）+名词"这种格式表示自谦；如果是说话的一方称另一方，那么这种格式往往表示对对方地位、价值的否定，带有轻蔑的色彩。例如：

（14）我只是一个小公务员，怎么能跟您这种大干部相比呢？

（15）今天在座的大都是博士、硕士的，哪有你这个小本科生说话的份儿呢？

上面两个例子分别指"小（非量级义项）+名词"这一格式表示的两种意思，而且在话语交谈中，往往有别的成分与之相对

---

① 项开喜《事物的突显性与标记词"大"》，《汉语学习》1998年第1期。

应,如上例中的"大干部、博士、硕士",通过这种对举,整个格式就体现出主观减量的表达作用。从后现名词来看,有些名词在语义上具有或表现为某种突出的特征义,因此也就具有或有时表现为一种程度义,像某些角色名词,如"酒鬼、傻瓜、坏蛋、笨蛋、流氓、明星、天才、英雄"等。① 可见,某些名词本身具有一种强程度义,再用形容词"小"来修饰,更加表现出一种突出强调的特征。我们认为,"小(非量级义项)+名词"这种格式具有主观化的表达功能,可以从两个角度考虑:(1)共时相:认知隐喻,即从"面积小"的具体认知域投射到抽象的认知域;(2)历时相:语法化,即形容词"小"的虚化过程。

四、余论

综上所述,可以归纳如下:(1)根据形容词"小"的义项级差性的有无,把形容词义项分为量级和非量级两种,量级义项是指该形容词义项有级差性,不仅具有对称性,而且还能受到程度副词的修饰;非量级义项是指该形容词义项没有级差性,一般不具有对称性,而且也不能受到程度副词的修饰。(2)形容词"小"的量级义项主要修饰具有空间义的名词,其意义所指往往是比较实在的;"小"的非量级义项相对于其量级义项而言,意义已经虚化,而且其修饰的部分称谓类个体名词所具有的对称性不是语义上量的等级,而是体现说话人主观量的语用等级。(3)

---

① 张谊生《名词的语义基础及功能转化与副词修饰名词(续)》,《语言教学与研究》1997年第1期。

形容词"小"的量级义项修饰名词为限制性的语法意义，非量级义项修饰名词为描写性的语法意义。当然，本节只是将高频单音节形容词"小"作为个案，从语义角度对单音节形容词与名词组合中的选择性关系进行描写和解释。其他的单音节形容词是否都符合上述的分析，还有待于进一步研究。

此外，单音节形容词加上单音节名词，基本上是熟语性组合，往往呈现出一种"单词化"的倾向，其中很多已被人们视为一个词。吕叔湘认为，"要定下一个明确的标准也很难，这是一个不太容易痛快解决的问题"[①]。一般认为，名词具有指称义，名词的指称义是指名词具有指称客观或主观事物和人的语义特征，这是名词的本质特点之一，是名词作为名词而存在的理据所在。而单音节形容词和具有指称义的名词组合以后就具有称谓性，称谓性是指形名组合能构成一个类名去称谓某个或某类事物的定中结构的特性。张敏认为，偏正结构具有一种可命名性，即它可以赋予某一类事物一个类名，它的作用跟表示类指的单个名词相当。[②]其实这种组合的词汇化程度是一个连续统。一般而言，越靠近词汇化程度较高的一端，形容词的分类性就越弱，相应地，其描写性就越强。例如，典型的复合词"小草"，其描写性很强，分类性极弱，一般不说"大草"，即不具有对称性；又如，典型的偏正短语"小狗、小手"，其分类性很强，相对的可以有"大狗、大手"，即具有对称性，而其描写性就减弱了。

---

① 吕叔湘《形容词使用情况的一个考察》，《中国语文》1965年第6期。
② 张敏《认知语言学与汉语名词短语》，中国社会科学出版社，1998年。

第三节　有限组合选择限制的方向性和制约因素[①]

我们在北京语言大学汉语中介语语料库中发现了下面和"打+名词"有关的错误语例：

（1）*他们聊天，<u>打国际象棋</u>，或一起看电视。
（2）*于是有骑自行车，旅行，<u>打围棋</u>，日记等等。
（3）*还有几个游戏<u>打毽了</u>，玩儿陀螺和放风筝。
（4）*我发现我不喜欢<u>打体育运动</u>。
（5）*早晨师大运动场上锻炼身体的人，一部分<u>打武术</u>、太极拳，一部分打篮球、踢足球。
（6）*你举行婚礼的时候，我从北京饭店给你<u>打了一个贺电</u>，收到了吗？

在这些语例中，"打+X"都符合"动词+名词"的语法规则，也符合"打+名词"的语义限制，例（1）—例（5）中的"打"表示"做某种游戏"，例如可以说"打牌""打球""打太极拳"；例（6）"打贺电"中的"打"表示"发射、发出"，可以说"打电话""打电报"。为什么表示同样的意思，有的名词可以和"打"搭配，有的却不能？这是因为除了受语法、语义的限制以外，语言中词和词的搭配还受其他因素的制约，因此有的组合可以类推，构成成分可以自由替换，有的即使满足了语法语义限制条件也不能类推、替换。

[①] 本文以《有限组合选择限制的方向性和制约因素——兼论外向型搭配词典的体例设计》为题发表在《世界汉语教学》2008年第4期，作者钱旭菁。

本节根据构成成分能否替换成其他成分把各种语言组合分成三类：组成成分可以自由替换的是自由组合，可以有限替换的是有限组合，不能任意替换的是凝固组合。自由组合中的词语结合得比较松散。如动词"吃"可以和很多表示"食物"的名词组合，有些东西即使不是食物，在特殊语境下也可以和"吃"组合，如长征时期"吃皮带"。有限组合的构成成分可以替换，但是受限制。如"下^{2}❷"表示"（雨、雪等）降落"时只能和"雨／雪／霜／雾"这几个词组合，不能替换成其他词语，因此不能随意类推。凝固组合的组成成分不能任意替换，例如"鸡毛蒜皮"中的"鸡"不能替换成"鸭"，"蒜"不能替换成"葱"。再如"横七竖八"中的"七""八"也不能替换成其他数字。有限组合和凝固组合是非自由组合，和自由组合相对。凝固组合、有限组合和自由组合一起构成了一个从凝固到自由的连续体。

汉语中的"词"和"短语"的划界一直是有争议的。典型的词和典型的短语比较容易判断，有争议的是词和短语之间"存在着大量的中间过渡状态的形式"[①]。有限组合正处于这种中间过渡状态，它既不像词那样凝固、有一定的替换自由度，又不像自由词组那样可以任意地自由替换。这个处于中间灰色地带的有限组合也是学习汉语的留学生的难点。由于不了解哪些组合是可以类推的自由组合，哪些是不可以类推的非自由组合，因此才会出现本节开头所举的错误语例。因此，有限组合是本节的主要研究对象。鉴别有限组合的标准是什么？有限组合中的选择限制是

---

① 吴为善、陈颖《述宾两字组的整合度高低及其层次分布》，《汉语学习》2007年第5期。

否有程度上的差异？哪些因素制约有限组合中成分结合的紧密程度？有关组合的性质、有限组合的限制程度和制约因素的研究能为针对第二语言学习者的教材和外向型搭配词典提供怎样的理论依据和实践上的指导？这些都是本节尝试要回答的问题。

一、有限组合选择限制程度的高低

要全面了解词和词之间的搭配限制，有必要考察一个多义词所有义项的搭配情况。由于"动词和名词往往担任句子结构中最基本的成分"[①]，构成了交际的核心，承载着最重要的信息，因此动词和名词的出现频率非常高。加之，动词和名词的搭配也是汉语学习者的难点，因此我们选择语义和搭配都比较复杂的"打"为节点词[②]，主要通过"打+名词"的搭配来研究有限组合。在必要的时候，还会涉及其他词类之间的搭配情况。

本节的汉语语料主要来自北京大学 CCL 语料库中王朔的作品。我们从中共检索到"打+名词"712 条，其中 10 条"打+名词"的意思不清楚，因此实际有效语料为 702 条。下面我们将以这 702 条"打+名词"为对象，分析哪些组合是自由组合、哪些是有限组合、哪些是凝固组合。考察分析时参考《现代汉语词典》（以下简称《现汉》和《信息处理用现代汉语分词词表》（以下简称《词表》）所收的有关"打+名词"的条目。根据《现汉》

[①] 沈阳《汉语动名语义关系的分析与教学》，载《第五届国际汉语教学讨论会论文选》，北京大学出版社，2000 年。

[②] 要观察和研究其搭配行为的关键词称"节点词"（node word），和节点词搭配的词称"搭配词"。

不收自由组合的基本原则，可将其所收的"打+名词"都视为非自由组合。《词表》所收的"分词单位"原则上要求是"结合紧密、使用稳定（频繁）"①的单位。"结合紧密"的单位其构成成分的替换就会受到限制，因此也是非自由组合。

自由组合中两个成分的选择限制不严，可以替换成其他成分。"打"表示"撞击"和"进攻"的时候，和名词组合主要是自由组合。我们检索的语料中"打❸殴打、攻打"可以和40多个不同的名词组合，因此打❸和名词构成的主要是自由组合（详见表1）。

表1 "打❸+名词"的组合情况

意义	和打❸组合的名词	频次	《现汉》所收条目	《词表》所收条目
殴打	打+[人]② 你/人/儿子/男朋友/他/孩子/小毛贼/我/警察/人家/咱们/他们/丫的/老婆/你的父亲/人家/鬼 打+[人体部位] 打耳光/手/碎他的下颚骨/脸/头/屁股 打+[动物] 虎/豺狼/诱敌深入，关门打狗/肉包子打狗 打+[工具] 打棍子/打黑棍	157	打棍子 打屁股	打棍子 打屁股 打人 打狗 打虎 打耳光
攻打	打越南/印度/土豪/敌人/鬼子/美国佬/官军/中国人/江山/紫林租界和西什库教堂/坦克/飞机	24		打江山

---

① 孙茂松、王洪君等《〈信息处理用词汇研究〉九五项目结题报告》，《语言文字应用》2001年第4期。

② 方括号"[ ]"表示语义类。

由于自由组合的组成成分可以自由替换,因此无法根据"打"预测到它后边的名词可能是什么;如果不是出现在特定的语境中,一般人不会说出下面这样的组合:

(7)我们不能派人去[打]那个不让你调走的领导的儿子,那不像话,我们是体面人。

(8)好几万洋人[打]好几万庄户人,也就是历史的一瞬间吧,我也没掐表。

"打"的其他义项和名词组合的时候,名词不能任意替换成其他名词,例如"打⑯"表示"舀取",名词"水""粥"不能替换成也是液体的"牛奶""汤"。"打⑰"表示"买",可以和"饭""酒""酱油"搭配,但在我们考察的有限语料中未见和"啤酒""牛奶"搭配。再如,"打❹+名词""打㉑+名词""打⑳+名词""打㉓+名词""打㉔+名词"这些组合中的名词不能任意替换。我们检索到的"打❹+名词""打㉑+名词"都是《现汉》所收的词项,"打⑳+名词""打㉓+名词""打㉔+名词"大部分是《现汉》和《词表》所收的词项(详见下页表2)。因此这些义项的"打"和名词组合的时候都是有限组合。

虽然这些组合都是有限组合,但是这些组合选择受限制的程度并不完全相同。根据可与节点词搭配的词语多少,可以把有限组合分为高、中、低度受限三类。①低度受限组合,节点词可以和少量语义范围明确的词语搭配。例如"打❷"可以和表示[易

---

① 为了能更清楚地说明受限程度不同的组合,除了"打+名词"以外,这部分我们增加了一些其他"动词+名词""形容词+名词""副词+动词"的例子。

碎器皿］［蛋类］的词语搭配；形容词"皑皑"可以和表示［雪］［霜］［冰］的词语搭配。节点词可以和几个词语搭配的组合是中度受限组合，例如"打❻"一般只和"水""粥"搭配；"耸❸"只和"肩膀""眉毛""鼻子"搭配。有的节点词只能和一个词搭配，这种组合属于高度受限组合。像"呼噜""喷嚏"在北大CCL语料库中只见和动词"打"搭配；形容词"水汪汪"只见能和"眼睛"搭配。很多和身体有关的动作只能由某几个甚至某一个器官发出，①那么表示这些动作的动词及其所涉及的器官名词之间的组合就是中度受限组合或高度受限组合。例如，"睁""眯❶""眨"只能和"眼睛"搭配；"噘""撇"只能和"嘴"搭配；"皱""蹙"只能和"眉""眉毛""眉头"搭配；"蹙"只能和"眉""眉头"搭配；"跛"只能和"脚""腿"搭配；"崴"只能和"脚""脚脖子"搭配。②

表2 打❹、❻、❼、❷⓪、❷①、❷③、❷④和名词的搭配情况

义项	和"打"组合的名词	频次	《现汉》所收条目	《词表》所收条目
❹ 发生与人交涉的行为	招呼	51	打招呼	打招呼
	官司	7	打官司	打官司
	交道	18	打交道	打交道
	照面	6	打照面	打照面
❻ 舀取	水／粥	5		打水
❼ 买	饭	5		打饭
	酱油／包子／南煎丸子	3		

---

① 王珏《现代汉语名词研究》，华东师范大学出版社，2001年。

② 器官动词的例子都引自王珏《现代汉语名词研究》，华东师范大学出版社，2001年。

（续表）

义项	和"打"组合的名词	频次	《现汉》所收条目	《词表》所收条目
❷⓪ 定出、计算	主意 腹稿 小报告 算盘 分／分数	6 2 1 1 3	打主意 打算盘	打主意 打算盘 打腹稿 打小报告
❷① 做、从事	折扣 下手 光棍儿 头阵	5 1 2 1	打折扣 打下手 打光棍儿 打头阵	打折扣 打下手 打光棍儿 打头阵
❷③ 表示身体上的某些动作	呼噜／哆嗦／哈欠①／手势／响指／唿哨②／寒噤／激灵／喷嚏 瞌睡 〜起精神／〜直精神／强〜精神 〜躬作揖／作揖〜躬	42 5 7 2	打呼噜 打哈欠 打寒噤 打瞌睡 打躬作揖	打呼噜 打哈欠 打寒噤 打瞌睡 打哆嗦 打手势 打喷嚏 打躬作揖
❷④ 采取某种方式	哈哈／比方／马虎眼／保票／官腔	21	打官腔 打哈哈 打马虎眼	打比方 打保票 打官腔 打哈哈 打马虎眼

表 3 是对高、中、低度受限的有限组合的总结和举例。本文对有限组合受限程度的观察，以动词性节点词为主，兼及个别形

---

① 在王朔的作品中，"哈欠"还写作"啊欠""呵欠"，我们认为这几个词是异形词。

② 在王朔的作品中，"唿哨"还写作"胡哨"，这两个词是异形词。

容词性和副词性节点词。

表3 受限程度不同的有限组合

受限程度	节点词	意义	搭配词
低度受限组合	打❷	器皿、蛋类等因撞击而破碎	[易碎器皿]玻璃/瓷罐/碗碟 [蛋类]鸡蛋
	打㉒	做某种游戏	[球类]球、篮球、排球 [牌类]牌、麻将、扑克 [拳术]拳、太极拳
	冒❷	不顾(危险、恶劣环境等)	[恶劣天气]大雨/大雪/大雾/寒风/酷暑/高温/严寒 [武器]炮火/乱箭/枪林弹雨 [危险]危险/风险
	皑皑	形容霜雪洁白	[冰、雪、霜]冰雪/白雪/雪峰/冰川/雪山/冰峰
中度受限组合	打⓰	舀取	水/粥
	下²❷	(雨、雪等)降落	雨/雪/霜/雾
	耸❸	(肩膀、肌肉等)向上动	肩膀/眉毛/鼻子
	斟	往杯子或碗里倒(酒、茶)	酒/茶
	酿❶	酿造,利用发酵作用制造(酒、醋、酱油等)	酒/醋/酱油
	撇	从液体表面上轻轻地舀	油/沫儿
	擤	按住鼻孔用力出气,使鼻涕排出	鼻涕/鼻子
	比方❷	指用甲事物来说明乙事物的行为	打/用/作/举
	耳光	用手打在耳朵附近的部位叫打耳光	打/扇/给
	矢口	一口咬定	否认/抵赖/不提/不谈

（续表）

受限程度	节点词	意义	搭配词
高度受限组合	酿❷	蜜蜂做蜜	蜜
	眨	（眼睛）闭上立刻又睁开	眼睛
	呼噜	睡着时由于呼吸受阻而发出的粗重的呼吸声	打
	水汪汪	形容眼睛明亮而灵活	眼睛

二、有限组合选择限制的方向性

有限组合的选择限制除了有程度的差别以外，还呈现出方向性。有的是双向限制，组合中的两个成分相互有选择限制；有的是单向限制，节点词对搭配词有选择限制，但是搭配词不是只能和节点词共现。

（一）双向选择限制

"打+名词"组合中的双向选择限制是指"打"对名词有选择限制的同时，名词对"打"也有选择限制。"打棍子"中的两个成分都不能自由替换，而且"打棍子"表示的是比喻义：

（9）不管大家说什么，……一不［打］棍子二不揪辫子三不记黑账。

具有双向搭配限制的组合是凝固组合，因此"打棍子"是凝固组合。"打屁股"既有字面义，也有比喻义：

（10）爱你的仇人，当他［打］你的左屁股时把你的右屁股也给他。
（11）您要是个坏人，贪官污吏，那我们这么干是要［打］屁股的。

"打屁股"表示字面义的时候是自由组合,如例(10);表示比喻义的时候是"打"和"屁股"彼此限制对方,是凝固组合,如例(11)。

(二)单向选择限制

单向选择限制有两种。第一种是"打"对后边的名词有选择限制,而名词对它前边出现的动词没有限制;上列"打"❷、❹、❻、❼、⓴、㉑、㉒、㉔等义项对它后边出现的名词都有选择性。例如"打❹"表示"发生与人交涉的行为",只能和"招呼、官司、交道、照面"等少数几个名词搭配。"打⓱"表示"买"的意思,但不是所有能和"买"搭配的名词都能和"打"搭配,实际上能和"打"搭配的名词非常有限。除了"打"以外,其他动词有的也对和它共现的名词有限制。例如动词"酿❶",表示"酿造"的时候,只能和名词"酒、醋、酱油"搭配;"睁""眯❶""眨"只能和"眼睛"搭配。可是以上这些和"打""酿"等搭配的名词不一定只能和该动词搭配,比如"酒、醋、酱油"不是只能跟"打"搭配,"眼睛"不是只能和"睁"搭配,因此这些搭配限制只是动词对名词的单向限制。

另一种单向选择限制是名词对它前边出现的动词有选择限制,而动词对后边出现的名词没有限制。前面我们说"打❶+名词"和"打❸+名词"主要是自由组合,这是从动词对名词的选择来说的。但如果从名词对动词的选择限制来看,"打❸+名词"不都是自由组合,有些是有限组合。例如名词"耳光"只能和有限的几个动词"打""扇""抽""给"搭配,因此"动词+耳光"不是自由组合,而是有限组合。

为了进一步观察名词对它前边出现的动词的选择限制,我们选择了若干和"打"搭配的名词，考察它们在北大 CCL 语料库中分别能和什么动词搭配（见表 4）。

表 4 "交道、呼噜、喷嚏、比方、麻将"和动词的搭配情况

	打 + 名词	其他动词 + 名词	总数	其他动词
交道	2178（99.7%）	6（0.3%）	2184	有、进行
呼噜	145（99.3%）	1（0.7%）	146	拉①
喷嚏	335（99.4%）	2（0.6%）	337	引发、弄出
比方	199（92.5%）	16（17.5%）	215	用、做、作、举、引用
麻将	345（69.3%）	153（31.7%）	498	搓、玩、摸、耍

上述这些名词对和它们搭配的动词有很强的选择性，首先表现为这些名词只能和少数几个动词搭配。其次，在这少数几个动词中，这些名词和"打"的搭配占大多数，因此这些名词和"打"的搭配力最强。

以上分析了以"打 + 名词"为代表的动词和名词选择限制的方向性。根据我们的进一步观察，其他词类的词语也有选择限制的方向性。例如形容词"皑皑"对和它一起出现的名词有限制，只能是和"冰""雪"有关的名词搭配，如"冰雪、白雪、雪山"等，但这些名词不限于和"皑皑"搭配。副词"矢口"要求其后边的动词必须是"否认、抵赖、不提、不谈"，但这几个动词还能和其他很多副词搭配。

---

① 语料中还有一个和"呼噜"搭配的是"发出"，只有一例。其他用动词"发出"的，都是和"呼噜声"搭配。因此我们没有把"发出"算作是和"呼噜"搭配。

三、制约组合成分结合紧密度的因素

"打"的某些义项可以和很多名词组合,如我们检索的语料中"打❸殴打、攻打"可以和四十多个不同的名词组合,如"打人""打孩子""打警察"等。根据构成成分自由替换标准,这些组合应该是自由组合。可是以"结合紧密、使用稳定(频繁)"为标准的《词表》收了"打人",可见"打"和"人"又是结合得比较紧密的。由此启发我们思考,构成成分自由替换的程度只是从形式上反映了"打"和名词结合的紧密度,应该还有更深层的意义因素制约着组合中两个成分结合的紧密度。根据对"打+名词"的进一步分析,我们发现制约"打"和名词结合紧密度的因素有如下几个:

(一)组合是否表示核心事项

"打"的某一义项和不同的名词组合以后,其地位并不完全相同。邢福义发现,"围绕着'打球',形成了一个丰富多彩的'打—O'结构群"[①]。例如:

打—奥运会/亚运会/全运会
打—主力/中锋/后卫
打—表演赛/比赛/球赛/明星赛/决赛/半决赛/预赛/锦标赛
打—世界冠军/亚军
打—北京队/日本队
打—单打/双打/混合打
打—时间差/体力/技术/精神
打—短平快/背溜

---

① 邢福义《汉语宾语代入现象之观察》,《世界汉语教学》1991年第2期。

他认为，在这些组合中"打球"是常规受事宾语，其他的是非常规受事宾语。常规受事宾语的动作和事物之间的关系"为汉语民族所共同接受和认识"。任鹰据此提出了核心事项的概念。① 她认为，语言是对客观世界的反映，"存在'打－O'结构群，也就意味着在客观世界中存在着'打－'事项群或称事项域"。在这个事项域中，"打球"是核心事项，其他的都是周边事项，周边事项单向蕴含核心事项，即有"打主力"这个事项，必然有"打球"这个事项。"一个事项域中的核心事项通常会被作为一个整体的感知对象加以认识，并以'完形图式'的形式存入人的大脑，而周边事项不具备这样的特点。"核心事项的动词和名词结合得比较紧密，是一种有限组合，比如"打球""打人"。因此，"只要一提到某个典型及物动词，人们会按照自己的生活经历想到它要求带上的常规宾语"②。周边事项的动词和名词结合得比较松散，而且使用的时候有很多限制条件③，因此是一种自由组合，比如"打主力""打奥运会"。

"打＋名词"表示的是核心事项还是周边事项在"打＋名词"出现的频率上也有所反映。例如，在现代人的实际生活中，"打电话"是核心事项，"打电报"是周边事项，二者的出现频率有很大的差别。"打电话"共出现了164次，是我们收集的所有"打＋名词"组合中出现次数最多的，而"打电报"只出现了2次。再如，"打"表示"买"的意义时，我们的语料中出现了"打饭""打酱

---

① 任鹰《动词词义在结构中的游移与实现》，《中国语文》2007年第5期。
② 邢福义《汉语宾语代入现象之观察》，《世界汉语教学》1991年第2期。
③ 非核心事项的使用条件参见邢福义《汉语宾语代入现象之观察》，《世界汉语教学》1992年第2期。

油""打肉菜包子""打南煎丸子"等组合，在这些组合中，"打饭"是核心事项，在我们的语料中出现了5次。其他组合是周边事项，各只出现了1次。虽然在我们的语料中二者的频率都很低，因此差别也不是很大，但是从中还是可以看出一些趋势。《词表》收了"打饭"而没有收其他组合也证明了"打饭"比其他组合的凝固性强。

（二）构成成分的语义是否虚化

有些"打+名词"组合中的"打"意义发生了虚化，例如：

打❹：打招呼、打官司、打交道、打照面
打㉓：打呼噜、打哈欠、打喷嚏、打瞌睡
打㉔：打比方、打官腔

这些组合中的"打"不表示具体的动作，组合的主要语义是由名词承载的，即使没有"打"，也不妨碍人们的理解，因此"打"在这些组合中只是形式上的需要。实际上，有些组合没有"打"也可以说，例如：

打招呼＝招呼　　打瞌睡＝瞌睡　　打比方＝比方

这些由语义虚化的"打"构成的"打+名词"正处于词汇化的过程中[①]，"打"和名词结合得比较紧密。因此，某个组合中，如果有一个成分的意义虚化了，这个组合就是非自由组合。

---

① 有些"打+动词"结构中的"打"语义也发生了虚化，"打"没有词汇意义，如"打埋伏""打掩护"。如果动词是单音节的，如"打扮""打扫""打赌""打猎"，"打+动词"完成了词汇化的全部过程，变成了词，"打"则变成了类似词缀的成分。（奚俊、程娟《基于〈现汉〉动词"打"的义项考察与偏误情况分析》，第四届对外汉语国际学术研讨会暨《世界汉语教学》创刊20周年笔谈会论文，2007年。）同理，语义虚化的"打"构成的"打+名词"正处于词汇化过程的中间阶段，还没有最后变成词。

(三)"打+名词"组合概念整合程度的高低

有些表示比喻义的"打+名词"组合,比如"打官司""打屁股"由于概念整合的层级性较高,因此内部成分结合得比较紧密。概念整合理论认为,语言的意义不是构成成分意义的简单相加,而是"有选择地提取(成分的)部分意义整合起来进而形成一个复合概念结构"①。概念的整合有层级性,两个概念在其基本义或本义基础上进行的整合是低层级整合;在其引申义基础上进行的整合,是高层级整合。概念整合的层级性越高,两个语言成分结合得越紧密、凝固性越高,类推性越弱。②概念整合度越低,可分离性越强。③例如"打孩子"这个组合中,"打"和"孩子"表示的都是基本义,组合的意义就是两个成分意义的简单加合,概念低度整合,两个成分结合得没有那么紧密,因此"孩子"可以自由替换成其他词语。而像"打官司""打交道"这些组合中的"打"表示的是引申义,表示"与人交涉的行为",这个意义只有和"官司""交道"这些有限的名词组合时才呈现出来,所以这些组合的意义整体性比"打孩子"强,概念高度整合。像"打屁股""打棍子"这样的组合"打"和名词整体发生了引申。如"打屁股"字面义是"某人犯了某种错误而打他的屁股作为一种惩罚",整体引申比喻"(因某人犯了错误而)严厉批评(他)",这个比喻义和单独的"打"或"屁股"没有直接的联系,而是"打屁股"

---

① 吴为善、陈颖《述宾两字组的整合度高低及其层次分布》,《汉语学习》2007年第5期。

② 张云秋、王馥芳《概念整合的层级性与动宾结构的熟语化》,《世界汉语教学》2003年第3期。

③ 同①。

整体表示"严厉批评"的意思，概念整合程度是最高的，构成成分完全不能分解，因此凝固性最强。

概念低度整合　　　　　　　　概念高度整合
打孩子…………打官司…………打屁股
凝固性弱　　　　　　　　　　凝固性强

这些由引申义参与的或整体引申的概念整合程度高，语义不透明，因此内部成分结合得比较紧密，凝固性强。①

在大部分情况下，组成成分是否能自由替换与组合所表示的意义在决定成分的紧密程度方面是一致的，即组成成分不能自由替换的，其意义或表示核心事项，或语义发生了虚化，或概念整合程度高，其内部成分结合的紧密度高。在少数用替换标准和意义标准相矛盾的情况下，意义是决定因素。即使组成成分可以自由替换，但如果其意义或表示核心事项，或语义发生了虚化，或概念整合程度高，那么其内部成分结合的紧密度依然是比较高的。

四、外向型搭配词典的体例设计

（一）外向型搭配词典的定位和词目的选择

编写搭配词典的首要问题是选择哪些词语作为词目。选择词目先要确定搭配词典是为了使用者理解的方便还是为了说话写作的方便。《现代汉语搭配词典》明确指出其实用价值在于"为语言工作者与广大师生在遣词造句时提供参考的资料"，因此这

---

① 概念整合层级性的高低不仅体现在组合成分结合得紧密程度上，还有其他句法表现。参见吴为善、陈颖《述宾两字组的整合度高低及其层次分布》，《汉语学习》2007年第5期。

属于生成性词典。但是学习汉语的留学生首先需要理解，然后才能生成。因此针对汉语学习者的搭配词典应有理解型的和生成型的。① 从语言理解和生成的过程来看，现有的动词、形容词搭配词典或用法词典属于理解型词典，但又没有完全达到让学习者通过词典能理解组合意义的目的，因为这些词典都只列出可以和词目搭配的词，而没有解释组合的意义。真正的理解型搭配词典应该解释不透明的有限组合和凝固组合的意义，而不仅限于列出可以和词目搭配的词。而要从"编码"或"生成"的角度编搭配词典则应以名词为词目，分别列出能和名词搭配的动词或形容词。这是因为"一个动作概念总是包含相关的事物概念在内，不可能想象一个动作而不同时联想到跟动作有关的事物；相反，事物可以在概念上独立，完全可以想象一个事物而不联想到动作"②。人们说话、写东西通常是从名词所表示的事物概念开始的。如果想表达"做作业"这个意思，人们一般会先想到"作业"，然后想到动词"做"，不太会先想"做"，然后想"做什么"。从组合中两个成分的难度来说，也是如此。对说话人来说，一般组合中的名词没有问题，有问题的是用哪个动词或形容词。如学习者使用"白雪"可能没有问题，但不会使用和"白雪"搭配的"皑皑"。有限组合选择限制的方向性也决定了搭配词典不能只以动词或形容词为词目，列出能与之搭配的名词，也需要从名词出发，

---

① 郑定欧《国内外对外汉语学习词典学：调查与反思》（载《对外汉语学习词典学国际研讨会论文集》，香港城市大学，2005年）称以生成为主要功能的词典为"积极词典"，以理解为主要功能的词典为"消极词典"。

② 沈家煊《转指和转喻》，载沈家煊主编《现代汉语语法的功能、语用、认知研究》，商务印书馆，2005年。

列出名词对动词和形容词的组合限制。

（二）外向型搭配词典需要标注组合的不同性质

以汉语为母语的本族人可以根据语感判断哪些是自由组合，可以根据语法语义规则类推，替换内部的构成成分；哪些是非自由组合，不能任意类推。而学习汉语的留学生缺乏这种语感，需要通过学习掌握这些知识。但是现有的用法词典或搭配词典由于不是针对留学生的，因此在这方面的处理并不尽如人意，"《汉语动词用法词典》《现代汉语实词搭配词典》《汉语形容词用法词典》……这些词典虽然指出了词的功能和用法，列举了一些可搭配词语，但是不区分语法搭配与词汇搭配，也不区分自由搭配与有限搭配，一些具有搭配特点的共现组合，往往淹没在一些无谓的例证当中，并没有对每个词的搭配特点给出较为明确和系统的回答"[1]。例如动词"打"是现代汉语中使用频率非常高、搭配异常复杂的动词，但是《现代汉语实词搭配词典》[2]没有收"打"。《现代汉语搭配词典》[3]收了"打"的各个义项的搭配情况，例如"打"表示"做某种游戏"义，该词典列出可以和下面这些词语搭配：

打……：～拳／～球／～牌／～麻将／～扑克／～乒乓／～秋千／～灯谜

留学生看了这些搭配的例子后，因为缺乏中国人所具有的语感，就会类推出"打国际象棋、打围棋、打毽子"这样的错误组合。

---

[1] 张会《外向型现代汉语搭配词典的释义与举例问题》，载郑定欧、李禄兴、蔡永强主编《对外汉语学习词典学国际研讨会论文集（二）》，中国社会科学出版社，2006年。
[2] 张寿康、林杏光《现代汉语实词搭配词典》，商务印书馆，1992年。
[3] 梅家驹主编《现代汉语搭配词典》，汉语大词典出版社，1999年。

对学习汉语的留学生来说，这些搭配词典的主要问题是没有区分不同性质的组合。

不同的词语组合根据其结合的凝固性可以分为自由组合、有限组合和凝固组合。有限组合选择限制也有程度的高低。搭配词典应该对这些组合性质、受限程度高低方面的区别加以标注。自由组合是可以根据语法规则生成的，搭配词典应该标明哪些是自由组合、哪些是有限组合。这样学习者可以了解哪些词可以根据规则进行类推，自由生成新的组合；哪些是不能类推的，需要记住能搭配的语义范围或词。自由组合可以列出组合的规律，并列出表示核心事项的词。如"打❸"表示"殴打"义时，后面可以搭配的名词可以是人、人体部位、动物等。而有限组合具有特异性、不能类推，搭配词典应穷尽收取。对受限程度不同的有限组合，词典的处理也应有所区别。低度受限的有限组合，即节点词能和少量语义范围明确的词语搭配，词典应明确标明这些语义范围，然后列举这些范围内表示核心事项的词语。"打㉒"可以和表示球类、牌类、拳术的名词搭配，如"打球、打牌、打太极拳"。对于中度受限和高度受限的组合，节点词只能和几个词语、甚至只能和某个特定的词语搭配，那么词典需要穷尽列举这些搭配词，而且需要说明除了这些列举的词以外，不能和其他词搭配。

（三）外向型搭配词典中的语例

外向型搭配词典中语例的取舍、排序也应根据组合内部成分结合的紧密程度，结合紧密的组合应优先收入词典，并排列在结合较松散的组合前边。一般而言，结合紧密的组合出现的频率较高，因此语例的取舍和排序可以参考组合的频率信息。首先，自由组合和搭配词有明确语义范围的词语，词典选择哪些搭配词作为例子就应该根据频率来决定，出现频率明显高于其他搭配词的都应该列出。例如"打❸"表示殴打义时，在王朔的作品中"打人"的频率最高，因此必须作为例子收入词典中。其次，自由组合中是否列出某些搭配词也可参照节点词的频率和整个组合的出现频率。比如可以规定整个组合出现的相对频率[①]在多少次以上的就列出，否则就不列。这样能使搭配词的收与不收有一个客观统一的标准。再次，词典所配的语例应该按照组合的出现频率从高到低排列。例如"打❹"表示"发生与人交涉的行为"，根据不同组合的出现频率，应按下面的顺序排列"打招呼""打交道""打官司""打照面"，因为它们的出现频率依次从高到低（见表2）。

对于没有穷尽列举搭配词的节点词，还应根据学生的偏误、汉语和学生母语搭配的差异提醒学生哪些搭配是不能说的。除本节开始列举的偏误以外，学生还有下面的错误：

（12）*我最喜欢的是打扬琴的那位漂亮小姐。
（13）*给我们一边唱中国歌，一边打琵琶。

这可能是学生根据母语对应词的搭配关系或汉语的语法语义规则类推造成的。英语中和各种球类、游戏搭配的词语是play，学生学习了汉语中某些表示游戏的词语和动词"打"搭配以后，把"打"和play对应起来。而play除了可以和表示游戏的词语搭配以外，还可以和乐器搭配，因而就把"打"的搭配类推到乐器，出现了例（12）、例（13）这类错误。因此搭配词典应列出学生经常出现的错误搭配，比如"*打棋、*打毽子、*打体育运动、

[①] 某个组合在某一语料库中出现的频率是绝对频率，这个组合出现的频率占节点词出现频率的百分比是相对频率。

*打琴、*洗房间、*用地铁、*横马路"等。

结合上述有关外向型搭配词典编写的建议,我们提出如下的体例设计方案:

外向型搭配词典体例设计方案示例

"⾃"表示后面的组合是自由组合。"限"表示后面的组合是有限组合。"凝"表示后面的组合是凝固组合。"[ ]"表示语义范围。示例后面的"……"表示该词目还可以和同语义类中示例以外的词组合。如果示例后面没有"……"则表示不能类推。"*"表示错误的组合。例子是按组合的出现频率从高到低排列的。

打 ❸ 殴打。

⾃~+[人] ~人 ~孩子 ~老婆……

~+[人体部位] ~手 ~屁股……

~+[动物]~虎 ~狼

限~耳光:参见"耳光"。

凝~屁股:比喻严厉批评。

~棍子:比喻进行打击迫害。

❹ 发生与人交涉的行为。

凝打招呼:用语言或动作表示问候。

打交道:交际,来往,联系。

凝打官司:用法律解决问题。

打照面:面对面地相遇;露面。

❶⓰ 舀取。

限~水 ~粥

㉒ 做某种游戏。

限~球 ~牌 ~麻将 ~太极拳 *~棋 *~运动 *~琴

⾃~奥运会 ~主力 ……

耳光:

限打~ 扇~ 给谁一个~ 用手打在耳朵附近的部位。

比方 ❷ 指用甲事物来说明乙事物的行为。

㊐打～ 用～ 作～ 举～ 引用～
皑皑：形容霜、雪洁白。
㊐～＋［雪、冰、霜］白雪～ 冰雪～……

五、结语

通过搭配的研究，我们认识到，语言除了规则性以外，还存在习用性。近年来，语言的习用性越来越受到理论语言学和应用语言学研究的关注。以搭配为研究内容之一的习用性研究对 L1 习得、L2 习得、语言的生成和理解过程以及计算机信息处理都有重要的意义。本节通过"打＋名词"的分析，发现了有些内部成分的选择限制有方向性。组合所表示的是否是核心事件、"打"的语义虚化程度、"打＋名词"概念整合的程度都会影响"打"和名词结合的紧密程度，这种结合的紧密程度表现为组合出现的频率高低以及构成成分能够自由替换的程度，从而决定整个组合是自由组合、有限组合还是凝固组合。本节仅基于特定语料穷尽分析了"打"一个动词和名词的组合情况，其他动词和名词的组合以及其他词类的词之间的组合情况还有待今后进一步研究。

第四章

词汇教学理念与方法

第一节 汉语作为第二语言的词汇计量多维度思考①

词汇量是衡量第二语言水平的一个重要标准。然而,如何计算学习者已经掌握的词汇数量,并依此确定学习者所达到的汉语水平,汉语二语教学界并未完全达成一致。在汉语作为第二语言教学发展的最初几十年里,教师和学习者,甚至从事汉语二语教学研究的人们,更多的是根据汉语词的书写形式(以下称"词形")来计算词汇量的,并由此判定学习者掌握词汇的水平,甚至汉语水平。比如 2003 年出版的《汉语水平词汇与汉字等级大纲》(以下简称《大纲》)对所收录的词汇主要是依据词形来排列的,在"迷信"这个词形的后面使用括号标注"动、名"字样,以表示"迷信"既可以用作动词,也可以用作名词。这种标注方法表明,《大纲》里动词"迷信"和名词"迷信"是作为一个单位(一个兼类词)而不是两个单位(动词和名词)来计量。

这种标注客观上表明了划分词汇水平的一种维度。它本身无

---

① 本文以《汉语二语教学中词汇计量的维度》为题发表在《语言文字应用》2013 年第 1 期,作者朱志平。

可厚非，只是单一采用这样的方法，在客观上折射出说汉语的人对汉字与其所记录的汉语词之间的复杂关系的一种忽略。由此而产生的问题是，它将汉语二语教学研究甚至于汉语词汇教学的方法引向某个误区：人们机械地根据词形计量词汇，并且机械地根据词形统计词汇使用的频率，以至于有的汉语教材把同音形词（比如"门当户对"的"当"和"当干部"的"当"）甚至同形音异词也混在一起（比如"长 zhǎng"和"长 cháng"）。由此带来的另一个后果是：教师根据由此形成的词汇表组织教学，学生根据由此形成的词汇表记忆词汇。汉语词汇量成为一组枯燥的数字和机械排列的词表，而不是意义彼此相关的语言词汇系统，当然也就谈不到培养学习者使用词汇的交际能力。语言交际的核心是意义沟通，词汇则是意义沟通过程最主要的媒介。进入 20 世纪 90 年代以来，随着二语教学目标更明确地转向交际能力的培养，人们逐渐认识到这个问题，并开发不同的词汇计量方法来弥补这一不足。我们认为这种努力非常重要，并且有必要进一步拓展研究，从观念和方法上改变汉语作为第二语言的词汇教学。

事实上，前述现象的产生与汉字作为汉语词汇的书写工具有非常密切的关系。当人们满足于根据词形计量词汇并由此判定学习者掌握的词汇量及其语言水平的时候，人们会忽略汉字字形"掩盖"下汉语词汇的多种情况：可能涉及不同的词，也可能涉及同一词的不同义项，还可能存在义项以外的其他差异。这些不同直接影响到学习者对词汇的掌握和使用，当然不能被排除在对学习者词汇水平的测量之外。结合以往"汉语教学要衔接字词"的主张，从语言教学实践与交际能力培养多角度考虑，我们认为已有的词汇计量方法需要在汉语词汇语义的系统框架下进一步扩充与完善，词汇计量应当是多维度的。① 这种多维度计量词汇的方式应当成为汉语二语词汇教学的一种理念，深入到词表研制、教材编写以及日常课堂教学设计中。

本节拟从以下四个方面来讨论这个问题：汉字书写形式与汉语词汇计量的关系；汉语词汇的义项、义频及义类与词汇的计量；汉语双音复合词的特殊性与学习者汉语词汇掌握的水平；汉语词义的引申与目的语词汇的认知。

一、从汉字书写形式看汉语词汇计量的维度

汉语的词汇是用汉字来记录的，汉字是形音义三位一体的表意文字，人们在对汉字的认知过程中很容易养成"见字知义"的习惯。作为表意文字，这本来是汉字的优点，利用这个优点，能加快汉字学习速度。大多数中国人实际上也是采用这个方法来学习汉字的，比如，听到别人说"姓 zhāng"，听者马上会问"是立早章，还是弓长张"。这也是一直以来造成汉语二语教学研究者、教师以及学习者面对汉语词汇产生困惑的主要原因：是依字教（学）词，还是依词教（学）字。比如，学了打招呼（"你好"）和告别（"再见"），是不是就要学会与这两个语言功能相关的四个汉字，抑或是应当先学习包含这些字在内的一批字，之后再来学习它们所记录的词语及句式。这些疑问也引发了"词本位教学""字本位教学""语素教学"等诸多讨论。我们认为，这些

---

① 朱志平《汉字教学与词汇教学的链接》，载《汉字的认知与教学》，北京语言大学出版社，2007年。

问题的根本解决，有赖于建立起汉语词汇语义系统观：在汉语的教与学中，既要考虑汉字的表意性，更要关注汉字字形掩盖下汉语词汇在意义上的变化。

一般来看，汉字与其所记录的词汇在意义上可能有几种关系：（1）字词一体，字义与词义完全一致。比如"门"字用于表示"出入口"时其意义与它所记录的词①是一致的。（2）字义与词义（或语素义）相关，但有差异。有的差异涉及词性，比如"这是一种迷信"和"他迷信中医"中的"迷信"；有的差异只涉及词义（或语素义），比如"门路""门道"的"门"所指与"门口"的"门"不同。（3）字义与词义无关，汉字只是记录这个词或者这个词的组词语素的声音，并不记录其意义。比如"德国""美国"中的"德""美"。（4）某个汉字只记录某个词的一半，本身并不直接表示词义。比如"徘徊"中的"徘"和"徊"。

以上例子至少展示了四种字词关系，最容易把人引入误区的主要是第二种。两个"迷信"，词形相同，词性不同，词义有差别。如果教学中完全按照词形来计量词汇量的话，我们是不是要说，学习者学会了"这是一种迷信"中的"迷信"，就一定理解并掌握了"他迷信中医"中"迷信"的意义和用法？"门道""门路"的"门"，跟"开门"的"门"不同，但又是从这个意义发展出去的。换句话说，在"门道""门路"中，"门"的意义有所引申，引申以后"门"的意义已经不再是具象的某个房间向外的通道，而是喻指通向某个领域或获得某种机会的条件。那么，我们也要

---

① 根据《现代汉语词典》，"门"的第一个义项：房屋、车船……地方的出入口。

考虑,学习者学会了"门口",是不是也理解并且马上会用"门道""门路",甚至于"一门课"的"门"?

在上述这一系列字词关系里,我们可以看到,汉字在一定程度上起到了"误导"我们的作用,由于字形不变,我们很难察觉在词形掩盖下语义的不同与变化。"德国"和"德行"里面的"德"也许可以通过生词表的翻译一次性解决,"徘徊"中的"徘"和"徊"也会因为"徘"和"徊"不单独表示任何意义而让学习者逐渐习惯。但"迷信"在词形上的差异和"门—门路"的语义差异却不那么直观。因此,我们必须认识到,当一个像"门"这样的词意义发生变化的时候,它的难度水平也在发生变化,对于中国人来说,这可能是习焉不察的,或者说,说母语者已经在实际语用过程中适应并掌握了这种变化,而对于第二语言学习者来说,这有可能就是一个不易观察到的、潜在的"新词"或者由"新语素"组成的词。对于第二语言教学的研究者来说,这恐怕是不能忽略的。

事实上,这样的情况并不止于单个词语的学习,由于汉语中无论语法结构还是词汇形式都要通过一定的汉字字形来记录,这样的情况事实上无处不在。比如,"对……来说"这样一个形式,英文翻译往往解释为:"It is to express one's opinion from certain perspective."[①] 当学习者通过"对中国人来说,汉语不难,可是对美国人来说,汉语很难"这个句子了解了这个形式以后,他们会说出这样的句子:"对我来说,中国饭不好吃。"这个句子表意并不清楚,从用法上讲,似乎是与"在……看来"发生混淆,但是在与学习者进一步交谈中,作者发现,他们其实在很大程度上是把

---

① 朱志平、刘兰民《实践汉语·读写本》,北京师范大学出版社,2009年。

"对……来说"里的"说"理解成"表达观点"了。也就是说，学习者认为这个形式中的"说"具有"表述"义，是介词"对"的宾语发出的动作，即有"我认为"之义。我们认为，这是由于"说"这个词形最常用的意义"说话、表述"所引起的误解。鉴于本节的讨论集中在词汇方面，此处暂不深究与句法形式有关的语义问题。

综上所述，我们认为，汉语水平的考量或者汉语词汇量的计量首先要充分考虑汉字因素，应当把词形相同条件下的不同情况区分开来。在这方面，汉语本体研究已经做过大量工作，需要二语教学研究者主动应用，比如同形词（如"公差 gōngchā"和"公差 gōngchāi"）或异形词（如"橘子"和"桔子"）的分合等，这些在词典中已经有明确的标注，教学研究者及教师可以直接借鉴。不过，还有一些情况需要语言教学界自己去关注，比如兼类词涉及的词性差异是应当考虑的，我们认为，前述的兼类词"迷信"应当看成两个词：动词"迷信"与名词"迷信"。这里不是要反对词汇学界"兼类词"的概念，而是从二语教学的角度看，更为细致的划分既有助于教学双方避开汉字记词带来的误区，也有助于汉语二语教学建立有效的立体的词汇语义教学体系。基于这个观点，如果将前述《大纲》的兼类词根据词性分开来计算的话，根据本研究的统计，《大纲》甲级词就不是 1033 个，而应当是 1154 个。相应地，《大纲》甲乙丙丁四级词汇的总量也不是 8822 个，而是 9409 个。[①] 用这个数字来计算，如果二语学习者掌握了《大纲》所列的全部词语，他们至少可以说已经掌握了将近

[①] 《大纲》列有兼类词（不含词头、词尾）582 个，其中 5 个兼三类词，分开计算，总计增加 587 个词。

10 000个汉语的词语,而不是8000多个了。

　　事实上,在《大纲》出版后的这些年里,对于《大纲》所列8822个词汇总量对汉语第二语言学习者来说是多还是少的问题汉语教学界曾有过多次讨论,更多的意见倾向于这个词汇总量太少,认为不足以支撑高级水平的学习者在一定条件下使用,① 其实,上述兼类词的分合只是一个方面,如果将下面要讨论的问题纳入视野,我们会发现,学习者所面对的汉语词汇系统远远不是8822个词那么简单。

二、汉语词汇的义项、义频以及义类与词汇计量维度

　　前文所述汉语字词的第二种关系事实上还可以细分为两种情况,前一种关于同词形不同词性②,后一种关于同语素不同语义。不过,单从语义来考察,它们又都跟词语的多义现象相关。对于这类问题,汉语二语教学界已经有所关注,这就是针对义项与义频的研究。义项、义频研究关注汉字词形掩盖下多义词义项的计量以及义项使用频率的统计,这是一种对词典学研究成果的应用。义类的二语教学研究是对传统汉语言文字学词汇语义类聚研究成

---

① 比如张凯《汉语构词基本字的统计分析》(《语言教学与研究》1997年第1期)与李清华《〈汉语水平词汇与汉字等级大纲〉的词汇量问题》(《语言教学与研究》1999年第1期)均认为8000词定量偏低。

② 词形同词性不同在词典中有时也按不同义项来标注,比如《现代汉语词典》(第5版)"迷途"下标注了两个义项:❶(动)迷失道路;❷(名)错误的道路。这表明词典的义项分合标准主要是语义。本研究认为,在第二语言教学中,分合的语义标准应当更细致些。

果的应用，这类研究更偏向词汇教学法。[①] 我们认为，义类的观念也可以引入到词汇计量方面来。

不难看到，传统的有关词汇量的多寡是以词为计量单位的，然而，汉语的词汇是多义的，仅停留在词层面上无疑会增大汉字对多义现象的掩盖作用。比如"开"这个字所记录的词汇，在《现代汉语词典》（以下简称《现汉》）中有18个义项。"开"的本义是"开门"，在"开门"这个意义的基础上引申出一系列不同的义项，有的义项跟"开门"关联清楚，比如"开会""开车"，有的则相去甚远，比如"开花""开水"。试想，如果教师不对义项加以统计并分别教学，学习者怎么可能自己将"开门"的意义跟"开花"甚至"开水"联系起来。因此，义项这个概念以及一个词的义项数应当纳入教学研究的范畴。同时，正如词汇教学要考虑词频一样，不同义项的使用频率，即义频，也必须加以考虑。在这个基础上还需要引入义类的概念。

动词"打"有比较多的义项，《现汉》罗列了"打"的24个义项，部分例词为：（1）打门、打鼓；（2）鸡飞蛋打；（3）打架、打援；（4）打官司、打交道；（5）打坝、打墙；（6）打刀，打家具，打烧饼；（7）打馅儿，打糨子；（8）打包裹，打铺盖卷儿，打裹腿；（9）打草鞋，打毛衣；（10）打蜡，打问号，打格子；（11）打冰，打井，打眼儿；（12）打旗子，打灯笼，打伞；（13）打雷，打炮，打信号；（14）打介绍信；（15）打旁杈；（16）打水，打粥；（17）打油，打酒，打车票；（18）打鱼；

[①] 张和生《对外汉语词汇教学研究——义类与形类》，北京大学出版社，2010年。

第一节 汉语作为第二语言的词汇计量多维度思考

（19）打柴，打草；（20）打草稿，打主意；（21）打杂，打游击；（22）打球，打扑克，打秋千，打游戏①；（23）打手势，打哈欠，打嗝；（24）打官腔，打比喻。跟前述"开"类似，"打"的动作主要是由手或手持工具发出的，但不是所有"打"的义项都跟"手"直接相关，上面列举的这些义项之间在语义上至少有以下几个差别：第一，用手行为和用嘴说话的区别。比如"打架"跟"打官腔"不同。第二，用手或手持工具发生的动作与身体其他部位动作有差别。比如"打门""打刀""打馅儿"与"打嗝""打哈欠"不同。第三，用手或手持工具发生的动作与人际交涉的差别。比如"打架""打援"与"打官司""打交道"不同。第四，用手或手持工具发生的动作与用大脑思考的差别。比如"打蜡""打井"与"打腹稿""打主意"不同。第五，用手或手持工具发生的动作与器物撞击而破碎的差别。比如"打门""打鼓"与"碗打了""鸡飞蛋打"不同。第六，用手或手持工具发生的动作与从事某事的区别。比如"打草鞋""打毛衣"与"打杂儿""打游击"不同。即便同是用手或手持工具的动作，有的也会有较大差别。比如"打旗子""打伞"和"打水""打粥"，一个是上举，一个是下抓；"打包裹""打铺盖卷儿"和"打馅儿""打糨子"，一个是捆绑，一个是搅拌。

"打"本指用手或手持工具发出的动作，但是随着汉语母语者在生活中对"打"的使用延展日久，逐渐产生了一些并不与手直接相关的义项，比如上述的"打官腔"或"打哈欠"，在语义上可能早已超出了二语学习者的想象。那么，如果"打酱油"和

---

① "打游戏"也属于这个义项，《现汉》未列。

"打雷"同时出现在一篇课文里,它们在生词表上应该是分别列出"打、雷、酱油"这三个词,还是分别列出"打雷"和"打酱油",还是分别列出"打(雷)、打(酱油)、雷、酱油"?再则,时过境迁,这些义项中有的在现代城市生活中已经不常用了,比如"打坝""打刀""打草鞋""打柴"等,这些义项又当如何处理?这些问题其实是教学研究尚待解决的理论问题,否则,就不会有不同教材采用不同生词排列方式的差异,这说明大家尚未形成共识。

我们认为,对于多义词,进入教学之前有几件事情是应该做的:一是确定义项及其义项数,先把某个词的诸多义项纳入视野;二是了解义频,要考虑每个义项的使用频率,根据义频对义项排序,列为最常用、次常用、不常用、少用,等等,以确定哪些义项先教,哪些义项后教;三是采用义类的办法对义项分类,比如在前述例子"打"的原型范畴基础上确定义类子范畴,意义相近的归入同一个子范畴,甚至于跟动词"打"的某个义项相关的宾语(或主语)都有哪些,各个宾语(或主语)之间的关系怎么样,等等,都是可以考虑进来的。

诚然,并非所有的汉语词都像"开"或者"打"下辖一二十个义项,所以,需要进一步讨论的是,不同的词之间义项数也有较大差异。如果用音节衡量,单音节词的义项一般要多于双音节或多音节词。根据步延新的统计,前述《大纲》甲级单音节动词和形容词的平均义项数最多,分别是 6.39 和 5.67。[①] 与之相对的是,

---

① 步延新《面向对外汉语教学的单音节动词形容词义频研究》,北京师范大学博士学位论文,2005 年。

双音节词的平均义项数较少，根据苏新春的统计，《现汉》复音词的平均义项仅为 1.1—1.3，也就是说，双音节词的平均义项还不到两个，三音节以上的词义项数当然更少。① 朱志平对《大纲》甲乙丙三级 3251 个双音复合词义项的测查结果也表明，含有一个义项的双音复合词占总数的 58%，含两个义项的占 30% 左右，含三个以上义项的仅占 12%。②

根据上述数据，我们基本上可以肯定地说，汉语作为第二语言的词汇教学有关多义词及其义频的研究应当主要集中在单音节词上。但这并不意味着双音节词应当被忽略掉，因为有另一个数据提醒我们，《现汉》共收入 50 000 多个词条，其中单音节词只有 2560 个，而双音节词却有约 40 000 多个。③ 更需要关注的是，尽管双音词词汇层面的义项不多，但是组成双音节词的语素却往往是多义的，根据朱志平对 3251 个常用双音复合词所涉及的 1882 个语素的统计，多义项语素占 70%。④ 因此，对于双音节词，特别是双音节复合词，除了词汇层面的义项之外，还存在着组词语素的多义性、组词语素的结合理据等诸多问题，这些问题同样关系到词汇理解与运用的难度，所以在考虑词汇计量的问题时，不能不把这些问题也考虑进去。

---

① 苏新春《汉语词汇定量研究的运用及其特点——兼谈〈语言学方法论〉的定量研究观》，《厦门大学学报》（哲学社会科学版）2001 年第 4 期。
② 朱志平《汉语双音复合词属性研究》，北京大学出版社，2005 年。
③ 孟德宏《现代汉语表"人"类双音词汇语义研究》，北京师范大学博士学位论文，2012 年。
④ 同②。

三、汉语双音复合词的特殊性与学习者汉语词汇等级划分维度

语言是一个自足系统,索绪尔这个观点并不过时,只是我们以往较为关注语言的结构系统,却在一定程度上忽略了它的语义系统。从语义系统来看汉语,它的句法语义与词汇语义是并重的。要科学地计算学习者掌握的词汇量,就不能忽略汉语的词汇语义系统。已如前述,汉语双音词,特别是复合词,在汉语词汇系统中占据数量优势,从语言教学的进程看,它的数量随着汉语水平等级的上升而呈现出递增的趋势。粗略统计,前述《大纲》各级词中复合词占总数的比例分别为:甲级词 57%,乙级词 66%,丙级词 71%,丁级词 74%。因此,随着汉语学习的深入,学习者即将面对的双音复合词逐步上升为词汇学习的主要方面,如果只停留在简单地计算复合词的义项数上,显然是不够的。

作为汉语词汇系统的主要组成部分,复合词具有自己的特性:其一,多义分别产生在语素和词两个层面上;其二,词义不是两个语素意义的简单相加;其三,语素语义的引申过程伴随有汉文化的特点。因此,在考虑学习者词汇掌握水平的时候,必须考虑组词语素的意义、组词理据、语义引申的民族性。① 作为组词单位,语素一般不进入句法语用,它的意义要通过词来显示。对于单音节词,语素的作用直接与词合为一体,语素带来的问题不明显;多音节词由不同语素合成,这时语素自身的意义往往止

---

① 根据朱志平《汉语双音复合词属性研究》(北京大学出版社,2005 年)对常用双音复合词属性参数的测查,与双音复合词词义直接相关的参数有 9 项,其中 7 项都与双音复合词的语素有关,只有 2 项处在词汇层面。

于组词层面,其作用要通过语素之间的结合关系体现出来,语素义与词义之间的差距就导致理解难度上升。①

由于成词的历史性,复合词的不少组词语素携带的意义在现代社会已经不单独使用,比如"人物"的"物"并不指"东西";"翅膀"虽指"鸟翼",但其中的"膀"却是由人体引申出的;"国家"的"家"也并不是指"家庭",等等。不同语素有可能由同一个汉字来记录,比如"家"字可以同时记录三个语素:家(庭)、(专)家、(国)家。语素往往是多义的,根据朱志平的统计,参与《大纲》甲乙丙三级所列复合词组词的"高频语素"70%以上携带两个以上义项,比如"关联"与"关心",其中的"关"意义是不同的。②由于不在词汇层面上,这些意义并不容易把握。

两两结合的语素,多半是共同表意的。学习者往往需要在一定程度上了解语素之间的关系及其结合的理据,才能较好地掌握词义。比如"鸡蛋"所指是母鸡生的卵,"裁缝"所指是那些专门从事裁剪、缝制衣物的人,"师范"所指是培养具有典范特质的人才的机制或机构,等等。曾有外国学生去商店买"鸡蛋的妈妈"这样的笑话,其原因就是学生没有理解这个词的组词理据,仅靠词表或词典翻译来掌握词义。③

复合词的两个语素组合过程往往伴随民族性的语义引申,这是学习者面临的又一个难题。一般来讲,词义引申不一定都具有民族性,但可以肯定的是,带有民族性的词义引申一定不容易被

---

① 多音节词也有单语素组词的,比如联绵词(徘徊、犹豫)、译音词(巧克力)等,这里不展开叙述。
② 朱志平《汉语双音复合词属性研究》,北京大学出版社,2005年。
③ 崔永华《词汇文字研究与对外汉语教学》,北京语言文化大学出版社,1997年。

第二语言学习者所理解并掌握。符淮青把复合词词义与语素义的关系分为四种类型,其中一类即指"词义是语素义的引申比喻义"。①比如用"铁窗"喻指"监狱",用"疮疤"喻指"痛处""短处",等等。根据刘卫红的统计,《现汉》所收双音节词中含有比喻义的共有939个。②在对这些双音节词进行汉英对比时刘卫红发现,其中507个词在英语里都没有对译词(约占总数的54%,笔者注),另外,在有对译词的432个词中,260个英语的对译词均不含比喻义。也就是说占总数近82%(据笔者计算)的双音词所含比喻义是汉语特有的。根据刘卫红的研究,这些比喻义的喻体多来自汉民族生活的客观环境、社会生活及其思想观念,比如"泰山""朝露""青云""陶冶""酝酿""肝胆""肺腑"等。即便是处在高级水平阶段的第二语言学习者,理解并掌握这些词也有相当难度。

  单从语素意义的复杂性、语素组词理据以及语义引申的民族性这三点看,学习者掌握一个双音复合词要比掌握一个单音词困难。那么,如果掌握了一定数量的难度大的词汇,是不是也在一定程度上体现了第二语言学习者的水平呢?因此,在考量学习者词汇掌握水平的时候,我们是否也有可能考虑把复合词单独计算,做一个特殊的统计?这样做并不是没有先例,在对外汉语教学发展的前50年里,语法大纲、词表、教材等对汉语词汇中的实词和虚词都做了严格的划分,对单纯词、合成词以及附加式合成词、复合式合成词也做了清楚的界定。虚词一直是语法教学的一个重点,一些具有"集合"特点的附加式合成词也都会重点讲到,那么,

---

  ① 符淮青《现代汉语词汇》,北京大学出版社,1985年。
  ② 刘卫红《基于汉英对比的现代汉语双音节词比喻义研究》,北京师范大学博士学位论文,2010年。

又何妨从语义和语用的角度把复合式合成词也纳入考虑呢？

关注对复合词的教学，以往讨论得不少，但主张对复合词做特别的计量，似乎并未提上日程。我们认为，重视从这个维度考量词汇掌握的水平，有助于全面系统地认识汉语的词汇及其语义系统。重视复合词语素义以及语素层面的构词关系，也有助于建立汉语词汇语义的教学体系。因为只有把语素层面的语义考虑进去，汉语的词汇语义体系才具有整体性，"语素—单音节词—双音节词—多音节词"事实上是靠语义连接到一起的。但是，由于语素不直接进入句法语用，教师如果直接教汉语语素，又有可能将二语学习者引入另一误区——产生大量的像"顶毛""农菜"这样的偏误复合词。① 因此，我们更主张将这些考虑纳入词汇教学的总体设计中。胡明扬先生曾主张词汇教学研究的多维性。② 这不能不说是前贤的高明之见。

四、汉语词义的引申与目的语词汇认知的维度

词或语素的多义性是带给学习者理解目的语困难的一个重要因素，也常常是句子产生歧义的主要原因。比如，学习者听到"张三是赵英的先生"③ 这个句子会犯嘀咕，因为"先生"有两个常用义项，一个是"丈夫"，一个是"老师"。多义往往是词义引申的结果，而词义引申又往往具有一定的民族性。这就需要语言

---

① 邢红兵《留学生偏误合成词的统计分析》，《世界汉语教学》2003 年第 4 期。
② 胡明扬等《汉语义化研究》，广西师范大学出版社，1990 年。
③ 方立《逻辑语义学》，北京语言文化大学出版社，2000 年。

教学在划分词汇难度方面,同时关注词义引申与学习者对语言认知规律的关系。

　　二语习得过程也是对自然语言的认知过程。由于不同语言的词义在引申时有各自的特点,目的语词义的有些引申现象学习者有可能通过自学掌握,但更多的引申现象还要靠教师引导,教师则要靠词汇教学研究的成果,比如词汇大纲,来支持。二语教学有两个定则,一个是举一反三,一个是条分缕析。前者是宏观的,要利用学习者逻辑推理能力扩展对语言规则的认识,以加快习得速度,跟词汇掌握数量相关;后者是微观的,要帮助学习者区分语言要素之间的细微差别,以减少偏误,跟词汇掌握质量相关。质量与数量是相辅相成的,如果把质量问题纳入对数量的考核,所体现的数量才能真正体现学习者掌握汉语词汇的水平。因此,在前述讨论的基础上,最后还想再深入一步。我们先来看几个例子:

(1)——你认识这个人吗?
　　——不认识,我以前没见过他。
(2)她的父母不让她上学,因为他们还没有认识到教育的重要性。

　　例(1)和例(2)中的"认识"有语义上的差异,但又明显相关。有的词典分为两个义项,比如《现代汉语规范词典》;有的词典仅列一个义项,比如《现代汉语词典》(第5版)。

(3)市场卖的水果都很新鲜。
(4)刚到北京,我觉得一切都很新鲜。

　　例(3)和例(4)中的"新鲜"在语义上也有差异,但也明显有关联。词典一般列为两个义项。

(5)秋天是收获的季节。

(6) 他这次去北京学习收获很大。

例（5）和例（6）的"收获"与例（1）和例（2）、例（3）和例（4）具有某种一致性，可以说，例（2）、例（4）、例（6）中的词义分别是在例（1）、例（3）、例（5）词义基础上引申的结果。可以清楚地看到，例（1）的"认识"含义比较明确具体，例（2）的"认识"含义相对模糊抽象；例（3）的"新鲜"是可视的、可感知的，而例（4）的"新鲜"则需要进入一定的想象空间；例（5）的"收获"也很具象，向人展示农业丰收的景象，而例（6）的"收获"可能更多的是思想上的，需要通过交谈了解。上述每个例子都向我们展示了一个词义从具体向抽象引申的趋势。从汉语词汇语义的引申规律看，具体义显然产生于抽象义之前，这是说汉语者对客观世界认知的自然规律。而从二语习得的视角看，前一个意义较之后一个意义也更容易掌握些。因为人类对语言的认知规律是具有共性的。

诚然，以交际能力培养为目标的汉语教学不可能死板地规定，得先教具体的"认识、新鲜、收获"，再教抽象的"认识、新鲜、收获"，而且抽象义的义频有时可能还高于具体义，但可以通过教学设计，使具体义与抽象义关联起来。比如：当抽象义先出现时，引导学习者了解这个词的具体义；当抽象义后出现时，引导学习者复习具体义。从这一点出发来讨论判定学习者掌握汉语词汇的水平的维度，我们会发现，仅仅笼统地关注一个词的义项数和义频还不够，只关注复合词的特点也不够，还应当关注词义引申过程中形成的义项之间的不同与关联。关注"不同"是为了帮助学习者区分词义；关注"关联"是为了引导学习者认知汉语的词汇语义系统,提升自学能力。

我们主张多维度计量词汇量,并据此衡量学习者掌握汉语词汇的水平,目的在于呼吁一种理念的建立。从词汇语义学和认知心理学双向考查汉语的词汇教学,我们会发现,除了上述种种词汇差异可以成为我们划分词汇的维度外,实际上还有很多差异存在于汉语词汇系统中。建立起这种理念,有助于我们的词表研制、教材编写,甚至是日常词汇教学的设计。所以,我们认为,"炸弹爆炸"和"人口爆炸",两个"爆炸"相同,但难度不一;"看不清楚"和"这个人头脑清楚",两个"清楚"也不同。

第二节 汉语作为第二语言词汇教学应有的意识与策略[①]

词汇教学是汉语作为第二语言教学的重要组成部分,同时又被普遍认为是目前汉语第二语言教学中的一个薄弱环节。近十几年来,学界对汉语词汇教学的思路和方法的探索始终没有间断过,先后涌现出"词本位教学法"[②]"语素教学法"[③]"字

---

① 本文以《汉语作为第二语言词汇教学应有的意识和策略》为题发表在《语言文字应用》2010年第1期,作者彭小川、马煜逵。

② 黄振英《初级阶段汉语词汇教学的几种方法》,《世界汉语教学》1994年第3期;胡明扬《对外汉语教学中语汇教学的若干问题》,《语言文字应用》1997年第1期。

③ 盛炎《语言教学原理》,重庆出版社,1990年;肖贤彬《对外汉语词汇教学中"语素法"的几个问题》,《汉语学习》2002年第6期。

本位教学法"①"字中心教学法"②等不同的"教学路子"③。

我们认为,要探索高效率的词汇教学路子,首先必须树立正确的教学意识,并在此基础上采用科学的教学策略。基于此,本节拟讨论在汉语作为第二语言的词汇教学中,教师应具有的教学意识,并提出相应的教学策略。

一、汉语词汇教学中应有的意识

（一）词是我们进行认知、思考、交际的基本单位,汉语二语教学不能以字为本

目前学界已达成共识并反复强调的是,语言教学的目标是培养学生的言语交际能力。培养言语交际能力的基础工作毫无疑问要从言语交际的基本单位做起。那么,人们运用汉语进行交际的基本单位是什么呢？我们来看这样一个句子:

前天我亲眼看见她买了一件很漂亮的衣服。

从表面上看,它是一个字一个字的线性排列,但只要是母语为汉语者,在日常交际中说这句话时其节律都至少是:前天 / 我 / 亲眼 / 看见 / 她 / 买了 / 一件 / 很 / 漂亮 / 的 / 衣服。而绝对不可能一字一顿地说成:前 / 天 / 我 / 亲 / 眼 / 看 / 见 / 她 / 买 / 了 / 一 /

---

① 白乐桑《汉语教材中的文、语领土之争：是合并，还是自主，抑或分离？》，《世界汉语教学》1996年第4期；王若江《由法国"字本位"汉语教材引发的思考》，《世界汉语教学》2000年第3期。

② 张德鑫《从"词本位"到"字中心"——对外汉语教学的战略转移》，《汉语学报》2006年第2期。

③ 吕必松《汉语教学路子研究刍议》，《暨南大学华文学院学报》2003年第1期。

件/很/漂/亮/的/衣/服;也不可能说成:前/天我/亲/眼看/见她/买/了一/件/很漂/亮/的衣/服。

  这说明,尽管汉语的句子从字面上看词与词之间没有明显的分界标志,尽管词与短语之间有时会难以区分,但只要是母语为汉语者,哪怕是文盲,他们的头脑中也都客观上存有一部"心理词典"。事实上,参与组成该句子的,的确不可能是诸如"前""亲""漂""服"这样一个一个的字,而只能是词(如单音节词"我""买",双音节词"前天""亲眼"等)和短语("看见"等)。这就再次证明了,"字"绝对不可能是汉语句子的基本结构单位。人们的言语交际是以概念为基本单位进行的,独立而又完整的概念在语言形式上的最小对应物是词,汉语也不能例外。

  目前的"字本位教学法"理论持有这样一种观点,认为"对外汉语教学中词汇教学还是应该以字为本,把双音节词拆成单音节字来教"[①]。吕必松先生也认为,"我国传统的语文启蒙教材《文字蒙求》《三字经》《百家姓》《千字文》等,可以说都是'字本位'教材,而现代的对外汉语教材却清一色为'词本位'教材"[②]。

  我们认为,这里似乎忽略了一个事实:古汉语基本上以单音节词为主,可以说绝大多数的"字"就是"词"。在这个意义上,应该说,我国传统的语言教学就是以词为基本单位的。汉语发展到今天,"字"在语言系统中的性质和功能已和从前大不相同。

---

  ① 郦青、王飞华《字本位与对外汉语教学》,《西南民族大学学报》(人文社科版)2004年第6期。
  ② 吕必松《汉字教学与汉语教学》,载《汉字与汉字教学研究论文选》,北京大学出版社,1999年。

第二节　汉语作为第二语言词汇教学应有的意识与策略

如果我们无视这一变化，仍然以"字"作为教授语言的基本单位，恐怕很难收到预想的教学效果。与其说汉语词汇教学由"字"转为"词"的"根本原因是西方语言学思想、系统的传入"①，倒不如说这是汉语适应自身面貌的变化而做出的正确调整。可以说，郦青等的观点，并不是一种反映并适合现代汉语词汇系统特点的教学理念。②

1. 从教学的角度看。

词与字是从不同角度划分出来的语言单位，前者是语言表达的单位，而后者是书写的单位。即使是词和语素，它们也并不是同一层面上的概念。可以说，词的意义大体是明确、稳定的，而字或语素的意义则是不确定的，必须在具体的词中才能明确下来，如果一律以字或语素为单位进行教学，其结果忽视了汉字和汉语语素多义性的特点不说，更麻烦的是教师将会无所适从。

例如，若把上例中的"亲眼""漂亮"拆成"亲""眼""漂""亮"4个字来教，仅"亲""漂"2字，教师就根本无从着手。

在《现代汉语词典》（第5版）中仅"亲"字就有10个义项：①父母：父～｜双～。②属性词。亲生：～女儿。③属性词。血统最接近的：～叔叔。④有血统或婚姻关系的：～属。⑤婚姻：定～。⑥指新妇：娶～。⑦关系近；感情好：～近。⑧亲自：～手。⑨跟人亲近（多指国家）：～华。⑩用嘴唇接触（人或东西），表示亲热、喜爱：～嘴。教学时10个义项都讲，肯定是不可能的；

---

① 吕必松《汉字教学与汉语教学》，载《汉字与汉字教学研究论文选》，北京大学出版社，1999年。

② 郦青、王飞华《字本位与对外汉语教学》，《西南民族大学学报》（人文社科版）2004年第6期。

若挑出义项⑧来教,那么依据是什么?显然,还是从"亲眼"这个词得出来的。再看"漂",该字有三种读音,每种读音又分别对应不同的义项:

piāo ①停留在液体表面不下沉。
②顺着液体流动的方向移动。
piǎo 漂白,用水冲去杂质。
piào 〈方〉(事情、账目等)落空。

这些义项中却没有一个可以直接解释"漂亮"的,显然,像"漂亮"这样的词是根本不应该拆成字来教的。

可见,语素义只是一种潜在的储备语义,只有在具体的词中才具有现实的语义。以字为单位来教,如果不介绍语素的多义性,极易给学习者造成理解上的混乱。① 但是,要对一个字或语素的多个义项进行讲解和扩展组词,势必会牵连出许多生字,尤其是在初级阶段,不讲解组词示例中的生字,学生不能进行有效理解,讲解那些生字又会陷入连环讲解中,教完之后学生究竟能掌握多少?"词典搬家,全面开花"至少有三个弊端:一是消耗时间,二是冲淡主题,三是扰乱认知。②

2. 从对词汇理解的角度看。

刘晓梅曾以"学生学过了'店',就可以让学生猜'书店、饭店、水果店'"为例说明汉语词汇教学应以"字"为单位来教。③

---

① 李彤《近十年对外汉语词汇教学研究中的三大流派》,《语言文字应用》2005 年第 4 期。
② 王玲《以"词块理论"为原则的对外汉语教学》,《安徽工业大学学报》(社科版) 2005 年第 4 期。
③ 刘晓梅《"字"本位理论与对外汉语词汇教学》,《广东外语外贸大学学报》2004 年第 4 期。

我们认为，这个例子不错，授课时确实应注意这种情况，但以此类推出汉语教学都应该以字为本，①那未免过于以偏概全了。

林杏光曾经将现代汉语语素构词的情况概括为五种，并进行了统计。②他指出，其中汉语语素直接地完全地表示词义的仅占33%。这说明，虽然汉字所表示的语素有很强的构词能力，但大部分情况下并不是理解了语素义就可以正确理解词义的，更不可能"基本上认识字就知道词义"③。

比如，学生即便已学过"开""关"和"心"，也难以正确推测出"开心"和"关心"的意义。可见，以字为本，并不可能完全解决学生对汉语词汇的理解问题。

3. 从词汇生成和表达的角度看。

学生学会了字和构词规则，是否就真的等于掌握了现代汉语词汇系统的生成机制并可以自己生成词了呢？通过观察，不难发现，汉字所表示的语素之间的语义组合实际上存在着无数的可能性，但事实上汉语真实的组合只选择了其中的一部分，并不是只要符合逻辑语义关系就可以相互组合的。比如，名语素"服""装""衣"的语素义相同，可是它们跟"西""男""上""冬""大"组合时却有不同的选择限制：

西服、西装、*西衣
*冬服、冬装、冬衣
男服、男装、*男衣

---

① 这是退一步而言的，其实"店"是集"单音节词""自由语素"和"字"于一身的。
② 林杏光《词汇语义和计算语言学》，语文出版社，1990年。
③ 贾颖《字本位与对外汉语词汇教学》，《汉语学习》2001年第4期。

*大服、*大装、大衣
　　*上服、上装、上衣

　　如不意识到这一点，只是一味强调以字为本，由字推导生成词，学生表达时极易出现随意造词的现象。

　　综上，人在说话或阅读时是以词甚至是比词更大的词组为语义单位进行解码，而不是一个字一个字地理解的；在表达时也是以词为基本单位，而不是一个字一个字蹦出来的。若以字为单位进行教学，会使学生过于关注单个"字"的意义，以字而不是语义的基本表达单位——词为记忆单位来存储语义。这样，如果学生对单个字的构词情况还不能全盘把握，在阅读时就会因分词困难而减缓阅读速度，甚至无法正确分词；在表达时也会因需要经历一个搭配组合的思考环节而影响表达的流利性，不利于交际能力的培养。

　　（二）应树立词、语素、字在词汇教学中各当其用的意识

　　我们强调汉语词汇教学不能以字为本位，这并不意味着我们否认汉字在汉语词汇教学中的地位。应该说，语素、字、词在现代汉语系统中是从不同角度划分出的处于不同层面的语言单位，在教学过程中，三者既有相互交叉的部分，又能在一定情况下实现有效互补，应辩证地认识三者在汉语第二语言教学中所扮演的角色，在教学过程中把它们各自应有的作用充分发挥出来。

　　我们认为，以词为单位进行词汇教学是符合人的认知和交际规律的。但是，教词并不意味着就不必向学生讲解其中汉字的形、音、义及其所记录的语素的组词能力。由于汉语中字和词有着独特而微妙的关系，汉语词汇教学要有意识地帮助学生对汉字在汉

语词汇系统中的地位和作用,以及语素和词之间的联系树立起正确的概念,并在此基础上进行适当的扩展教学。而这里问题的关键是,我们对"词""语素""字"的教学决不能只形成一种思维定式。来看具体的例子。

假定上文那个例句中的"前天""亲眼""漂亮"是生词,那么,"词""语素""字"在这三个生词的教学中所扮演的角色是不相同的:

前天　前→　←天　/→前年

亲眼　亲眼→亲 { 亲耳 / 亲口 / 亲手 / 亲自

漂亮　漂亮

"前天"中的"前"和"天"是单音节词,同时又是自由语素和字,意义的组合也比较简单,应启发学生根据已经学过的"前"和"天"并联系"昨天"一词自己推测出词义。另外还可以进一步指导学生类推出"前年"。

"亲眼"一词如前所述,是无法先分解成"亲""眼"两个字或语素单独教学再进行组合的,合理的教法是:第一步,先进行整词教学,通过设置情景让学生理解"亲眼"的词义;第二步,针对"亲"表示"亲自"的这个义项构词能力较强,而且与其组合的"耳""口""手"等又很常用且已学过这一特点,充分发挥"亲"这个语素的作用,可通过"自己看见的叫'亲眼看见',那么自己听到的又叫什么呢……"来 步步启发学生类推出"亲耳、亲口、亲手、亲自"等词。第三步，必要时还可稍加点拨，指出这个义项的"亲"有别于"亲人"等的"亲"，并要防止学生过度类推（自己说的只能说"亲口"，不能说"亲嘴"）。这样，就可利用教授"亲眼"的契机，用语素"亲"的这个非基本义项把一个小小的义域贯通起来，达到让学生整体把握、强化记忆的教学效果。

至于"漂亮"一词，前文已论证过，只能整词教学，既不可能由"漂"和"亮"组合起来理解，也完全没必要对其再做分解。

以上例子说明，只进行整词教学固然不可取，[1]但光强调"应该……把双音节词拆成单音节字来教"[2]或"以字为中心……以字带字族和词，系联'字族''词组'"[3]也都同样失之偏颇。就双音节词的教学而言，重要的应是针对所教词语的特点，相应地在切入点和教学方式上区别对待，首先应判定词中的两个字是否适宜拆分；宜拆分的，要确定是否应当重点讲授，讲授时应由分而合，还是由合而分。

（三）词汇教学应树立质量并重的意识

有一种观点认为，以词为单位教授速度慢、效率低，"而'字'本位教学则可以一带多，通过见字猜词而减轻记忆的负担。以《汉语水平词汇与汉字等级大纲》词表为例，四个级别8822条词语……实际使用的只有2866个字，这就意味着……只教2866个字就可

---

[1] 这是"字本位"观点持有者所认为的"词本位"教法的弊端，但实际上，以词为本位进行教学的教师绝大部分都不会这样做的。

[2] 郦青、王飞华《字本位与对外汉语教学》，《西南民族大学学报》（人文社科版）2004年第6期。

[3] 刘晓梅《"字"本位理论与对外汉语词汇教学》，《广东外语外贸大学学报》2004年第4期。

以满足表达需求了"①。

我们认为,希望通过"以一带多"增加学生的词汇量、提高词汇教学的速度,这种主观意愿是非常好的,但真正高效率的教学方式必定是符合人类思维和记忆特点的,如果只是盲目地追求大量的扩展,尤其是不恰当地做不同义项间的扩展,效果并不一定理想。

比如,同样是"亲眼"一词,我们曾看到过这样的教学场景:教师解释了"亲眼"一词的意思后进行语素扩展——

亲→亲爱、亲人、亲自　　眼→眼睛、眼光、眼泪

显然,这是一种全面开花式的扩展,对组成"亲眼"的两个语素均分别进行扩展,其中"亲"所扩展出的三个词分别对应"亲"的三个不同义项,而"眼"扩展出的"眼光"程度等级则明显要高于其他两个词。

再如,还有位老师在教"节日"一词时用"节"扩展出:春节、中秋节、节省、节约、节目。表面上看,学生所学的词语的确是大大增加了,但由于是把"节"的数个相去甚远的不同义项混在一起进行扩展,其结果只会使学生对"节"的含义更加迷惑,对所扩展出来的词语也不可能真正理解并掌握。这种貌似高效率的扩展到底能在多大程度上保证教学质量、实现真正的高效率是很值得怀疑的。弄不好反而会加重学生的学习负担,达不到应有的教学效果。

因此,教师应树立这样的意识:词汇教学不能单纯地强调数

---

① 刘晓梅《"字"本位理论与对外汉语词汇教学》,《广东外语外贸大学学报》2004年第4期。

量,还必须同时注重教学的效果,量与质并重,才能真正达到通过词汇教学提高学生交际能力的目的。

二、汉语词汇教学的策略

在上述诸理念的基础上,我们提出"适值"的汉语词汇教学策略,具体包括以下几方面:

(一) 生词处理的方式要适当

所谓生词处理,指的是对所教的各个生词教学切入点的确定与实施。

彭小川曾论述过"精讲活练"的教学原则,指出有针对性是精讲活练取得高效的关键。① 这"针对性"中就包括针对所教知识的特点。在对外汉语词汇教学中,同样应强调针对性的问题。对生词的处理,要针对所教的双音节词语素组合上的特点,有所区别地选择切入点,采用适当的方式进行教学。比如以下五组词语,处理的方式就应有所不同:

A. 山地、火山
B. 进步、提高
C. 灭亡、暖和、愿意
D. 省力、考试、跳高
E. 了解、高兴、影响、马上、几乎、居然、不但

A组词明显是可以让学生利用已学过的知识自己推测词义的。像"山地、火山"这类词,构词成分本身就是独立的词,合成词的词义和其构成成分的字义(语素义)又有很直接的联系。

---

① 彭小川《论"精讲活练"》,《语言教学与研究》2003年第1期。

这样，在学生学过"山""地""火"的基础上，完全可以让他们自己推导出词义，教师再配以图片加以肯定。

B组词与A组词相比意义要抽象些，但教师仍可通过简单的动作再配以情景提示启发学生推测出词义。如教"进步"，教师可通过动作演示什么是"进"，什么是"步"，什么是"进了一步"，接着给出情景"马克上次考了70分，这次考了80分"，然后启发并引导学生自己说出"马克的学习成绩进步了"／"马克的学习成绩有了进步"。这样，学生既理解并掌握了"进步"一词的整体意义和用法，也复习或了解了其中的语素"进""步"的意义，有利于日后推测出"退步"的意思。

C组词可充分利用其构词语素字形上的特点①帮助学生理解词义。比如教授"灭亡"，可以突出"灭"这个字会意之特点，用动作等引导学生推出其意义；而对"暖和""愿意"这类词，则突出"暖""愿"等是形声字的特点，从形旁入手启发学生，进行教学。这样，学生日后遇到"灭火""温暖""心愿"等词也易于理解。

D组词的特点是其中的某个构词语素扩展能力特别强，而且所扩展出的词语又是很常用的。比如学生理解了"省力"一词后，可给出情景，引导他们快速说出相关的新词，如"省钱、省时、省事、省心"；教授"考试"时，可根据具体情况扩展出"考中学、考大学，考汉语、考口语、考听力"或"口试、笔试"等。

E组词则和前文所说的"漂亮"一样，适宜以整个词为单位

---

① 这里强调利用构词语素字形上的特点处理生词，并不等于别组中的生词就不能利用这种方式，如B组的"进"和"提"等，只不过侧重点有所不同而已。

来讲，如果硬要拆成字教只会适得其反。

总之，要针对所教生词的特点，有所区别地采取相应的教学方式，不可一刀切地以字义为切入点。

（二）生词教学的方法要灵活、适宜

上文我们从生词处理切入点的角度论述了教学的方式要适当，这里所论的教学方法是从词语教学更大更广的方面来说的，立足于通过举例说明生词教学的方法要灵活，要适宜，至于词语教学的具体方法，已有不少论述，这里不再全面列举。

由于汉语词和语素、字之间的关系很特殊，不可否认，汉字在汉语词汇教学中也占有重要的地位。我们认为，字本位教学法强调汉字的重要性有其积极的一面，但在词语教学中进行汉字教学，方法也应灵活，决不能仅仅拘泥于以字（语素）扩展出多个词这一种教学方法。

比如，某初级教材生词中有"大夫""护士""工人"这几个词，初学阶段无论抓住其中哪一个字进行扩展，教学都有难度，效果也不会好；倒是可以针对其中好几个独体字字形有相似之处的特点，采用系联比较的方法，帮助学生区别字形，增强记忆，真正打好基础。具体如下：

人　大　夫　（天）[①]／工　士　（土）

再如《中文》第二册第 1 课有以下生词：

在　教　写　汉字　唱歌　画　喜欢

教师除了可充分利用本课生词进行搭配练习（如：教汉字、教写字、教唱歌、教画画／喜欢唱歌、喜欢画画、喜欢写汉字）外，

[①] 括号里的字"天""土"可视之前学过与否而决定是否一并比较。

还可针对其中一些偏旁容易混淆、学生容易写错字的特点,进行字形比较:

教　　　写
唱歌　　汉字
喜欢

在偏旁"攵"与"欠"、"冖"与"宀"上用彩笔标注,启发学生观察并区分它们的相异之处。

另外,对于"扩展"也可以灵活地看待,以一(字/语素)带多(词)固然是扩展,以回溯性的对比法带出要学的新词,建立起它们之间的联系,也未尝不是一种扩展。

比如教"了解"这个词,把它拆分成"了"和"解"去进行扩展显然是不科学的,我们可以针对其比较抽象的特点,从以前学过的词语"认识"引入,通过设置情景进行提问(你认识××的妹妹××吗?→你知道她喜欢什么运动吗?……)的互动方式,自然地扩展出新词"了解",并引导学生进行对比。我们还可用同样的方法对比旧词"知道"与新词"了解",帮助学生建立起"认识/知道→了解"间的联系。显然,回溯性对比扩展法更适宜用于"了解"这类词的教学上,既能有效地引出新词,又更有助于学生真正掌握这个词的意义和用法(当然,这个词的音和形也不可忽略)。

总的来说,词语教学一定要活。只有针对所教内容的特点采用相适宜的教法,才能收到好的教学效果。

(三)字词的扩展要适时、适度

字词的扩展要适时。在初学阶段,词汇教学的主要任务是:

帮助学生掌握一批最常用词语的基本意思和主要用法。这个阶段，学生掌握的词汇量有限，教师应把握一个原则，那就是不宜"词语开花"。如果频频进行扩展，势必要涉及很多学生没有学过的生字，凭空增添许多远离教学主题的知识和信息，使学生陷入过于繁杂、琐碎的知识点中，这并不利于学生掌握真正应该学习的内容。但在学生掌握了一定量的词汇后，我们便要善于抓住时机适时扩展。

字词的扩展要适度。这里有两重含义：其一，课文中进行扩展的生词数量要适度。一篇课文的生词少说有十几个，多则有几十个，不可能每个生词都进行扩展，要根据教学目的，优先选择构词能力强且使用频率高的词语来扩展。其二，某个语素所扩展出来的词的数量要适度。人一次所能理解记忆的内容是有限的。研究表明，人通常一次能有效处理的记忆单位是 5—9 个。扩展得太多、太杂，学生记不住，就等于浪费时间。这方面的度也要把握好。

好的扩展要达到新旧知识相互勾连、融会贯通的效果。融会贯通不仅仅是针对学生而言的，更是老师在教学中应当具有的意识和能力。老师要对教学进程了然于心，哪些知识学生已经学过，要做到心中有数；哪些词语应该扩展，何时扩展，扩展为什么样的词，扩展的方式以及扩展到什么程度，等等，也都要有个通盘的考虑。只有这样才能在教学过程中游刃有余，有效帮助学生把新旧知识串联起来，编织成一个相互关联的有机系统，从而巩固已学知识，扩大新知识的范围。

总之，只有做到方式适当、方法适宜、扩展适时、扩展适度才是"适值"的汉语词汇教学策略，才能实现高质量的词汇教学。

三、结语

中国"因材施教"的古训也许是最早体现了"针对性"精神的教学理念。在汉语二语词汇教学中,理想的教学效果不仅仅有赖于针对学生的实际情况进行教学这一方面,更要靠我们赋予"针对性"以更丰富、更深刻的内涵,并将其贯穿于整个教学思维方式中:针对词是我们进行认知、思考、交际的基本单位这一客观实际,我们要以词为词汇教学的基本单位;针对汉语词汇系统中词、语素和字的特殊关系,我们要树立这三者各当其用的教学意识;针对汉语作为第二语言的教学目标,我们要树立质量并重的词汇教学意识;针对具体教学内容和不同教学阶段的特点,我们要在教学实践中运用"适值"的策略。只有如此,才能真正提高汉语词汇教学的效率和质量。

第三节 现代汉语词中字义的析出与教学[1]

学习汉语,不可避免地要面对汉字。完整地学习一个生词,除了记住它的声音和意义以外,还要记住其字形,而这字形就是方块汉字。对于母语文字为拼音文字的人,如果未掌握正确的汉字学习方法,学习汉字时会遇到很大的困难。"据德国 RTL2 电

---

[1] 本文以《现代汉语词中字义的析出与教学》为题发表在《世界汉语教学》2012 年第 3 期,作者赵金铭。

视台 14 日报道,该台主打节目——真人秀'老大哥(第 11 期)'栏目组宣布,本周为该节目的'中国周'。按照要求,参加节目的 10 名选手,必须在一周内学习有关食品的 60 个中国词语,比如'樱桃''面条''米饭'等。选手们不仅被要求会读这些词,还要记住笔画。"①

这十位选手,在识记所给出的 60 个汉语词语的过程中,我们虽未见到比赛的最后结果,但可以预见的是会出现有关汉语词和字的各种偏误。于是由这种识记汉语词的方法引发我们一些关于汉语字词教学的思考。

一、汉语词汇习得偏误

如果不了解汉语词的构成特点,不明了汉字本身的构造规律,没有按照科学的方法识记汉语的词以及词中的汉字,不仅事倍功半,还不可避免地会出现各种偏误。如果用死记硬背的方法学习汉语的字与词,学习者虽能一时记住汉语一些词的形、音、义,但因学习者对词中汉字的意义完全不了解,所谓之知形、知音,而不知义。于是,在学习新生词时,往往出现下述两种偏误:一是误用已学过的双音词中的另一个汉字,产生误读;二是识词而不识已学过词中的汉字。

(一)误用已学过的双音词中的另一个汉字

据陈绂提供的伦敦大学中文系二年级 12 名学生在诵读报刊

---

① 青木《"德国真人秀热推'中国周'"》,《环球时报》2011 年 7 月 15 日第 3 版。

文章时所出现的误读情况：①

> 已学过的词：结婚、广场、阅读、星期、罪犯、负责、计划、出售
> 新词：婚礼、推广、阅览、期间、罪恶、责任、设计、售货
> 误读：结礼、推场、读览、星间、犯恶、负任、设划、出货

比如学习者已学过"结婚"，作为一个整词和认知单位，记住了"结婚"的形、音、义，并记住了组成词的两个语素（汉字）"结"和"婚"及其前后位置。当接触新词"婚礼"时，发现词中有旧语素"婚"，于是就启动了原来已学过的词"结婚"，但是混淆了词中的两个语素，将前一个语素"结"带入新词，与新语素"礼"结合，于是将"婚礼"念成"结礼"。

又如"奥运圣火"的故事。学生的造句："＊奥运怪火传到了北京。"这是因为已学过生词"奇怪"，当遇到新词"圣火"时，不认识其中的"圣"字，但与学过的旧词"怪"有相同部分"圣"，于是取而代之。如了解"怪"字的意义，当不至如此。②一位外国学生兴冲冲地告诉老师："我买了一个烤绒被。"老师莫名其妙，后来才知道是"鸭绒被"。原因是该学生学过"烤鸭"，将"烤鸭"中的"烤"误用为"鸭"。③

（二）识词而不识已学过词中的汉字

据吴晓春对美国外交学院（FSI）和美国学术旅行公司（CET）已学过约 800 课时左右汉语的学生的考察，有识词不识字的现象：④

---

① 陈绂《谈对欧美留学生的字词教学》，《语言教学与研究》1996 年第 4 期。
② 此例为李泉教授提供。
③ 此例为郭姝慧博士提供。
④ 吴晓春《FSI 学生和 CET 学生认字识词考察》，《首都师范大学学报》（社会科学版）2000 年增刊。

损失/亏损　建设/设施　许多/允许　目标/标准
继续/持续　准备/准则　一切/关切　原则/否则

比如说，学过了"损失"，当遇到新词"亏损"时，却不认识其中的"损"字，但是认识"损失"。也就是说，同样的汉字"损、设、许、标、续、准、切、则"在学过的词里是认识的，当由旧词中换到新词中后，无论在词中的位置有无改变，学习者大多由认识变为不认识了。这说明学生学习汉语是以整词输入的，他们学了一个双音词，识记了其中的汉字，但当其中的一个汉字移位并与别的汉字组成新词时，他们并不能立即将对该字的认识带入新词，甚至连该汉字也一时认不出来了。

这样就引起我们思考，如何让学习者在掌握汉语生词的时候，既记住整词的形、音、义，并且能了解词的组成成分的意义，也就是了解其中汉字的意义，以避免发生生词误读与识词不识字的现象。

二、词汇教学假设

为了尽可能地避免上述有关词汇学习的偏误，我们提出一种词汇教学设想，姑且称作一种假设。汉语中词中有字，字也可能是词，而字或词又可能构成别的词。学习汉语词，如能知道词中所组成的字的意义，不仅可全面掌握词的意义、用法，还可了解该字能构成哪些新词。因此，如果在学习了一定数量的词以后，在掌握了基本的交际语言之后，将一些词中相同的字析出，指明其意义，系连所构成已学过的词，自可加强对这些词的理解与记忆；如系连时遇到一些一般应该掌握的常用词，当又有助于扩大词汇量。

我们假定这种方法为"整词—析字—系连扩展"词汇教学法。

三、实验旁证

这一节我们将通过介绍一些实验,解释:人们何以会记住了一个生词,却会有时又忘其中组成的汉字?怎样才能记住汉语中一个双音节词的形、音、义,要开动大脑的哪些部位?学习汉语时,汉字的意义在记忆汉语词时,会起什么样的作用?本节将从以往的科学实验中为我们的假设寻找依据。

(一)英国布里斯托尔大学的研究

人们何以有时会忘记熟人的名字?迎面走过来一个人,他的脸我们很熟识,却一时想不起他的名字来。该实验研究发现:当我们打算记住某个特定对象的多个方面时,需要大脑不同区域共同工作。涉及区域包括海马区、脑前额叶皮层和嗅周皮层,这三个区域会互动。该实验研究发现:大脑内部存在着一种此前不为人知的重要通道。它影响着人对事物的记忆。如果通道的某个地方不通畅,就会影响对一些信息的记忆。一下子想不起来词中已学过的汉字如何念,就属于通道没有完全畅通。[①]

当我们要记住一个特定对象——词的多方面特征,即词的形、音、义及其内部组成时,就要打通大脑内部通路,否则会遗忘部分信息。解决问题的办法,就是要改善信息处理过程,留意特定

---

① 西班牙《世界报》2011 年 8 月 7 日报道,"我们何以会忘记熟人的名字",《参考消息》2011 年 8 月 9 日。

对象的特征，加深对特定对象特征的印象。对于记忆汉语词来说，除了记住词本身的形、音、义外，还要析出词中的字义，以加深词的理解与记忆。

（二）王士元介绍的米兰和莱比锡科学家小组的实验

该实验证实人们学习不同类型的语言时，对词的理解与认知是不同的。掌握了第一语言之后，学习与第一语言不同类型的第二语言时，要有一个转换与适应过程。

据报道该"实验利用大脑成像手段，发现语言所涉及的范围远远超出了早期所观察的大脑表面区域。语言更多的是一种全脑活动，它涉及许多到达大脑皮层以下很深部位的神经回路"。而这种"神经系统语言回路最终的组成方式完全取决于它们所支持的语言类型"。科学家发现婴儿大脑的基本构造在出生两天的时候就已经完全具备了。而在随后几年里进行的发育主要是为了在大脑半球中形成回路。报道举例说：

> 从小到大说中文的人的大脑肯定与只说英语的人的大脑不同，因为说中文的人听觉回路必须分辨词语的声调，而视觉回路则必须辨认汉字的书写。大脑先是具备普遍的语言能力，之后再适应某一种特定的语言。而一开始的时候，婴儿必须准备好学习一种语言——如果出生在香港就要学习粤语，如果出生在伦敦则要学习英语。[①]

汉语双音节词中的汉字与整词之间存在着密切的联系，母语是汉语的人看到词中的汉字很容易反应出它的声音和意义，由此联想到与其所对应的词之间的关系。母语为拼音文字的学习者对词采取整体理解、整体认知的方式，在他们的概念里词是不可拆

---

① 王士元《语言为大脑回路定调》，香港《南华早报》网站2011年10月9日，《参考消息》2011年10月10日转载，题为《研究发现语言影响大脑回路形成》。

分的。汉语中的"学习",我们可说"学而时习之",可以说"学字",也可以说"习字"。英语的"learn""study"不可再拆开。这是两种不同的词的认知方式。

因此,了解词中汉字的意义,掌握汉字与所对应的词之间的意义关系,对于使用拼音文字的汉语学习者来说,就要改变原来对词的理解,建立新的汉语词的认知方式与记忆习惯。即要转换对词的认知方式,不仅整体认词,还须分解开来,了解词中的字义,再做整体理解。

(三)英国诺丁汉大学的实验

该项实验的目的是要揭示汉字在汉语词的记忆中的作用。被试为诺丁汉大学英语流利的中国学生。实验用展示一对单词的方法:第一个单词在电脑屏幕上一闪而过,被试并未意识到自己看到它了;第二个单词出现的时间较长,要求被试尽可能快地敲击一个键,以指出它是不是一个真实存在的单词。实验的目的在于测试被试处理这些单词的速度有多快。

尽管测试用的是英语单词,这两个单词事实上是有联系的。但是,只有知道这两个单词的汉语写法,才能发现其中的联系。例如,第一个单词有可能是"thing",它的汉语写法是"东西",而第二个单词有可能是"west",在汉语里写作"西"。"west"的汉字"西"出现在"thing"的汉字"东西"里,但这两个单词在英语里是没有任何联系的。

实验结果发现:当两个单词在汉语里拥有共同的汉字时,被试能够更快地处理第二个单词,尽管他们并未意识到自己看到了第一个单词。这说明人们在学习一种语言时会自动在两种语言之间建立联系。我们要设法发现这种联系是如何影响对语言的处理的。①

该实验启示我们：汉语知识会自动影响对第二种语言的处理。也就是说，词中的汉字在词的认知与记忆中是会起作用的。

中文是一种表意文字，中文的认知与拼音文字的认知有某些不同之处，但是，不同的文字认知都必须经历某些共同的历程。②母语为汉语的英语学习者，在认知英语单词或翻译英语单词时，头脑中的汉字会起作用；母语为英语的汉语学习者在学习汉语单词或翻译汉语单词时，如果其头脑中有汉字的话，同样也会起作用。也就是说，如果他们掌握了若干汉字的字义，也同样会影响对汉语词的认知与记忆。这就启发我们在汉语词的教学中，应克服消极影响，激发积极影响。而积极的影响就是要将词中的字义析出，重视词中字义教学，从而促进词的认知与记忆。

以上三个实验对我们的启示如下：

要理解并记住汉语中的双音节合成词，仅整体记住其形、音、义，还不够，还要了解该词的构成成分及其意义，这不仅有助于记住该词，还有助于认知由其中成分构成的新词。而从生理的角度就要打通头脑中的重要通道，使其畅通无阻而不致遗失有关信息，即保持而不失去对已学过的词中汉字的认知。

一个母语非汉语的学习者将汉语作为第二语言学习时，要改变对词的概念的理解，汉语中的词，既是一个整体，又是可以分解的。汉语中的词是由语素（字）构成的。词中的字（也可能是词）

---

① 美国《每日科学》网站2011年6月14日报道，题为《英语流利的人能够自动翻译成中文》，《参考消息》2011年6月17日转载，题为《研究发现英语"牛人"英译汉无须思考》。

② 彭聃龄主编《汉语认知研究》，山东教育出版社，1997年。

是有意义的,它还可以与其他的字构成新的词。因此,学习汉语词时,不仅要整体记词,还要关注词中的字。

汉语词中的字,不同于拼音文字的字母,因其有意义,故有助于词的记忆与理解。如果不同的词中有相同的汉字,那么,这些词就有一个共同的组成成分。如果这个共核属于同一个义项,这些词就成为一个系列,当启动头脑中的联想机制时,由同一个汉字就可以联想到由它构成的一连串的词,这既有助于词的理解,更有助于词的记忆。

四、理论支撑

这一节我们将从汉语本体中寻求整体识词、分解析字、系连构词的语言学理论依据,从汉语和汉字本身的特点寻求理论支撑。

(一)汉语中的词和字

索绪尔曾认为,如果文字像汉字那样复杂,那么语言在脑子里就与文字不可分离。在《普通语言学教程》中索绪尔认为,世界上只有两种文字体系:一种是表意文字体系,如汉字;一种是表音体系(有时是音节的,有时是字母的)。据此,索绪尔说:"我们说过,书写的词在我们的心目中有代替口说词的倾向,对两种文字的体系来说,情况都一样,但是在头一种体系里,这倾向更为强烈。对汉人来说,表意字和口说词都是观念的符号;在他们看来,文字就是第二语言。在谈话中如果有两个口说的词发音相同,他们有时就求助于书写的词来说明他们的思想。"[1]

---

[1] 费尔迪南·德·索绪尔《普通语言学教程》,高名凯译,岑麒祥、叶蜚声校注,商务印书馆,1982年。

在汉语中，当人们说"xingshi 很好"时，别人就会问："什么 xingshi?"（汉人的头脑中会出现三个汉字词形：形式、形势、行事。）当人们说"注意他们的 gongshi"时，别人就会问："什么 gongshi?"（汉人的头脑中会出现四个汉语词形：攻势、公式、公示、公事。）

母语为汉语并且识字的人，当听到一个不能辨别的同音词时，头脑里就会出现汉字。当发现声音相同的词时，可以用有意义的汉字来加以区分。如：枇杷—琵琶、报复—抱负、案件—暗箭。有时我们听到一个词语，比如"zaofuyuren"，我们一定以为是"造福于人"，但写出来却是"造服于人"，这是一则服装广告。广告里说"yaocaihao, yaocaihao"，写出来是"药材好，药才好"。

赵元任曾经只用一个音节"shi"的四声，写过一篇《施氏食狮史》的故事，全文如果只用口说，谁也听不懂，但要用汉字写出来，是可以看懂的。即如"石室诗士施氏，嗜狮，誓食十狮。氏时时适市视狮。十时，适十狮适市。是时……"[①] 赵先生用这个"硬造的极端的例子"说明语言和文字的关系。

有时我们听到一个词，还要追寻汉字。如甲说："我姓Zhang。"乙常常要问："弓、长'张'，还是立、早'章'？"《说文》卷三音部："章：乐竟为一章，从音十。十，数之终也。"音乐有所停止为一个乐章，由"音"和"十"两个构字部件构成。后人不知，误以为"立""早"为"章"。只有知道了"章"的意义，才能由"乐章"的"章"引申为"篇章、章节、章句、文章、章法"，我们才能了解其中"章"的意义。

---

① 赵元任《语言问题》，商务印书馆，1980年。

又如，学生问：为什么叫端午节？"端午"什么意思？我们说，三闾大夫屈原于阴历五月初五投汨罗江自尽，为纪念屈原也。如从字义解释，"端"者，初也。如"开端、发端"。"五""午"相通。端午节，即初五节也。由此可见，汉语中字义与词义是辗转相生的。一个字可以是一个词，这个字又可以造成新词。一个双音词中的字，不管是字还是词，都是有意义的。说汉语的人，如果是识字的话，当遇到难以分辨的词语时，他们头脑里会闪现汉字，以此来确认词语的意义。要透彻地了解词义，必须了解词中的字义。

(二) 词义与字义

词义固然重要，字义的理解与教学也不应忽视。语言学大师们早有论述。王力先生在给周士琦编著的《实用解字组词词典》所写的序中认为："汉语基本上是以字为单位的，不是以词为单位的。要了解一个合成词的意义，单就这个词的整体去理解它还不够，还必须把这个词的构成部分（一般是两个字）拆开来分别解释，然后合起来解释其整体，才算是真正彻底理解这个词的意义了。"[1]

吕叔湘在讲语言的学习和教学时，认为字义与词义是辗转相生的。词义固然重要，字义的教学也不应忽视。吕叔湘说："有人主张只讲词义，不讲字义，这也是片面的。汉语词汇的基本单位还是一个一个的单字。应该把现代汉语中最有活力的两千来个字（估计不超过此数）给学生讲清楚。不能把汉字只看成符号。"[2]

---

[1] 王力《序》，周士琦编著《实用解字组词词典》，上海辞书出版社，1986年。
[2] 吕叔湘《谈语言的学习和教学》，载《吕叔湘语文论集》，商务印书馆，1983年。

在汉语初始教学阶段，我们从词入手进行教学。一般教授其"言语意义"，也就是词的具体义项。而词是以其"语言意义"贮存于头脑中的，也称为"贮存义"。王宁说："语言学里经常所说的词义，指的是词的语言意义，这种意义是脱离具体语境而存在的，是在词的聚合状态下贮存着的，所以我们称之为'无语境义'或'贮存义'。""没有哪一个人说话可以全面体现一个词的语言意义所包含的全部内容；但是，任何人说话都不能违背这个词的语言意义。"① 多种实验证明，人们头脑中是有词的存在的，是以其语言意义贮存的。作为语言单位的词是有其心理现实性的。神经语言学的研究成果证实，在人的大脑中是以词的方式存储和提取的。② 所以，我们必须从词入手，教授外国人的初始汉语。

词是现实生活中复杂客观事物的反映。吕叔湘先生以阅读中的"好"为例，指出"阅读时要在词语所可能代表的各种意义中找到它在句子中的特定意义，才能正确理解"。"一个'好'就有许多意义，词典上说'好'是使人满意。至于怎样使人满意，客观事物有许多复杂情况。""理解词句应该透过抽象的语汇还原到实际情况，是不容易的。运用得正确，更不是容易的事。"③ 比如对外汉语教材，第一课，"好"，英语注释为 good，fine，nice；Ok。这都是不同的言语意义。所以，我们从词出发，一个

---

① 王宁《论词的语言意义的特性》，《北京师范大学学报》（社会科学版）2011 年第 2 期。
② 杨亦鸣、张珊珊、赵仑、顾介鑫《大脑中的语言单位——来自神经电生理学（ERP）的证据》，中国语言学会第 13 届年会论文，2006 年。
③ 吕叔湘《谈语言的学习和教学》，载《吕叔湘语文论集》，商务印书馆，1983 年。

词一个词地教授外国人汉语词的言语意义，进行初级汉语教学。而不能像对母语为汉语的孩子那样，教他们认读汉字，因为他们有儿童语言能力，他们头脑中有词。

外国人学汉语，学了"白""菜"两个字，虽知这两个字的意义，却并不能推断出"白菜"为何物，因头脑中没有这个词。学会"黄""瓜"，也不知"黄瓜"是什么东西。同样道理"解""手"（解手），"出""恭"（出恭），怎么会联想到与生理现象有关呢。只有当外国学习者掌握了初步的语言，头脑中积累了一定量的词汇，这时再将词分解，从中析出汉字，讲明其意义及构词能力，才有意义。

另一方面，心理学家倾向于认为，学会了语言和阅读的人都具有一个心理词典，心理词典就是词的意义在人们心理中的表征。因为大多数汉字是有意义的，所以它们会在人们的心理词典中存在。[①] 实验也表明，"中文可能是以字的形式储存于心理词典之中的"。"从实验结果中可以看出，不管是联合式或偏正式的词，都存在着词汇分解储存现象。"[②] 心理词典是学习者在学习过程中逐渐建立起来的，对于汉语初学者，要不断地积累对字的认识，在心理词典中不断充实汉字的意义及其构词能力，心理词典中汉字的意义积累得越多，语言能力越强。因此，外国人学习汉语，除了使用《现代汉语词典》了解词义，学习汉语生词，还要充分发挥《新华字典》的作用，了解字的一些常用义，了解一些常用字的不同义项，以及构词能力。

---

① 张必隐《中文双音词在心理词典中的储存方式》，载彭聃龄主编《汉语认知研究》，山东教育出版社，1997年。

② 彭聃龄主编《汉语认知研究》，山东教育出版社，1997年。

前面所说，学过"损失"，却不认识"亏损"中的"损"。如果将其中的"损"析出，就会发现它有两个常用义项：（1）减少、丧失：构成"损失、损耗、亏损"；（2）使受到破坏或失去原有的效能：构成"破损、磨损、损伤、损耗、损坏、损毁"。学过"继续"，却不认识"持续"中的"续"。如果我们析出"续"，它有两个常用义项：（1）连续不断：构成"持续、连续、延续"；（2）添、加：够成"后续、陆续、续篇、续集、续订"。学过"国际"，却不知道其中的"际"什么意思。《说文》："际，壁会也。"墙与墙相接之处叫"际"。因此可构成"边际、天际"。引申为相互之间，构成"国际、人际、校际、厂际"。又引申为人与人之间交往，构成"交际"。

语法学界的构式语法，提出了"整体感知与完形"的概念，认为范畴化分为两个阶段：第一步是将物体作为整体感知；第二步是对感知到的物体进行某种分解，把它分解成独特的特征或属性。我们主张整体识词，再析出字义，即先词义，再字义，应该说符合这种认识。

（三）字与词的理据义

词的理据亦称词的内部形式。一般认为词的理据指的是词音表达词义的理由或依据，词义发展的逻辑依据和词内部诸语素之间的深层语义关系。大多数复合词均有理据可言。[1] 从词中析出字义的方法，实际上就是运用词的理据，指出词中的字义促使其成为词的缘由，以此来加深对词的理解与记忆。同一个字（语素）在不同的场合与不同的字（语素）结合，而它的基本意义不变。

---

[1] 王艾录《汉语理据词典》，北京语言学院出版社，1995年。

学习者可以运用类推的方法了解一系列词的词义。

"赞成"和"称赞"中都有"赞",我们将其析出。"赞":(1)帮助、支持:构成"赞助、赞成";(2)称赞:构成"赞美、赞扬、赞许、赞赏、赞颂、赞不绝口"。"建设"和"设计"中都有"设",我们将"设"析出。"设":(1)布置、安排:构成"设置、设施、设立、设备、摆设、建设";(2)计划、打算:构成"设计、设法";(3)假定:构成"设想"。

从词中析出字义,是从"教"的角度考虑的,如果从"学"的角度,则有所谓"发现学习"理论,让学习者自己从众多的语言材料中归纳出语言规律来。当我们将一个常用字的某义项进行系连构词时,学习者从其所构成的一系列词中也会自然地悟出该字的意义,便于加深对词的理解与记忆。这也符合"浮现主义"的学习规律。

五、结论与实施

我们从实验依据和理论支撑两方面论证了我们的假设。即从整词入手进行初级汉语教学,到一定阶段,将词中的字析出,进行系连构词。如果这个假设得以成立,那么就要从词中选取出现频率最高、构词能力最强的字将之析出,分析其义项、构词及用法。有些字是单音节词,作为整词,学习者对其形、音、义,多已了解,再构成新词时,识记困难较小,似无须再分析。故应更加着眼于常用的字(语素),如前面提到的"损、设、标、续、准、切、则"之类。这样,我们假设的"整词—析字—析连扩展"教法,似可得出结论,这是一个有实验依据,有理论支撑的可行的做法。

我们之所以从词中析出这些字，是因其不但常用，具有构词能力。所谓构词能力，有人亦称"孳乳"能力。陈独秀在《小学识字教本》的"自叙"中说："本书取习用之字三千余，综以字根及本字根凡五百余，是为一切字之基本形义，熟此五百数十字，其余三千字乃至数万字，皆可迎刃而解，以一切字皆字根所结合而孳乳者也。"[①]所谓之字根，就现代汉语来看，就是从词中析出的字。我们举陈氏书中的例子，例如：

> 豦，《说文》云：象，长鼻牙，南越大兽。中国古时象多，殷时尚与牛马同用，其后渐少，人犹追想其形，故以为"图象"，"肖象"，"象征"字，相似之"像"字亦从之。象性行迟缓，故"犹豫"字从"象"。

在现代汉语中，如从"气象"中析出"象"。"象"有两个义项：（1）一种动物；（2）形状、样子，构成"象征、象形 / 对象、气象、形象、印象、想象"。再有后出的"像"：样子差不多或有共同点，构成"像样、像章 / 图像、塑像、录像、好像、肖像、画像、偶像"。

我们再举现代汉语中"信任"为例，"信任"中的"信"，相信；"任"，托付、担任。《现代汉语词典》的解释："信任：相信而敢于托付。"我们从"信任"中析出"任"：（1）担任，构成"任职、连任、委任、任务"；（2）担当、承受，构成"信任、责任、主任"。

对于已经析出的汉字，如何讲解其意义，应遵循一定的规矩。严学宭说："汉字是一个整体，形、音、义三要素相互联系、制约、协调，处在合乎规律不可分割的关系之中。造字是有义以有

[①] 陈独秀遗著（1942）《小学识字教本》，巴蜀书社，1995年。

音，有音以有形；识字是审形以知音，审音以知义。"① 汉字的造字顺序为：义—音—形；而人们的识字顺序则为：形—音—义。识字的顺序是不可打乱的。

识字与识词过程：一般认为语言学习大致为五个阶段——感知、理解、模仿、记忆、巩固。对于外国学习者来说，学习汉语应首先整体识词，是为感知和理解阶段。遵循先词形，到读音，再词义的顺序，进入模仿和记忆阶段。记忆词形时要记住构成词的汉字的形。到一定的阶段，再从词中析出字，是为巩固和扩大词汇量阶段。对于从词中析出的字的识记，也应遵循形、音、义的顺序，尤其应注意发音的准确，因为音—义通达，发音正确，有助于意义的掌握。进入字的系连构词以后，再一次进行整词识记，以此循环往复，螺旋式上升，使其词汇量不断扩大。

六、换一个角度看汉字的作用

本节的宗旨，是要强调外国人学习汉语时，首先是整体识词，有了词汇，也就是有了语言的基本材料，在掌握组词造句的规律的基础上就能进行语言交际。只有在具备了语言基础之后，才谈得上从语词中析出有用的字来，以之系连构词。但是，由此会不会带来一些副作用呢？

学过几十年汉语、会说流利汉语的法国汉学家白乐桑说："作为唯一的表意文字语言，汉语在学习过程中，要求的能力和

---

① 严学宭《前言》，陈独秀遗著（1942）《小学识字教本》，巴蜀书社，1995年。

方法有其特殊性，这可以帮助习惯学习印欧语系语言的学生开拓思维，用全新的方法发现学习的乐趣。""汉语学习在开发智力和训练大脑方面的优势已经得到科学的证实。在阅读文章时，读到'死'字（英语为 death，法语为 mort），由于字母本身没有含义，西方人通过负责逻辑、语言的左脑对 death 进行解码，分析字母组合生成的意思，然后编码在脑中形成对'死'的概念并理解。""可是汉字表意，中国人认读'死'字时，它的概念生成和意义理解则直接由左脑传到负责想象、图形和知觉的右脑，左右脑同时工作比西方人快几毫秒。几个毫秒看似微不足道，但若是对小孩从小进行汉字读写训练，日后的视觉扫描能力和认读效率就要远高于学习表音字母的孩子。"①

这就是说，认识了汉字，了解了字义，有助于对整词意义的理解，这是"利"的一面。会不会产生副作用，"弊"又是什么呢？其实，无论是学习汉语的外国人，还是母语为汉语的中国人，都会面临一个"生词熟字"的问题，也就是循字义猜测词义的问题。见到一个由熟字构成的生词，可以读出声来，继而循声查词典，可以了解该词的意义，有其方便的一面。但也会因认得汉字而望文生义，从而发生理解错误。从学习的角度来看，就是"过度泛化"问题。例如外国学习者认得"红娘"两个字，却不明了什么意思，于是有人便依据汉字解释为：穿红衣服的姑娘。连母语为汉语的孩子，遇到不知意思的词，也会就表意汉字随意解释。有人就听见过几岁的孩子会念"喜出望外"，但不知其义，于是依据字面

---

① 潘亮《"海外汉语教学，瓶颈在哪儿——学习热潮并非时髦，师资教材渐成制约"》，《环球时报》2011 年 10 月 21 日。

解释为：喜欢出去看看外面。对"自上而下"的解释是：自己上去自己再下来。

我们主张学过一定数量的词之后，析出其中的字，了解其意义，以便更完整地理解与记忆词。但因了解了字义，又容易望文生义。故又要告诫学习者，从字义猜测词义，不能随意为之，不可滥用。必须加以科学的解释和补充，在使用范围等方面加以限制。范可育提出遇到生词熟字时，思考活动可分解为三步进行，可供我们参考。第一步：据字猜测词义，获得模糊的不确切的理解；第二步：据语境思考词义，语言环境起决定性作用；第三步：悟出词义之后，思考构成新词的语素（字）的意义，分辨新词与构成语素（字）之间的意义关系和语素（字）之间的结构关系，这是记忆新词的重要依据。[①]

因此，我们首先重视整词意义的学习，特别是出现频率高的合成词。同时，我们也要选取出现频率高、构词能力强的汉字教给学生，让学生了解词中的字义。另一方面，我们还一定要告诉学生，词的意义不一定等于构词的语素（汉字）意义的加合。学过"小车"，并不能类推出"大车"的意义。学过"靠背椅"也不能了解"轮椅"的意义。知道"马鞍、马槽"的意思，并不能理解"马路、马桶[②]"。

---

① 范可育《从"生词熟字说"看词义和构成语素的关系》，《语言文字应用》1993 年第 1 期。

② 《恒言录》张鉴注，马桶：以铜为马形，便于骑以溲也。

七、待解决的问题

我们强调从词出发进行汉语入门教学,因为只有学会了词,才谈得上语言交际。汉语书写系统中的字,有些字是词,有些字仅仅是构词语素,无论是"词+词",还是"词+字""字+字"构成的新词时,都必须作为新词以一个整体教授给学习者,因为外国学习者头脑中并没有这些词。我们决不能从汉语的书写单位——字出发进行初级汉语教学,因为学习者并不具有母语为汉语的人所具有的构词能力。但是,我们又主张当学习者掌握了初步的汉语能力之后,将组成汉语词的结构单位——常用字分解出来,讲明其意义,显示其所构成的词。这既可加深对词的理解与记忆,又可进一步扩大词汇量。这样就带来一些尚待解决的问题。

在汉语教学的哪个特定阶段,可以将所学过的词中的相关的字/词析出呢?学完基础汉语,或学过一定数量的词汇以后,都可当作一定的教学阶段。如说学完《中国汉语水平考试大纲》规定的1033个甲级词之后,[1] 具备了初步的汉语能力,便可做析字教学。但选取哪些"字/词"可以或应该从词中析出,进行讲解与系连,则必须以教学实验做基础,以科学的数据统计为依据,不可凭想象,不可遑做结论。江新经实验得出"外国人的词语学习受整词出现频率和单字出现频率的影响",而"外国人的汉字学习效果受汉字出现频率、构词数、字形复杂性(笔画数、部件数)

---

[1] 北京语言文化大学汉语水平考试中心《中国汉语水平考试大纲(基础)》,现代出版社,1998年。

的影响"[①]。这与我们要从词中析出汉字的原则是一致的。那么,到底是哪些字,数量又是多少呢?

曹先擢先生审定的《汉语800字》[②]说,"经过对来华学习汉语的留学生的十几次问卷调查,同时参考国内外数十本教材和词典,我们选定了日常生活中最常用的800个汉字"。国家语言文字工作委员会发布的《中国语言生活状况报告·2005年》调查的结果称"掌握了581个汉字。差不多就可以认识媒体上的80%的文字。"800字也好,581字也好,倘用于汉语作为外语教学中的字义分析,似嫌过多。我们认为首先应根据教学对象的需求,从目前通用的汉语教材中进行统计、研究,确立哪些字是应该从词中析出的,是有必要从词中析出的。析出后有助于学习者了解词义,并可以之构成更多的词。这是一项有待于深入研究的课题。

---

① 江新《对外汉语字词与阅读学习研究》,北京语言大学出版社,2008年。
② 《汉语800字》编写组编《汉语800字》,外语教学与研究出版社,2007年。

第五章

词义辨析与教学

第一节 汉语作为第二语言的词义辨析对象与原则[①]

在对外汉语教学中,词语教学是非常重要的一项,虽然对词汇教学的方法已有较多的研究成果,但是,这些研究多是关于词义释义的方法,比如李泉总结出释词的一些原则和方法,黄振英也曾提出过七种解释词语的方法。[②] 而词义辨析的研究相比之下则显得薄弱,因此,对外汉语的词义辨析有必要在借鉴汉语词汇本体研究的基础上结合本学科的特点总结出一些新的东西,本节将要探讨词义辨析的对象和范围、词义辨析的原则等问题,希望对对外汉语教学的词义辨析能够有进一步的思考和认识。

一、词义辨析的对象

词义辨析是指辨析那些有种种细微差别的近义词。对于确定

[①] 本文以《对外汉语教学词义辨析的对象和原则》为题发表在《世界汉语教学》2010 年第 3 期,作者李绍林。
[②] 李泉《对外汉语教学释词的几个问题》,《汉语学习》1991 年第 3 期;黄振英《初级阶段汉语词汇教学的几种方法》,《世界汉语教学》1994 年第 3 期。

近义词组的标准，学术界有过多次讨论，提出了若干确定的标准，首先是词类说，认为近义词一定要按照词类来划分，不属于同一词类的词，尽管词汇意义相近，也不能视为近义词。[1]其次是概念说，认为近义词所表示的是概念上的"同一关系"，不是"从属关系"。再次是词汇系统说，认为近义词的研究应限制在一种语言的现代共同语之中，不应该超越一种语言的词汇系统。按照这种观点，把古语词和方言词排除在现代汉语近义词之外。[2]以外，还有人谈到近义词的音节和构成语素，这里就不多介绍了。

（一）辨析对象范围扩大的主张

汉语词汇本体研究对近义词的确定和区分标准是很严格的。如果把汉语学术界区分近义词的标准运用到对外汉语教学中是不是可行呢？这个问题不明确就使对外汉语教学的词义辨析失去标准，从而不能确定词义辨析的对象，对此，对外汉语教学界的有些研究者做出了明确回答。郭志良指出："对外汉语教学同义辨析对象的范围不仅大于同义词典词义辨析对象的范围，也大于汉语教学词义辨析对象的范围。"[3]这里的"汉语教学"指对中国学生的语义教学。刘缙的意见是："在对外汉语教学中词语辨析的范围应该放宽，一是就近义词来说，辨析的范围需适当放宽；二是不能只局限于近义词的辨析。"[4]刘先生提出除了近义词辨

---

[1] 高庆赐《同义词和反义词》，上海教育出版社，1985年。
[2] 张志毅《确定同义词的几个基本观点》，《吉林师大学报》（社会科学版）1965年第1期；郭良夫《词汇》，商务印书馆，1985年。
[3] 郭志良《对外汉语教学中词义辨析的几个问题》，《世界汉语教学》1988年第1期。
[4] 刘缙《对外汉语教学中词语辨析之浅见》，《中国人民大学学报》1996年第5期。

析以外，还需要对类义词、同音异义词、异序词语进行辨析，词语辨析的工作量很大。孟祥英以及赵新、李英也持有"对外汉语教学辨析对象范围应该扩大"的观点，不再赘述。[①] 上面的看法代表了对外汉语教学界的普遍看法，那就是对外汉语教学的词义辨析和汉语本体研究词义辨析是有所区别的，应该扩大辨析对象的范围。我们支持这种主张，这种观点是符合对外汉语教学特点的，下面具体讨论确定辨析对象的基准。

（二）确定辨析对象的基准

一般来说，不管是研究近义词还是编近义词词典，都是由研究者、编写者按照一定的标准筛选近义词，研究者和编写者都有主动性。在对外汉语教学中，情况却不是这样，对于需要辨析的词语，只有极少部分是由教师根据授课内容提出来的，而更多的词语是由留学生提出来的，这些词语不管是不是近义词，留学生觉得混淆了，区分不开，他们就认为是近义词而要求教师辨析词义。词语教学时，学生问得最多的就是"这两个词有什么不同""这个词和以前学过的那个词一样不一样"。即使留学生提出来的两个词我们认为根本"不搭边"，也不能拒绝辨析。正因为这种现象的大量存在，所以张博提出了留学生易混淆词问题。[②] 在我们教学时，下列几组词语，每组的前一个词是教师教的新词，后一个词是留学生认为是近义词当场提出来的："不由得—忍不

[①] 孟祥英《谈对外汉语教学中的近义词辨析》，《天津师大学报》（社会科学版）1997年第3期；赵新、李英《对外汉语教学中的同义词辨析》，《暨南大学华文学院学报》2001年第2期。

[②] 张博《同义词、近义词、易混淆词：从汉语到中介语的视角转移》，《世界汉语教学》2007年第3期。

第一节 汉语作为第二语言的词义辨析对象与原则

住""看不起—欺负""权衡—考虑""偶尔—轻易不""看上去—算是""继续——直""偏偏—故意"等。看来这是一种较普遍的现象,刘缙也曾指出学生把"礼节—礼仪—礼貌""招待—接待—对待""赶忙—赶着—赶去"等都当成是近义词。[①]

程美珍等从汉语学习者普遍存在的典型病句中归纳出来 900 例病句,其中词语方面的错误有 417 例,我们从中统计出有 144 例是近义词错误,占全部词语错误的 34%。[②] 下面列出其中比较典型的误用,每组词语横线前面的词是留学生用错的词,后面的词是应该用的词,尽管很多词语不是近义词,但是学生却发生了词义混淆:

年—岁;爱情—爱;恩情—恩爱;里—上;点—小时;刚才—刚;这年—今年;时—时候;天—号;咱们—我们;这—这儿;那儿—那儿;那儿—哪儿;这么—那么;那么—那么多;什么—怎么;几个—多少个;几岁—多大;应用—作用;参观—访问;说—告诉;知道—认识;知道—了解;要求—邀请;问—请;来—去;会—能;会—要;能—可以;能—可能;可不可以—能不能;可以—会;要—想;应该—要;张—本;合适—适合;旧—老;一致—相同;两—二;两个—俩;一个年—一年;一点—一下;不—别;没有—不;就—才;往往—常常;已经—曾经;都不是—不都是;多么—很;是—成为;还要—也要;也—还;一定不—不一定;又—再;不再—再不;再—还;再—就;在要—正要;只—只有;根据—按照;从—在;从—往;自从—从;对于—对;对于—关于;往—离;为了—因为;为了—为;向—在;沿—沿着;在—到;或者—还是;和—而且;然而—所以

这里的很多词,汉语教师不会觉得有辨析的必要,可是,当

---

① 刘缙《对外汉语近义词教学漫谈》,《语言文字应用》1997 年第 1 期。
② 程美珍等《汉语病句辨析九百例》,华语教学出版社,1997 年。

教师指出学生用错了时,学生自然会问"为什么",教师就得给学生进行辨析。这说明对外汉语教学中近义词的范围比词汇学研究的近义词范围和以汉语为母语的中国人认定的近义词范围要大得多,以往很多被汉语本体研究拒之门外的词对或词群都可以进入词义辨析,因为对词语辨与不辨都是以学生的要求为基准的,由学生"下达任务",汉语教师只能"被动应战"。近来有学者提出易混淆词这个概念,易混淆词和近义词有相当数量是交叉的,我们这里不想对此分析,只是想说明,易混淆词也需要辨析,易混淆词的收集,也都完全是从留学生的汉语中介语中获得。①

二、影响留学生词语理解的诱发因素

(一)汉语词形诱发的趋同性

词形指的是词语构词成分的异同,词形对留学生认知词语有很强的牵引作用,如果两个词有相同的构词成分,往往会使留学生在认知这两个词时产生趋同的理解。下面这几种词形变化都会影响留学生对词义的理解。

1.具有相同形旁的单音节词。

汉语形声字的形旁具有表意的作用,汉语的字也常常有词的资格,这样,形旁相同的词往往有意义上的联系,例如看到"眺"这个词,留学生从形旁"目"知道"眺"的词义与眼睛有关,表示"看"的意思,常常会想到其他带有"目"的词语,如"瞄、盯、睹、瞅、

---

① 张博《第二语言学习者汉语中介语易混淆词及其研究方法》,《语言教学与研究》2008年第6期。

瞭、瞪"等,(假设学过这些词语)他明白这些词都有相同的"看"义,进而想了解这些"看"义词的差别。有的形旁的能产性非常强,例如"讠"和"语言、说话"义有关,在《现代汉语词典》中列出形旁"讠"的单字条目163个,这些汉字中有很多具有词的资格,在对留学生进行教学时这些和"语言、说话"有关的词都是潜在的辨析对象。

2. 具有一个相同词素的词语。

李绍林统计了《汉语水平词汇与汉字等级大纲》甲级词中单音节词构成双音节词的能力,统计结果是每个单音节词可以平均构成70.4个双音节词,这就意味着,一个单音节词作为词素可以平均在70个双音节词语中出现,也就是说,大约在70个词里有同样的词素,其中必有很多是近义词。① 这又可以分为两种情况:

(1) 在双音节词中。

例如以"让"作同一词素的双音节词有"出让、辞让、当仁不让、割让、互让、尽让、就让、宽让、礼让、谦让、忍让、禅让、推让、退让、揖让、转让"等16个词,依我们看,"辞让、互让、尽让、宽让、礼让、谦让、忍让、推让、退让"等9个是近义的。再如以"慢"作同一词素的双音节词有"傲慢、怠慢、高慢、缓慢、简慢、骄慢、快慢、且慢、轻慢、侮慢、亵慢"等11个词,这些词除了"缓慢、快慢、且慢"以外,其余8个都是近义词。我们从"让"组词中找出了9个、从"慢"组词中找出了8个近义词,就已经不少了,由于留学生辨别能力差,又会受到词语中共同词素的强烈影响,他们认定的近义词数量一定会更多。

---

① 李绍林《对外汉语教学基础词语的难度分析》,《语言文字应用》2007年第3期。

（2）在单、双音节词中。

例如"安—安装""报—报纸""到—到达""看—看见"等。尤其是双音节词中的偏义复合词，其中的一个词素表意功能虚化，成了不表意的陪衬，由另一个词素表达全部或者主要词义，而另一个以这个表意词素构成的单音节词就和这个双音节词形成近义关系，如"国—国家""窗—窗户""河—河流""忘—忘记"等。

3.词素相同顺序不同的双音节词。

两个双音节词是由相同的两个实词素构成的，只是两个词素的前后顺序相反，成为一组同素异序词，这种词被称为同素词。因为这两个双音节词所含词素完全相同，所以这两个词在语义上很容易存在近义关系，成为近义词。例如"演讲—讲演""合适—适合""来往—往来""缓和—和缓""歌颂—颂歌""样式—式样"等。

上面举出的几种词形有关联的词语很容易被留学生认作近义词，留学生在学习新词的词义和用法时，经常会想到和这个词词形近似的其他词语而产生对这些词语认识上的趋同，因为词形对他们认知和理解词语的影响和牵引作用太大了。例如：教师教"尽管"时，学生更容易想到"不管"，而不是"虽然"；教"保险"时，想到"保证"，而不是"安全"；教"省得"时，想到"免得"，而不是"以免"；教"足有"时，想到"足够"，而不是"至少"；教"即便"时，想到"即使"，而不是"就是"。

(二) 汉语词义诱发的联想性

词语教学，无论是教师还是留学生都把词义作为重中之重。尤其是实词的教学，首先就要接触词义，在学习汉语的入门阶段，留学生掌握的词语很少，一般只知道表达某个语义的一个词（为

第一节 汉语作为第二语言的词义辨析对象与原则

了论述方便,用 A 代表这个语义,用 B 代表这个词),不会发生近义词辨析的问题。随着学习的深入,在学到新词 C 时,如果 C 词表示的语义和语义 A 相同或近似,留学生就很容易联想到词语 B,他就很想辨析这个 C 和 B 的区别。为了证明留学生的这种词语认知的联想性,我们做了个调查。《汉语水平词汇与汉字等级大纲》规定了初级阶段学习甲乙级词语 3051 个,我们从这个大纲中的甲级词和乙级词各抽出 100 个词(第 300—399 个)制成调查问卷,请留学生找出与这些词语词义相同或者相近的词语,检查留学生的词语联想。北京语言大学汉语学院二年级的 83 名学生先后参加了这次调查,统计结果如下(横线后的是学生联想出来的词语):

甲级联想词 43 个,占被统计词语(100 个)的 43%:

很—非常;后—后边;后边—后①;忽然—突然;坏—差;回—回来;回—次;回来—回;回去—回;会—能;活儿—工作;或者—还是;基本—基础;基础—基本;……极了—很;几—多少;计划—打算;继续—接着;家—家庭;家庭—家;加—增加;间—中间;检查—查;见—见面;见面—见;件—个;将来—以后;江—河;讲—说;交—给;叫—喊;叫—被;接—收;接着—然后;节—节日;节日—节;结束—完成;进—进来;进来—进;进去—进;精彩—好看;经常—常常;经过—通过

乙级联想词 44 个,占被统计词语(100 个)的 44%:

当作—作为;到达—到;到底—究竟;倒—却;道—道路;道路—道;登—踩;等—等待;等待—等;等于—相等;的确—确实;

---

① "后"是甲级词第 304 个,"后边"是甲级词第 305 个,在问卷中是顺序出现的,所以学生在问卷中看到了"后"就回答了"后边",看到了"后边"就回答了"后"。其他如"回—回来""回来—回"等联想词对均属于这种情况。

底下—下面；地带—地区；地点—地方；地方—地点；地区—地带；
递—交；跌—摔；定—订；订—定；东部—东面；东方—东部；
东面—东部；懂得—了解；动身—出发；动员—宣传；动手—做；
洞—孔；斗争—战斗；逗—有意思；读书—学习；渡—度；度—度过；
端—托；短期—暂时；队—队伍；队伍—队；对—双；对比—比较；
对话—谈话；对于—关于；多数—大多数；夺—抢；躲—藏。

从这个调查可以看出，留学生掌握了一定数量的词语后，再接触到新词新义时，他们很容易联想到其他词语，这些联想出来的词语都需要给他们辨析。

尽管留学生认定这些联想出来的词是近义的，但他们不一定会用错或者用混。有经验的汉语教师会发现，留学生总喜欢用那些初级阶段学过的词语，那些词语好像学得特别好，记得也特别牢，而在中高级阶段学的与其近义的词语，使用的频率非常低，而错误率却非常高，因为，留学生对这些词语会有意或者无意地采用回避策略，轻易不碰。出现这种情况的原因主要还是近义词问题。比如甲乙两个词近义，甲词是先学的，乙词是后学的，由于留学生没有辨析清楚它们的词义差别，以为这两个词的意义及使用的语境是完全一样的，所以不管出现用甲词的语境还是出现用乙词的语境，他就用甲词而不用乙词，从而造出貌似正确的语句。比如，汉语的程度副词"很、非常、特别"等是有程度差别的，留学生却写出这样的句子："我很希望进入北京大学学习，但我的成绩不太好，不可能考上北京大学，可前几天我收到了北京大学的入学通知书，我很高兴。"从这句的语境和留学生要表达的语义看，最后的"很"程度太轻了。虽然这句的结构和用词并没有错误，也说不上什么近义词混淆，可留学生学来学去，对程度各异的程度副词只能熟练使用一个"很"，这个问题也不可小视。

三、词义辨析的原则

（一）词义辨析应简单实用，一般应能在课堂上当场操作

对于词义辨析，王魁京在谈"汉语作为第二语言学习中词语意义辨析的理论与方法"时在引进国外结构语义学的基础上，提出语义特征分析法，并具体分析了"安静、宁静、平静、恬静、寂静"等几个词语。[①] 王文的分析确实很精确，但是，人们不禁要问，这样辨析词语是在搞研究还是在搞教学。这种做法搞研究可以，可是，在对外汉语教学中却不宜提倡。鲁健骥指出："在教学上使用的，不是对比的过程，而是对比的结果。这就是说，给对等词也好，词语例释也好，都必须体现对比的成果，但并不是要我们在教材和课堂教学上从研究的角度向学生展示怎样进行对比。"[②] 这段话就是批评这种"课堂上搞科研"的做法的。

课堂教学要有时效意识，崔永华举过这样一个例子，有位教师用四五十个音节描述一个情景，为了引出学生说出一个词，从时效上来看，这显然是一种低效教学。[③] 因为教学是有进度的，在单位教学时间内要完成一定量的教学内容，即使是最基础的口语教学，一个课时只教给留学生"你好""谢谢"这两个句子肯定是不行的。

在教学时，教师根本不能预测学生要提出什么词语要求辨析，学生认为哪些词不能区分就会要求教师进行辨析，教师没有主动

---

① 王魁京《汉语作为第二语言学习中的词语意义辨析问题》，载《中国对外汉语教学学会第七届学术讨论会论文选》，人民教育出版社，2002年。
② 鲁健骥《外国人学习汉语的词语偏误分析》，《语言教学与研究》1987年第4期。
③ 崔永华《语言课的课堂教学意识略说》，《世界汉语教学》1990年第3期。

性，即使教师提前准备了几组词语的辨析也只是杯水车薪，根本应对不了学生"扑面而来"的提问，敖桂华就指出在辨析近义词时，"有的教师备课时全力以赴地查阅了很多辞书，可谓准备充分，但课堂上常常会出现面对学生一个小小的提问不知如何作答的尴尬局面"①。面对这种情况，教师最好能够凭借自己的语言学知识和平时的积累当场解决问题，应该说，对于教学时留学生经常会要求辨析的词语，汉语教师如果平时注意积累，集腋成裘，会逐步尽在掌握之中的。例如"忽然"和"突然"、"万万"和"千万"、"而"和"则"等都是学生提问的"高频词"，都是可以当堂辨析的（略去两个词语相同的地方）：

忽然：副词，没有形容词用法。突然：形容词，有形容词用法，如：这件事发生得太突然了。

万万："绝对"义，常用于否定，只有用在祈使句的否定形式时同"千万"。千万："一定"义，常用在祈使句中，如：这件事你千万不能管（祈使句否定形式，可用"万万"替换）；你千万要记住这件事（祈使句肯定形式，不可用"万万"替换）。

而：一般用在句首。则：用在句中主要动词或形容词前。

要求能当堂对绝大多数常用词语辨析并不过分，应该是汉语教师的基本功。对于可能会有的"漏网之鱼"，不能当堂解决则求其次，下次再讲给学生也是可以的。

（二）词义辨析应浅显明白易懂，符合留学生的汉语水平

在分析对外汉语教材时，经常用的一个术语就是"超纲词"，意思是编写教材时，课文的生词最好要在教学大纲规定的范围之内，如果某个生词在大纲里没被列入就是超纲词，超纲词越多说

---

① 敖桂华《对外汉语近义词辨析教学对策》，《汉语学习》2008年第3期。

明课文的难度越大,越不适合特定的教学对象。

其实,在对外汉语教学中,不仅是课文的生词,其他各个方面都不应该出现过多的超纲词。比如,教学对象是二年级的学生,那么,教师课堂用语的选择,词汇和语法的讲解,例词例句的展示等都应该符合二年级教学大纲的要求,用词最好不超纲或尽量少超纲。词义辨析也应如此,教师要考虑你的教学对象以现有的汉语水平能不能理解你辨析时选用的词语、句式以及所涉及的汉语知识。

词义辨析的"超纲"现象有两种:

第一,解释语过于难懂。马静、行玉华提出的词语释义的原则有一条就是:"释词用词、用语不能超过被解释词的难度,……如果释义用词本身就是'生词',或者释词用语超过学生已有理解水平,那么不仅没有达到释词的目的,反而让学生不知所云,我们说,这样的释词是失败的。"[1] 在给留学生辨析时,常听到这样的说法:这个词"适用于抽象事物""表达的是充分必要条件""表示的规模更大些"等,这些带点的词语都会辨得学生昏昏然。而辨析的方法应该是充分利用留学生以前学过的词语和汉语知识,用浅显的词语、短语和句子进行辨析。我们再举一个例子来说明,在《现代汉语高级教程》(上)中区分"价值"和"价格"时是这样解释的:"作为名词用于商品时,'价值'的大小是一定的,而'价格'作为'价值'的货币表现,与'价值'并不一定完全相等。"[2] 读到这样的解释,汉语母语者也要反复几次的,

---

[1] 马静、行玉华《对外汉语教学词语释义的原则与方法》,《重庆教育学院学报》2008 年第 4 期。

[2] 马树德主编《现代汉语高级教程》,北京语言文化大学出版社,2002 年。

而且也不能保证每个人都能看懂,怎么能给留学生看呢?我们试解释一下,"'价值'指的是商品的用处、作用,'价格'指的是买商品时要付的钱数"。这个解释是不是更浅显易懂呢?

第二,语言学术语过多。如果我们承认语言学是一门科学,那么,就应该承认"词性、句式、句子成分、语法功能"等语言学术语是很多说汉语的中国人所不太了解的甚至是根本不懂的,何况留学生呢?我们也承认,一部分学习汉语言专业的高年级留学生对于汉语知识的掌握会比一般的中国人多,可是,词语辨析在留学生学习汉语的初级阶段就已经展开,如果在辨析时出现这些专门术语肯定是大大地"超纲"了,不辨时学生是一两个词不明白,辨析后却把学生"辩"得糊涂一片,这样的辨析成了帮倒忙。有些论文在词语辨析时经常会用到一些术语,如"词性、词类、句式、句子成分、句子功能、指称范围、语意、动词性宾语、词义的侧重点、词的附属义、感情色彩、语体、风格、兼类词、构形变化"等,这些术语的使用在研究中是很有必要的,但在课堂上面对留学生进行词语辨析时则要尽量避免专门术语太多。

(三)词义辨析应温故知新,预测学生的疑点并主动提出

留学生认知一个生词时,他想到的是什么?王魁京提出"转注"说。[①] 王文的看法是:当学习者接触第二语言的词语的时候,通常要采用"转注"的方式,把第二语言的词语形式转换成意义大体对应的第一语言的词语形式,并提取第一语言的词语意义信息去注释第二语言词语的意义。文中举例说,母语为英语的学习者遇到汉语的"割"这个词,会把它转注成母语的"cut",并知

---

① 王魁京《汉语作为第二语言学习中的词语意义辨析问题》,载《中国对外汉语教学学会第七届学术讨论会论文选》,人民教育出版社,2002年。

道"cut"的意义可以和汉语"割"的意义对应。

我们认为，当留学生刚刚开始学习汉语时可能有这种"转注"的情况，学"一"时想到"one"，学"吃"想到"eat"，学"走"想到"go"。但是，在课堂上学"割"这个词的学生，可见有了一定的汉语水平，脑子里已经装了很多汉语词语，而且也有和"割"区分不开的近义词，他不一定就会想到"cut"。举个简单的例子，学生刚学"很"时，有可能联想到"very"，但到后来，他学到"非常"会联想到"很"，学"十分"会联想"很、非常"或者其中的一个，学"特别"会联想"很、非常、十分"或者其中的一个，学"格外"会联想"很、非常、十分、特别"或者其中的一个，早已不再联想"very"了。

根据我们的教学经验，在学习一个新词的过程中，学生经常会联想到一个或几个以前学过的词，而且，随着学习的深入和汉语水平的提高，这种联想会越来越丰富。上面的例子提到，留学生学习"格外"时，会联想到以前学过的"很、非常、十分、特别"，同时也很想弄清这几个词语的区别。鉴于这种情况，汉语教师在讲解新词时，应该预测学生有什么样的联想和疑点，有意识地把和新词有联系的旧词语提出来一并讲解并辨析。在教学中这种辨析工作是大量的,在讲《桥梁·实用汉语中级教程》[①]第二十四课《陕北姑娘》时，仅课文的前四个自然段，约 300 个字，我们就讲了下列一些词语"投靠—依靠""勤快—勤劳""闲话—废话""衣裳—衣服""拾掇—收拾""绝对—完全""一心—专心""攒—存""仆人—保姆""有意—故意"。横线前面的词都是本课的

---

① 陈灼主编《桥梁·实用汉语中级教程》，北京语言文化大学出版社，1996 年。

生词和需要解释的词语，后面的是以前学过的词，我们不仅用后面的词解释了前面的新词，而且还做了新旧词语间的词义辨析，用以前学过的词语很好地带动了新词语的学习。

（四）词义辨析应解决主要矛盾，不要面面俱到

词义辨析就好像是比较两个人，世界上绝没有两个完全一样的人，两个人的比较可以只指出他们某点上的区别，如性别、年龄、身高、体重等，也可以全面比较，性别、年龄、身高、体重等自不必说，就连血液、头发、体内各种微量元素等都可以比较一番，如果这样比较下去的话，可以说很难有个穷尽。词义辨析也是这样，简单的比较一两句话足矣，如果全面比较，有些词语辨析写成论文也不成问题。

可是，给留学生辨析词语最好不要面面俱到，更不能像论文那样洋洋数千言，集中力量解决他们某一点困惑或当前遇到的问题即可，也就是说，留学生现在需要什么就给他什么，需要多少就给多少，这样零敲碎打地定量供应，才有助于学生"消化"知识。对于他们还没有遇到没有发生混淆的、目前还接受不了的、用于高水平表达的或者细枝末节的东西，可以暂不涉及。

赵新和李英对词义辨析的建议是"我们提出要对同义词进行综合、全面、细致的分析，并不是说要把这些复杂的差异一股脑儿全讲给学生。……对大多数学生，不必面面俱到地细讲"[①]。敖桂华指出：近义词辨析"要符合学生的语言习得规律，符合学生的认知心理。教者那种'一气呵成''全盘托出'的做法，

---

① 赵新、李英《对外汉语教学中的同义词辨析》，《暨南大学华文学院学报》2001年第2期。

势必会加重学生的心理负担"[①]。比如，对于"鼓动"和"煽动"这两个词，池昌海从施事动机、行为状态、附属色彩、语法特点、运用语境等多个角度进行了比较，对这两个词的差别辨析得很全面，这是对汉语本体进行研究所做的词义辨析。[②] 如果是为刚学到这两个词的留学生辨析，只指出"鼓动"是个中性词，"煽动"带有贬义也就足够了。这样做也并不是把问题简单化，因为留学生对词语的学习和掌握是一个不断深入的动态过程，现有的问题解决了，随着时间的推移，他们会出现新问题，汉语教师还要在原来的基础上为他们做进一步的词诂辨析。

四、结语

在对外汉语词汇教学中，词语释义和词义辨析是相辅相成的两个方面，和词语释义相比，对词义辨析的研究似乎有些偏弱。不管是词义辨析的对象、近义词的范围还是辨析方法，不少教学者还是习惯采用汉语本体研究的成果，而对这些研究成果怎么结合对外汉语教学的特点进行深加工则有所忽视。本研究对某些比较传统的观点和习惯做法提出了质疑，进一步明确了对外汉语词义辨析的对象和范围，并提出了词义辨析的一些原则。

本研究只是就词义辨析问题进行了比较广义的探讨，其实还有许多具体问题尚需深入研究，比如，本研究提出了词义辨析的范围，但范围到底大到什么程度，怎么界定？辨析对象虽然要以

---

① 敖桂华《对外汉语近义词辨析教学对策》，《汉语学习》2008年第3期。
② 池昌海《对汉语同义词研究重要分歧的再认识》，《浙江大学学报》（人文社会科学版）1999年第1期。

留学生的中介语中（包括他们提出的辨析对象）出现的词对为准，但是否存在着个别学生的偶发现象？不同母语背景的留学生对汉语词语的理解有哪些差别？他们认定的近义词会有何不同？对外汉语教学的词义辨析和汉语本体研究的词义辨析，这二者的差别有哪些？总之，值得继续深入研究的问题还有很多，本研究不能一一涉及，所以希望对这些问题有兴趣的教师和研究者继续深入研究，拿出更多的成果，使对外汉语教学的词义辨析更具科学性和可行性，把词汇教学任务完成得更好。

第二节　汉语作为第二语言的近义词教学[①]

近义词是对外汉语教学中的难点和重点，这已是对外汉语教学界的共识。目前关于近义词研究主要集中在近义词辨析原则、方法等方面。[②] 有少量文章在讨论辨析之后简单提及教学对策，如"针对偏误讲解主要差异"[③]，"循序渐进"[④]，"简单实用；

---

① 本文以《针对二语学习者的汉语近义词教学》为题发表在《华文教学与研究》2013年第4期，作者赵新、洪炜。

② 杨寄洲《课堂教学中怎么进行近义词词语用法对比》，《世界汉语教学》2004年第3期；吴琳《系统化、程序化的对外汉语同义词教学》，《语言教学与研究》2008年第1期；张博《第二语言学习者汉语中介语易混淆词及其研究方法》，《语言教学与研究》2008年第6期；张博《针对性：易混淆词辨析词典的研编要则》，《世界汉语教学》2013年第2期。

③ 赵新、李英《对外汉语教学中的同义词辨析》，《暨南大学华文学院学报》2001年第2期。

④ 敖桂华《对外汉语近义词辨析教学对策》，《汉语学习》2008年第3期。

浅显易懂；温故知新；解决主要矛盾"①，"巧设语境，精讲多练；学生自练，教师讲解"②。专门探讨近义词教学方法的文章目前仅见一篇，讨论"认知功能教学法"在近义词教学中的应用。③以上这些教学对策和方法只是一些经验式的论述，没有学习者的反馈，也没有通过实证研究对教学效果进行验证。

近义词怎样教，教学中应当抓住哪些重点和难点，具体有哪些策略和方法，这些策略和方法的效果如何，等等，这些近义词教学的具体问题目前尚未得到充分的研究，急需解决。

针对这些近义词教学的具体问题，我们对学习者进行了较大规模的调查，了解学生学习近义词的途径、需求，以及对教学方法、教学形式的选择等，并通过一系列教学法的实验，比较各种教学方法、教学形式的优劣。本节根据问卷调查和教学实验结果，结合教学实践，分析近义词教学的重点和难点，提出近义词教学的策略与方法。

一、关于近义词教学的调查与分析

我们在中山大学国际汉语学院的留学生中进行了有关近义词教学的问卷调查，为制定教学策略、选择教学方法提供依据。调查了解以下问题：留学生学习汉语近义词的主要途径；对近义词

---

① 李绍林《对外汉语教学词义辨析的对象和原则》，《世界汉语教学》2010年第3期。

② 陈静《对外汉语词汇教学之同义词辨析与教学方法研究》，首都师范大学硕士学位论文，2009年。

③ 邵菁《"认知功能教学法"在词语辨析教学中的应用》，《汉语学习》2011年第5期。

学习难度、近义词教学方法及教学形式的看法与选择，等等。

问卷调查针对中级、高级水平学生，在综合课和近义词学习的选修课上进行。对中级和高级各发出调查问卷58份，中级回收有效问卷56份，高级回收有效问卷58份，共回收有效问卷114份。主要结果如下表所示：

表1 调查问卷结果统计 [①]

调查项目	中级	高级	平均
近义词的难度	很难：28.6% 比较难：50.0%	很难：37.9% 比较难：41.4%	很难：33.3% 比较难：45.6%
学习近义词的途径	课堂：32.1% 查词典：32.1%	课堂：55.2% 查词典：19.0%	课堂：43.9% 查词典：25.4%
老师的讲解	很有帮助：51.8% 有一些帮助：48.2%	很有帮助：58.6% 有一些帮助：41.4%	很有帮助：55.3% 有一些帮助：44.7%
教学方法	先讲后练：62.5% 先练后讲：16.1%	先讲后练：63.8% 先练后讲：22.4%	先讲后练：63.2% 先练后讲：19.3%
教学形式	集中教学：35.7% 分散教学：25.0% 集中分散结合：39.3%	集中教学：48.3% 分散教学：37.9% 集中分散结合：13.8%	集中教学：42.1% 分散教学：31.6% 集中分散结合：26.3%
讲练的次数	反复讲练：50.0% 讲练2次：25.0%	反复讲练：77.6% 讲练2次：15.5%	反复讲练：64.0% 讲练2次：20.2%
开设近义词选修课	有必要：60.7%	有必要：62.1%	有必要：61.4%

从调查可以得出几点启示：（1）近80%的学生认为汉语近义词很难或比较难，这说明近义词确是对外汉语教学中的难点，应当重视。（2）将近一半的学生是通过课堂来学习近义词的，

[①] 表中仅列出选择较集中的选项的百分比。

几乎所有学生都认为老师的讲解对学习近义词有帮助,近 2/3 的学生希望老师反复讲解,这说明课堂是留学生学习近义词的主要途径,学习者认为课堂辨析是极为重要的。(3)近 2/3 的学生认为有必要开设选修课,说明学习者对近义词学习的需求较强烈。(4)中级水平学习者和高级水平学习者对于近义词教学的看法和需求差别不大。

调查表明,近义词对于中高级汉语二语者均具有较高的学习难度,学生对近义词讲练的需求较强烈。那么,教师在教学中应当抓住哪些重点和难点进行讲练?如何操作才能帮助学习者提高近义词学习的质量?哪些教学方法和策略更有效?下文将结合教学实践和教学实验结果进行论述。

二、近义词教学的重点和难点

汉语近义词数量庞大,不可能都进行讲练,因此必须弄清近义词教学的重点和难点,有针对地进行讲练。我们认为,从二语学习者的角度看,近义词教学的重点和难点主要有以下几个方面:

(一)常用近义词——重点

对于本族人来说,造成困惑的是那些比较书面化的、不太常用的近义词。然而,对于二语学习者来说,最需要掌握的是常用近义词,常用近义词使用频率高,对交际影响大,是教学中需要讲练的重点。

我们认为,常用近义词主要是由《汉语水平词汇与汉字等级大纲》(修订本)(国家汉语水平考试委员会办公室考试中心,2001)中甲乙丙级词(即初中级词)组成的近义词。如:不—没、别—不要、家—家庭、见—见面、爱—喜欢、办法—方法、本人—自己、曾经—已经、不同—不一样、到—到达、读—念、立刻—马上、美丽—漂亮、考虑—想、借口—理由、起—起来。在教学中我们发现，这些常用近义词，学生虽然已经学过，但使用中出现的偏误仍然不少，有的甚至到了高级阶段，还出现偏误，应予以重视，反复讲练。

（二）主要差异——重点

选择哪些近义词进行讲练需要有重点，选择近义词的哪些差异进行讲练同样需要有重点。近义词的差异常常是多个、多方面的，在教学中如果全都讲练，学习者很难掌握，而且会产生畏难心理，从而影响学习的积极性。因此，近义词的讲练不能求多求全，要抓住主要差异进行讲练，主要差异是教学的重点。

近义词的差异是有区别的，有的差异管辖范围大，有的差异管辖范围小，有的重要，有的不那么重要。重要的、管辖范围大的差异，可称之为"主要差异"或"区别性差异"，弄清楚了这类差异，就能管住大多数偏误。在教学中，应当抓住近义词之间的主要差异、区别性差异，进行讲练，这样就可以基本解决问题。其他差异可以先不管，如果学生出现其他差异的偏误，再进行讲解。如："不—没"主要有五个差异：

（1）"不"多否定将来的、未发生的动作行为，也可以否定经常性或习惯性、规律性的动作行为；"没"多否定过去的、已经发生的动作行为：

明天你们去吧，我<u>不</u>去。（将来，没×）/ 他常常<u>不</u>吃早饭。（经常性，没×）

这里从来<u>不</u>堵车。（规律性，没×）/ 昨天我感冒了，没去上课。

(过去，不×)

（2）"没"可以与"过"配合，"不"不能；"不"可以和"了"配合，"没"不能：

我从来没见过他。（不×）/ 别等了，玛丽不来了。（没×）

（3）"不"可以用在性质形容词之前；"没"不能：

不聪明 不漂亮 不舒服 不可爱 不真实 不复杂（没×）

（4）"不"可以用在所有的助动词之前；"没"只能用在"能、能够、敢"等少数几个助动词前：

不要 不会 不得 不肯 不愿意 不可以 不应该（没×）/ 不能 不能够 不敢（没√）

（5）"不"还可以用在"是、像、等于、属于、知道"等动词之前；"没"不能：

不是 不像 不等于 不属于 不知道（没×）

这五个差异中，（1）（2）（3）是主要差异，是重点，教学时主要抓住这三个差异讲练，后面两个差异可以先不讲练，出现偏误后再讲解。

（三）用法复杂、差异多的近义词——难点和重点

教学中需要讲练的近义词主要有三类。[①] 第一类意义相近，用法不同，任何时候都不能替换，如：发达—发展、抱歉—道歉、出来—出去、感动—感激等；第二类意义相同，用法有同有异，有时能替换有时不能替换，如：妈妈—母亲、相互—互相、何—什么、害怕—怕、关—关闭、难—难以、好像—仿佛、不同—不一样、并且—而且；第三类意义相近，用法有同有异，有时能替

[①] 这里依据的是赵新等在《汉语近义词研究与教学》（商务印书馆，2014年）中对近义词的分类。赵新、李英主编《商务馆学汉语近义词词典》，商务印书馆，2009年；赵新、刘若云主编《实用汉语近义虚词词典》，北京大学出版社，2013年；赵新、洪炜、张静静《汉语近义词研究与教学》，商务印书馆，2014年。

换有时不能替换,如:爱—热爱、按时—按期、低—矮、安排—布置、依照—按照、安静—宁静、尊敬—尊重、丰富—丰盛。

第一类近义词任何时候都不能互换,稍加讲练就可以解决问题,这样的近义词用法比较简单。第二类和第三类近义词有时可以互换,有时又不能互换,这样的近义词用法比较复杂,学习者不易掌握。我们曾对这三类近义词进行了教学实验,实验的结果证实了我们的预测和分析。根据实验结果,第三类(意义相同有时可以替换)和第三类(意义相近有时可以替换)的习得难度显著大于第一类(意义相近但不能替换)。因此,在近义词的教学中,第二类和第三类近义词是难点,也是重点。

值得注意的是,在用法复杂的近义词中,有的差异少,相对容易掌握;有的差异多,不容易掌握,如"常常—通常"(意义相近,有时可以互换,有时不能互换),有五个差异:

(1) 如果句子中有明确表示过去或将来的时间词语,只能用"常常";不能用"通常":

以前我<u>常常</u>和玛丽一起吃饭聊天。(通常×)/ 以后我一定<u>常常</u>来看您。(通常×)

(2) "常常"可以修饰单个动词或简单的短语;使用"通常"的句子一般需要说明与动作有关的情况、条件或结果,句子中要有表示时间、地点、方式、条件等的成分:

公司<u>常常</u>开会。(通常×)/ 公司<u>常常</u>星期五下午开会。(通常√)

(3) 用"通常"的句子可以表示对比;用"常常"的句子表示的只是一般的事实:

我<u>通常</u>在家里吃饭,周末的时候才去外面吃。(常常×)

(4) "通常"可以放在句首主语前;"常常"不能:

<u>通常</u>,这里晚上没什么人,可今天人很多。(常常×)

<u>通常</u>我们先去酒吧喝酒,然后再去唱歌。(常常×)

(5)"通常"还可以修饰"情况、做法、方法"等词语做定语;"常常"不能:

对待这种情况,公司通常的做法是罚款。(常常 ×)

"按时—按期"(意义相近,有时可以互换,有时不能互换),只有一个差异:

"按期"所指的时间主要是时段,"按时"主要是具体的时点。在语义明确地指具体的时点时,只能用"按时",不能用"按期":

早上八点上课,你要按时来,不要迟到。(按期 ×)

"如果—要是"(意义相同,有时可以互换,有时不能互换),有两个差异:

(1)"要是"多用于口语,"如果"口语、书面语都用。

(2)"要是"可以直接带名词、代词:"如果"不能:

要是别人,他就不会答应了。(如果 ×)

显然,相比起来,差异少的近义词容易掌握,而差异多的近义词比较难掌握,教学时更应当重视。

(四)偏误率高的近义词——难点和重点

在确定重点和难点时,除了考虑近义词常用性、差异复杂性等因素外,还必须考虑学习者的偏误情况。从学习者的角度来看,出现偏误最多的近义词是最容易造成混淆的,也是学习的难点,也是重点。所谓偏误率高,是指偏误"不是偶尔出现的,而是经常出现的""不是个别学习者分辨不清,而是众多学习者普遍混淆的"[①]。如"常常—往往"的偏误率就很高:*我往往去旅行。|*这个学期,他往往迟到。|*有一些学生往往不上课。|*我

---

① 张博《第二语言学习者汉语中介语易混淆词及其研究方法》,《世界汉语教学》2008 年第 3 期。

往往没有带书来上课。|＊我往往问中国朋友："这里附近有没有樱花？我要看一下。"|＊而有才能的、能干的、知识丰富的人常常都很谦虚恭顺……

偏误率高的近义词数量不少，又如：见—见面、看到—见到、会—能—可以、知道—认识—了解、又—再、懂—懂得、问—打听、想—考虑—着想、方法—方式、立刻—马上。针对这类近义词进行讲练能够有效减少偏误，提高使用的正确率。

三、近义词教学的策略与方法

怎样教近义词？有哪些有效的教学方法和教学形式？为了解决这些问题，我们进行了三个教学实验：发现式与接受式教学法的实验；治疗式与预防式教学法的实验；集中教学与分散教学的实验（实验详细情况另文讨论，这里只简单说明结果）。下面依据教学实验和调查问卷，并结合教学实践，提出自己的看法。

（一）针对重点难点，反复讲练

前面分析了近义词教学的重点和难点，这是近义词教学中的主要矛盾。在教学中应当抓住这些重点难点，有的放矢。简言之，就是要针对常用近义词中用法复杂、差异多、容易混淆的近义词进行讲练，其中重点抓住近义词的主要差异进行讲练。在教学中教师要对近义词区别对待，重点难点多讲多练，用法比较简单、差异少的少讲或不讲；特别要注意收集学生的偏误，针对偏误率高的近义词进行重点讲练，方能有效地消除偏误，解决二语学习者近义词学习中的主要问题。

对于用法复杂、差异多、容易混淆的近义词，通过一次练习不可能掌握，得多次练习才能逐步掌握。反复讲练对语言学习有积极影响，这是由于短时记忆要转变为长时记忆，很大程度上取决于信息的强度和频率。复现的频率越高，新信息则越有可能转变为长时记忆。① 艾宾浩斯遗忘曲线表明：学习之后遗忘呈现先快后慢的规律，② 多练习是保持记忆的重要手段之一。

本节第一部分调查问卷结果显示，84.2%的学生认为要讲练2次以上（高级班甚至达到93.1%）。洪炜分别在两个班进行了讲解一次和讲解二次的教学实验，结果讲解二次组延后测得分显著地高于讲解一次组，这表明讲解二次的教学保持效果显著好于讲解一次。③

综合学生的意见和教学实验，近义词至少要讲练2次以上才有比较好的效果；而且练习的时间间隔不能太长，集中一些比较好。

要进行有效的讲解，进行反复的练习，就需要弄清近义词的主要差异，并根据差异设计大量练习，这很花费精力和时间。我们的做法是利用近义词词典进行讲练，选择词条的主要差异，并把词条中的一些例句抽出来，改变成练习使用。下面是我们根据近义词词典的词条变化而来的教学材料④：

---

① 王初明《应用心理语言学》，湖南教育出版社，1990年。
② 彭聃龄主编《普通心理学》，北京师范大学出版社，1988年。
③ 洪炜《汉语近义词的二语习得与教学研究》，中山大学博士后出站报告，2013年。
④ 目前学界已出版多部针对汉语二语者的近义词辨析词典。这些词典提供了丰富的辨析角度和用例，这为教学带来了极大便利。本研究所用近义词辨析的材料改编自《商务馆学汉语近义词词典》（赵新、李英，2009）和《实用汉语近义虚词词典》（赵新、刘若云，2013）。

问—打听

【相同】都指不知道、不了解某个人或某件事而向别人了解，有时可互换：

有人问小王的情况。（打听 √）

我想打听一下，去中山大学怎么坐车？（问 √）

【不同1】当面直接了解对方的情况用"问"，不能用"打听"，"打听"是通过对方了解别的人或别的事：

我要问一下你们俩的意见。（打听 ×）

我想问你一下，你为什么花这么多钱买到一辆自行车？（打听 ×）

【不同2】"问"还可以表示有不懂、不明白的问题请别人解答，"打听"没有这种用法：

哪个汉字不认识，可以问呀！（打听 ×）

我想问一下，这个字怎么读？（打听 ×）

【不同3】"问"可以带两个宾语，一个指人，一个指想知道的事；"打听"只带一个宾语，或者表示人，或者表示事情：

阿里问了王老师一个语法问题。（打听 ×）

我想打听一个人。（问 √）

我想打听一件事。（问 √）

【不同4】"打听"的前面可以有介词短语"跟……""向……"；"问"没有这种用法：

我想向你们打听一个人。（问 ×）

有人总跟我打听你的情况。（问 ×）

【练习】

你去 ＿＿＿ 一下，周末有没有舞会？/ 有不懂的地方可以 ＿＿＿ 老师，也可以 ＿＿＿ 同学。/ 你去 ＿＿＿ 一下，"漂亮"和"美丽"有什么区别？/ 他来 ＿＿＿ 你关于朗读比赛的事。/ 我想 ＿＿＿ 您一件事。/ 老刘从来不 ＿＿＿ 别人的私事。/ 我刚才忘了 ＿＿＿ 你的姓名。

（二）综合运用多种教学方法

在近义词的教学中，我们尝试了以下几种方法：

1. 发现式教学与接受式教学。

发现式教学让学习者通过一系列的发现行为去探究并获得知识的一种教学方式。近义词教学中就是在讲解 A、B 两个近义词语时,先不讲解两者的差异,而是分别列出使用 A 和 B 的典型例句,然后引导学习者对比两个词语出现的不同语境,通过比较逐步发现其差异。

接受式教学是让学生被动地接受知识的一种教学方式,教师在课堂上讲解近义词的种种差异,学习者不需要进行独立发现,而只需接受或理解。下面我们以同一组近义词"见—见面"为例,看这两种教学法的具体实施。

(1) 接受式教学实例。

使用电子文本或纸质文本展示近义词的异同,先让学生看解释,然后用例句进行说明,全部差异讲解完后做练习。请看"见—见面"其中一个差异的教学过程:

讲解:
【不同1】"见"可以带宾语,后面可以带"过、到、了";"见面"不能带宾语,不能带"过、到、了":
举例:
下午我要去见一个老朋友。(见面 ×)
这个人我从来没见过。(见面 ×)
我刚才见到刘老师了,他让我把这本书交给你。(见面 ×)
前年在上海见了老李一次,以后再没见过。(见面 ×)

(2) 发现式教学实例。

把近义词做成PPT,将每一个异同分次显示例句、答案和解释:第一次显示例句,让学生思考并做出选择,是都可以用,还是可以用哪个，不能用哪个；第二次显示答案，让学生思考使用的条件；第三次显示使用规律；全部差异讲解完后做练习。请看同一个差异的教学过程：

首先显示例句，让学生思考，做出选择：
下午我要去 _____ 一个老朋友。
这个人我从来没 _____ 过。
我刚才 _____ 到刘老师了，他让我把这本书交给你。
前年在上海 _____ 了老李一次，以后再没见过。
然后显示答案，并引导学生通过例句观察差异，发现使用规律：
下午我要去见一个老朋友。（见面×）
这个人我从来没见过。（见面×）
我刚才见到刘老师了，他让我把这本书交给你。（见面×）
前年在上海见了老李一次，以后再没见过。（见面×）
最后显示使用规律：
【不同1】"见"可以带宾语，后面可以带"过、到、了"；"见面"不能带宾语，不能带"过、到、了"。

从以上教学实例可以看出，接受式步骤少，用时较少；发现式步骤多，用时较长。我们对两种教学法进行了调查，先讲解后练习即接受式，先练习后讲解即发现式。结果发现大多数学生倾向采用接受式，近 2/3 的学习者认为先讲解后练习（接受式）的方法较好（见表 1）。

虽然接受式可以提高课堂教学速度，学生也比较喜欢，但效果却不如发现式。洪炜对两者教学法进行了实验，结果证明，在教学效果的保持上，发现式教学明显优于接受式教学。[①] 因为，

---

① 洪炜《汉语作为第二语言的近义词教学实验研究》，《世界汉语教学》2013 年第 3 期。

新的信息是否能够进入长时记忆的关键在于加工的深度，[①] 信息加工的质量取决于投入程度的高低。[②] 发现式的好处在于增加了学习者的"投入量"，迫使学习者进行深度加工，所以能使更多的知识进入长时记忆；而接受式教学学生的"投入量"小得多，没有经过深层的认知加工，所以进入长时记忆的知识比较少。

我们认为，两种方法各有优劣：发现式能促使学生进行大脑深加工，进入长时记忆，但用时较长，学生投入量大，过多使用影响教学速度，学生也容易疲劳厌学；另外，由于要对学生进行恰当的引导启发，对教师的要求也比较高。而接受式方便快捷，可以提高课堂教学速度，学生也比较欢迎；但知识的记忆，尤其是长时记忆不太理想。因此，两种方法不妨交替使用，这样速度和效果就可以兼顾。

2. 治疗式教学与预防式教学。

在近义词教学中，一开始就用接受式教学法把差异讲给学生，或一开始用发现式教学让学生总结出差异及使用条件，这种在学生出现偏误之前讲解的方法，我们称为预防式教学法。一开始不讲解，先针对差异设计练习，让学生做练习，针对练习中出现的偏误，再进行讲解或让学生总结出差异，这种方法我们称为治疗式教学法。简言之，预防式的教学讲解在出现偏误之前，治疗式的教学讲解在出现偏误之后。

[①] Craik, F. I. M., & Lockhart, R. S. (1972). Levels of processing: A framework for memory research. *Journal of Verbal Learning and Verbal Behavior,* 11: 671–684.

[②] Laufer, B., & Hulstijn, J. H. (2001). Incidental vocabulary acquisition in a second language: The construct of task-induced involvement. *Applied Linguistics,* 22: 1–26.

我们曾通过实验对预防式教学和治疗式教学进行过对比，结果表明，治疗式的效果显著好于预防式。我们认为，治疗式教学法有两个长处：（1）针对性强。由于治疗式教学的讲练是针对学生自己的偏误进行讲练，针对性强，学习者更重视，投入量更大，效果更好；而预防式教学学生的重视程度不够，投入量小，效果差一些。（2）节约时间。治疗式有错则讲，无错则不讲，这样就缩小了讲练的范围，有利于把更多的时间用在难点上。

但是，在教学中，治疗式不及预防式操作方便，教师要先让学生做练习，并且需要批改练习、对学生的偏误进行汇总分析，花费时间多，而且近义词的练习和讲解分为两次，不能实现连贯的教学。我们建议，可以在教学的不同阶段，分别采用不同的教学方法，比如，在开始学习时先用预防式，然后做练习，教师批改练习后再用治疗式针对主要偏误进行讲练。

发现式、接受式、预防式及治疗式这几种教学方法各有所长，各有所短。我们主张在教学中综合使用这几种方法，可以形成互补，增进教学效果；同时也可以调节教学节奏和气氛。单一的方法效果比较差，而且也会使学生觉得单调沉闷。

（三）分散教学与集中教学结合

从教学形式上说，近义词教学可以采用两种方式：分散教学和集中教学。

1. 分散教学的形式。

分散教学是指近义词的教学分散在具体课程中，一般来说，近义词的教学主要由综合课承担。课文中有几个近义词就讲练几个，没有就不讲练。由于综合课要教生词，还要教语法，任务重，时间紧，没有很多时间去操练和讲解近义词，而且，综合课中近义词的讲解和操练也是简单的、零散的，数量和质量都远远不能满足学习者的需要。因此，只采用分散教学的方式进行教学是有局限性的。

2. 集中教学的形式。

集中教学指把近义词集中起来进行讲练，集中教学可以充分进行讲解和练习，并且有利于总结规律，分类讲解和训练。集中教学有两种方式：一是在综合课中进行近义词集中教学。综合课平时分散处理近义词，但分散处理讲练得少，学生掌握得还不够好，如果在期末或期中挑选一些常用的近义词集中再练一次，就会得到巩固。由于平时已经练习过，集中训练可采用治疗式教学法，先做练习，然后针对出现的偏误再做一些讲解即可，不必细讲细练。二是开设选修课进行近义词集中教学。我们在中山大学国际汉语学院开设了近义词学习的选修课，对象为中级以上水平的留学生，每周2学时，共16周。每周大约可以处理近义词10组左右，16周至少可处理大约160组、320个左右。通过实践，我们认为开设选修课是学习近义词的一个好方式，可以处理比较多的近义词，可以比较充分地进行讲解和练习，可以有系统的按照科学的分类进行讲练，提高学习效率。

调查问卷结果显示，主张集中教学的比主张分散教学的多一些（多10%），有近1/3的人主张集中和分散结合。有2/3的人认为有必要开设选修课，这其实也表明了学生对集中教学的需求。

我们对集中教学和分散教学两种教学形式进行了实验，分别在两个平行班使用不同的教学形式辨析近义词。为了平衡被试差异可能对实验结果产生影响，实验分两个阶段进行，每个阶段辨析词语数量为10组。第一阶段A班使用集中式教学，B班使用分散式教学；第二阶段 A 班使用分散式教学，B 班则采用集中式教学。实验结果表明：集中式教学的效果显著优于分散式教学效果。这不仅体现在讲解以后的即时测试中，即使是在两周后的延时测试中，集中式教学的效果依然保持了优势。我们认为，这可能是由于集中式教学更容易引起学习者对近义词差异的注意，认知资源分配相对集中，因此教学效果较好。另一方面，从调查问卷的结果来看，集中式教学比分散式教学更受欢迎。

虽然分散式教学在效果上不如集中式教学，但由于近义词的教学主要由综合课承担，每课的练习中有时难免会分散出现若干组近义词，因此教学中无法完全抛弃分散式教学。我们认为，分散教学与集中教学相结合是比较合理的教学形式，既有细水长流的输入，又有倾盆大雨的强化，既可保证近义词学习的数量，又能加深记忆，增强效果。

第三节　汉语二语学习中母语词义误推的类型与特点[①]

在第二语言学习中，学习者获知目的语词 A 对应的是母语词 A' 后，可能会把为 A' 所有而 A 并没有的意义推移到 A 上，因而造成目的语词语误用或误解，本研究称这种现象为"母语词义误推"。例如，母语为英语的学习者学过"找到"后，知

---

① 本文以《二语学习中母语词义误推的类型与特点》为题发表在《语言教学与研究》2011 年第 3 期，作者张博。

第三节 汉语二语学习中母语词义误推的类型与特点

道它对应的是英语的 find (to get back sth. / sb. that was lost after searching for it/them)，于是把 find 的另一义位 to discover sb. / sth. unexpectedly or by chance（发现）（《牛津高阶英汉双解词典》第 6 版，商务印书馆／牛津大学出版社，2004 年。以下简称《牛津》）推移到"找到"上，导致如下错误表达[①]：

(1) 他是先谁【找到】美国的，很多人以后也从西半球到美国。（他是最先发现美国的人，后来很多人也从西半球来到美国。）

(2) 可是大夫幸亏找到妈妈的癌症，要不然可以展开。（幸亏大夫发现了妈妈的癌症，否则［妈妈的癌症］就有可能扩散。）

我国对外汉语教学界早已注意到这类词语误用与母语词义的影响有关，鲁健骥指出："目的语的词与母语的词之间在意义上互有交叉。这种意义上的交叉有时是很复杂的，而学习者往往简单地从自己的母语出发去理解和使用目的语的词。"[②] 周琳通过考察英语背景留学生使用对外汉语教材同译词语的情况，发现有一种偏误为"义项错误类推"。[③] 郭志良、苏英霞等也都述及由汉外词义的不对应或教材"相同译词"而引发的词汇错误。[④] 但是，

[①] 本研究所引英语背景学习者母语词义误推的语例分别取自北京语言大学汉语中介语语料库（误用词加【】号的语例）、北京语言大学 HSK 动态作文语料库（误用词加下划线的语例）及北京语言大学对外汉语研究中心"不同母语背景的汉语学习者词语混淆分布特征及其成因研究"课题组采集的母语为英语的留学生作文语料（误用词加着重号的语例）。

[②] 鲁健骥《外国人学习汉语的词语偏误分析》，《语言教学与研究》1987 年第 4 期。

[③] 周琳《对外汉语教材同译词语及英语背景留学生使用偏误研究》，北京语言大学硕士学位论文，2007 年。

[④] 郭志良《对外汉语教学中词义辨析的几个问题》，《世界汉语教学》1988 年第 1 期；苏英霞《同义词辨析的几种方法》，《汉语学习》2000 年第 4 期。

从总体上看，已往研究大多侧重于二语学习者具体的词语错误与母语词义特点或教材生词译注方式的相关性，而对母语词义误推的类型和特点等则缺乏专门的理论探讨。本研究拟基于英语背景学习者母语词义误推的普遍现象和典型实例，对这些问题进行初步讨论，以期进一步认识第二语言词汇学习的特点和规律，并为对外汉语词汇教学及教材、工具书编纂提供一些有益的参考。

一、母语词义误推的类型

着眼于词语意义的结构，可将词义划分为三个层级。基本层的语义单位为"义位"（词典学称"义项"）；如果一个词语有多个义位，就构成上层语义单位"词义系统"；义位是由义素构成的，义素是词语意义结构中底层的语义单位。对英语背景学习者汉语词语误用的情况进行观察分析，发现母语词义误推遍及词义系统、义位和义素等各个层面。本研究据此将其归纳为义位误推、义域误推和语义特征误推等三种类型。

（一）义位误推

义位误推是指，当母语多义词在一个义位上与目的语某词有同义关系时，学习者将母语多义词词义系统中的其他义位错误地推移到目的语的这个对应词上。例（1）、例（2）中"找到"的误用就源于母语多义词 find 的义位误推。再如，英语中的 happy 是一个多义词，在 having feelings of pleasure 这个义项上与汉语"高兴"有对应关系，因此，英语为母语的学习者常将 happy 的"幸福"义（a happy time, relationship, event etc is a good one that makes you feel happy）（《朗文当代英语辞典》第 4 版，外语教学与研究出版社，2004。以下简称《朗文》）推移到汉语的"高兴"上，于是产生如下错误表达：

（3）我们班好像是一个高兴的家。
（4）吸烟的人就像从自己的生命中吸走了很多年的高兴与健康生活。

在母语词多个义位以及其对应的汉语词都比较常用的情况下，还可能发生多对一的词义误推，即学习者把母语词的几个义位都推移到最先学到的那个汉语词上。例如，学习者学过"故事"后，往往把英语 story 的另外两个义项"经历""情节"推移到"故事"上。

（5）他们经常说他们的故事给我听，说他们怎样努力，怎样刻苦的读书，终于有了今天这番成就。（经历）
（6）《汪洋中的一条船》描述的是作者本身的故事。（经历）
（7）《三国演义》人物众多，故事发展曲折，高潮迭起。（情节）
（8）《围墙》这短篇小说里的【故事】比较简单，人物不多。（情节）

（二）义域误推

义域误推是指学习者将母语词某一义位相对宽广的语义范围（即"义域"）错误地推移到目的语的对应词上。

对比母语和目的语对应词相关义位的语义结构，如果母语词义位的语义结构式中具有并列关系且可任选的义素多于目的语词，其义域就大于目的语词。在这种情况下，有可能发生母语词的义域误推。义域误推的途径是通过母语词组的逐词对译把目的语对应词的组配关系不当扩大。例如，英语 play 有一个义位是 to throw, kick, hit, or catch a ball as a game or activity（《朗文》），在这个义位上，play 大致与汉语"打"对应。

比较二者的语义结构式，不难发现 play 比"打"多出［kick］（踢）这个义素：

　　play：［throw］［kick］［hit］［catch］+［ball］+［game］［activity］
　　打：　［投］——　［击］［接］+［球］+［游戏］　［活动］

　　学习者常常根据英语的 play football 把踢足球说成"打足球"，把"打"的组配关系由"篮球""排球""板球"等扩大到"足球"，从而把 play 相对宽广的义域推移到"打"上。

　　又如，汉语的"密"和"密切"都有"关系近，感情好"的意思，但有时学习者用"密"或"密切"表示此义时，我们却很难接受。

　　（9）我喜欢我的爸爸但是我们不太【密】。
　　（10）我自己也要跟她培养特别【密切】的感情，让她知道我总是要听她的困难，拥护她，和爱她。

　　"密""密切"的不当使用，是由于学习者将英语 close 的义域推移至"密""密切"而造成的。《朗文》将 close 释为"if two people are close, they like or love each other very much"。我们据此提炼出 close 的语义结构式，并与"密/密切"的语义结构式进行对比：

　　close　［near］+［relationship］+［like］［love］
　　密/密切　［近］+　［关系］　+［喜欢］——

　　可以看到，close 既可指彼此有好感、相互欣赏喜爱的朋友同事"关系近，感情好"，也可指彼此挚爱的亲人恋人"关系近，感情好"，语义范围比汉语的"密"和"密切"宽。而汉语的"密"和"密切"只能指前者（如"我俩从小就是密友""毕业后，我跟我同桌的关系依然很密切"），在表示亲人或恋人"关系近，感情好"时,如例(9)—例(10),则要用"亲近"或"亲密"。

(三)语义特征误推

语义特征误推是指学习者将母语词某一义素隐含的语义特征错误地推移到目的语的对应词上。与义域误推相比,发生语义特征误推的条件不是母语与目的语对应词的意义存在义素多寡的不对应,而是共有的某一义素在内涵上有差异。例如,英语 woman 汉语"女人"共有[+人]、[-男性]和[+成年]三个义素,但 woman 在[+成年]这个义素上,侧重于生理上的发育成熟,而"女人"在[+成年]义素上,侧重于为人妻为人母的人生角色。因此,woman 中[+成年]义素蕴涵的年龄指标较低,而"女人"中[+成年]义素蕴涵的年龄指标较高。当学习者把 woman 中[+成年]这个义素的特定内涵推移到"女人"后,就会出现不恰当的表达:

(11) 政府很关心年轻人,尤其女性大学毕业者,不早婚早育的形态,所以已成立了一个部门组织男人和【女人】交际的活动,教他们交际的手续。

(12) 有一位女人有二十五岁,还没结婚,已经大专毕业,长得很好看,性格很好。

再如,英语 ask 在 to invite someone to your home, to go out with you etc(《朗文》)这个义项上大致对应汉语的"请❷"或"邀请",《现汉》用"邀请;聘请"释"请",将"邀请"释为"请人到自己的地方来或到约定的地方去"。从英、汉词典的释义看,英语 ask 和汉语"请"在表达邀请义时,其词义结构中都隐含 someone(某人)这一要素,即要求该词后必须有表人词语充当受事。但是,当英语背景学习者使用"请"的时候,尽管其后确有表人词语，却常常不符合中国人的语感，例如：

（13）吃饭以后，我的外祖母请我跟她一个人在家的外面一边喝咖啡一边说话。

（14）我八岁的时候我姐姐就搬到了 Texas 上大学。……她每次回家，就带我跟她去看朋友，给别人做事情。若是她要去看高中的朋友，她便会请我跟她一起去。

在这类语境中，中国人会自然地选择含有使令义的"叫"而不用"请"，原因是，"请"语义结构中的"某人"，通常限于年长位尊于施事的人，而 ask 语义结构中的"某人"则没有长幼尊卑的限制。英语背景学习者将"请"用于年幼位卑于施事的人，是将母语词 ask 语义结构中"某人"这一义素无等级差别的内涵特征推移到"请"所致。

由于母语和目的语词的对应关系非常复杂，可能导致不同类型的词义误推集中于一个目的语词上，并且还可能伴随着语法意义或用法的误推。例如，英语多义词 experience 是一个兼类词，有名、动两种词性。作名词时，在 knowledge or skill that you gain from doing a job or activity（《朗文》）这个义位上大致对应汉语的"经验"，英语背景学习者除了发生将 experience 的其他名词义"经历""体验"推移到"经验"上的错误，还常把 experience 的两个动词义位"经历""体验"及其用法推移到"经验"上：

（15）我屈指算了一下我的学习经验已经有十五多年了。（名经历）

（16）蒙古族人都得上蒙语课，可是很多汉族人对这个语言一窍不通，连"你好"都不知道怎么说，而且蒙古文化没有很多经验。比方说，我的汉族朋友从来没吃过蒙古饭。（名体验）

（17）这个故事不是我自己经验的，就是一个故事我朋友告诉我的。（动经历）

（18）虽然我在成长中不得不演变得更西方化，我的父母没有完全放开他们对我了解中国文化得愿望，只要有机会就总是尽可能地让我经验中国文化。（动体验）

二、第二语言学习者母语词义误推的主要特点

从词汇学的不同角度观察分析英语背景学习者汉语表达中大量存在的词语偏误，我们发现母语词义误推主要有以下特点：

（一）从母语词义的常用度来看，误推的方向是由非常用义向常用义推移

英语背景学习者将母语多义词的义位向汉语推移时有明显的方向性，通常是将母语词非常用义向常用义对应的那个汉语词上推移。比如，英语 story 有"故事""经历"和"情节"等义，相比较而言，story 在"故事"义上最为常用，因此，中介语语料中出现多个用"故事"表示"经历"或"情节"的误例，但未见用"经历"或"情节"表示"故事"的误例。又如，英语 agree 的常用义是"同意、赞成"，当学习者学过汉语"同意"后，会把 agree 的"一致"义推移到"同意"这个词上：

（19）我跟妈妈的关系本来是一般的；有的意见【同意】，大部分不【同意】。

（20）他们的生命的看法也应该差不多【同意】。

母语多义词非常用义向常用义对应的目的语词推移的原因在于，多义词的常用义通常反映的是人类日常生活中的基本概念，

在二语学习中，与母语多义词常用义对应的目的语词通常较早为学习者习得，因此，这个目的语词就有可能成为母语多义词其他义项的载体，被学习者用来表达母语多义词的其他意义。义域误推的情形也表明，学习者先习得的、更为常用的某一目的语词往往成为母语词整个义域的载体。例如，英语 explain 有一个义位是 to tell sb. about sth. in a way that makes it easy to understand，义域较宽，在不同的语境中可分别对应汉语"解释""说明""阐明"等词（参见《牛津》）。由于学习者在教材、试卷或课堂上常常见到或听到"解释词义"这类指令，于是就把 explain 相对宽广的义域推移到汉语的"解释"上，常常出现应当用"说明"却误用了"解释"的情况：

（21）志英的妈妈对志英【解释】了芳华的打算，这就是，志英结婚以后，芳华打算把前屋让给志英住。

（22）我以为做错了什么事情就和气的【解释】我的身分和目的。

（二）从词义关系来看，意义关系近则易发生母语词义误推

词语不同义位的语义关系远近有别，相比较而言，母语词的义位之间语义关系远则不易发生向目的语词的推移，例如英语 tell 有两个常用的义项，一是"告诉"，一是"看出、判断"。前者指用语言提供信息，属言说范畴；后者指根据某些迹象识别确认，属心智范畴。二者语义关系较远。学习者一般不会将其"根据某些迹象识别确认"义推移到汉语"告诉"上，更不会将"用语言提供信息"义推移到汉语的"看出"或"判断"上。但是，如果母语词的两个或多个义位之间的语义关系较近，则容易发生向目的语词的推移，例如英语 open 有"开/打开""睁开""张开"

等多个义位，这些义位有相同的语义内容，即"使闭合的东西不再闭合"，语义关系较近，因此，经常可以见到学习者将 open 的"睁开"义推至"开/打开"或"张开"上，将 open 的"张开"义推至"开"上，例如：

（23）他坐在我的旁边，看着电影，但是我发现他非常累，眼睛几乎不能开。

（24）在我闭着眼睛按"递送"那一刹那，我想什么都记不清了，只知道我的心在怦怦地跳。

当我再打开眼睛时，事情已经过去了。

（25）他张开眼睛的时候，只见几个男孩在周围正在对他嘲笑。

（26）我开嘴有万多词想说，可是硬着头皮把这些话都吞下了。

（三）从词义的抽象度来看，意义抽象度高则易发生母语词义误推

观察英语背景学习者汉语中介语中名、动、形三类词语词义误推的情况发现，不同词类之间，词义误推的普遍性是不平衡的；在同一词类不同语义范畴之间，词义误推也常呈现出明显的差异。总起来看，词义误推的这种分布特征与词义的抽象度有关，意义抽象度高则易发生词义误推。主要体现在：

1.动词、形容词比名词易发生词义误推。

从整体上看，动词和形容词的意义抽象度比名词高。在英语背景学习者汉语中介语语料中，这两类词的母语词义误推较名词的母语词义误推更为常见，除前举英语动词 find、play、ask、agree、explain、open 和形容词 happy、close 等的词义误推外，还有不少常见的动词性词语混淆和形容词性词语混淆，都与英语词义误推有关。例如：

了解—认识（know）　　参观—访问（visit）　　完—结束（end）
祝/祝愿—希望（wish）　住/居住—生活（live）　想—要（want）
问—让/请求（ask）　　试/尝试—尝（try）　　穿—戴（wear）
严重—严肃（serious）　客气—礼貌（polite）　老—旧（old）
短—矮（short）　　　可惜—遗憾（pity）　　肥—胖（fat）

2. 动词中泛义动词比动作动词易发生词义误推。

泛义动词意义高度抽象，不与具体的动作行为相对应，搭配范围极为宽广。在英语背景学习者的汉语表达中，可以看到这类动词比意义具体的动作动词易发生母语词义误推。比如，英语泛义动词 make 在 to create or prepare sth. by combining materials or putting parts together（《牛津》）这个义项上常可译为汉语的"做"，但与"做"的义域并不完全对应，而学习者却常常通过某些英语词组的逐词对译把它的义域误推到汉语的"做"上，例如把"包饺子"(make jiaozi / dumplings)说成"做饺子"、把"冲咖啡"(make coffee)说成"做咖啡"、把"泡茶/沏茶"（make tea）说成"做茶"、把"酿酒/造酒"（make wine）说成"做酒"（乐广有一种非常好喝的酒，但是没有人知道他怎么【做】），等等。

对比来看，英语的 sing、cry、kick 等动作动词，除了在基本义上分别与汉语的"唱""哭""踢"对应外，都另有与汉语这几个词不相对应的意义，但语料中未见学习者将 sing、cry、kick 等动作动词的其他意义推移至汉语对应词上的误例。

3. 表示抽象概念的名词也常发生词义误推。

上文提到，名词较少发生母语词义误推，这是就名词的整体情况而言。细加分析，指称具体事物的名词与表抽象概念的名词情况大不一样。如果母语中某名词指称具体事物，一般来说不会发生向目的语对应词的推移。比如，table 有两个常用义位"桌子"和"表格"，都指具体事物。当学习者知道汉语的"桌子"就是英语的 table 后，他是不会把 table 的"表格"义推移到汉语的"桌子"上，用"桌子"表示"表格"的。但如果母语中某名词表示抽象概念，学习者就常会将其词义向目的语对应词推移，甚至造成目的语对应词的双向误用。例如，英语 reason 的常用义是 a cause or an explanation for sth. that has happened or that sb. has done(《牛津》)，这个义项的义域较宽，既可对应汉语的"原因"，也可对应"理由"，学习者将 reason 的意义向汉语推移的结果，导致"原因""理由"的混淆较为严重，该用"原因"时往往误用"理由"，反之，该用"理由"时又常误用"原因"：

（27）外国很多人类学者或历史学者大部分要学汉语的【理由】在这儿。

（28）很多人也把美国经济逆差的理由归结为伊拉克战争的开支。

（29）的确，也许如此一来，很多人借着这个"原因"而申请离婚。

（30）美国侵略伊拉克的原因本来是为了寻找萨达姆的大规模杀伤性武器，而这已经证明是个错误。

根据中介语实词偏误分布特征发现的"意义抽象度高则易发生母语词义误推"这一规律，还可从虚词偏误得到旁证。英语背景学习者的汉语表达中，虚词的混淆俯拾即是，根深蒂固。究其原因，多与母语虚词的语法意义误推有关，例如：不—没（no/not）、也—还（also）、再—又（again）、或者—还是（or）、向—对（to）、根据—按照（according to）。跟实词相比，虚词的意义是更为抽象的语法意义，因此，母语虚词语法意义误推的概率更高，在学习者的二语表达中更难避免和克服。

上文从语言本体角度观察分析出来的母语词义误推的特点，与第二语言习得研究领域所发现的语言迁移特点或规律相契合，也可以用有关的语言迁移理论进行解释。首先，关于母语迁移的认知观点认为，学习者本族语的影响不能完全由习惯来解释，迁移也不是纯然出自对本族语的依赖，而是二语学习者使用本族语知识的一种认知手段。正如Kellerman所说："只有当学习者目标语的知识不足并需要弥补这些不足时，或者当他们相信可以用本族语来推测目标语特征时，学习者才会选择迁移。"[1] 在二语学习中，由于与母语词多义词常用义相对应的目的语词先习得，而与非常用义相对应的目的语词尚未学到或虽已学过而印象不深，出于目的语理解或表达的需要，学习者有可能采用迁移策略，把母语多义词非常用义推移到与常用义相对应的那个目的语词上。因此，"非常用义→常用义"的词义误推方向符合语言迁移的条件，多是学习者为弥补目的语词汇不足而采用的认知手段。其次，语言迁移研究发现，学习者对于母语特征的理解也会对母语迁移造成影响。如果母语的某一语言特征被理解为"少见的、不规则的、语义或是结构上含糊不清的，或者在任何其他方面例外的"，这个语言特征就会被认为是"有标记的"，[2] 那么，这一特征的迁移就不可能发生。[3] 母语多义词不同义位的语义关系

---

[1] Kellerman, E. (1987). *Aspects of transferability in second language acquisition*. Unpublished Ph. D. thesis. University of Nijmegen。参见俞理明《语言迁移与二语习得——回顾、反思和研究》，上海外语教育出版社，2004年。

[2] Kellerman, E. (1983). Now you see it, now you don't. In Gass, S., & Selinker, L. (Eds.), *Language Transfer in Language Learning*. Rowley, MA: Newbury House.

[3] 俞理明《语言迁移与二语习得——回顾、反思和研究》，上海外语教育出版社，2004年。

远，学习者对其间的意义联系就含糊不清，从而成为他们心理词库中"有标记的"语言特征，制约着他们不会把无关的义位或语义关系较远的义位推移到同一个目的语词上。这可以反过来解释，为什么母语多义词义位之间的语义关系近则容易发生向目的语词的推移。再次，有关二语习得的多项研究已经证明，两种语言间的差异越小越不容易被学习者感知，也就越容易被学习者所忽略，母语迁移的影响也就越大。意义抽象度的高低也会影响学习者对词义的感知。意义的抽象度低，其所表示的事物、动作就具体可感，易于分辨；意义的抽象度高，则不与特定的事物、动作直接关联，难于分辨。这可以解释为什么意义抽象度与词义误推数量成正比。

三、研究母语词义误推的应用价值

母语词义误推的研究旨趣是通过对学习者的词汇错误进行探源或归因，为对外汉语词汇教学提供理论指导，使之在以下方面直接服务于教学，为教学所用。

（一）理性地探寻二语学习者特异性词语错误的根源

在二语学习者各种类型的言语错误中，词汇错误所占的比重最高。[1] 如果教师熟悉学习者的母语，具有母语词义误推的观察视角或分析思路，就比较容易破解那些离奇的用词不当是怎么回

---

[1] 参见张博《第二语言学习者汉语中介语易混淆词及其研究方法》（《语言教学与研究》2008年第6期）所引 Gass, S. M., & Selinker, L. (1994). *Second Language Acquisition: An Introductory Course* (Lawrence Erlbaum Associates, Inc.), 罗青松《英语国家学生高级汉语词汇学习过程的心理特征与教学策略》（载《第五届国际汉语教学讨论会论文选》，北京大学出版社，1997年），吴丽君等《日本学生汉语习得偏误研究》（中国社会科学出版社，2002年）的研究结论。

事，这样，纠正词语错误的时候也就有了针对性。例如，在英语背景学习者写的"金阁寺的屋顶都用黄金被捂了"这个句子中，"捂"明显使用不当。如果我们有母语词义误推这根弦，顺着"捂"的英语对应词去探寻，就会发现这是学习者把英语 cover 的"覆盖"义误推到"捂"上所致，因为英语中表示以手遮蔽或以其他东西遮蔽都可以用 cover。这样，我们就可以把句子改为"金阁寺的屋顶覆盖（或'蒙'）着一层金粉"，这既符合作者所要表达的意思，又可以使他注意到母语词 cover 与汉语"捂"的不完全对应；而不宜改为"金阁寺的屋顶上涂着一层金粉"或"金阁寺的屋顶金光闪闪"等，尽管这类表达或许更地道，但却不利于学习者认识并克服母语词义误推。

（二）根据不同类型的词义误推对语言表达的影响力来确定纠错的重点和时机

母语词义误推对语言表达影响的大小与误推所处语义层级的高低成正比。语义特征误推发生于最下端的义素层面，对语言表达的影响较小，母语者能感觉到二语学习者用词不当，但并不会构成言语交际的障碍；义域误推发生于居中的义位层面，对语言表达的影响较大，可能会使母语者产生理解障碍，需要借助于语境加以揣摩才能理解二语者所要表达的意思，比如，源自 wear 义域误推的"穿眼镜""穿安全带""穿领带"等，可能会让中国人一下子反应不过来，需要结合特定的上下文或说话时的场景，才能推测出正确表达应是"戴眼镜""系安全带""打领带"。义位误推发生在最上端的词义系统层面，对语言表达的影响最大，母语者常常难以明白二语者的意思，甚至发生误解。例如：

(31) 我的同屋和我就一起去【派】礼物。

(32) 我走过去的时候,我【记住】他没怎么早起床。

(33) 我们在美国坐车的时候我们不愿意【摸】别人,但是在中国没办法。只有明了"派""记住""摸"的误用分别源自英语 send、remember、touch 的义位误推,才会知道学习者所要表达的意思是"寄/送(礼物)""想起""碰(别人)"。

认清不同类型的词义误推对语言表达的影响力,有助于在预防和消解词义误推时分清主次,把握时机。母语词语义位误推严重影响目的语表达,是词汇教学中的防范重点,对学习者因母语义位误推而产生的词语错误应及时纠正。母语词语语义特征误推影响的是目的语表达的得体性而不是可理解性,在初、中级教学阶段应予包容,可留待高级教学阶段再行纠正。

(三)针对词义误推的不同类型采取适宜的预防和消解对策

认识母语词义误推的三种类型,有助于在课堂教学、教材生词译注和词典释义中采取有针对性的、适宜的预防或消解策略。一般来说,预防母语词的义位误推,关键在于不要用母语多义词单独释义;纠正源于母语义位误推的词语误用时,应明确告诉学习者,该词有 A 义,但没有 B 义,在这一点上与母语对应词不同,以便帮助学习者消除 L2 词和 L1 对应词词义对等的误解。预防义域误推,关键是要让学习者明了目的语词的语义范围和搭配限制,而且,最好让学习者及时获知,该词的搭配限制在目的语中是如何予以补偿的。例如,给英语背景学习者教"短"的时候,不仅要强调该词限于表长度小,不表高度小,而且,还应顺便提及汉语表高度小的词是"矮、低",以便帮助学习者消除 L2 词和 L1 对应词搭配关系对等的误解。对于语义特征误推,则没有必要加以预防;那些高发性的源于语义特征误推的用词不当,可在高级教学阶段,通过目的语词与母语词使用的语境或语体对比,揭示其细微的意义差别,使学习者更清楚地了解汉语的表达习惯,更贴切地使用汉语词语。

四、余论

相对于语言形式层面的研究,语义研究所面临的困难更多,这是语言学界的共识。母语词义推移关涉两种语言的意义关系及学习者的语义习得规律,其复杂程度就更高。本研究虽对这个问题进行了专门探讨,但仍留有诸多疑难和尚未涉及的方面。首先,如何确认母语词义误推?即:某一词语误用是来自英语词义误推,还是汉语词汇知识的干扰,或因词汇量不足而过度使用常用词?本研究的判定原则是:并不单纯依凭英语和汉语对应词的词义关系确认母语词义误推,还要注意该词语误用为英语背景学习者所特有,汉语母语者一般不会出现这种误用,其他母语背景的汉语学习者一般也不会发生这类错误,除非其母语中存在着与英语相同的词义对应。但依此原则所做的推断最好还要有其他方法予以验证。其次,严重影响目的语理解和表达的母语词义误推通常发生在哪些词语上?哪些属阶段性误推,哪些属化石化误推?还有待基于更大规模的学习者口语语料库和笔语语料库并辅以语言测试等方法进行横向和纵向相结合的研究。另外,课堂教学、教材生词译注及词典释义在预防和解决母语词义误推方面可采取哪些具体的方法,哪种方法对哪类情况更有效?怎样培养学习者对母语词义误推的自我防范意识?这些也都是有待继续研究的问题。

第四节　汉语作为第二语言的教材生词释义模式①

就我们所知，当前对外汉语教材的生词释义模式不外三种：媒介语释义法（单、多语种外文翻译），主要用于初中级；混合释义法（汉外混合解释），主要用于中高级；目的语释义法（汉语解释），主要用于高级。这三种模式可以归结为一种，即从语言到语言，以语言解释语言。

基础阶段采用媒介语释义固然是一种办法，但是否唯一的、最好的办法就另当别论了。例如，我们经常能够看到，即使"一、二、三、四"这样的词也被对译为 one、two、three、four，而不用"1、2、3、4"表示，这样做显然值得推敲。一个词用什么方法去解释，本应该是内部外部多种因素综合作用的结果，但实际上，初级阶段普遍使用媒介语释义法，这似乎已成定规，中级阶段已经有了相当的词汇基础，可是许多教材仍然完全使用媒介语解释生词，有个别教材甚至把这种模式延续到高级阶段。

回顾以往的研究，很少有文章关注教材生词释义模式的问题，更未发现有文章专门就这个问题展开过讨论。② 有关词汇的研究，

---

① 本文以《论对外汉语教材生词释义模式》为题发表在《语言文字应用》2009年第1期，作者王汉卫。

② 资料范围：CNKI（清华同方）—中国期刊全文数据库，1979—2007；万方—中国学位论文全文数据库，1977—2006；中国重要会议论文全文数据库，1999—2007。检索路径为论文题目包含下列任何字串：教材生词、教材词汇、生词教学、词汇教学、生词解释、词汇解释、解释生词、解释词汇、解释方法、解释模式、释义方法、释义模式、对外汉语词汇、对外汉语生词、直接法、图示法、生词表、词汇表。

例如复现率问题、词汇量问题、英语对译的准确性问题等,大都是在默认了现行释义模式的大前提下进行的。有些文章谈到了使用包括直接法在内多种手段的释义,但遗憾的是大都把它们看作是课堂词汇教学的手段。[①] 卜佳晖针对教材指出"编写体例上可更灵活""图像使用对具体事物词(雨伞、各种食品等)的解释力强于对译方式"[②]。

我们认为,教材生词的解释模式是一个基础性的问题,对教材的面貌影响甚大。鉴于初级阶段的教学人数最多、影响最大,而且这个阶段也隐含了更多解释方式的需要,所以本研究把讨论焦点定位在初级阶段教材的生词释义模式上。

一、教材生词释义的模式及其优先顺序

逻辑上,解释生词当然不是必须使用"语言",跟语言方式平行的还有非语言方式和交互式。非语言方式包括从非语言符号到语言符号、从图片到语言符号两种方式。语言方式包括从目的语到目的语、从媒介语到目的语两种方式。交互式是指同时使用语言方式和非语言方式对某个词汇项目进行释义的方式,在此我们把它定义为漫画法(漫画在本文中的操作性定义为包含简短文

---

① 如朱其智《直接法与生词教学》,《中山大学学报论丛》1996 年第 3 期;胡鸿、褚佩如《集合式词汇教学探讨》,《世界汉语教学》1999 年第 4 期;简榕蓉《初级汉语教学中的词汇释义方法》,《牡丹江师范学院学报》(哲学社会科学版)2006 年第 6 期;李立新《论对外汉语词汇教学对语理论的应用》,《陕西师范大学学报》(哲学社会科学版)2006 年第 4 期;梁社会、郭圣林《直接法在对外汉语生词教学中的应用》,《中国成人教育》2006 年第 12 期。

② 卜佳晖《关于对外汉语教材生词处理的思考》,《云南师范大学学报》(对外汉语教学与研究版)2004 年第 1 期。

字的图片）。分类如下：

生词解释的模式 { 非语言方式 { 从非语言符号到语言（符号释义法）
从图片到语言（图片释义法）
交互式 从漫画到语言（漫画释义法）
语言式 { 从外语到汉语（媒介语释义法）
从汉语到汉语（目的语释义法） }

这些逻辑上存在的方式有没有一个优先顺序呢？孤立地看，殊途同归，无所谓好坏，但如果考虑到内外部条件，情况就不同了。释义方式的选择是否恰当需要考虑下面一些因素：（1）是否契合学习者特点，能让所有学习者接受。（外部条件）（2）是否契合语义特征，能有效释义。（内部条件）（3）是否有利于汉语战略的实施，[①]能避免副作用。（附加条件）

（一）是否契合学习者特点，能让所有学习者接受

这一点主要强调的是公平性，即我们的释义方法必须是面向所有学生的。从这个意义上看，上述模式只有媒介语释义法不符合要求。因为对外汉语教学的特点是学生国别复杂、母语复杂，我们不可能使用太多种的外语作为媒介。通常的做法是寻找一种较为通用的语言——英语——作为媒介语，而事实上，英语并不能担此重任[②]。其他四种模式则相反，通用符号、图画语言自然不必赘言，目的语释义理论上对学习者也是公平的——如果在初

[①] 随着中国的和平崛起，汉语也应当在世界上扮演一个与中国角色相称的强势语言角色。保护和发展自己的语言，这在世界其他主要国家、主要语种也是一样的，这就是"语言战略"（李宇明《强国的语言与语言强国》，《光明日报》2004年7月28日），具体到汉语即汉语战略。

[②] 王汉卫《对外汉语教材中的媒介语问题试说》，《世界汉语教学》2007年第2期。

级阶段针对某个词使用了汉语释义，其前提是按照教材词汇的出现顺序，释义用词是旧词。

这样，在外部条件上，媒介语释义法之外的四种模式都可得 1 分。

（二）是否契合语义特征，能有效释义

在初级阶段，所有的方式都不可能包打天下，所有的方式也都有自己适合的部分词群。所以，在这一点上，我们给上述五种模式都加 1 分。

（三）是否有利于汉语战略的实施，能避免副作用

如果媒介语是学生的母语，没什么副作用，可以得 1 分。与中国的和平崛起一样，汉语的教学和推广不以打压任何其他语言为前提，但推广汉语，不可避免、也不应回避跟其他强势语言的竞争，我们一要注意保护自己的语言，二要注意不能让其他语言搭汉语教学的便车，三更不能以某种所谓的通用语言作为汉语教学的前提。采用一种语言作为汉语教学的通用媒介语，某种程度上也是在变相地推广这种语言，这对汉语战略的实施，其副作用是显而易见的。所以，如果是所谓的通用媒介语，则不能得分。符号释义法和图片释义法对汉语战略显然没有什么副作用，可以得 1 分。漫画释义法和目的语释义法不但对汉语战略的实施没有不良影响，释义之外的积极影响也是十分明显的。首先，有利于学生建立新旧词之间的联系，形成汉语思维。其次，有利于提高生词的重现率。汉语教材的重现率低是不少研究者注意过的，[①]

---

① 胡明扬《对外汉语教学中语汇教学的若干问题》，《语言文字应用》1997 年第 1 期；赵金铭《论对外汉语教材评估》，《语言教学与研究》1998 年第 4 期；康艳红、董明《初级对外汉语教材的词汇重现率研究》，《语言文字应用》2005 年第 4 期。

留学生词汇量偏低也是研究者注意到的,① 漫画释义法和目的语释义法对增加词汇的重现率和提高学生的词汇量有直接的帮助。可见,漫画释义法和目的语释义法强化了汉语的存在,是汉语战略下应有的战术,因此,我们给这两种方法各加 2 分。

(四) 小结

整理上文,我们可以给这五种释义模式排列一个优先顺序:

1. 目的语释义法、漫画释义法(4 分)
2. 符号释义法、图片释义法(3 分)
3. 媒介语释义法(2 分或 1 分)

需要申明的是,这个优先顺序仅仅针对目的语环境下的教材,即中国国内使用的对外汉语教材,不涉及其他教学环境下的教材,也不涉及"非教材"(如词典等)。

二、各种释义模式对甲级词汇的静态适应性

初级乃至中级阶段普遍使用媒介语释义法,如果我们倡导生词释义模式的多样性,那么,媒介法之外的四种方式的适应面必须得到说明。下面以《汉语水平词汇与汉字等级大纲》中的"甲级词"为对象进行分析。

需要说明的是,尽管上文暂定了优先顺序,但本研究的操作(或者实际的教材编写)并不能完全按照这个顺序对目标进行分析。我们还需要考虑模式的基础顺序——即从非语言方式到语言

---

① 王又民《中外学生词汇和汉字学习对比分析》,《世界汉语教学》2002 年第 4 期;张和生《外国学生汉语词汇学习状况计量研究》,《世界汉语教学》2006 年第 1 期。

方式的顺序。因为非语言方式是没有前提条件的，具有真正意义上的普适性，而语言方式则是以非语言方式为基础的。基础顺序如下：

①符号释义法→②图片释义法→③漫画释义法→④目的语释义法→⑤媒介语释义法

符号法简便直观，当作首选，符号法和图片法解释不了的词再考虑漫画法和目的语释义法，总体上，①和②是基础，①②合起来是③的基础，①②③合起来是④的基础，①②③④解释不了，最后考虑媒介语释义法。下文的分析即按照这个顺序，漫画释义法和目的语释义法的释义用词都是可以用符号法或图片法释义的，或者是明显比被释词更基础的词。

（一）符号释义法

"符号"是指当今世界通用的语言符号以外的其他符号，这些符号可以分为两类：一类是常用的语文符号、数学符号以及其他一些数字化、字母化的符号。例如：，、。、！、？、""、1、2、3、4、+、-、×、÷、%、‰、=、≠、≈、>、<、≥、≤、×、√、kg、mm、cm、m²、℃、℉、$、￥等；一类是形象的指示符号，路标、方向、天气、禁止、允许、公共服务标识，以及其他一些生活中常见的标识等都属于这一类，例如表示男女的符号、禁止符号等。形象的指示符号已经跟图片区分不开了，为统计清晰起见，我们把这类符号放到图片类。

按照这样的标准，我们得到适合符号释义法的甲级词30个，它们是：公里、刻、里、公斤、斤、克、俩、两、零、一、二、三、四、五、六、七、八、九、十、半、百、千、万、亿、对、错、加、……分之、吗、呢。上文说过，现在的许多教材把"一、二、三、四"

翻译成 one、two、three、four，这只能说是忽视了对符号法的选择，我们有理由相信，符号法在这种情况下具有更可靠的解释力。

(二) 图片释义法

图片包括两类：一类是符号化的标识；一类是符号化程度不高的各种图片（实践上，我们很难分清标识和图片的界限，本研究也没有必要进行详细的区分）。根据我们的初步考察，从图片到语言具有强大的解释力，适合图片法的词汇很多，这其中包含了多种情况，需要进一步分析。

1. 一图一词。

除了专有名词和独一无二的自然体，几乎任何一个词都是一个类的概念而不是一个单独的客观实体，但根据学习的需要和该词本身的特点，有些非专有性质的词也只需要一张较为典型的图片就够了。如：鼻子、耳朵、桌子、椅子、飞机、电视、跑、跳、吃、喝、红、黄、蓝。

2. 多图一词。

有些词的情况会复杂一些，如果只给出一张图片，有可能产生误导。这包括两方面的原因：一是因为这个概念的下位概念也很常用，这样就不适合以单张下位概念的图片表示上位概念，而必须选取一些具有类别代表性的图片综合起来才能彰明词义。例如甲级词中有"水果"，同时也有"苹果、香蕉、橘子"；有"动物"，同时也有"鸡、牛、羊、猪、马"；有"植物"，同时也有"花、草、树"等。这就需要我们至少用这些下位词来共同表示它们的上位概念。二是因为这个词代表的概念本身不是特别明确。例如办公室，任何一张办公室的图片无论怎样具体，恐怕都难具有典型性，这样也就需要多张图片来表现。

3. 一图多词。

跟多图一词相反，一图多词也是可能的，有时甚至是必须的。例如仅用一张单纯画了一个人的图片表示"教师"，不管如何把握其外在特征也很难明确释义，而如果给出一张"上课"的图片，则"教师"和"学生"同时都明确了。

4. 多图多词。

多图多词跟一图多词的设计原理都是基于词汇的有机联系，不同的是，有些词，例如"春、夏、秋、冬"，很难在一张图内实现这四个主题，这种情况就需要使用多图多词的方式。

尽管上文把"从图片到语言"分了四个小类，我们很难、甚至也没有必要为每一个词界定清楚它们所属的小类，因为有时候同样的词可以有不同的表现手法，例如上文说"跑、跳、吃、睡、红、黄、蓝"可以一图一词，但也可以用一张运动会的图画同时表示"跑、跳"，用一张吃饭的图画同时表示"吃、喝"，而用一个色轮就同时表示了多种颜色。

我们对符号法之外的甲级词进行逐一分析，找到适合图片法的词计有名词214个，如：爸爸、办公室、报、杯子、北、北边、本子、边、表、布、菜、操场、草、茶、车、车站、成绩、城、城市、船。动词29个，如：搬、抱、擦、唱、吃、穿、吹、喝、画、哭。形容词35个，如：矮、白、长、大、短、多、干净、高、贵、黑。兼类词19个，如：危险、小、便宜、翻译、节、杯、本、比赛、笔、病。未标词性13个，它们是：出租汽车、发烧、公共汽车、看病、跑步、起床、上学、睡觉、跳舞、握手、洗澡、游泳、照相。量词24个，如：双、元、层、段、角、毛、米、元、些、一些。共计334个。郑艳群和陈文慧的考察显示了图片对《汉语水平词汇与汉字等级大纲》中名词的强大解释力，① 本研究的考察进一步说明图片不仅仅对名词具有解释力，在其他时候也有较大的使用价值。就上面的数据来看，适合图片释义的甲级词总量为334个，其中名词为214个，占64.07%，非名词120个，占35.93%。

（三）漫画释义法

有些词，图画不堪重负，使用目的语也行不通，而如果把两种方式结合起来，图为文提供一个典型背景，就可以解决不少问题，这就是漫画法的价值。例如"除了……以外"，我们可以画一张画，画面上是一群学生，其中只有一个男生，画面上的男生说"除了我以外都是女生"。

这样，我们对余下的669（1033－30－334）个词进行逐一分析，得到适合漫画释义法的计有名词78个，如：爱人、半天、部分、词、从前、错误、大家、大声、地方、点。动词120个，如：爱、摆、帮助、变、参加、查、差、长、迟到、抽。形容词33个，如：安静、饱、不错、大概、复杂、好、好吃、好看、合适、坏。兼类词70个，如：班、比、比较、变化、表演、场、朝、低、对、饿。未标词性42个，如：……之间、变成、个同、出来、出去、除了……以外、从……到……、从……、对不起、放假。代词38个，如：别的、别人、多少、各、各种、几、她、她们、每、哪。量词5个，它们是：遍、次、道、岁、下。副词35个，如：别、不、不要、不用、才、常、常常、都、多、多么。另外还有全部的介词、象声词、助动词、词头，计16个，它们是：把、被、从、当、叫、往（wǎng）、往（wàng）、得、该、敢、可以、能、能够、应该、哈哈、第。共计438个。

---

① 郑艳群、陈文慧《HSK 名词图片表达方法研究》，《世界汉语教学》2006 年第 4 期。

（四）目的语释义法

目前，从汉语到汉语的方法基本上局限在高级阶段的教材上。毋庸置疑，即使甲级词内部也还是分"级"的，也有相当一批词可以为另一批词的学习提供帮助。如果不注意词汇间的内在关系，简单地以翻译法对译，无疑是资源的浪费。由于初级阶段所学词汇有限，如果释义局限于"解释"，必然捉襟见肘。为了充分发挥目的语的释义价值，我们认为应该坚持两个原则：

一是不拘方法。分解法、定义法、同义法、反义法、描绘法、归类法、列举法、语境法等等，凡是有助于意义解释的方法都可以用。

二是不拘长短，特别不能局限于"短"。如果过分追求短小，上面列举的一些方法、特别是语境法就只能排除在外了，而语境法正是初级阶段目的语释义模式中最主要的一种方法。使用简单的词汇，造一个或更多句子，提供一个或更多典型语境，目标词的意义自然明了。下面看几个具体的例子：

外国：在中国，你是外国人。在你的国家，中国人是外国人。

辅导：我有一个辅导老师。每天下午帮助我学习汉语，有时候辅导我写汉字，有时候辅导我做作业。她辅导得很好。她辅导我两个月了，现在，我觉得汉语不难了。

发展：A.我们学校这几年发展得很好，2000年500学生，2001年700，2002年900，2003年1000，今年已经1200学生了。

　　　B.他这几年发展得很好，房子有了，汽车也有了，还是经理了呢。

同意：A.你爸爸同意你来中国吗？

　　　B.当然同意了，我说我要来中国学汉语。爸爸说："好，去吧！"

从上面的例子可以看出，只要不拘一格，打破成规，目的语释义法是颇有魅力的。这样，我们把剩下的231（1033－30－334－438）个词逐一分析，得到可以用目的语释义的词178个。名词如：不久、方面、干部、过去、寒假、汉语、好处、机会、将来、今年；动词如：表扬、成、得、懂、反对、复习、干、感到、搞、告诉；形容词如：当然、基本、经常、精彩、久、忙、努力、确实、热情、所有。

（五）媒介语释义法

经过优先方法的层层过滤，到媒介语释义法，只剩下53个甲级词了。它们是：得到、开学、为什么、问好、一下儿、有时候、安排、表示、表现、代表、访问、建设、教育、科学、练习、领导、麻烦、派、生产、生活、实践、讨论、为（wéi）、为（wèi）、为了、希望、研究、一会儿、一切、组织、思想、晚会、文化、文学、现代、新闻、政府、办法、道理、内容、朋友、情况、人民、社会、啊、嗯、喂、呀、办、参观、解决、进行、团结。这53个词并不一定只能用媒介语来释义，也许是我们一时还没有找到更好的方法。

（六）总结

根据上文的分析，五种释义模式的适应性可以总结为下表：

表1　五种释义模式对甲级词的适应性统计

词类	数量	符号释义法	图片释义法	漫画释义法	目的语释义法	媒介语释义法
名词	362	—	214	78	56	14
动词	183	1	29	120	28	5
形容词	96	1	35	34	26	—

（续表）

词类	数量	符号释义法	图片释义法	漫画释义法	目的语释义法	媒介语释义法
兼类词	135	1	19	70	21	24
未标词性	65	1	13	42	3	6
代词	43	—	—	38	5	—
数词	18	18	—	—	—	—
量词	39	6	24	5	4	—
副词	44	—	—	35	9	—
连词	12	—	—	—	12	—
介词	7	—	—	7	—	—
象声词	1	—	—	1	—	—
助词	16	2	—	—	14	—
助动词	7	—	—	7	—	—
叹词	4	—	—	—	—	4
词头	1	—	—	1	—	0
总计	1033	30（2.90%）	334（32.33%）	438（42.4%）	178（17.23%）	53（5.13%）

下面我们对这个表做一些观察：

1. 符号法的适应面很窄，但所有的数词都适合符号法。

2. 图片法和漫画法的适用面最广，分别达到32.33%和42.4%。名词对图片释义法有最好的适用性；动词、兼类词、短语词（未标词性）、代词、副词、介词、助动词都对漫画释义法有最好的适用性，这个现象是合乎逻辑的——在利用图片法初步获得一批基本词汇性状后，漫画法自然就派上了用场。漫画法成为高居榜首的方法是必然的，因为它兼容了图片和语言的功能。

3. 目的语释义法不是初级阶段的主要方法，但在局部却大放光彩,助词、连词大都适合此法,这也不奇怪,结构词本来就对语境有依赖性。

4. 媒介语之外的四种方法加起来适应面高达 95%,这个数据用来解除"适应面"的疑虑已经足够了。另外,剩下不得不借助媒介语的词汇越少,对增加使用媒介语的种类就越有利,对实现媒介语的公平也就越有利。

三、各种释义模式对教材生词的动态适应性

上文的讨论是基于词表的,是静态的。教材生词表当然不会完全按照释义模式的优先顺序和基础顺序出词条。具体到教材编写,情况又会是怎样呢?

我们选取了北京大学出版社 2004 年出版的一本基础汉语教材《新标准汉语教程》(第一册),该教材零起点,初级上上半段适用,包括 10 课的语音课,一共 20 课,最后一课是测验,生词共计 441 个,相当于甲级词(1033)的 42.69%。我们把这些生词分课输入计算机,对每一个生词适用的释义模式进行鉴别。鉴别时考虑两个因素:一是优先性,即尝试首选最佳释义模式;一是可行性,即必须此时此地行得通。符号法、图片法没有先决条件,使用起来跟上文对甲级词的鉴别没什么不同,不必多说。当我们使用漫画和目的语时,释义用词保证是已经出现过的,如果无法实现这一点,同时又不能使用符号法或图片法的,就归入媒介语释义法。例如该教材第一课有 17 个生词,这些词可以分为五类:

符号释义法：吗

图片释义法：爸爸、弟弟、哥哥、姐姐、老师、妈妈、妹妹、你、他们、身体、同事、同学

漫画释义法：好

目的语释义法：都

媒介语释义法：很、朋友

下面对这个分类做一个解释。尽管问号不等于"吗"，但用它来表现"吗"表疑问的基本意义，并不比 used at the end of a sentence to make it a general question（录原书释义）逊色，什么叫 general question 呢？"一般疑问（句）"是什么疑问呢？至于 used at the end of a sentence，这种解释本来就是多余的，因为谁都不会见到"你身体吗好？你吗身体好？吗你身体好？"之类的句子。称谓词以及"身体"可以用图片释义。接下来就可以用这些称谓词以及"身体、吗"这两个词表现"好"的词义，这时漫画法就派上用场了。至于"都"，尽管是第一课，"都"也可以用汉语释义，因为已经具备了用汉语解释（广义的解释）"都"的条件，因为学生已经获得了一批可以帮助他们理解"都"的词语：

爸爸身体（很）好
妈妈身体（很）好
哥哥身体（很）好 ⎫
姐姐身体（很）好 ⎬ 他们身体都（很）好
弟弟身体（很）好 ⎭
妹妹身体（很）好

比较棘手的是"很、朋友"，姑且采用媒介语释义法。

按照这样的分析方法对整本书的生词逐个、逐课鉴别，得到了下面的结果：

第四节 汉语作为第二语言的教材生词释义模式

表2 五种释义模式对《新标准汉语教程》（第一册）生词的适应性统计

	符号释义法	图片释义法	漫画释义法	目的语释义法	媒介语释义法	总计
第1课	1	10	3	1	2	17
第2课	1	1	8	4	5	19
第3课	1	3	10	2	0	16
第4课	13	0	1	2	0	16
第5课	0	3	9	4	0	16
第6课	2	5	6	1	1	15
第7课	0	21	0	0	0	21
第8课	0	2	7	0	2	11
第9课	0	3	5	0	11	19
第10课	0	5	5	2	1	13
第11课	0	1	8	3	23	35
第12课	0	12	7	3	9	31
第13课	0	5	14	7	11	37
第14课	1	2	9	5	13	30
第15课	0	11	3	1	18	33
第16课	0	25	4	2	8	39
第17课	0	4	3	4	14	25
第18课	0	13	7	1	4	25
第19课	0	11	4	3	5	23
总计	19（4.3%）	137（31.1%）	113（25.6%）	45（10.2%）	127（28.8%）	441

表2给我们提供了两个重要信息：

一是动态情况跟静态情况有很大的不同。静态情况下，媒介语释义法的使用可以控制在5.13%，而在具体教材中猛增到

28.8%，可见其价值也不能轻视——具体操作不会像理论分析那样理想，这也是正常的。

二是动态情况跟静态情况没有本质的区别。针对当前初级教材媒介语释义一花独秀的情况，我们提出多模式的释义主张，静态分析显示：媒介语释义之外的释义模式有广阔的适应面，动态分析的结果也只是量上的差异，而没有本质的不同。即使再保守一点说"必须用媒介语释义法的情况占三分之一"，也仍然是明确强调了图片释义、漫画释义、目的语释义的重要性。

需要指出的是，即使在实际的教材编写中，媒介语释义28.8%的比例也完全能够进一步大幅降低。

首先，上面分析的是初级上上半段的层次，生词量也仅占甲级词的42.69%，在这样一个阶段，以及这样一个生词总量下，超纲词不应该很多，但统计发现，121个难以用非媒介语手段释义的词中，有50个是甲级以外、甚至是高等的词汇。例如：办事、毕业、出版、出差、大量、大型、代表团、单位、担任、改造等。理论上，这些词是应该而且可以推后出现的。如果换掉这些词，就只剩下77个难以用非媒介语手段释义的词汇，仅占该教材词汇总量的17.46%。

其次，在教材编写的时候要重视释义法和词汇的关系，力争使词汇的出现更好地适应释义模式的基础顺序和优先顺序。例如该书"次"见于第11课对话的情景说明（马力和刘新是大学时的同学，一次，在大街上偶然相遇），而在这个教学阶段，像"来、去、吃、喝、看"以及"过"等跟"次"有强烈共现性的词一个都还没有出现，这样就无法使用例句给"次"释义，只好用媒介语释义。再如第19课"我的台球技术还不错呢"，其实"技术"在这里完全没有必要，而且本课上文已经出现了"打得不怎么样"，如果改为"我台球打得很好",既回避了生词,又有效地重复了补语句式,岂不是更好吗?

根据上面的分析,我们认为,只要增强了释义模式上的选择意识,在词汇选取之初就考虑到释义方法,即使初级阶段的教材,非媒介语不可的情况控制在15%左右应该是很乐观的。随着教学阶段的延伸,例如初级下、中级阶段,媒介语的使用更可以大幅降低至10%,甚至5%以下。当然,这也将增加教材编写的难度,对教材编写提出更"专业"的要求。

四、结语

词汇本身特质的"多样性"以及教学对象本身特质的"多样性",从根本上决定了生词释义模式的多样性、可行性和必要性。初级阶段的生词释义模式应该是丰富多彩的,"多模式"应是基本面貌,中级阶段是过渡期,高级阶段实现全中文释义。

"多模式"应该是教材生词释义的基本原则,是提升教材质量、提升整个汉语教学质量的一个基础性工作。过度依赖媒介语的做法是教材不够成熟的一种表现。

"多模式"的实现需要一个观念的改变,即把单一的词频原则改为词频和优先释义模式的双重控制原则。

本研究的主张可以概括为三个字:多、直、目。

多——多模式全景。在不同教学阶段,因"段"选择释义模式,因"词"选择释义方法。

直——直接法领先。充分利用各种直观的、对学生无预设要求的方法。

目——目的语主导。任何阶段、任何时候，目的语释义法都是首选，其他方法都不过是它的代用品。

第五节　汉语作为第二语言的词汇教学例句设计[①]

词汇教学在第二语言教学中占有相当重要的地位[②]，有人甚至提出，词汇学习是语言学习的核心问题，是成人第二语言学习者最重要的任务。"语言总是在一定的交际环境中使用的，因此，分析语言现象，必须把它和所依赖的语境联系起来，离开一定的语境，把一个语言片段孤立起来分析，就难于判断这个语言片段的结构和意义。"[③] 目前对外汉语教学研究界都倾向于认为在语境中掌握词汇、词的教学与句子的教学相结合是词汇教学的有效途径之一。[④]

立足于语境与语言的关系，语境可以分成"言内语境""言

---

① 本文以《对外汉语词汇教学中的例句设计》为题发表在《安徽师范大学学报》（人文社会科学版）2009 年第 4 期，作者徐茗。
② 刘珣《对外汉语教育学引论》，北京语言文化大学出版社，2000 年。
③ 张志公主编《现代汉语》，人民教育出版社，1982 年。
④ 江新《词汇习得研究及其在教学上的意义》，《语言教学与研究》1998 年第 3 期；刘珣《对外汉语教育学引论》，北京语言文化大学出版社，2000 年；周利芳《谈对外汉语副词教学中的语境》，《语言教学与研究》2002 年第 3 期；孙新爱《对外汉语词汇教学应把握的几个原则》，《云南师范大学学报》（对外汉语教学与研究）2004 年第 3 期；徐子亮、吴仁甫《实用对外汉语教学法》，北京大学出版社，2005 年；张和生主编《汉语可以这样教——语言要素篇》，商务印书馆，2006 年。

伴语境"和"言外语境"三种。① 我们认为，在对外汉语教学中所设置的语境，是三者的结合，形式上表现出来的通常是利用上下文设置例句而成的言内语境，而在设计例句的过程中，为了达到第二语言的"教学过程交际化"的要求，完成"培养言语技能、言语交际技能"的对外汉语教学目标，必然会牵涉到与交际者和交际现场密切相关的各种言伴语境，设计出来的例句的具体内容，必然带有社会文化语境色彩，并且最终要触发学生相应的认知背景语境才能完成学习者对词语的认知。

对外汉语教学中"词汇能力的培养绝不只是记忆生词的问题，应包括掌握词汇的语义、句法功能和搭配关系"②。在实际教学中，教师所设置的用来解释词语的例句必须是经过精心考虑，能够充分反映该词语的语义、语法和语用限制的。本节拟通过一些实例的分析，提出设计例句应注意的几个问题。

一、例句设计要有效展示词汇的语法特点

（一）针对被释词语的语法特点设计典型的例句

例句应该紧紧围绕被释词语的意义和用法来设计，如果讲解时所举的例句根本没有对其有所体现，则该例句是无效的。比如，一位新教师解释"毕业"一词，所举的例句是：

（1）我马上就要毕业了。

这个句子没有为"毕业"提供一个典型的语境，既无法体现"毕

---

① 王建华《关于语境的构成与分类》，《语言文字应用》2002 年第 3 期。
② 刘珣《对外汉语教育学引论》，北京语言文化大学出版社，2000 年。

业"的意思也无法说明它的用法。在"毕业"的位置上，我们可以任意换上其他的一些动词，比如"结婚""出国""起床""上课"等，句子都是合法的，例（1）应该说是一个无效的例句。有时教材或者教师就某个词语的用法举了若干个例句，表面上看起来设置了不同的语境来解释词语，但所举的例句说明的都是该词语的同一个用法，其他的用法则得不到体现，这样的语境也是缺乏典型性的，也不能完成教学任务。同样以"毕业"为例，如：

（2）我已经读大学四年级了，很快就要毕业了。
（3）学习太无聊了，我真希望马上就毕业。

例（2）"毕业"的上文是"已经读大学四年级了"，例（3）也设置了"学习"这一语境，能够帮助学生理解"毕业"的意思，但两个句子说明的都是"毕业"单独做谓语的情况，至于"毕业"的其他搭配则没有体现。对于这个词，理解它的意思不是难点，可以通过媒介语翻译，而学生常常出现的偏误是直接带宾语，如"我毕业大学了"，或者套用英语的表达方式"我毕业从安徽师范大学"，韩国学生还经常把时量补语的位置弄错，说成"我三年毕业了"。而毕业于何处，毕业了多久，则是在使用"毕业"一词交际时经常遇到的言外语境，针对"毕业"的用法和学生经常出现的语法偏误，除了例（2）、例（3），还可以设计如下的例句：

（4）我是1992年从安徽师范大学毕业的。
（5）我已经大学毕业三年了，还没找到合适的工作。
（6）高中毕业以后，我没有上大学，而是结婚了。
（7）外语专业毕业的学生，特别好找工作。
（8）老师说，如果我考得不好，就毕不了业。

当然，在利用例句展示词语的语法搭配时，要结合教学大纲的要求，充分考虑学生的水平和学习目的，选取必须掌握的搭配来设计典型的例句，不可因为求全而一次性展示完毕，例如"毕业"是个甲级词，一般在初级阶段出现，而"毕业于某地"这样的搭配则不适宜在初级阶段展示。

（二）例句群应有序呈现

在词语教学中，为了充分说明词语的意义和用法，针对一个词语，教师往往会设置多个例句，形成一个例句群。例句群中表示相同用法的例句应集中出现，而在实际操作中，教师或教材设置的例句群有时只考虑到了数量的充足性和用法展示的充分性，忽略了对其用法的归类。以《桥梁·实用汉语中级教程》（陈灼主编，北京语言文化大学出版社，1999年。以下简称《桥梁》）为例，第四课文中出现一个句子"陈静稍稍镇静了一下"，课文后面的注释中对"稍稍"一词的解释是"副词。表示程度轻微或时间短暂，在其所修饰的动词或形容词后面往往带着'一点、一些、一下'等词语"。其所设置的6个例句是这样排列的：

（9）你来得稍稍晚了一点儿，他刚走。
（10）老太太大哭了一场，现在心情稍稍平静了一些。
（11）马路上传来孩子和妇女的哭叫声，直到天亮，才稍稍静了下来。
（12）老王马上就来，请你稍稍等一会儿。
（13）他32岁，身材不高，稍稍有点胖。
（14）你一会儿再来，他刚吃完药，得稍稍休息一下。

例（12）和例（14）中"稍稍"修饰的是动词，其他几个句子中"稍稍"修饰的是形容词，例（9）、例（10）、例（11）、例（14）句中"稍稍"修饰的词语后面带上了数量补语，我们认为，原例句群如果按照如下顺序出现更为科学合理：

（15）他 32 岁，身材不高，稍稍有点胖。
（16）你来得稍稍晚了一点儿，他刚走。
（17）马路上传来孩子和妇女的哭叫声，直到天亮，才稍稍静了下来。
（18）老太太大哭了一场，现在心情稍稍平静了一些。
（19）老王马上就来，请你稍稍等一会儿。
（20）你一会儿再来，他刚吃完药，得稍稍休息一下。

这样一来，例（15）—例（18）中"稍稍"修饰的是形容词，表示程度轻微，例（19）和例（20）中"稍稍"修饰的是动词，表示"时间短暂"。例（18）—例（20）中，"稍稍"修饰的动词、形容词后面带上了数量补语。（例（17）和例（18）因为"稍稍"后面的部分表现了状态的变化，与例（15）和例（16）略有不同，因此集中排在一起。）

第二语言教学重视语言运用规律的展示，强调要教给学生带有规律性的东西。教师或教材在设置例句群时，不能随心所欲，而要注意在例句的顺序安排中体现规则的类化，属于同一种形式规则的应集中体现，否则会分散学生的感知力，增加认知负担。[1]

二、例句必须提供充足的语义信息

（一）例句应使隐性预设显性化

"预设"是"以实际的语言结构意义为依据，靠逻辑概念、语义、语境等推断出话语的先决条件"[2]。为了降低话语的冗余

---

[1] 方艳《对外汉语教学中词汇语境的设置》，《北京教育学院学报》2006 年第 3 期。
[2] 何自然《语用学概论》，湖南教育出版社，1988 年。

程度，在交际时说话人常常把自己认为听者已经知道或认同的情况，特别是那些内化于人类知识结构中的常理信息省略不说。[①]这在交际中表现为话语的隐性预设。对于熟练掌握该语言的人，可以在理解过程中自动形成相关的认知语境来理解，无须借助上下文的显性预设。但在对外汉语教学中，应当处处以"第二语言学习"为出发点，使用的语言必须包含丰富的信息，有时汉族人会觉得啰唆，冗余度大，但对学汉语的外国人、非汉族人可能正合适。[②]因此，当我们设计例句时，应该充分考虑学习者的认知能力，尽量提供充足的信息，使隐性的预设显性化，让学生了解、掌握所教词语使用时的语义背景，以更好地理解、掌握该词语。

以"居然"一词为例，《桥梁》第七课是这样解释的："副词。表示出乎意料之外。"之后举了这样的例句：

(21) 我没想到他居然会做出这种事情来。
(22) 居然会发生这种事，世界真是越来越复杂了。

上述例句我们一看就明白，例（21）的预设可以是"他是一个好人，不会做这种不好的事"，例（22）的预设可以是"以前的世界不会发生这种奇怪的事"。例句中没有出现这些用上文来说明的隐性预设，是因为本族人在理解时可以自动激活大脑中的相关社会文化语境知识补足，无须赘言。但对于留学生来说，这样的上文省略之后，理解上可能会出现困难："他做出这种事情，我为什么出乎意料？""为什么发生这种事，就表示世界越来

---

① 王瑞烽《预设差异副词所关联的预设及其教学》，《语言文字应用》2006 年第 2 期。
② 周小兵《对外汉语学习词典的编写》，《辞书研究》1997 年第 1 期。

复杂了？""'这种事情'是什么事情？"在学习之后，或者简单模仿句子的结构，造出了这样的句子：

（23）我没想到弟弟居然吃糖。

或者把出现在"居然"后面的情况理解成是说话人不了解的，不知道的。如：

（24）我找了他很久，他居然在打球。

初看之下，例（23）、例（24）都有点儿不对劲，但多读几遍，又觉得似乎说得过去。因为我们在理解这几个句子时，可能不自觉地激发了大脑中的认知语境来填补句子语义上的不充分，自动加上一些预设，形成自足的认知语境，使句子的内容合理化。如：

（25）我弟弟有糖尿病，居然还吃糖。
（26）他知道我找了他很久，可故意不来见我，居然在打球。

如果教师总是要在批改时从心理上来补足学生这些模棱两可的句子的预设，就很难说学生是否真正掌握了所学的词语。为了达到良好的教学效果，我们给出的语境应该能提供充分的信息，有时即使是对本族人来说是完全可以不出现的隐性预设，最好也要通过上下文使其变为显性的信息。例如《现代汉语八百词》（吕叔湘主编，商务印书馆，1999年）对"居然"设计的例句就要更合适一些：

（27）我们都认为他会去的，可他居然不肯去。
（28）医生都说他的病没有希望治好，可他居然好了。

（二）例句的语义背景信息具有普遍性

认知心理学的研究表明，对概念的熟悉程度影响语言使用者对语言的理解。[①] 使用不同语言的不同社会成员有着不同的历史文化传统和心理背景，[②] 留学生来自不同的国家，有着不同的认知背景，尤其是汉语的初学者，对中国文化缺乏了解，对同一事物的理解可能和中国人有所差异，当我们在设计例句时，要特别注意背景信息的普遍性，尽量提供与学习者认知语境相关联的信息，最大限度地降低他们在理解时的困难。否则，很容易造成理解上的障碍。我们可以看下面几个例子（加着重号的是准备讲授的词语）：

(29) 看见红豆，她不禁想起远方的丈夫。
(30) 婆婆嫌我是个再婚的女子，不喜欢我。
(31) 都十二月了，他竟然还只穿着一件衬衣。
(32) 他的收入很高，工作才半年就买了一辆汽车。

"红豆"，又称"相思子"，在汉语里自古以来象征情侣相思或爱情，但这个词语包含的文化内容并不为初学汉语的留学生所了解；女人再婚，在东亚一些国家的传统观念中是一件不光彩的事情，但这样的观念不是所有的国家都有，比如笔者的一位古巴留学生的妻子有过婚史，但他在提到自己的家庭时丝毫不避讳妻子离过婚的情况，甚至对妻子带来的两个继女也引以为荣；在中国的大多数地区，十二月已经非常寒冷，只穿一件衬衣是不寻常的情况，出乎人们的意料，但对地处热带的人来说，是很正常的事情，算不上什么特别；汽车目前对大多数的中国家庭来说还是一个奢侈品，甚至是阶层划分的依据，工作半年就可以买一辆

[①] 王甦、汪安圣《认知心理学》，北京大学出版社，1992年。
[②] 梅立崇《谈文化与词汇教学》，《语言文字应用》1993年第1期。

汽车，足见收入之高，但对很多西方国家的人来说，汽车是一个必备的代步工具，穷人有汽车也不稀罕，青年人开始工作，不管收入高不高，尽量都要备一辆汽车，当然，可能只是低档小汽车或者二手车。因为文化、观念、国情、习俗等等的不同，上面的几个语境提供的信息并不具备普遍性，学生或许会产生这样的疑惑："为什么看见红豆就会想起丈夫？""再婚的女人为什么不讨人喜欢？""十二月为什么不可以穿衬衣？""买汽车就一定能说明收入高吗？"这样，学习时便无从提取自身已具备的背景知识来理解，教学也就失败了。

针对前面例句中要学习的词语，我们可以设计下面的例句：

（33）看见结婚照，她不禁想起远方的丈夫。
（34）婆婆嫌我不够尊重她，因此不喜欢我。
（35）今天的气温是0℃，他竟然还只穿着一件衬衣。
（36）他的收入很高，工作才半年就买了一辆高级汽车。

例（33）—例（36）设置的语境是基于这样的常理预设：结婚照可以引起妻子对丈夫的思念；人们不喜欢不尊重自己的人；0℃是比较低的气温，应当要多穿一点儿；高级汽车价值不菲，一般收入高的人才能买。这样的常理较之例（29）—例（32）的背景信息更带有普遍性，学生更容易理解。

当然，在学生具备了一定的语言知识和中国文化背景知识的基础上，如果例句中传递出一定的文化信息，会显得更为自然、生动，如"红豆"一词传递出的信息是"结婚照"所不能比拟的，但前提是学生必须已经具备了理解能力。

三、例句应当具有实际的语用价值

对外汉语的教学目标之一是"培养言语交际技能",这要求教师在教学时不仅要考虑到怎样能使学生更好地理解,更要考虑怎样教会学生运用所学习的内容,设计例句时必须考虑到语境的语用价值。

（一）例句具有实用价值

对于一个生词,教师一般比较注重讲清楚它的语义和语法限制,但有时会忽视例句的实用价值。其实例句不仅对学生的知识学习有帮助,对他们的交际也应该起到辅助作用。例如教授"哪儿"一词,《发展汉语·初级汉语（上）》（荣继华编著,北京语言大学出版社,2006年）的解释是：疑问代词,问处所,跟"什么地方"相同,其疑问句形式的语序和陈述句形式一致（英文解释本文作者略去）。给出的例句是：

（37）你去哪儿？

（38）A：你上哪儿？

B：我上银行。

上文的例子语法上没有毛病,课堂操练起来也很简便,但对于培养学生的语言运用能力,实际意义并不大,因为许多国家的留学生视打听别人的行踪为刺探隐私,除非特定情况下,一般不会问别人："你去哪儿？""你上哪儿？"

我们认为,针对留学生初到中国,各方面情况还不太熟悉而又急需适应的现实,教学"哪儿"时,可以设计一些他们日常交际中急需的例句（句子中尚未学到的词语可通过媒介语来解释）：

(39) 中国银行在哪儿？
(40) 洗手间在哪儿？
(41) 张老师在哪儿？
(42) 哪儿能换钱？
(43) 哪儿能买电话卡？

这样的句子因为是学生实际生活中用得上的，即使有些词语尚未学过，也不会影响他们学习的积极性，反而会迫不及待地记忆和练习。

（二）例句能凸现语用限制

有时候，留学生所说的句子就言内语境来说是正确的，但进入到实际交际中时，却会出现语用失误。例如：

(44) 老师，昨天你<u>为什么</u>没来上课？
(45) 你真是个可爱的<u>小东西</u>！
(46) 你别说了，<u>人家</u>都不好意思了。

老师身体不适，没有上课，第二天学生见到之后表示关切之情，询问原因："昨天你为什么没来上课？"学生不了解汉语交际中如果用"为什么"向对方发问，带有责问、批评的意味，甚至很多时候可以表示生气、发怒之意，[①]学生对老师这样说话，显然不够礼貌；在学完《中级汉语教程·精读教程Ⅰ》（赵新主编，北京大学出版社，2004年）《学"东西"》一课之后，有位学生了解了"小东西"指人时，表示喜爱的感情色彩，便对同学和老师随意说"你真是个可爱的小东西！"这样的句子，使得老师哭笑不得。老师表扬一名男同学，男同学表示谦虚："你别说了，

---

① 袁嘉《汉语交际文化与对外汉语语法教学》，《西南民族学院学报》（哲学社会科学版）2001年第7期。

人家都不好意思了。""人家"可以表示自称，但是一个典型的女性用语，[1] 男性使用显得十分滑稽。教师在面对这样的语用失误时，要说明这些词语在交际场合使用时的具体的语境，例如，老师批评旷课的学生说："昨天你为什么没来上课？"成人对可爱的小孩子或情侣之间说："你真是个可爱的小东西！"女性在受到赞扬害羞时说："你别说了，人家都不好意思了。""教学上的失误是诱发学生偏误的原因之一，或者就是主要原因之一。"[2] 教学时如果介绍清楚词语的语用限制，能够减少交际失误的出现。

---

[1] 王凤兰《语用能力、语境与对外汉语教学》，《西南民族大学学报》（哲社版）2005 年第 6 期。

[2] 鲁健骥《偏误分析与对外汉语教学》，《语言文字应用》1992 年第 1 期。

第六章

词汇教学实验研究

第一节 汉语作为第二语言的词汇义类教学实验研究[①]

词汇是可以从语义角度进行分类的,本研究所说的"义类"即指根据词义划分出的类别。汉语义类研究可以着眼于两个方面:一是如何对数量庞大的汉语词汇根据意义进行分类,二是如何应用词语分类的成果。有关汉语词汇的分类,特别是面向对外汉语词汇教学的义类划分,我们将另文讨论。本节只是依据我们所构建的汉语义类划分体系,通过实验的方式,探讨义类研究成果应用于汉语作为第二语言词汇教学的可行性和有效性。

一、实验背景

语言本体研究唯有服务于应用,唯有针对性强,才能彰显其存在的价值。汉语义类研究当然也不例外。

我国古代的义类研究或可概括为一个源头,两个分支。以《尔雅》为源头的传统义类研究,开创了"同义类聚"的语义研究方式。

---

① 本文以《利用汉语义类进行词汇教学的实验报告》为题发表在《世界汉语教学》2008 年第 4 期,作者张和生。

第一节 汉语作为第二语言的词汇义类教学实验研究

这一方面促成了汉代以降"群雅"的先后问世以及雅学的兴盛；另一方面还推动了唐宋以来类书的编纂。古人治学讲究"经世致用"，雅学主要服务于小学、经学，类书主要服务于史学、文学，其应用价值都显而易见。

"同义类聚"的语义研究方式也影响到我国传统的字词启蒙教育。无论是周朝的《史籀篇》，还是汉代的《仓颉篇》《凡将篇》《急就章》《训纂篇》，抑或是宋、元以降通行于坊间的《四言杂字》《六言杂字》《日用俗字》等，[①] 其共同特点都是按事物类别分章别句，利用义类进行汉语字词教学。

受第一语言教学的影响，我国古代的汉语作为第二语言教学所使用的教材，也多依据义类编排。除"杂字"一类著作曾作为教科书应用于针对外族的汉语教学以外，南宋时期的《番汉合时掌中珠》、元代的《至元译语》、明清时期的《华夷译语》，也大都采用汉外对译的词语义类手册形式，[②] 集语言教材与工具书于一身，同样是利用义类进行汉语词汇教学。

我们有理由认为，以义类统领词汇的教学方式能够适用针对外族的汉语教学，延续千年，这一方式就一定有其存在的价值，有可供我们今天借鉴、研究的价值。

我国当代的义类研究成果主要以工具书形式呈现。[③] 各类汉语义类词典借鉴古代义类研究传统，依据现代词典学理论，其编

---

① 李国庆《杂字俗读》，齐鲁书社，1998年。
② 程相文《试论汉语第二语言教材发展的三种形态》，中国对外汉语教学学会第七届学术讨论会论文，2001年。
③ 有代表性的义类词典如《简明汉语义类词典》（商务印书馆，1987年）、《汉语多用词典》（中国标准出版社，1990年）、《现代汉语分类词典》（汉语大词典出版社，1998年）等。

纂体例在现代汉语辞书中独树一帜。不难发现，这些词典主要是为汉语作为第一语言的使用者服务的，是为国人写作服务的。如何让义类研究及其成果专门服务于汉语作为第二语言的词汇教学，也是值得我们研究的课题。

事实上，"同义类聚"的语义研究方式在当前的对外汉语教学界并未受到冷落。在词汇教学研究领域，就有不少学者先后提出了利用义类进行词语教学的观点，[①] 但已有的研究还只是经验性、举例性的。在对外汉语教学实践中，无论是教材的编写还是教法的实施，也都不乏以词义聚合理论为依据的词语替换、扩展练习，且已经被学界证实为行之有效，但这一类型的练习通常因为我们对汉语词汇义类系统研究的不充分以及教材编写思路的不配套而浅尝辄止。因此我们可以说，当前对外汉语教学界对义类的利用还只是局部的、有限的，远未形成一种词汇教学模式。

如果说利用义类有助于对外汉语词汇教学还只是一种推论或假设，那么这些推论或假设就需要我们进行论证。比如，在对外汉语课堂教学中利用义类学习词汇是否具有可操作性？利用义类关系扩展学习者的词汇量是否符合人类的记忆规律？利用义类进行对外汉语词汇教学究竟效率如何？在对外汉语词汇教学中是否有可能大面积推广汉语义类研究成果？教学实验或许是回答这些问题的有效方式之一。

---

① 胡鸿、褚佩如《集合式词汇教学探讨》，《世界汉语教学》1999年第4期；陈贤纯《对外汉语中级阶段教学改革构想——词语的集中强化教学》，《世界汉语教学》1999年第4期；张和生《义类研究及其在对外汉语教学中的应用》，《语言文字应用》2002年专刊。

二、实验方法与过程

毫无疑问，课堂教学跟踪对比实验应当是对一种新的教学方法最好的检验方式。但受诸多客观条件限制，设计大规模、长时间的实验并不易付诸实施，因此我们采用小规模课堂教学实验的方法。本研究的基本思路是，设计一份音序词表，一份义类词表，通过对比实验组与对照组的学习效率与记忆效果，检验、证明利用词语义类进行词汇教学的可行性和有效性。

我们有两种同属"同组匹配实验"的方案可供选择。方案 A：对同一组被试先后分两次分别采用音序词表和义类词表进行教学，两个词表在控制词语等级的前提下采用不同的词语样本，两次词语教学的时间长度、教学步骤完全相同，但因两个词表排列的依据不一而呈现不同的教学方法。方案 B：设立汉语水平同等的实验组和对照组，两组使用词语样本完全相同但分别按音序和义类排列的词表，同样是通过词语排列的差异体现不同的教学方法。

方案 A 的特点是，同组被试不存在实验主体是否有学能及汉语水平差异的问题，但前后两次采用不同的词表，则难于保证两个词表学习难度的一致性。尽管我们可以控制词语等级，但仍有语义、汉字等多种因素会干扰到词语记识的难度。此外，在前后两次不同方法的词语教学过程中，学习者难免会将前一次的学习方法迁移到后一次学习中。而一旦实验词表与对照词表的实际难度不一，一旦前后两次词语学习方法的界限不明，实验结果的信度就会大打折扣。

方案 B 的特点是，两组被试使用词语样本完全相同而排列不同的词表，这样可以保证词表难度的一致性，也避免了两种词汇教学方法的相互干扰。将被试分为实验组和对照组，两个介入实验的主体在学能及汉语水平方面难免会存在着一定的差异。而将参与实验的人数一分为二，也会影响到被试的数量。

在综合考虑了两个方案各自的优势与局限后，我们认为，方案 B 相对更能保证实验结果的信度，因此我们决定采用方案 B。

考虑到既要给被试一定的词语记识压力，又要适度控制实验给被试带来过重的记忆负担，我们选择了 60 个词作为实验词表样本，再把这 60 个词分成两组，每组 30 个词。30 个词从词语教学量上说与当前初级以上水平一篇课文的词汇量大体相当，也符合一些学者提出的一篇课文不宜超过 38 个生词教学量的观点，[①]因而可行性较强。我们分别把每组的 30 个词设计成两份排序不同的词表，供被试学习、记忆。一份依学习者通常所熟悉的汉语拼音音序排列，一份依义类排序。两个音序词表依声母划分，共得 b、c、d、f、g 等 9 个同声母聚合，每个聚合有 5 至 9 个词不等；两个义类词表依据我们构建的义类体系划分，共分出"疾病""治安""蔬菜""水果""情绪""地理""电器""动物"等 8 个词义聚合，每个聚合有 7 至 9 个词不等。[②]

德国心理学家艾宾浩斯（Hermann Ebbinghaus）的"遗忘曲线"理论告诉我们，不同性质的材料有不同的记忆效果。比较容易记忆的是那些有意义的材料，而那些无意义的材料在记忆的时候比

---

① 董明、吕瑜辉《"两种信号系统"学说与对外汉语教学》，《北京师范大学学报》（社会科学版）2002 年第 6 期。

② 我们注意到，依音序、义类区分的两个词表应分为同样数目的板块，实验才最为科学。但在设计词表的实际工作中，在词语完全相同的前提下，以同样数量的义类板块匹配同样数量的音序板块是一件非常困难的事情，故这里姑且以 8 个义类板块匹配 9 个音序板块。

较费力气,回忆起来的时候也很不轻松。① 由此可知,在词汇学习、记忆实验中,对词义内涵的理解有助于学习者对第二语言词汇的感知、储存。据此,我们实验词表中全部60个词都给出英语、日语、韩语翻译,以保证所有被试对词义的准确理解。我们试图通过词义对译的方式,帮助学生将注意力集中在对已知概念的不同语言表达方法的记忆上。

为保证实验信度,我们需要实验用词表中的词语对被试来说尽可能是先前未曾学习过的,这样才能有效对比不同学习方法的学习效率与记忆效果。因此,在我们所选定的60个实验用词语样本中,依据《汉语水平词汇与汉字等级大纲(修订本)》(以下简称《大纲》,经济科学出版社,2001年),超纲词有40个,约占67%。即便是20个纲内词,也尽可能保证一定难度,其中丁级词如"绑架""起诉""烦躁"等13个,丙级词如"半岛""丛林""鲸鱼"等5个,甲、乙级词只有"高原""西瓜"2个。换言之,在我们实验用词表中,丙级词以上的词汇超过词表词汇的96%。根据当前通行教材的收词情况以及我们设定的被试的汉语水平,实验用词表(见附录)应当具有"生词表"的属性。

我们把被试的汉语能力定位于初级的中上水平(指具有一年以上、800学时左右的汉语学习经历),因为这一水平的被试汉语词汇量有限,但又基本可以听懂实验主持者以汉语做出的学习指引,同时对汉语生词和汉字也已有较强的接受能力。因而,我们选择了北京师范大学汉语文化学院2007年春季学期102-2和102-3两个教学班,每班各13名学生,一个班作为实验组,另一

---

① 乐国安《心理学教授谈记忆魔法——艾宾浩斯遗忘曲线》,http://edu.sina.com.cn/l/2002-11-21/34414.html。

个班作为对照组。① 被试中包括韩国学生 17 人，日本学生 6 人，泰国学生 2 人，印尼学生 1 人，大体均匀分布在两个班中。我们选择在开学后一个月进行实验，此时针对汉语水平不一而进行的班级调整已经完成，而距离期中考试尚有时日，因而无论是被试水平的控制还是被试的心态都有利于实验的进行。

我们的实验方法及步骤是，首先在两天内对实验组与对照组各进行两次词汇教学，每次用时约 10 分钟，教授 30 个生词。两次课堂词汇教学的步骤相同。具体过程是：向被试发放词表，请学生朗读一遍词语，每个学生朗读 2 至 3 个词语，用时约 3 分钟；老师带读一遍，提示实验组和对照组分别注意词语编排是音序板块或义类板块，用时约 2 分钟；请被试按学习方法提示自行默记生词，不得抄写，用时约 5 分钟；课堂词汇教学结束，回收词表。

我们在第二次词汇教学后另用 3 分钟复习全部 60 词，然后随堂测试学生掌握情况，作为即时记忆效果考察；一周后复测，作为延时记忆考察。为调动被试的积极性，我们设奖品鼓励他们根据记忆尽可能多地写出所学过的生词。即时记忆效果考察采用的方式是请被试写出自己刚学过的生词，要求是能写汉字最好，其次写汉语拼音，再次写母语。测试用时 15 分钟。延时记忆效果考察则采用测试卷方式进行，用时 15 分钟。复测内容涉及词义选择、加注拼音、选词填空，也包括在给出义类或音序提示的前提下写出自己一周前学过的生词，测前无复习。对被试的要求仍是能写汉字最好，其次写汉语拼音，再次写母语。本实验自始

---

① 班级代码 102 指汉语言专业本科一年级第二学期。在本实验完成后不久的期中考试中，对照组的考试成绩略好于实验组，这消除了我们在选择实验方案时的担心，同时更进一步支持了实验结论的信度。

至终由同一教师实施,以保持两组间教学步骤的一致性,排除因教师因素对实验信度带来的干扰。

三、实验结果

我们采用百分制考察被试即时记忆效果,不同的记忆表现在成绩中权重不同。被试通过回忆能用汉字记录自己所学过的词语且书写正确的记 3 分;用汉字书写,虽字形有误但仍可以辨识的记 2 分;用拼音书写且拼写正确的亦记 2 分;用母语书写,所写确为我们学过的生词记 1 分。测试共有 60 个词语,每个词语完全记忆得 3 分,则总分为 180 分。在累积每一被试记忆效率得分后,我们再将得分换算为百分制。

即时记忆效果实验结果显示,采用义类学习方法指引的实验组的记忆效率平均得分为 48.29,而对照组的记忆效率平均得分为 31.75,实验组的得分高出对照组 16.54,不同记忆方法反映出的记忆效率差距有明显的区别意义。对把汉语作为第二语言的学习者而言,在没有上下文语境且未经多次重现的前提下,在短时间内记忆 60 个生词绝非易事,因此 48.29 的得分也是很不错的成绩。值得注意的是,在即时记忆测试中,虽没有义类或音序的提示,包括对照组在内的被试都有将同类词集中共现的现象,更有一名被试将问卷纸折成 8 个格,按义类分格填写。这在一定程度上反映出人们在记忆词汇时对事物类属的依赖。

延时记忆效果的测试前三大题为客观题,含 15 小题,共 30 分,第四大题评分标准与即时记忆效果测试相同,但前三大题题干或选项中出现过的 15 个词语不再计分。试卷总分为 165 分,我们同样累积每一被试得分后，再将得分换算为百分制，作为他们的延时记忆成绩。

延时记忆效果的实验结果显示，采用义类学习方法指引的实验组，延时记忆平均成绩为 36.36，而对照组的延时记忆平均成绩分为 19.53，实验组的得分高出对照组 16.83，记忆效果近乎高出一倍。

实验是成功的，其结果相当令人振奋。实验组与对照组在即时记忆与延时记忆的成绩比分别是 48.29∶31.75 和 36.36∶19.53，差别显著。这一实验应当可以证实我们的假设：利用义类进行词汇教学，无论对即时记忆还是对延时记忆，都有显而易见的好处。艾宾浩斯认为，凡是理解了的知识就能记得迅速、全面而牢固。那么，义类信息是否也是一种帮助理解的资源呢？答案应当是肯定的。

我们同时也注意到，由于种种原因，我们的实验至少有两点不足：一是被试数量偏少。尽管我们相信实验结果在一定程度上可以证明利用词语义类进行词汇教学的有效性和可行性，但如果能有更多的被试介入，实验将更有说服力。二是我们的实验词表以名词为主，因而实验无法判断利用义类方法记忆汉语词汇时在不同词类上的效率差异。我们所构建的面向对外汉语教学的汉语词汇义类体系只涉及名词、动词、形容词三类。《大纲》中的名词、动词、形容词共计 6856 个，名动、动形、名形兼类词共计 465 个，合计 7321 个。如果从《大纲》8822 个词语中扣除短语和常用结构 684 个不计，那么《大纲》中的名词、动词、形容词（含名动、动形、名形兼类）占《大纲》词语总量的 90%，应当说从词语数量上可以反映《大纲》的概貌。在 7321 个词中，动词、形容词约占 50%，而在实验词表中只占 13%，我们显然对实验词表词类的均衡没有给予足够的关注。

四、实验引发的思考

既然我们可以证明汉语义类是一种可以帮助学习者记忆汉语词汇的教学资源，我们就有理由认为，面向汉语作为第二语言教学的汉语义类研究成果，能够为汉语词汇学习提供多方面的支持。

首先，汉语义类研究成果可以服务于对外汉语教材的编写。

有学者评价现阶段的对外汉语教学，认为目前的语音教学基本上是成功的，而最成功的则是句型教学，成功的原因是对教学内容实现了集中强化。[①] 但在句型阶段以后，我们没有进行本该进行的词语集中强化，因而教学的路子走错了。如果这一评价成立，那么我们现行的对外汉语教材在教学中的作用与局限同样不容忽视。当前一些有代表性的对外汉语教材，在语法项目的安排上遵循教学大纲，利用现有的第二语言习得顺序的研究成果。应当说，这些教材为语法项目的集中强化教学提供了指引与保证。至于在词汇的安排方面，当前的通行教材主要考虑的是按大纲规定的词语范围和词语等级划分循序渐进，这虽然在一定程度上克服了早期教材在词汇处理上任意性、随机性的不足，但尚不能满足词语集中强化教学的需要。我们尚未看到特别服务于汉语词语集中教学的教材，而我们确实需要这样的教材。

我们尝试提出这样的教学思路：以特定的交际任务为纲，以

---

① 陈贤纯《对外汉语中级阶段教学改革构想——词语的集中强化教学》，《世界汉语教学》1999 年第 4 期。

相应的交际情境、交际话题为第二语言操练平台，以扩充学习者在特定语境下达成交际所需的词汇为主要教学目的，以帮助学生"编织"联想、对比、类聚的词语网络为主要教学手段。实现这样的教学思路需要与之匹配的、与以往不同的教材。这种教材可以以话题、交际任务为纲，以特定类属的词语为目，不是确定了语法项目再编课文，继而从课文中挑选生词；而是根据交际任务、情境、话题先确定词语表，再根据词语表编写课文。限于课文的长度、难度及生词量，教材规划中的某一义类的全部（或大部）词语的显现，可以通过同一情境或话题在不同层次的若干课文中的数次循环以及课后练习的补充来解决。语法项目依旧是教学内容之一，依旧要循序渐进，但只是作为"暗线"渗透于词汇教学中，为词汇教学服务。我们认为，如果教材的编写能体现上述思路，将有利于学习者记忆所学词语，从而有效扩大汉语词汇量，提高在特定话语活动中的表现能力。如果上述教学思路可行，汉语义类研究成果无疑会为新思路教材的编写提供方便。

其次，面向汉语作为第二语言教学的汉语义类系统研究可以以"义类词表"的形式服务于"汉语作为第二语言义类词典"一类工具书的编纂。

编词典不易，编有针对性、有特色的词典更难。我们设想，"汉语作为第二语言义类词典"因其使用对象与常规汉语词典不同，故应当有服务于第二语言学习的特色。在收词范围上，宜在相关词汇大纲的基础上适度扩展或删减；在编排体例上，与按音序或按部首排列的常规汉语词典不同，词语应按义类部居，同时附有汉语拼音索引；在释义上，由于义类是义项类属的划分，因此在特定类目下不必解释某一词语的无关义项，而以"参见"的方式解决一词多义问题。此类词典的重点不在于某词的意思怎么讲,而在于某词何时何处用、怎么用。如果我们勾勒出的这种义类词典在汉语作为第二语言教学中有应用价值,那么"义类词表"无疑可以作为此类词典编纂的重要参考依据。

最后,面向汉语作为第二语言教学的"义类词表"还可以直接服务于学习者。

因"义类词表"篇幅有限便于携带,又因其有类目、拼音双重检索功能,故可供学习者在书面表达或口语表达"词穷"时"急用先查";又因"义类词表"中的词语是基于《大纲》的,故也可供学习者用于平日的词语学习,或用于 HSK 考前的词语突击记忆。通过背词典来掌握一门外语,早已被证明不是一种科学、有效的方法。但"义类词表"与通行汉语工具书或其他音序词表不同,词表由于涉及了交际情境、交际话题,因而有一定的语境提示作用,可以引发学习者的联想,因而还不能说"义类词表"完全脱离了语境。

要之,汉语义类研究在汉语作为第二语言词汇教学中的应用价值不容忽视,因而应当受到学界的关注。

附录:实验用词语表(略去汉语拼音与翻译)

音序词表 1

B	半岛、绑架、豹子、悲伤、变压器、菠萝、不孕症
C	残疾、草莓、充电器、长颈鹿、惆怅、葱头、丛林
G	感慨、高原、肝炎、骨折、桂圆
Q	起诉、强奸、茄子、芹菜、丘陵
X	吸尘器、西瓜、西兰花、犀牛、猩猩、杏

义类词表 1

疾病	不孕症、胆结石、肝炎、腹泻、骨折、残疾、近视
治安	绑架、贩毒、强奸、贿赂、法庭、逮捕、拘留、起诉
蔬菜	大葱、葱头、冬瓜、茄子、韭菜、芹菜、西兰花、胡萝卜
水果	菠萝、草莓、西瓜、哈密瓜、桂圆、核桃、杏

音序词表 2

D	打印机、大葱、逮捕、胆结石、岛屿、冬瓜、动情、对讲机
F	法庭、烦躁、贩毒、愤恨、腹泻、复印机
H	哈密瓜、海滩、海豚、海峡、核桃、狐狸、胡萝卜、荒漠、贿赂、火山
J	焦虑、近视、惊恐、鲸鱼、拘留、韭菜

义类词表 2

情绪	悲伤、惆怅、动情、感慨、烦躁、焦虑、愤恨、惊恐
地理	岛屿、半岛、海滩、海峡、丛林、高原、火山、丘陵、荒漠
电器	变压器、充电器、吸尘器、打印机、对讲机、复印机
动物	豹子、长颈鹿、犀牛、猩猩、狐狸、海豚、鲸鱼

第二节 汉语作为第二语言的语素教学法实验研究[①]

自胡炳忠针对留学生将"鸡"描述为"鸡蛋的妈妈"一类问题，明确指出汉语语素和构词在教学中的重要性后，越来越多的

---

① 本文以《汉语作为第二语言词汇教学"语素法"适用性研究》为题发表在《世界汉语教学》2016年第2期，作者赵玮。

研究者开始关注并倡导语素教学法的使用，语素法逐渐走入汉语课堂，并成为现阶段最常用的词汇教学法之一。[1] 语素法的支持者认为该法以词的构成成分为单位进行教学，贴合汉语词汇特点，有助于学习者准确理解词义，建立心理词库中同素词之间的联系，促进词汇能力的长期发展。[2] 王骏、高珊等的教学实验也证实语素法的长期使用对提高学生词汇水平有很大帮助。[3] 但与此同时，一些学者指出语素法的实施尚存在困难之处，如很多汉语词词义不等于语素义的简单相加，学生难以通过语素义的直接加合理解和记忆生词等。[4] 那么，具体哪些词适宜用语素法教授，哪些词不太适宜呢？这是教师在汉语教学中面临的实际问题，目前却少有研究对此进行讨论；讨论到相关问题时，也以举例式分析为主，缺少实验研究的验证。

本研究拟通过一项教学实验，考察语素法的适用性。实验中，对照组采用的是语境教学法，我们将通过语素班和语境班被试不同类别词语测试成绩的比较，考察语素法适用的词语类型。将语境法

---

[1] 胡炳忠《基础汉语的词汇教学》，《语言教学与研究》1987年第4期。
[2] 吕文华《建立语素教学的构想》，载吕文华《对外汉语教学语法体系研究》，北京语言文化大学出版社，1999年；肖贤彬《对外汉语词汇教学中"语素法"的几个问题》，《汉语学习》2002年第6期；王周炎、卿雪华《语素教学是对外汉语词汇教学的基础》，《云南师范大学学报》（对外汉语教学与研究版）2004年第5期；施正宇《词·语素·汉字教学初探》，《世界汉语教学》2008年第2期。
[3] 王骏《在对外汉语词汇教学中实施"字本位"方法的实验报告》，《暨南大学华文学院学报》2005年第3期；高珊《对外汉语词汇教学中的语素教学研究》，黑龙江大学硕士学位论文，2009年。
[4] 刘颂浩《对外汉语教学中的本位之争》，载《汉语教学学刊》第3辑，北京大学出版社，2007年；彭小川、马煜逵《汉语作为第二语言词汇教学应有的意识与策略》，《语言文字应用》2010年第1期。

作为对比项的原因有三：（1）语境法在汉语教学中极为常用，语素法和语境法的对比具有较大实用性。（2）语素法和语境法代表了不同的教学本位观。以往学者对语素法实施效果的担忧往往源于其教学基本单位的特殊性，而语素法和语境法的教学单位恰恰相对，前者以词的构成成分为单位进行教学，后者以整词为单位。语素法和语境法的对比能够帮助我们发现哪些类别的词语适合以语素为单位教授。（3）语素法和语境法提供的词汇知识类型不同。根据 Stahl 的划分，词汇知识分为定义知识和语境知识，语素法只提供了定义知识，语境法还提供了语境知识。[①] 我们可以通过两种教学法的对比发现学生难以仅仅利用定义知识学习的词语类型。鉴于此，本研究将通过语素法和语境法的对比，考察适用于语素法的词语类型。

一、实验设计

"在课堂二语习得中，词汇习得任务主要在于记住词语。"[②] 因此，本研究将通过词义记忆情况观察语素法对不同类别词语的适用性。基于语素法的两个显著特点：以语素为单位教学和主要为学习者提供定义知识，我们将从语素义和词义的关系、语素项[③] 的常用度和词义抽象度三个角度为实验词语分类。具体实验

---

① Stahl, Steven A. (1985). To teach a word well: A framework for vocabulary instruction. *Reading World*, 24: 16-27.

② Jiang, Nan (2000) Lexical representation and development in a second language. *Applied Linguistics*, 21(1): 47-77.

③ 语素项指"一个义项单位的语素"（姜自霞《基于义项的语素构词研究——以构词力强的名词性语素为对象》，北京语言大学硕士学位论文，2005年）。本研究中，这个义项指语素参与构词时的意义。

设计如下:

(一) 被试

本实验的被试选自北京语言大学两个准中级教学班。被试的筛选考虑到三方面因素:(1)日韩语背景学生数量。由于汉字词对汉语词汇学习的帮助较大,语素班和语境班被试中日、韩语背景学习者的数量应基本一致,特别要避免"你有我无"的情况。(2)出勤率。由于每次课程都安排测试,被试出勤率需达到80%以上。(3)实验词语熟悉度。被试不熟悉词语比重需达到实验词语总数的90%以上。实验过程中,每次课程正式授课前,我们都会要求学生完成"词语了解情况测试"。在该测试中,学生需自我报告对词语的熟悉程度,学生报告为"完全没有见过这个词"(A选项)和"见过这个词,但不知道它的意思"(B选项)时,将该词判定为学生不熟悉的词语。

经筛选,本研究被试共计17人,语素班8人,2人来自韩国,其他同学来自印尼、泰国、芬兰和澳大利亚;语境班9人,4人来自韩国,其他同学来自印尼、泰国、法国和西班牙。受实验条件所限,语素班和语境班分班测试成绩差异显著,$t=-2.570$,$P=0.021$,语素班被试分班测试成绩低于语境班,但两班被试的汉语水平总体上处于同一阶段,且90%以上的实验词语被试均不认识,两班使用的教材和课时时长也一致。在对比两班测试分数时,我们会将分班测试成绩作为协变量考察。

(二) 实验词语

实验词语的筛选分为五个步骤:(1)从课本及《(汉语水平)词汇等级大纲》(以下简称《大纲》)中选出一部分低频实词。选择低频词是为了保证实验词语被试没有学过且在其他课程上复现率较低；选择实词主要由于本次实验依托阅读课展开，而阅读课直接词汇教学以实词为主。[①]（2）删除预选实验词语中包含的课文主题词和韩语汉字词。（3）从语素义和词义的关系、语素项的常用度和词义的具体性三个角度为预选出的实验词语分类，每一个分类角度下，依据不同的标准，将实验词语分为三类。分类标准我们将在下文详述。（4）补充或删除词语，保证不同分类角度下，各类别的词语数量基本平衡。（5）统计"词语了解情况测试"结果，只保留词表中不熟悉该词的学生数量在被试总数中所占比重高于90%的词语。经过以上步骤，我们共得到80个实验词语（见附录）。下面就词语的分类标准及依此标准划分出的词语类别进行说明。

1. 语素义和词义关系角度的分类。

本研究主要参照符淮青提出的分类体系考察语素义和词义的关系类型。[②]该文将复合词语素义和词义的关系分为五类：语素义直接完全地表示词义、语素义直接部分地表示词义、语素义间接地表示词义、一个语素义失落和所有语素义都不显示词义。我们暂不对"所有语素义都不显示词义"这一类词语进行考察，因为该类词语本身就难以用语素法讲解，再探讨其教学效果如何意义不大。且据李如龙和吴茗参照符淮青的分类体系对《大纲》甲乙级双音词语素义和词义关系进行的统计，语素义与词义无关的词语仅占4.81%，较为少见。[③]此外，根据加合语素义得到词义

[①] 周小兵、张世涛、干红梅《汉语阅读教学理论与方法》，北京大学出版社，2008年。

[②] 符淮青《词义和构成词的语素义的关系》，《辞书研究》1981年第1期。

[③] 李如龙、吴茗《略论对外汉语词汇教学的两个原则》，《语言教学与研究》2005年第2期。

的难度,我们对符淮青的分类体系进行了些微调整,将其中的第四类归并到第一类。因为一个语素义失落的情况下,词义仍然可完全通过其内部组成部分——语素获得,而第二、三类中,完整的词义还需要对加合的语素义进行补充和转换,从加合语素义得到词义的难度看,第四类和第一类的难度基本一致,第二类和第三类的难度相对较大。

最终,本研究将语素义和词义的关系分为三类,如表1所示:

表 1 语素义和词义关系类型表

类别	语素义和词义的关系	语素义和词义关系次类公式	例词
直接加合型	词义等于语素义直接加合	AB = A+B	山顶
		AB = A = B	厌倦
		AB = A 或 B	窥视
补充型	词义等于语素义加补充内容	AB = A+B+ 补充内容	反话
引申型	词义等于加合后的语素义的引申	AB = A+B+ 引申	碰壁

我们将实验词语及其构成语素在《现代汉语词典》(第6版)中的释义录入到excel表格,然后按照上述分类标准确定实验词语所属类别。80个实验词语中,直接加合型词语26个,补充型词语27个,引申型词语27个。

2. 语素项常用度角度的分类。

本研究依据语素项常用度而非语素常用度为实验词语分类。多义语素不同语素项的使用频率有时差别较大,语素常用度反映的是该语素在多个义项上的综合使用情况,而不是单个义项上语素的使用频率。我们希望通过常用度推断学习者对构词语素的熟悉度。通过语素常用度推断，可能会高估学生对某些相对低频语素项的熟悉度。如"看望"中的"看"，由于"看❶：使视线接触人或物"常用度较高，"看"的常用度也很高，但"看❹：访问；探望"的使用频率相对低一些。这种情况下，我们难以通过语素"看"的常用度推断出学生是否熟悉"看❹"。

　　本研究将语素项常用度分为低、中、高三个等级。语素项常用度的衡量指标有两个：语素项在《大纲》中的分布等级及构词数量。《大纲》的分级以"词频统计为主要依据"，语素项在《大纲》中的等级可以反映出其独立使用时的常用度，等级越低，其常用度越高。由于《大纲》只标注了词性，未标注义项，我们主要依据词性判断实验词语所包含的语素项单独使用时是否属于超纲词。如果《大纲》上标注的词性与该语素项单独使用时的词性不符，我们将之记作超纲词。语素项构词数量依据其在《大纲》甲、乙、丙级词语中参与构词数量的多少，不以其在《现汉》中构词数量的多少作为判断依据，并且不将语素项构成的丁级词统计在内，主要由于准中级学习者词汇量相对较低，超纲词和丁级词认识得极少，如果语素项参与构成的词语是超纲词或丁级词，无论该语素项构成多少个词语，学习者通常是没有接触过的，也就不会给学习者对该语素项的感知、记忆和提取带来影响。

　　确定语素项在《大纲》中的分布等级及构词数量的判断依据后，我们开始为等级和构词数量不同的语素项赋值。语素项在《大纲》中的等级越低，分值越高；构词数量越多，分值越高。根据邢红兵的统计，语素项在《大纲》中的构词量大部分都在5以下，构词数量为 5 及 5 以上的语素项仅占 14%。①因此，该衡量指标下，最高分对应的构词数量是 5 及 5 以上，最低分对应的构词数量是 0。赋值办法详见表 2。

表 2　语素项常用度赋值办法说明表

衡量指标	双字词	三字词	四字词
等级	语素项为甲级词记 6 分，乙级词 4.5 分，丙级词 3 分，丁级词 1.5 分，超纲词 0 分，两语素项分值相加得双字词分值，最高分 12 分，最低分 0 分	语素项为甲级词记 4 分，乙级词 3 分，丙级词 2 分，丁级词 1 分，超纲词 0 分，三语素项分值相加得三字词分值，最高分 12 分，最低分 0 分	语素项为甲级词记 3 分，乙级词 2.25 分，丙级词 1.5 分，丁级词 0.75 分，超纲词 0 分，四语素项分值相加得四字词分值，最高分 12 分，最低分 0 分
构词数量	语素项构词数量为 5 及 5 以上记 6 分，为 4 记 4.8 分，为 3 记 3.6 分，为 2 记 2.4 分，为 1 记 1.2 分，为 0 记 0 分，两语素项分值相加得双字词分值，最高分 12 分，最低分 0 分	语素项构词数量为 5 及 5 以上记 4 分，为 4 记 3.2 分，为 3 记 2.4 分，为 2 记 1.6 分，为 1 记 0.8 分，为 0 记 0 分，三语素项分值相加得三字词分值，最高分 12 分，最低分 0 分	语素项构词数量为 5 及 5 以上记 3 分，为 4 记 2.4 分，为 3 记 1.8 分，为 2 记 1.2 分，为 1 记 0.6 分，为 0 记 0 分，四语素项分值相加得四字词分值，最高分 12 分，最低分 0 分
合计	最高 24 分，最低 0 分	最高 24 分，最低 0 分	最高 24 分，最低 0 分

赋值完毕后，将实验词语包含的语素项在《大纲》中的分布等级和构词数量对应的分值相加，得到语素项常用度分值。之后，将所有实验词语的语素项常用度分值由低到高排列，确定排名

---

① 邢红兵《〈（汉语水平）词汇等级大纲〉双音合成词语素统计分析》，《世界汉语教学》2006 年第 3 期。

1/3 处和 2/3 处分值，这两个分值分别代表中、低和中、高常用度的分界点。最后，依据语素项常用度分值为实验词语分类，将常用度分值低于排名 1/3 处分值的词语归为低常用度词语，高于排名 2/3 处分值的词语归为高常用度词语，处于二者中间的归为中常用度词语。80 个实验词语中，低常用度词语 26 个，中常用度词语 26 个，高常用度词语 28 个。

3. 词义具体性角度的分类。

本研究根据词义具体性将实验词语分为抽象词语、不太具体词语和具体词语三类，分类步骤如下：（1）请 15 位语言学专业的高校教师和研究生在五点量表上对实验词语进行具体性评定。5 表示非常具体，1 表示非常抽象，由 5 至 1 具体性逐渐减弱，抽象性逐渐增强。量表上说明，"具体"指该词的指称对象可以或易于直接感知。量表上为只教授了一个义项的多义词和个别较为生僻的词语提供了释义。（2）计算每个实验词语具体性评定的平均得分。（3）将所有实验词语的具体性评定得分由低到高排列，确定排名 1/3 处和 2/3 处分值。（4）依据词义具体性得分为实验词语分类，将具体性得分低于排名 1/3 处分值的词语归为抽象词语，高于排名 2/3 处分值的词语归为具体词语，处于二者中间的归为不太具体词语。80 个实验词语中，抽象词语 25 个，不太具体词语 27 个，具体词语 28 个。

（三）教学方法

教学实验持续 12 周，每周 2 次课程，共计 48 课时。语素班和语境班每次课程均教授 3—4 个实验词语，每个词语教授 2—3 分钟，两班实验词语和教学时间一致。

语素班的教学环节包括教授语素义，请学生利用语素义猜测词义、展示词义、扩展词语。在教授语素义时，我们采用了多种方法，对于学生较熟悉的语素项，请学生直接说出语素义；对于学生不太熟悉、但构词能力较强的语素项，通过展示包含该语素项的一系列词语，引导学生说出语素义；当语素项常用度较低且语素义较难总结时，直接展示语素义。生词扩展环节紧紧围绕实验词语展开，我们在词语的选择上注意保证构成扩展词的语素的意义与目标词语素项的意义相同，且尽量保证扩展词的另一个语素是学习者已学过的，或是在其他词语中见过的。

  语境法的教学环节包括展示句子或情景、请学生齐读句子、引导学生猜测词义、展示词义。借鉴以往研究成果，在设计语境时，我们注意提供足够的语境信息和线索，并保证句子中的词语学习者绝大部分都认识，对于学习者可能不认识的词语用英语加以注释，且注明拼音，以便学生顺利猜出词义。[①] 此外，词汇附带习得输入干预的相关研究显示，输入增显可以引起学生对目标词语的注意，促使其对目标词进行更为深入的加工。[②] 因此，在呈现句子时，我们将目标词语加粗，并将字体颜色设置为红色，提醒学习者朗读句子的目的是理解目标词语。

  下面以"生手"为例，介绍语素班和语境班实验词语的教学方法。

  [①] Hulstijn, Jan (1992). Retention of inferred and given word meanings: Experiments in incidental vocabulary learning. In Pierre, J., Arnaud, L., & Henri Bejoint (Eds.), *Vocabulary and applied linguistics*, 113-125. London: Macmillan; 干红梅《上下文语境对汉语阅读中词汇学习的影响》，《语言教学与研究》2011年第3期。

  [②] 苗丽霞《国内第二语言词汇附带习得研究：现状与发展》，《外语界》2013年第5期。

语素班：

老师：看到"生"能想到什么词？

学生：学生、生意、生病、生人……

老师：很好，××说了"生人"，是什么意思？

学生：不认识的人。

老师：对，不熟悉、不认识的人。"生词"呢？

学生：不认识的词。

老师：很好，这些"生"是什么意思？

学生：不认识的。

（幻灯片）生：不认识的、不熟悉的。

老师：好，来看我们要学习的词，怎么读？（幻灯片：生手）

学生齐读

老师："手"可以指一种人，猜一猜"生手"的意思是什么？

（幻灯片）"生手"的意思是：A.对工作熟悉的人 B.对工作不熟悉的人

学生：B。

（幻灯片）生手：刚工作，对工作不熟悉的人

老师：下面，来猜一猜，"熟手"是什么意思？

学生：对工作熟悉的人。

老师：再猜一猜"高手"是什么意思？

学生：水平很高的人。

老师：非常好。注意，这几个词里"手"都表示什么样的人。"高手"，水平高的人，"熟手"，对工作熟悉的人，还有"生手"，是什么意思？

学生：刚工作，对工作不熟悉的人。

语境班：

（幻灯片）我刚开始做这个工作，还是个生手。

（幻灯片）我们想找一个熟悉这方面工作的人，不要生手。

老师：一起读这两个句子，注意"生手"这个词。（学生读完后）

"生手"是名词、动词还是形容词?

学生:名词。

老师:"生手"是人、地方,还是别的什么东西?

学生:人。

老师:为什么?

学生:我,我刚开始做这个工作,还是个生手。

老师:对,我是个生手,所以生手是一种人。那是什么样的人?

学生:对一件事情熟悉的。

老师:熟悉的吗?读读第二个句子,我想找什么样的人,不要什么样的人?

学生:不熟悉的。

老师:是对什么不熟悉的人?看一看,两个句子里都有一个什么词?(老师手指向"工作")

学生:对工作不熟悉的人。

老师:很好,"生手"是"刚工作,对工作不熟悉的人"。(同时在幻灯片上展示词义)

需要说明的是,语素班和语境班的生词处理环节都包含猜测词义,这一方面由于实验依托阅读课进行,词义猜测策略的训练是阅读课词汇教学的重要内容;另一方面是因为相比于直接展示词义,先进行词义猜测可以加大学习者的认知加工量,促进词汇学习。[1]

(四)测试

每次课程临近结束时,进行即时后测,一周后,进行延时后测,

---

[1] Laufer, Batia, & Jan Hulstijn (2001). Incidental vocabulary acquisition in a second language: The construct of task-induced involvement. *Applied Linguistics*, 22:1-26; 陶凌寅《注释顺序和释义内容对不同水平欧美学生汉语生词习得的影响》,北京语言大学硕士学位论文,2010年。

共计进行 24 次即时和延时后测。即时后测的形式为解释词义或翻译，不会写的汉字可以写拼音。如：

"厌倦"的意思是_____

延时后测的形式为单项选择。题目包含 4 个选项，1 个是正确答案，1 个是"不知道"，该选项的设置是为了防止学生随意猜测答案。另两个错误选项，1 个是与语素相关的错误（如下例中的选项 B），1 个是该词在讲解词语时提供的句子中连同上下文共同表示的意思。（如下例中的 C 选项，讲解词语时提供的句子是：商业区里，高楼林立，非常繁华。）

"林立"的意思是：（　　）
A. 像树林里的树一样站着，说明很多
B. 像树一样站得很直
C. 像树林一样多的楼
D. 不知道

二、实验结果

（一）成绩计算方法

由于词汇知识并不是"或有或无的两极现象"，[①] 考虑到词语部分习得的具体情况，我们将即时后测成绩分为 5 个级别，最低分 0 分，满分 4 分，每个级别相差 1 分。即时后测成绩的评定标准为：

[①] 孙晓明《国内外第二语言词汇习得研究综述》，《语言教学与研究》2007 年第 4 期。

1. 未作答或回答完全错误，记 0 分。如学生将"捐款"翻译为 debt（债务）。

2. 不太正确，记 1 分。包括以下几种情况：直接加合型词语构词语素地位不平等时，仅写出对词义影响较小的语素的意义，如将"窥视"解释为"看"；补充型或引申型词语，只答出 1 个语素义，其他语素义、补充内容或引申义没有答出，如将"蜗居"解释为"蜗牛"；写对了语素义，但词语结构有误，如将"完事"解释为"做完的事情"；与词义完全相反，如将"不厌其烦"解释为"觉得麻烦"等。

3. 部分正确，记 2 分。包括以下几种情况：直接加合型词语构词语素地位平等时，写出其中 1 个语素的意义，如将"诺言"解释为"答应"；补充型或引申型词语，答出了语素义，但补充内容或引申义没有答出，如将"尺寸"翻译为 a measurement for length（长度计量单位）；与词义部分相关，如将"吃亏"解释为"上当"。

4. 基本正确，记 3 分。包括以下几种情况：直接加合型词语构词语素地位平等时，双音节词写对其中 1 个语素的意义和另 1 个语素的部分意义，四音节词中，写对 3 个以上语素义，如将"按时"解释为"按照时间"；补充型词语，答出部分语素义和全部补充内容，或部分补充内容和全部语素义，如将"生手"解释为"刚做工作，不太熟悉"；词性错误，如将"铁打"解释为"坚固的东西"；词义解释不准确，但核心意思理解了，如将"校花"解释为"非常漂亮的女孩子在大学"，这个释义把"校花"的使用范围限定在了"大学"。

5. 完全正确，记 4 分。

延时后测成绩的评定方法为：学习者未作答、答错或选择"不知道",记0分,正确记1分。

(二)结果分析

语素班和语境班语素义和词义不同关系类型词语即时、延时后测成绩的描述性统计结果如表3所示:

表3 语素班和语境班语素义和词义不同关系类型词语的平均成绩及标准差

组别	测试形式	直接加合型词语		补充型词语		引申型词语		人数
		平均分	标准差	平均分	标准差	平均分	标准差	
语素班	即时后测	3.33	0.58	2.80	0.52	2.81	0.59	8
	延时后测	0.79	0.15	0.77	0.17	0.67	0.20	8
语境班	即时后测	3.58	0.24	3.38	0.27	3.36	0.26	9
	延时后测	0.83	0.08	0.84	0.08	0.76	0.15	9

我们使用SPSS(19.0)单因素协方差分析对语素班和语境班被试即时、延时后测成绩进行了被试分析(记为F_1),协变量为分班测试成绩,同时使用单因素方差进行了项目分析(记为F_2)。[①] 即时后测被试分析中,语素班和语境班直接加合型词语成绩差异不显著,$F_1(2, 14)=0.450$,$p=0.513$,项目分析中差异同样不显著,$F_2(1, 51)=2.101$,$p=0.153$;被试分析中,补充型词语成绩差异显著,$F_1(2, 14)=4.798$,$p=0.046$,项目分析中差异同样显著,$F_2(1, 53)=4.265$,$p=0.044$;被试分析中,

---

① 被试分析和项目分析的结果一般情况下是一致的,本研究亦如此。但有个别数据,被试分析不显著,项目分析显著。我们推测,这可能由于本研究被试的语言水平存在一定差异,而项目分析无法将学生分班测试成绩作为协变量进行统计。在后文讨论时,本研究仍以被试分析的数据为准,因为进行被试分析时考虑了学生水平差异。

引申型词语成绩差异边缘显著，F_1（2，14）=3.945，p=0.067，项目分析中差异显著，F_2（1，53）=6.928，p=0.011。延时后测被试分析中，语素班和语境班直接加合型词语成绩差异不显著，F_1（2，14）=0.123，p=0.731，项目分析中差异同样不显著，F_2（1，51）=0.615，p=0.437；被试分析中，补充型词语成绩差异不显著，F_1（2，14）=0.017，p=0.899，项目分析中差异也不显著，F_2（1，53）=2.771，p=0.102；被试分析中，引申型词语成绩差异不显著，F_1（2，14）=0.012，p=0.916，项目分析中差异同样不显著，F_2（1，53）=2.796，p=0.101。

语素班和语境班语素项常用度不同词语即时、延时后测成绩的描述性统计结果如表4所示：

表4　语素班和语境班语素项常用度不同词语的平均成绩及标准差

组别	测试形式	低常用度词语		中常用度词语		高常用度词语		人数
		平均分	标准差	平均分	标准差	平均分	标准差	
语素班	即时后测	2.92	0.61	3.00	0.57	3.01	0.46	8
	延时后测	0.70	0.22	0.73	0.18	0.80	0.14	8
语境班	即时后测	3.29	0.30	3.55	0.18	3.48	0.26	9
	延时后测	0.78	0.11	0.81	0.12	0.85	0.08	9

即时后测被试分析中，语素班和语境班低常用度词语成绩差异不显著，F_1（2，14）=1.197，p=0.292，项目分析中差异边缘显著，F_2（1，51）=3.827，p=0.056；被试分析中，中常用度词语成绩差异边缘显著，F_1（2，14）=3.841，p=0.070，项目分析中差异显著，F_2（1，51）=7.542，p=0.008；被试分析中，高常用度词语成绩差异边缘显著，F_1（2，14）=4.304，p=0.057，

项目分析中差异显著，F_2（1，55）=4.847，p=0.032。延时后测被试分析中，语素班和语境班低常用度词语成绩差异不显著，F_1（2，14）=0.149，p=0.706，项目分析中差异不显著，F_2（1，51）=1.616，p=0.210；被试分析中，中常用度词语成绩差异不显著，F_1（2，14）=0.035，p=0.853，项目分析中差异边缘显著，F_2（1，51）=2.994，p=0.090；被试分析中，高常用度词语成绩差异不显著，F_1（2，14）=0.002，p=0.968，项目分析中差异也不显著，F_2（1，55）=1.316，p=0.256。

语素班和语境班具体性不同的三类词语即时、延时后测成绩的描述性统计结果如表 5 所示：

表 5　语素班和语境班具体性不同的词语平均成绩及标准差

组别	测试形式	抽象词语		不太具体词语		具体词语		人数
		平均分	标准差	平均分	标准差	平均分	标准差	
语素班	即时后测	2.66	0.61	3.01	0.51	3.23	0.57	8
	延时后测	0.70	0.15	0.75	0.18	0.78	0.17	8
语境班	即时后测	3.21	0.38	3.60	0.13	3.49	0.29	9
	延时后测	0.77	0.08	0.81	0.14	0.84	0.07	9

即时后测被试分析中，语素班和语境班抽象词语成绩差异不显著，F_1（2，14）=3.083，p=0.101，项目分析中差异显著，F_2（1，49）=4.778，p=0.034；被试分析中，不太具体词语成绩差异显著，F_1（2，14）=5.724，p=0.031，项目分析中同样差异显著，F_1（1，53）=11.319，p=0.001；被试分析中，具体词语成绩差异不显著，F_1（2，14）=0.771，p=0.395，项目分析中差异同样不显著，F_2（1，55）=2.641，p=0.110。延时后测被试分析中，语素班和语

境班抽象词语成绩差异不显著，F_1（2，14）=0.020，p=0.889，项目分析中差异同样不显著，F_2（1，49）=1.613，p=0.210；被试分析中，不太具体词语成绩差异不显著，F_1（2，14）=0.040，p=0.843，项目分析中差异同样不显著，F_2（1，53）=1.911，p=0.173；被试分析中，具体词语成绩差异不显著，F_1（2，14）=0.489，p=0.496，项目分析中差异同样不显著，F_2（1，55）=2.123，p=0.151。

二、讨论

（一）语素法对语素义和词义关系类型不同词语的适用性

对直接加合型、补充型和引申型词语测试成绩的比较发现，语素法和语境法的保持性效果基本一致，即时后测中，直接加合型词语的测试成绩也无显著差异，但语境法比语素法更能促进补充型、引申型词语的习得。这可能由于语素对透明词和不透明词的作用不同。汉语母语者的词汇加工中，透明词的语素对整词的加工起促进作用，不透明词中语素的激活对整词的加工有抑制作用。[1] 二语者词义猜测的相关研究也证实，学习者倾向于通过直接加合语素义推断词义，把不透明词当作透明词来理解。[2] 而语素义和词义的关系与词义透明度密切相关，"语素义和词义联系

---

[1] 王春茂、彭聃龄《合成词加工中的词频、词素频率及语义透明度》，《心理学报》1999年第3期；王春茂、彭聃龄《重复启动作业中词的语义透明度的作用》，《心理学报》2000年第2期。

[2] 干红梅《语义透明度对中级汉语阅读中词汇学习的影响》，《语言文字应用》2008年第1期；张江丽《词义与语素义之间的关系对词义猜测的影响》，《语言教学与研究》2010年第3期。

越直接、越密切则复合词透明度越高"①。依此判断，本研究中，直接加合型词语透明度最高，补充型次之，引申型透明度最低。因此，对于直接加合型词语，语素可以促进整词的加工；对于补充型、引申型词语，语素的激活可能会干扰甚至抑制整词的加工。语素法以语素为单位教学，可以引起学生对语素的充分关注，这种关注不利于透明度较低的补充型、引申型词语的学习。比如，27个引申型词语中，15个都出现了把语素义的加合当作词义的错误，如学生对以下词语的解释：

弹指：弹手指
皂白：黑和白
隔壁：separation between two people（两人之间的间隔物）
碰壁：人走在路上看不见墙
眉睫：眉毛和睫毛（学生画了一个眼睛，箭头指向眉毛和睫毛）

以上错误显示出，在学习透明度较低的词语时，学习者的大部分注意资源分配在了语素项的学习上，这影响了其对整词的关注，不利于生词的理解和记忆。与语素法相比，语境法以整词为单位进行教学，重在帮助学生建立词义和语境信息的联系，不会特别提醒学生关注语素，教学效果受语素义和词义关系的影响也就较小。因此，语境班补充型、引申型词语的学习效果显著优于语素班。

（二）语素法对语素项常用度不同词语的适用性

对语素项常用度不同的三类词语测试成绩的比较发现，语素法和语境法的保持性效果差异不大，即时后测中，语素班和语境

---

① 许艳华《面向汉语二语教学的常用复合词语义透明度研究》，北京师范大学博士学位论文，2014年。

班低常用度词语的测试成绩无显著差异,但两班语素项中、高常用度词语的即时后测成绩差异达到边缘显著,语境班成绩明显优于语素班。我们推测,这是由于准中级学生已具备一定的语素识别能力,能够判断出一些常用语素的意义,对语素项常用度较高的词语,语境班被试可同时利用语境和语素线索记忆生词,而语素班只能利用语素线索。江新和房艳霞的研究显示,二语学习者进行词义猜测时,整合语境和构词法线索比使用一种线索得到的猜测效果更好,以上实验结果显示,这一规则同样适用于生词的学习和记忆。① 此外,记忆研究表明,词汇是以网络方式储存的,在词汇网络中,单词与其他信息建立的连接点越多,记忆越牢固。② 对于语素项常用度较低的词语,准中级学生尚难以分辨出语素的意义,语境班被试只能构建词义与语境信息的联系,此时,语素班和语境班的成绩差异不大。但对于语素项常用度较高的词语,语境班被试可同时建立起语素义和词义、语境信息和词义的联系,而语素班被试只能建立起其中一种联系,因此,对于语素项常用度较高的生词,语境班的学习效果优于语素班。

(三) 语素法对具体性不同的词语的适用性

对具体性不同的三类词语测试成绩的比较发现,延时后测中,语素班和语境班的测试成绩差异不显著,即时后测中,两班抽象词语和具体词语的成绩差异同样不显著,但语境法在不太具体词语上的教学效果显著优于语素法。语境班被试在不太具体词语上的更好表现可能由于语境信息对材料理解有促进作用。语境有效

---

① 江新、房艳霞《语境和构词法线索对外国学生汉语词义猜测的作用》,《心理学报》2012年第1期。

② 江新《对外汉语教学的心理学探索》,教育科学出版社,2007年。

性理论认为，语境信息既可以来自于外部语境，也可以来自于内部语境，即加工者已有的知识经验。意义具体的词语内部语境通常是充足的，但意义较为抽象的词语内部语境不足，往往难以理解和记忆，而这种不足可以通过段落、句子等外部语境来弥补。[①] 不太具体词语的内部语境不足，但语素法被试只能依靠内部语境学习；而语境法为学习者提供了外部语境，这可以帮助学生建立对词义的感性认识，促进词汇学习，因此，语境班被试取得了更好的学习效果。

但为何抽象词语的学习中，语境班没有表现出明显的优势呢？Schwanenflugl & Shoben 认为，语境信息足够的情况下，个体可提供理解抽象材料所必需的认知帮助。[②] 我们推测，可能由于抽象词语整体上难度较大，句子语境提供的语境信息相对较少，尚不足以弥补认知上的缺陷，使得语境班被试的整体成绩偏低。比如学生根据"厌倦"的两个例句"起床、挤地铁、上班、下班、挤地铁、睡觉，每天都是这样，他已经厌倦了这种生活，打算辞职去旅行""结婚16年后，他们开始对彼此厌倦了，两人决定先分开一段时间"，把词义理解为"太多的事让我们累""很无聊，因为一直这样"。再比如"眉睫"一词，由于例句中出现了"近在眉睫"的组合形式，有学生将该词解释为"很近"。可见，即使使用语境法教学，学生在抽象词语的理解上仍存在一定困难。

---

① Schwanenflugl, Paula J., & Shoben, Edward J. (1983). Differential context effects in the comprehension of abstract and concrete verbal materials. *Journal of Experimental Psychology: Learning, Memory and Cognition*, 9: 82-102.

② 同①。

需要说明的是,延时后测中,语素班和语境班各类词语的成绩差异均不显著,这可能与我们未对实验词语进行及时复习有关。由于大部分实验词语为课外生词,出于教学进度的考虑,我们没有安排复习环节。如果生词能够得到及时复习,延时后测结果是否会出现显著差异,仍有待进一步的研究。

四、结论与启示

(一)语素法适用的词语类型

本实验的研究结果发现,直接加合型词语适合使用语素法教授。比如"挑选、完毕、忙碌"等词,词义和两个语素义同义,属于直接加合型中 AB = A = B 型词语,且学生对其中一个语素义较为熟悉,这种情况下,运用语素法教学能够有效帮助学生记忆词义。再比如"一成不变、凉爽、位于"等词,这些词语的意义等于语素义的组合,且仅包含一个学生不熟悉的语素,使用语境法教授时,学生有时会遗漏部分语素义,语素班的学生则极少出现这类错误。

具体词语也适合使用语素法教授。比如"山顶、校花、门牙、首映式、雪白"等词,意义具体,内部语境充足,学生得分很高。

对于语素项常用度较高的词语,虽然语境班被试的成绩优于语素班,但这也源于准中级学生已初步具备的语素意识。因此,我们建议,对于该类词语,一方面提供语境十分必要,另一方面教师也应为学生介绍语素义,增强学生对语素项的认识,促使其更为自觉地将语素知识应用到其他词语的学习中。

（二）语素法不太适用的词语类型

对于补充型词语，应谨慎使用语素法，以防学生误将语素义的加合理解为词义。不过，一些包含常用语素的词语，可先通过句子语境让学生对词义和补充内容形成较为清晰的认识，再通过对常用语素义的介绍强化词义记忆效果。比如"挑食"一词，多名语素班被试将之解释为"选择食品"，如果能够先向学生展示例句"这孩子太挑食，只吃肉，不吃菜，这样下去对身体不好"，引导学生注意到"挑食"指"选自己爱吃的东西吃"，再分别讲解"挑"和"食"的意思，想必可以很大程度上避免类似错误。

对于引申型词语，应尽量避免使用语素法讲授。不过，我们发现"了如指掌、路人、手慢、蜗居"等引申关系较为明晰的词语，学生的即时、延时后测都取得了不错的成绩，因此我们建议，对于该类词语，在提供句子语境的同时，可适当向学生讲授语素义和引申关系，以提高学生的学习兴趣。

对于语素项常用度较低的词语，虽然语素班和语境班被试成绩差异不算显著，但考虑到不常用语素项的实用性较低，很多母语者可能尚不知其含义，比如"皂白"的"皂"，"年迈"的"迈"，将之教授给二语者意义不大，该类词语使用语境法讲授更为妥当。此外，两组被试语素项常用度较低词语的得分都偏低，这提示我们，课堂中应加强该类词语的练习和复习。

具体性较低的词语也更适合使用语境法讲授，特别是抽象词语，教师应为之提供更为充足的语境，以保证学生正确理解词义。

附录：实验词语

厌倦、遥控、窥视、从业、捐款、欠债、凉爽、校花、完毕、潮湿、年迈、寻找、争吵、位于、眼馋、忙碌、谎话、吃亏、挑选、舒心、按时、雪白、与众不同、山顶、完事、一成不变、裸婚、复婚、敌视、购置、珍藏、首映式、诺言、生手、凉席、嗓音、插嘴、目瞪口呆、挑食、不厌其烦、两便、饭厅、宜人、重播、门牙、叫好、面熟、暖男、蛇行、争先恐后、年会、反话、睡眼、铁打、袖珍、蜗居、眉睫、把柄、顶峰、杀生、皂白、佳期、尺寸、林立、刀枪、隔壁、如数家珍、碰壁、了如指掌、弹指、心寒、一尘不染、靠山、弯路、手慢、眼力、转眼、眼见、手谈、路人

第三节 汉语作为第二语言的近义词教学实验研究[①]

在汉语二语学习中，词汇方面的问题十分突出。特别是在进入中级阶段后，随着学习者词汇量的扩大，词语误用显著增加。其中，学习者因无法准确区分近义词差异而引起的词语误用尤其突出。现有研究表明，近义词使用偏误占词语使用偏误总量的1/3 以上。[②] 可见，如何帮助学习者提高近义词学习的质量是中高

[①] 本文以《汉语作为第二语言的近义词教学实验研究》为题发表在《世界汉语教学》2013 年第 3 期，作者洪炜。

[②] 罗青松《英语国家学生高级汉语词汇学习过程的心理特征与教学策略》，载《第五届国际汉语教学讨论会论文选》，北京大学出版社，1997 年；李绍林《对外汉语教学词义辨析的对象和原则》，《世界汉语教学》2010 年第 3 期。

级阶段词汇教学中亟待解决的重要问题。

近年来,有关近义词教学的研究主要集中在两个方面:一是从理论上探讨近义词辨析的原则、角度和方法。[①] 二是对留学生中介语中出现的近义词偏误进行分析,探求偏误产生的原因。[②] 这两方面的研究对于帮助教师确定近义词辨析的思路及提高辨析的针对性具有重要意义。但除此之外,值得思考的另一个重要问题是,教师应该采用什么样的教学模式才能让学生更好地掌握近义词的差异?目前有关这一问题的研究仍十分薄弱,大多数研究仅停留在一些基本教学原则的探讨上,如提出近义词差异应分阶段教学,解释应浅显明白,简单实用等,[③] 鲜有通过实证研究的方式比较不同教学模式对汉语二语学习者近义词习得的影响。

根据调查,目前汉语教师对近义词教学存在不同的看法。一

[①] 杨寄洲《课堂教学中怎么进行近义词词语用法对比》,《世界汉语教学》2004年第3期;赵新、刘若云《编写〈外国人实用近义词词典〉的几个基本问题》,《辞书研究》2005年第4期;吴琳《系统化、程序化的对外汉语同义词教学》,《语言教学与研究》2008年第1期;张博《第二语言学习者汉语中介语易混淆词及其研究方法》,《语言教学与研究》2008年第6期;张博《针对性:易混淆词辨析词典的研编要则》,《世界汉语教学》2013年第2期;郝瑜鑫、邢红兵《基于大规模语料库的学习型同义词辨析模式初探——以"美丽""漂亮"为例》,载亢世勇等主编《词汇语义学的新进展——第十届词汇语义学论文集》,新加坡东方语言信息处理学会。

[②] 卿雪华《留学生汉语习得近义词偏误研究——以泰国学生为例》,云南师范大学硕士学位论文,2004年;刘春梅《留学生单双音同义名词偏误统计分析》,《语言教学与研究》2007年第3期;梁智焕《韩国中级学习者近义词习得偏误分析》,上海师范大学硕士学位论文,2011年;周琳、萨仁其其格《蒙古学习者特异性汉语易混淆词及其母语影响因素》,《语言文字应用》2013年第1期。

[③] 敖桂华《对外汉语近义词辨析教学对策》,《汉语学习》2008年第3期;李绍林《对外汉语教学词义辨析的对象和规则》,《世界汉语教学》2010年第3期。

些教师认为，要让学习者掌握近义词的用法，必须依靠教师的讲解，因此主张在学习者进入中级学习阶段后，对近义词进行系统辨析。但也有教师对讲解的有效性持怀疑态度。他们认为，近义词用法规则繁复，靠课堂讲解实际上效果不大，相反还会给学习者造成学习负担，因此主张不进行规则讲解，只给学习者提供大量的语言输入让其从中习得差异。这两种观点实际上反映了两种不同的教学取向，即显性教学（explicit instruction）与隐性教学（implicit instruction）。Ellis、Norris & Ortega、Hulstijn 等都曾对这两种不同的教学取向进行过论述。[1] 所谓显性教学，是指在教学过程中，教师明确向学习者提供有关语言使用的规则。相反，隐性教学则是不向学习者提供明确的语言使用规则，而是通过大量输入让学习者获得相关规则。显然，关于近义词教学的第一种观点属于显性教学方式，第二种则属于隐性教学方式。

支持采用显性教学方式的教师在辨析方法上也存在不同观点。有的教师主张采用传统的接受式教学（expository instruction），即教师直接向学习者讲解近义词差异，学习者被动接受相关知识。有的教师则主张采用发现式教学（discovery-based instruction）。发现式教学最早由 Bruner 提出。[2] Bruner 认为，学

---

[1] Ellis, Rod (1994). *The study of second language acquisition.* Oxford: Oxford University Press; Norris, John, & Lourdes Ortega (2000). Effectiveness of L2 instruction: A research synthesis and quantitative meta-analysis. *Language Learning*, 50: 417-528; Hulstijn, Jan (2005). Theoretical and empirical issues in the study of implicit and explicit second-language learning: Introduction. *Studies in Second Language Acquisition*, 27: 129-140.

[2] Bruner, Jerome (1961). The act of discovery. *Harvard Educational Review*, 31: 21-32.

习是一种过程，不是一种结果。教师应该让学习者参与获得知识的过程，让学习者通过一系列的发现行为去探究并获得所需要掌握的学习内容。因此，主张采用发现式教学进行近义词辨析的教师并不直接将差异点告诉学习者，而是通过展示例句尝试引导学习者自己发现差异规则，最后再由教师总结。

可见，目前学界对于近义词辨析讲解的必要性及教学方法仍有不少分歧。究竟在课堂上对近义词差异进行显性辨析教学是否有必要？如有必要，应采取哪种辨析方式更为有效？这些问题对近义词教学具有重要意义。因此，本节拟通过一项实证研究对此进行探讨，希望通过对比不同的近义词教学处理方式的效果，寻找到相对高效的近义词教学模式。

一、实验设计

（一）实验问题

1. 在课堂上进行近义词显性辨析是否有助于促进汉语二语学习者对近义词的习得？

2. 接受式近义词辨析模式和发现式近义词辨析模式哪种更有效？

（二）实验方法

1. 被试。

中山大学国际汉语学院的 63 名中级水平汉语二语学习者参加了此次实验，这些被试参加实验时已在校学习 1—1.5 年的汉语，每周学习时间为 20 课时（45 分钟／课时）。其中实验组一 21 人，实验组二 23 人，对照组 19 人。之所以选择中级水平的被试,是由于在进入中级阶段的学习后,学习者开始大量接触近义词,并产生了大量近义词使用偏误。为了避免各组被试母语分布不均可能对实验结果造成影响,我们对三组被试的母语背景进行了匹配,使各组中来自汉字文化圈与非汉字文化圈的被试比例大致相等(实验组一汉字文化圈被试 14 人,非汉字文化圈 7 人;实验组二汉字文化圈 15 人,非汉字文化圈 8 人;对照组汉字文化圈 13 人,非汉字文化圈 6 人)。

2. 实验材料。

我们编制了 10 组近义词辨析材料,[①] 每组近义词的辨析材料包括三部分:差异规则说明、例句和练习。规则说明部分从语义、句法和语用三个方面对近义词差异进行了简要说明。为了保证被试能够理解实验材料,差异规则说明、例句及练习中所用的词汇均为学习者熟悉的初中级词。

3. 实验程序。

实验分四个阶段:前测(第 1 周);教学处理(第 3 周);后测(第 4 周);后续测(第 7 周)。

前测在第 1 周进行。目的在于测量学习者对近义词差异的已掌握程度,并从中筛选出需要进行教学处理的近义词和被试。我们首先对 16 组备选的近义词进行测试。测试方法是让学习者判断每个句子中画线的部分能不能用右列的词语。可用的打"√",不可用的打"×",不确定的打"?"。如:

---

① 辨析材料编制过程中参考了《商务馆学汉语近义词词典》(赵新、李英主编,商务印书馆,2009 年)。

	爱	喜欢
1. 爸爸很 ___ 喝茶。	√	√
2. 这个孩子太 ___ 哭了。	√	×
3. 如果没有 ___ ，生活就没有意义。	√	×
4. 他太骄傲了，所以大家都不太 ___ 他。	×	√

前测采取随堂测验形式进行，时间为 40 分钟。通过测试，我们从备选的 16 组近义词中选取了 10 组平均得分较低的近义词作为教学处理的目标词。然后，我们又筛选出这 10 组近义词中单组得分率均低于 70% 的被试作为正式实验被试，[①] 共有 63 名被试符合实验条件。将 63 名被试分成三组，即实验组一（21 人）、实验组二（23 人）和对照组（19 人）。实验组一和实验组二分别接受一种显性的近义词教学处理，对照组则接受隐性教学处理。三组被试的前测成绩无显著差异，$F(2, 60)=0.239$，$p=0.788$。

教学处理阶段从第 3 周开始，各组均采用在课堂上集体进行教学处理的形式进行。三组被试接受的教学处理如下：

实验组一采用接受式教学模式。教师将 10 组近义词的异同直接教授给学习者，并配以相应的例句。例句中的目标词以加粗涂红的字体显示，并在目标词下加下划线，在例句后以"√""×"形式说明与其他近义词的替换情况。在讲解后配以相应的判断改错练习。实验组一教学处理时间为 90 分钟。

实验组二采用发现式教学模式。教学实验材料与实验组一相同，但处理方式有异。教师首先要求学习者从每组近义词中选择

---

① 事实上，仅有 9 名被试在 1—2 组近义词上的正确率在 60%—70%，其他 54 名被试各组近义词的正确率均低于 60%，10 组近义词的平均正确率约 57%，接近随机选择水平。

适当的词语填入相应的句子中，学习者完成后教师公布正确答案，答案同样以加粗涂红的字体显示，并在例句后以"√""×"形式说明与其他近义词的替换情况。接下来教师引导学习者观察比较例句，让学习者尝试发现差异点，最后教师加以概括总结。由于在实验组二中需要花费较多时间引导学习者尝试发现规则，因此在教师概括总结规则后，仅设置了少量的练习进行巩固，以保证与实验组一教学处理时间相等，即90分钟。

以下举例说明实验组一、二的具体教学模式：如"包括"和"包含"，其中一个差异是"包括"的对象可以是人，"包含"不行。在实验组一中，教师直接用课件形式展示这条规则，并配以以下三个例句：

（1）包括他们两个在内，我们就有整整十个人了。（× 包含）
（2）这件事大家都有责任，包括我自己。（× 包含）
（3）参加话剧比赛的不包括留学生。（× 包含）

实验组二则采取了不同的教学处理方式：教师先在课件中展示以上三个句子，但隐去画线部分的内容，让学习者用"包含"或"包括"填空。学习者完成后呈现正确答案，并在例句后标明可否替换。接着引导学习者说出目标词后的宾语有何特点。最后教师给出规则："包括"强调总括，主要从数量和范围来说，"包括"的对象可以是人，"包含"不行。在讲解过后，两种实验处理都有一定量的改错练习。

对照组不对近义词差异做任何显性教学处理，但让学习者阅读包含有目标近义词的例句（即只做隐性的教学处理），时间约为20分钟。例句与实验组相同。

后测在教学处理结束后 1 周（即实验开始后的第 4 周）进行。后测与前测的题目形式相同，考察的差异点也相同，但为了减少练习效应，我们在同等难度的基础上替换了句中的一些词语。后续测则是在教学处理结束后 3 周（即实验开始后的第 7 周）进行。测试方法以选词填空的形式进行，考察的差异点与前测和后测相同。

（三）实验结果及分析

分别统计各组三次测试的正确率，统计结果如表 1 和图 1 所示。

表 1　各组前测、后测及后续测正确率比较　　　　（%）

	前测	后测	后续测
实验组一	57.01（8.48）	81.18（9.31）	72.86（8.05）
实验组二	56.28（8.33）	85.73（6.18）	79.56（6.61）
对照组	57.94（6.12）	56.75（6.50）	60.18（6.89）

注：括号内为标准差（SD）。

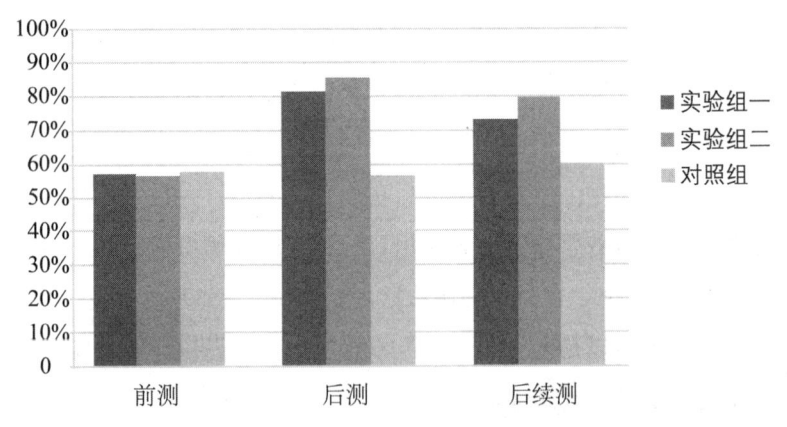

图 1　各组前测、后测及后续测正确率比较

用 SPSS15.0 对以上数据进行分析，结果如下：

1. 由于三组被试前测成绩无显著性差异，$F(2, 60)=0.239$，$p=0.788$，因此，只需对三组被试后测、后续测的正确率进行比较就可看出教学处理的效果。在后测中，三组被试的正确率差异显著，$F_{后测}$（2，60）=87.816，$p<0.001$。事后多重比较分析表明，无论是实验组一还是实验组二，后测正确率（分别为 81.18% 和 85.73%）均显著高于对照组（56.75%），$p<0.001$。可见，无论接受哪种显性教学处理，其后测正确率均显著高于隐性教学处理。对后续测成绩的统计检验也表明，三组被试的正确率差异显著，$F_{后续测}$（2，60）= 39.105，$p<0.001$。事后多重比较分析也表明，实验组一、实验组二后续测正确率（分别为 72.86% 和 79.56%）均显著高于对照组（60.18%），$p<0.001$。可见，对近义词进行显性辨析确实有助于学习者习得近义词的差异，而且这种促进作用不仅在接受了教学处理后的短时间内有效，在经过较长一段时间后，效果仍然显著。

2. 事后多重比较结果还表明，实验组二后测正确率高于实验组一，二者差异达到显著水平，$p=0.048$。两组后续测成绩比较发现，实验组二的正确率也显著高于实验组一，$p=0.003$。可见，采用发现式教学处理模式效果好于接受式教学处理方式。从差异显著水平来看，在后续测中，二者差异更为显著，说明在教学效果的保持方面，发现式教学处理模式的优势更加明显。

二、讨论

（一）近义词显性辨析的必要性

前面我们谈到，一些教师认为不必花太多时间对近义词进行专门辨析，而是让学习者在学习中自己体会，逐渐提高。这种观点主要受 Krashen 的"输入假说"（input hypothesis）影响。① 输入假说认为,第二语言的习得是通过"可理解输入"（comprehensible input）实现的，一旦有了足够的可理解输入，语言习得就会自然发生。虽然确有不少证据证明可理解性输入在二语习得中的重要作用，但根据我们的实验结果，如果没有接受显性的近义词辨析教学而仅仅依靠可理解的语言输入，学习者对近义词差异的习得非常缓慢，如在没有接受显性教学处理的对照组中，前测、后测和后续测正确率分别为 57.94%、56.75%、60.18%，成绩并无显著提高。

造成这一结果的原因主要来自两方面：（1）近义词本身差异细微，不易被觉察。觉察是学习者习得差异的重要前提。如果学习者无法觉察到近义词之间的差异，就无法在使用中正确使用近义词。（2）学习者对近义词用法的差异并不重视。我们曾对一些学习者进行过访谈，不少学习者认为近义词的语义差别不大，即使混淆，也不会造成交际困难，因此缺乏主动学习的意识。如果长此以往，很多词语混淆的偏误就会化石化（fossilization），阻碍学习者二语水平的继续提高。相反，教师如能在课堂上就近义词的差异进行专门辨析，则能够引起学习者的注意和重视，习得的速度也会大大加快。实验结果显示，无论是采用接受式还是发现式的课堂辨析模式，学习者对近义词的习得水平都较辨析前有大幅度的提高。可见，课堂近义词辨析并非如一些教师所认为的那样无效，恰当的课堂辨析对于加快近义词差异的习得具有重

---

① Krashen, Stephen (1985). *The input hypothesis: Issues and implications*. New York: Longman.

要作用。

（二）发现式教学模式在汉语二语近义词教学中的优势

实验结果表明，采用发现式教学的实验组二在后测、后续测中的答题正确率均高于采用接受式教学的实验组一，特别是在后续测中，两组被试答题正确率上的差异十分显著。可见，发现式教学在教学效果的保持上具有较大优势。我们认为，造成二者差异的主要原因在于，与接受式教学相比，发现式教学大大增加了学习者的"任务投入量"（task-induced involvement load）。所谓"任务投入量"，是指学习者在完成一个特定学习任务时所需要投入的认知资源。这一术语由 Laufer & Hulstijn 提出。[①]Laufer 和 Hulstijn 曾提出一个二语学习中的"投入负担假说"（involvement load hypothesis）。该假说认为，任务投入量越大，词汇习得的效果就越好。而投入量的大小可以用需求（need）、查找（search）和评定（evaluation）三个因素来量化。"需求"指的是学习者学习动机方面的情感因素；"查找"主要是指寻求第二语言中生词的意义，如查字典、向老师请教等；"评定"则是对不同的词或同一词的各种意义或不同搭配进行分析和比较。

对实验组二，教师首先要求学习者对例句中的画线部分进行选词填空，这首先增加了学习者了解近义词差异的需求。而完成选词填空及尝试寻找发现差异规则的过程则需要学习者对词义进行查找和对语境中不同搭配进行评定。相比之下，对实验组一，教师不要求学习者先进行选词填空，从学习情感动机上看，该组

---

① Laufer, Batia, & Jan Hulstijn (2001). Incidental vocabulary acquisition in a second language: The construct of task-induced involvement. *Applied Linguistics*, 22:1–26.

学习者对近义词的学习需求显然不如实验组二。此外，学习者不必自己对近义词差异进行概括，因此在查找和评定等因素上的投入量也远不如实验组二。由于实验组二中的高投入量激活了大脑中的深层加工机制，信息得以进入长时记忆，因此学习者对近义词差异的习得效果保持得更好。相反，由于实验组一投入量低，信息无法得到充分的深层加工，因此信息遗忘速率较快。

（三）课堂辨析对近义词差异习得顺序的影响

虽然实验结果表明课堂辨析能够有效加快近义词习得的整体水平，但我们同时发现，教学处理似乎并未改变学习者对近义词内部各类差异的习得顺序。这从另一个侧面证明了 Pienemann 的观点。[①]Pienemann 提出，第二语言的可教性（teachability）受制于语言的可学性（learnability）。换句话说，语言习得要受到学习者对语言认知和语言处理能力的限制，因此有一定的先后顺序，不受教学处理的影响。最近有关近义词差异习得顺序的研究表明，一般而言，汉语二语学习者首先习得的是近义词显性的句法差异，然后才是隐性的语义差异。[②]在本实验中，我们发现，这一结果并未由于教学处理的影响而发生改变。我们对语义差异题和句法差异题的回答正确率进行了进一步的检验。结果发现，差异类型的主效应显著，$F(1, 120)=7.931$，$p=0.007$，句法差异题的正确率显著高于语义差异题的正确率。并且，差异类型与教学处理方式的交互作用不显著，$F(2, 120)=0.266$，$p=0.768$。

[①] Pienemann, Manfred (1984). Psychological constraints on the teachability of languages. *Studies in Second Language Acquisition*, 6:186-214.

[②] 洪炜《汉语二语者近义词语义差异与句法差异的习得研究》，《语言教学与研究》2012 年第 3 期。

差异类型与测试时间的交互作用不显著，$F(2, 120)=0.475$，$p=0.623$。差异类型、教学处理方式及测试时间的三项交互作用也不显著，$F(4, 120)=0.201$，$p=0.937$。这表明，无论采取哪一种教学处理方式，在前测、后测和后续测中，句法差异题成绩好于语义差异题的总体趋势没有变化。

比如，"证明"和"证实"这组近义词，教师分别从语义和句法角度对其差异进行了辨析。在语义上，"证明"强调用具体可靠的材料来说明情况或得出一个结论；"证实"则强调通过实践调查，说明原来的看法或以前的结论是真的、对的。在句法上，"证明"和"证实"也有不同，"证实"只能做动词；而"证明"既可以做动词，也可以做名词。"证明"可以做定语，构成"证明书、证明人、证明材料"等，还可以说"作证明"；"证实"没有这样的用法。实验结果发现，在讲解了这些使用差异后，学习者习得较好的仍然是句法上的差异。如在后测中，我们设置了以下四题考查被试对"证明"和"证实"的掌握情况，要求学习者判断句中画横线处应填入哪个词。

	证明	证实
（1）她不接你的电话，____她不想见你。	____	____
（2）小王上午来找过你，我可以给他作____。	____	____
（3）没有学校的____信，你不能在这里上课。	____	____
（4）人们发现他的预测最后都得到了____。	____	____

以上四题中，题（2）、题（3）侧重考察二者在句法上的差异，题（1）、题（4）侧重考察二者在语义上的差异。统计结果发现，在实验组一、实验组二和对照组中，被试对题（2）、题（3）的回答正确率均高于题（1）、题（4）。表2为各组被试对"证明"

和"证实"的回答正确率。

表2 被试分辨"证明"和"证实"的正确率 （%）

	（1）	（2）	（3）	（4）
实验组一	73.8	85.7	90.4	81.0
实验组二	80.4	89.1	91.3	82.6
对照组	54.4	57.3	63.5	45.8

在其他组近义词的后测、后续测中，我们也发现了类似的情况。可见，教学处理虽然能提高学习者对差异的习得水平，但并未改变学习者对各类差异的内在习得顺序。正如Lightbown、Ellis所指出的，语言习得规律似乎不会受到教学的影响，不会因教学的介入而改变其发展顺序。[1]但不可否认的是，语言教学若得法，则可以加快习得速度，提高语言的准确度，最终达到语言习得的终点。[2]

---

[1] Lightbown, Patsy (1983). Exploring relationships between developmental and instructional sequences. In Herbert W. Seliger, & Michael H. Long (Eds.), *Classroom-oriented Research on Second Language Acquisition*, 217-243. Rowley, MA: Newbury House; Ellis, Rod (1989). Are classroom and naturalistic acquisition the same? A study of classroom acquisition of German word order rules. *Studies in Second Language Acquisition*, 11: 305-328.

[2] Pienemann, Manfred (1989). Is language teachable psycholinguistic experiments and hypotheses? *Applied Linguistics*, 10: 52-79; Doughty, Catherine (2003). Instructed SLA: Constraints, compensation, and enhancement. In Catherine J. Doughty, & Michael H. Long (Eds.), *Handbook of second language acquisition*, 256-310. New York: Basil Blackwell; 靳洪刚《现代语言教学的十大原则》，《世界汉语教学》2011年第1期。

三、结论与启示

（一）结论

本节通过实证研究证明，课堂上显性的近义词辨析教学能够显著促进汉语二语学习者对近义词差异的习得。并且，发现式教学模式比传统的接受式教学模式更有利于促进和保持近义词的习得。实验结果同时表明，近义词辨析教学的作用主要体现在加速近义词的整体习得上，但对近义词差异的习得顺序影响不显著。

（二）教学启示

根据本实验研究结果，结合我们在教学实践中的经验，本研究对汉语二语近义词教学提出如下建议：

首先，应增加学习者在辨析任务中的投入量。本研究的实验结果表明，通过增加学习者在近义词辨析中的任务投入量，不仅能够更有效地促进学习者对近义词差异的习得，而且遗忘率较低。因此，我们主张在进行课堂近义词辨析时，不能仅仅依靠教师个人的讲解，应在辨析过程中设计适当的教学活动增加学习者的任务投入量。

其次，对近义词语义差异辨析的力度应大于句法差异。本实验也表明，语义差异的习得比句法差异习得更难，因此对二者的辨析不应平均用力，应花更多的时间辨析语义差异。但不同教学阶段的辨析重点也应有所不同。对于水平较低的学习者，应首先辨析难度较小的句法差异，侧重从句法线索上引导学习者区分近义词。随着语言水平提高，教师则应设法通过大量输入和创造典型语境引导学习者逐渐掌握语义上的细微差异。

此外，在辨析教学中还应注意例句选择需精当、典型、易懂。

精当是指例句能够和所辨析的内容相匹配和照应；典型则是指能够体现一组近义词不同成员常出现的语境和句法位置；易懂则是在例句中应避免出现学习者没学过的生词或句式，以免影响其对句子整体意思的理解。只有做到以上这些，才能使学习者更容易发现并总结出近义词使用的差异，达到教学目的。

最后需要指出的是，本研究具有一定的局限性。本研究只证明了显性近义词教学的有效性，并比较了两种不同显性教学模式的效果，但无法对显性近义词教学和隐性近义词教学的效果进行直接比较。这是由于在本实验中，实验组（显性教学处理）学习者投入的时间多于对照组（隐性教学处理），因此无法直接说明显性近义词教学效果优于隐性近义词教学。若进一步加大隐性教学处理的语言输入量，使其学习时间与显性教学处理时间相当，是否能够达到与显性教学处理相似的效果，仍有待进一步的研究证实。

第四节　汉语作为第二语言的离合词教学实验研究[①]

离合词是汉语中一类特殊的语言单位，其构词语素可合可离，中间可插入其他成分，可以像词组一样使用。离合词一直以来都是汉语学习者的一个难点，其使用偏误是"外国留学生运用汉语的一大通病""无论来自哪个国家，无论母语为何种语言的留学生，

---

① 本文以《汉语作为第二语言的离合词教学实验研究》为题发表在《世界汉语教学》2015年第3期，作者周琳、李彬鑫。

在汉语运用中都存在这类问题"①。目前,对留学生离合词使用偏误的研究成果已相当丰富,总结这些研究可发现有两类偏误最为凸显,一类是当离未离(如:＊我理发过了),另一类是离合词离析式使用不当(如:＊她今天跑了步两个小时)。② 两类偏误都表明学习者对离合词离析式掌握不好,这与离合词的特殊属性以及教材和教学的欠缺都有一定关系。

由于离合词属性特殊,汉语作为第二语言的离合词教学本应兼及"合"与"离"两个方面,但现有的对外汉语教材有关离合词的内容却呈现合多离少、合与离错落分布的失衡局面。有相当数量的离合词是常用词,在汉语学习初级阶段就会出现,但离合词离析式所涉及的语法项目难度等级较高,不能与生词同步出现。如"跳舞"是留学生较早就学到的离合词,但"跳了一个舞、跳了一会儿舞、跳了一次舞"等离析式涉及动态助词"了"、数量补语、时量补语等语法项目,它们与"跳舞"这个词的出现时间并不一致。而当教学内容涉及相应的语法项目时,教材却未对与之相关的离合词离析式做系统总结。出现这种情况有一定的客观原因,离合词的特殊属性给教材的编排带来了很大难度。教材对离合词处理失衡的情况在短时间内很难有所改变,在这种情况下,

---

① 杨庆蕙《对外汉语教学中"离合词"的处理问题》,载《第四届国际汉语教学讨论会论文选》,北京语言学院出版社,1995年。

② 饶勤《离合词的结构特点和语用分析——兼论中高级对外汉语离合词教学》,《汉语学习》1997年第1期;高思欣《留学生汉语动宾式离合词偏误分析》,暨南大学硕士学位论文,2002年;国家汉办、教育部社科司《汉语国际教育用音节汉字词汇等级划分》课题组《汉语国际教育用音节汉字词汇等级划分》,北京语言大学出版社,2010年;王瑞敏《留学生汉语离合词使用偏误的分析》,《语言文字应用》2005年增刊;萧频、李慧《印尼学生汉语离合词使用偏误及原因分析》,《暨南大学华文学院学报》2006年第3期。

安排和设计离合词教学的任务就更多地落到了教师身上,教师如何教离合词在很大程度上影响了学习者的习得。为此,对外汉语学界有学者对离合词的教学方法进行了探讨。吕文华提出离合词教学要"采取先分散出现后总结的方法",即在刚开始遇到离合词时,只需点出其用法特殊,无须拓展,待出现某个语法点之后再择机讲练相应的离析式;[①]周上之提出离合词循环递进复式教学法,也主张将离合词的离析式教学分散到各个相关阶段进行,根据语法教学进度和学生理解程度来安排,同时注重保持教学的连续性,对已教过的离合词进行离析式的跟踪教学,不断巩固。[②]两位先生所提出的离合词教学法的核心思想是一致的,都是将离合词与其离析式教学分开,结合语法教学进度来安排离析式教学,同时注重归纳总结,我们统称为"循环递进式"教学法,这种教学法对改进离合词教学很有启发性。那么在实际教学中,教师是如何处理离合词的?我们通过与周围的汉语教师交流发现,即使教材未做特别说明,不少教师一般也会在遇到离合词时给学生拓展一些离合词常用的离析式用法,如在讲"见面"时会告诉学生"见过面""见了一面"等离析式。而这些离析式所涉及的语法项目学习者可能学过也可能没学过,我们把这种同时教授离合词及其离析式的方法称为"同步式"教学法。由于课程内容和进度安排等原因,采用"同步式"教学法的教师较少对出现过的离合词进行系统总结和复习。

从实际教学来看,不管是采用"循环递进式"教学法还是采

---

① 吕文华《对外汉语教学语法探索》,语文出版社,1994年。
② 周上之《对外汉语离合词循环递进复式教学法》,《汉语学报》2000年第1期。

用"同步式"教学法,教师都面临一些问题:一方面,很多离合词是常用词,学习者很早就会学到,如果在教生词时避开离合词离析式,待学到相应项目再做安排,学生很可能在学习相应的离析式之前便产出类似"*见面朋友""*放假了一天"的偏误,教师在纠错时也很难绕开这些离析式。另一方面,我们并不清楚如果在讲生词时就附带教授离合词离析式,对于学习者来说能否接受(尤其是那些涉及不熟悉的语法项目的离析式)?他们对离析式的掌握程度又如何?循环递进式教学法虽很有启发性,但它是研究者凭借教学经验通过内省的方式总结而来的,教学效果到底如何,尚未得到验证。究竟哪种离合词教学模式更有效?更能提高学习者的离合词学习质量?目前为止,尚无研究者通过实证研究进行比较。鉴于此,本研究拟通过实验的方法来对此问题进行探讨。

一、实验设计

(一)研究问题

1. 同步式与循环递进式离合词教学模式哪种更有助于学习者习得离合词?

2. 两种教学模式在促进学习者主动产出离合词离析式方面有无差异?

(二)实验方法

1. 被试。

本次实验的被试为国内某大学初级班28名汉语二语学习者,他们都接受了入学分班测试,参加实验时已在校学习汉语8周,每周学习29课时(45分钟/课时),实验组一和实验组二各14人。

选择初级水平学习者作为被试是考虑到他们对离合词还没有感性认识，所学到的语法项目也有限，更有利于反映两种离合词教学法的效果。本次实验的 28 名被试中有 8 名母语为俄语（两实验组各 4 名），6 名母语为韩语（两实验组各 3 名），其余来自美国、法国、日本、越南、泰国、老挝、立陶宛、巴基斯坦、马拉维等国家，母语背景比较分散。

2. 实验材料。

我们将通过前测遴选出的 15 个离合词随机平均分为三组，为两个实验组分别设计三套课件、三份即时测试卷，两实验组使用相同的后测试卷和延时后测试卷。测试包括四道大题：（1）连词成句（可加字但不可减字）；（2）看图片完成句子；（3）根据英文翻译用所给词补全句子；（4）判断句子对错（需写出正确句子）。（题例见附录）每道大题包含 5 个小题，题目均使用被试熟悉的词汇并标注拼音。使用不同方法对相同测试词进行反复测试的手段已被国外学者多次采用，如 Joe、Webb、Waring & Takaki 等。[①]Nation 总结指出，由于词汇知识是多维度的，所以应采用多种方法进行词汇测试，这样能够更全面地测查学习者的词汇知识。[②] 因此，在本实验中，我们设计了四种题型对同一测

[①] Joe, Angela (1998). What effects do text-based tasks promoting generation have on incidental vocabulary acquisition? *Applied Linguistics,* 19:357-377; Webb, Stuart A. (2002). Investigating the effects of learning tasks on vocabulary knowledge. Ph. D. dissertation, Victoria University of Wellington, New Zealand; Waring, Rob, & Takaki, Misako (2003). At what rate do learners learn and retain new vocabulary from reading a graded reader? *Reading in a Foreign Language,* 15:130-163.

[②] Nation, I. S. P. (2007). Fundamental issues in modeling and assessing vocabulary knowledge. In Helmut D., James, M., & Jeanine, T. D. (Eds.), *Modeling and Assessing Vocabulary Knowledge,* 35-43. Cambridge: Cambridge University Press.

试词进行测试，其中，（1）（2）题为产出型测试（productive test），（3）题介于产出型测试和理解型测试（comprehensive test）之间，（4）题为理解型测试。

3. 实验程序。

实验分为四个阶段：前测（第1周），教学处理和即时测试（第3周），后测（第6周），延时后测（第9周）。

前测的目的是确定本次实验中要教授给被试的离合词。我们从《汉语国际教育用音节汉字词汇等级划分》中穷尽性地查找出所有离合词，[①] 再由二位汉语母语者根据语感各自从中选出可插入时量补语和动量补语（统称为数量补语）的离合词，如："跳舞"可插入时量和动量补语离析为"跳了一会儿舞"和"跳了一次舞"。若三人语感一致，则该词进入备选。之所以选择插入数量补语的离析式是因为在实验进行时，被试还不会学到这一语法项目，而且根据以往对留学生离合词习得情况的研究，插入数量补语的离合词离析式习得难度适中，[②] 便于我们观察学习者的习得情况。备选离合词由被试的授课教师根据本学期授课内容剔除已学过和在实验进行期间有可能学到的词，剩下的词进入测试卷，标注拼音，让被试选择自己不认识的词，最终确定所有被试都不认识的15个离合词作为测试词。

[①] 该书中离合词的拼音标注采用双斜线"//"的方式，如"见面"标音为jiàn//miàn。

[②] 孙书姿《韩国留学生习得汉语双音节VO型离合词的言语加工策略》，北京语言大学硕士学位论文，2004年；吴氏流海《越南学生汉语离合词习得研究与教学对策》，北京语言大学硕士学位论文，2007年；马萍《留学生动宾式离合词习得研究——以统计学为视角》，《汉语学习》2008年第5期；林恩琦《泰国学生汉语离合词习得研究》，北京语言大学硕士学位论文，2013年。

教学处理阶段从第 3 周开始，连续进行三周，每周选定一天分别对两组被试进行 5 个离合词的教学。两个实验组均在课堂环境下接受相同时长的教学处理，每次教学处理时间约 35 分钟，施测者为同一位教师。

实验组一接受同步式教学模式。在每次实验中，教师先通过例句让被试理解五个词的词义，然后分别呈现五个词插入动态助词"了"①、时量补语和动量补语的离析式例句并进行讲练。在三周内使用相同的方法教授 15 个离合词，在后两周教学时，教师对之前的教学内容均做简要复习。

实验组二接受循环递进式教学模式。在每次实验中，教师同样先通过例句让被试理解 5 个词的词义，不同的是，在教学处理的第 1 周只呈现 5 个词插入动态助词"了"的离析式例句并对此用法进行讲练；在第 2 周教师先让学生了解"动词＋时量补语"这一用法，再由此过渡到 5 个词插入"了"和时量补语的离析式的讲练，最后简要呈现第 1 周所学 5 个词插入"了"和时量补语的离析式；在第 3 周先让学生了解"动词＋动量补语"的用法，然后呈现 5 个词插入"了"、时量补语和动量补语的离析式例句并进行讲练，最后呈现前两周所学 10 个词插入"了"、时量补语和动量补语的离析式。

教师讲解 5 个测试词之后马上对被试进行即时测试。为规避题目的提示作用，教师按照连词成句（可加字但不可减字）、看图片完成句子、根据英文翻译用所给词补全句子、判断句子对错

---

① 之所以讲练插入动态助词"了"的离析式是因为被试在接受测试时已经学过"动词＋动态助词'了'"这个语法点，而离合词插入数量补语时加"了"的情况较为常见，如：我加了一天班、他们补了两次课。

的题型顺序发放试卷,做完一道大题后,教师将试卷收回后再发放后一道大题。

后测在教学处理结束后 1 周(即实验开始后的第 6 周)进行,延时后测在教学处理结束后 3 周(即实验开始后的第 9 周)进行。后测与延时后测题型相同,为了减少练习效应,我们在保持同等难度的基础上更换了题干。同时,在后测和延时后测中,我们在根据英文翻译用所给词补全句子的题目中分别加入了两个 15 个测试词之外的被试已经学过的离合词,以观察被试的使用情况,这两题不计入总分。

两实验组的即时测试、后测和延时后测所用时长一致,均为 45 分钟。三种测试结束之后,教师都会根据答题情况尽快对某几个被试进行访谈,以便了解被试在答题时的想法,深入探析两种教学模式对学习者习得离合词的影响。

(三)实验结果及分析

1. 评分标准。

本实验测试评分的总原则是,只评判被试离合词的使用情况,不考虑答案中的其他错误。具体标准为:前三题中,正确使用插入"了+数量补语"的离合词离析式给 3 分(如:讲了三个小时课);正确使用插入"了"或"数量补语"的离合词离析式给 2 分(如:讲了课;讲三小时课);正确使用离合词但未使用离析式给 1 分;错误使用离合词或离合词离析式不得分。第四题判断正确给 3 分,错误不得分。测试卷由两位评阅人独立评分,一致的打分直接被采纳,不一致的打分经商讨后决定。

2. 两实验组后测及延时后测平均成绩比较。

用 SPSS16.0 统计两实验组的后测和延时后测成绩,结果如下:

表 1　两组后测及延时后测平均成绩比较（括号内为标准差）

组别	后测	延时后测
同步组	28.29（20.33）	29.14（21.40）
循环递进组	47.86（12.92）	49.71（13.80）

从表 1 可以看出，循环递进组两次测试成绩的标准差都小于同步组，说明该组被试的成绩相对集中，离散性小于同步组。这就是说，循环递进组对教学内容的掌握情况比较均衡，相比之下，同步组被试的掌握情况则差异较大。

分别对两实验组的成绩进行单个样本 K-S 检验（One-Sample Kolmogorov-Smirnov Test）显示，两实验组的后测 Sig.（2-tailed）分别为 0.305、0.167，延时后测 Sig.（2-tailed）分别为 0.731、0.184，均大于 0.05，说明两组被试成绩呈正态分布，可进行独立样本 t 检验（one sample t-test），结果如下：

表 2　两组后测及延时后测独立样本 t 检验结果

		后测		延时后测	
		假设方差相等	假设方差不等	假设方差相等	假设方差不等
方差方程的 Levene 检验	F	9.221		8.155	
	Sig.	0.005		0.008	
均值方程的 t 检验	t	3.040	3.040	3.023	3.023
	df	26	22.027	26	22.223
	Sig（双侧）	0.005	0.006	0.006	0.006
	均值差值	19.57143	19.57143	20.57143	20.57143
	标准误差值	6.43760	6.22162	6.80521	6.80521
	差分的 95% 置信区间　下限	6.33875	6.22162	6.58313	6.46650
	上限	32.80411	32.92123	34.5597	34.6763

如表2所示，后测数据显示，t=3.040，通过双尾检验，p=0.006<0.05，说明两组数据均值存在显著差异；延时后测数据显示，t=3.023，p=0.006<0.05，两组数据均值依然存在显著差异。

3. 两实验组各次测试中离合词离析式回避情况比较。

各次测试都含有"用所给的词语完成句子（可以加字，但不能减字）"这一题型，如：题干给出"没来、上课、补课"三个词，"补课"为当次所学的离合词，被试可使用题干中没有的词连词成句，就是说他们可以使用离合词离析式但不是必需的。为了使被试能清楚理解题意，教师在第一次测试时对该题的要求进行了特别说明。设置该题的目的是想观察被试在两种教学模式下学习离合词之后，在主动使用离析式方面有无差异。若被试直接使用了离合词本身，则视为回避使用离析式。5次测试的连词成句共25题，每组14名被试共完成350题。对两组被试回避使用离合词离析式的情况进行统计，结果显示：循环递进组在完成5次测试的第一题时有143题回避使用离合词离析式，占总题数的40.86%；同步组有258题回避使用离析式，占总题数的73.71%。

二、讨论

（一）后测及延时后测成绩显著性差异的认知分析

根据我们的实验结果，经过三周的教学处理，循环递进组的后测成绩显著高于同步组，延时后测数据也显示相同的结果，说明在离合词教学方面，"循环递进式"教学法比"同步式"教学法更能促进学习者对离合词的习得。而且这种促进作用不仅在接受教学处理后的短时间内有效,在经过较长一段时间后,效果仍然显著。这一结果可用认知负荷理论(cognitive load theory,简称CLT)来解释。CLT作为一种教学认知理论最早由Sweller提出。[1] 这一理论认为,人的工作记忆(working memory)的容量是有限的,加载在工作记忆系统中的认知负荷如果超过工作记忆容量的限度,就会影响学习效果。认知负荷可分为内在认知负荷(intrinsic cognitive load)和外在认知负荷(extraneous cognitive load),前者与学习材料的属性有关,后者则与教学的组织方式有关。根据Sweller et al.(1998)的观点,内在认知负荷由学习材料的属性和学习者水平这两个因素决定,一般不能通过教学干预来改变;外在认知负荷可通过合理有序的教学安排来降低。[2] 在一项教学任务中,如果内在认知负荷高,外在认知负荷就必须降低;如果内在认知负荷低,那么外在认知负荷可高可低。总之,要尽量使总的认知负荷保持在工作记忆允许的范围内。就是说,在教授难度较高的学习内容时(尤其对于初级水平的学习者来说),合理的教学设计可降低外在认知负荷,直接影响学习效果。在遇到内在认知负荷较高的学习材料时,教师如何做才能实现合理安排?Pollock et al.(2002)的研究表明,如果合理有序地一个个呈现信息而不是同时呈现所有信息,就能降低外在认知负荷;[3] 如果同时呈现所有信息(包括信息之间的相互关系),那么这些信息就

---

[1] Sweller, John (1988). Cognitive load during problem solving: Effects on learning. *Cognitive Science*, 12: 257-285.

[2] Sweller, John, Jeroen J. G. Van Merriënboer, & Fred Paas (1998). Cognitive architecture and instructional design. *Eductional Psychology Review*, 10: 251-296.

[3] Pollock, Edwina, Paul A. Chandler, & John Sweller (2002). Assimilating complex information. *Learn Instruct*, 12: 61-86.

必须同时被工作记忆处理，就有可能超过工作记忆的容量，使学习的有效性降低甚至导致学习失败。

离合词属性特殊，与各语法项目有密切的联系，属于内在认知负荷较高的学习内容。在本实验中，两组被试为初级水平学习者，学习内容均为 15 个离合词及其插入"了""时量补语"或"动量补语"的离析式用法，可以说其内在认知负荷相同。同步式教学法每次都将三种离析式同时教授给学习者，增加了外在认知负荷，总的认知负荷可能已经超过了学习者工作记忆的容量；循环递进式教学法每次教授一个语法项目，再将与之相关的离析式呈现给学习者，并且注意循环复习，这种方法降低了外在认知负荷，使总的认知负荷保持在工作记忆允许的范围内。因此，与同步式教学法相比，循环递进式教学法获得了更好的教学效果。

（二）离合词离析式回避情况分析

比较两实验组在各次测试的第一大题中离合词离析式回避情况，结果显示，循环递进组的回避率为 40.86%，同步组的回避率为 73.71%，后者明显高于前者。有些被试在回答第一题时回避使用离析式，在第二题和第三题题干提示了相应的时量或数量短语的情况下，能够正确使用离析式。教师对回答第一题时回避使用离析式的部分被试进行了单独访谈，询问他们为何回避使用，回答大致有两类：一类是因为自己觉得使用离析式没有把握，而题目又未要求必须使用，所以回避；另一类是说自己忘了。这也从一个侧面说明被试对离析式的印象不深，掌握不够理想。两组被试对离析式的回避率差异表明，循环递进的教学模式下，被试更愿意主动使用离合词离析式，对离合词离析式的掌握情况更好。

尽管被试在循环递进式教学模式下对离析式的回避率要低于

同步教学模式，但在题目不做要求和提示的情况下，两组被试都存在回避使用离合词离析式的情况，而且比例不低，这与学习者加工输入信息（input）的机制有关。Chaudron、Sharwood 和 Gass 等都认为，在二语习得过程中，学习者首先要提取意义然后才会进行语法形式的加工；[①]Van Patten 指出，L2 学习者对输入的信息有一定选择性，与意义有关的信息首先被大脑加工，只有在意义理解成为学习者的一种自动（automatized）能力时，他们才有可能兼顾意义和形式两方面。[②]Van Patten 通过实验证实，对二语学习者（尤其是初级水平的学习者）来说，同时加工输入信息的意义和形式非常困难，关注信息中意义不明显的语法形式会对意义理解产生负面影响。[③]

就本实验来说，教学内容包括离合词"合"与"离"两部分，"合"的部分涉及离合词的意义，与一般的词汇教学大致相同；"离"的部分是讲解将离合词两个语素拆开并在中间插入"了"或"数量补语"的形式。根据以上有关输入加工理论（Input processing theory）的研究，本实验被试在加工信息时首先关注意

[①] Chaudron, Craig (1985). Intake: On methods and models for discovering learners' processing of input. *Studies in Second Language Acquisition*, 7: 1-14; Sharwood Smith, M. (1986). Comprehension versus acquisition: Two ways of processing input. *Applied Linguistics*, 7: 239-256; Gass, Susan M. (1997). *Input, Interaction, and the Second Language Learner*. Mahwah, NJ: Lawrence Elrbaum.

[②] Van Patten, Bill (1985). Communicative value and information processing in second language acquisition. In Penny Larson, Elliot L. Judd, & Dorothy S. Messerschmitt (Eds.), *On TESOL' 84: A Brave New World for TESOL*, 89-100. Washinyton, DC: Teachers of English to Speakers of other Languages.

[③] Van Patten, Bill (1990). Attending to form and content in the input. *Studies in Second Language Acquisition*, 12: 287-301.

义,对离析式这种形式关注不足,这符合学习者先加工意义后加工形式的内在加工机制,因此在题目未做要求或提示的情况下,他们倾向于使用离合词本身,回避使用离析式。另外,在日常交际中,不使用离析式虽然有些别扭,但大多不会影响表意,如"*老师今天讲课了三个小时"并不会给听话者带来理解上的困难,从而造成表意失败。这可能也是离合词离析式常被学习者忽视或回避的原因之一。

三、结论与启示

(一)结论

根据本实验的研究结果,现在我们可以回答上文提出的问题:

同步式教学法的初衷虽然是试图在学习者出错之前给他们输入相关的词汇知识,但这样做会提高学习任务的外在认知负荷,影响学习效果甚至导致学习失败。相比之下,循环递进式教学法降低了外在认知负荷,安排更为合理,更能促进学习者的离合词习得。此外,根据输入加工理论,学习者对输入的信息一般先加工意义再加工形式。对于离合词的学习,教师应该给学习者足够的时间去内化意义,然后再加强对离析式这一形式的练习,而不要在一开始学习离合词时就期望学习者主动使用并且正确使用离析式。

(二)两种离合词教学模式实验的启示

根据本实验研究结果,结合教学实践中的经验,我们对汉语作为第二语言的离合词教学提出如下建议:

首先,在学习汉语的初级阶段对离合词进行专门教学是有必要的。离合词是汉语二语学习者的一个难点,偏误率很高,这是学界共识。我们在本实验的后测和延时后测的第三题中分别附加了两道含有学习者曾经学过但不包含在 15 个测试词之内的离合词题目，观察被试的使用情况并在测试后对部分被试进行了访谈。结果发现，只有少部分被试能够正确作答。回答正确的被试大多表示他们是根据前面的题目推测出该题的答案，如果不处在测试环境中，他们并不知道附加测试词的离析式用法。未回答正确的被试大多表示，因为没有学过附加测试词的离析式，所以不会作答。这说明，对初级阶段的学习者进行专门的离合词教学是十分必要的。

其次，应对离合词的教学内容做全面系统的设计，在课堂教学中宜采用循环递进式教学法教授离合词。目前教材对离合词的处理大多没有经过系统设计，"合多离少""合与离错落分布"的情况十分普通。要改变这种现状，教材在处理离合词时应尽量做到"有合有离"、"合"与"离"前后衔接、配备相应的练习以达到定期总结的效果。在教材对离合词缺乏系统设计的情况下，教师应对自己在一段时间内所要教授的离合词、离析式及其所涉及的语法项目有全面认识，根据语法教学进度和学生的理解程度设计一个循序渐进的离合词教学计划。同时，教师还要注意定期总结复习，不断巩固教学效果。

再次，兼顾"合"与"离"两个方面，加强离析式的讲练。离合词属性特殊，教学时既要兼顾"合"与"离"，还要有所侧重，不应用力相同。从实验结果和教学经验来看，理解离合词意义对学习者来说并不是问题，而且学习者对输入信息的加工机制也是先处理意义后处理形式，因此可以说，对离析式的掌握才是学习者的弱项。如何帮助学习者弥补这一短板？Mc Laughlin *et al.* 曾指出，大量实验证明，大脑能够对输入信息进行自动化加工（automatic process）的能力是通过持续不断地将相同信息编码（mapping）为相同的形式这一过程而形成的。[1]Van Patten 也指出，在两个交际价值（communicative value）相同的信息中，大脑通常优先处理高频输入的信息。[2] 因此，教师应该首先给学习者足够的时间去内化意义，不要强求他们在开始学习离合词时就能掌握离析式的用法。在此基础上，教师应增加相应的离析式讲解并注意不断总结和复习，从而加大离析式用法这一信息的输入频率，帮助学习者掌握离析式用法。

四、余论

Jeroen et al. 指出，对初级阶段学习者效果良好的教学方法，在学习者水平提高之后可能并不起作用甚至会起到负面作用。[3] 本实验的被试均为初级水平学习者，循环递进式离合词教学法对其离合词习得有促进作用，但并不代表这种教学法对于中高级水平学习者一定适用。比如，随着学习者汉语水平的提高，在掌握了一定数量的离合词及其离析式之后，会出现错误类推现象，将

---

[1] Mc Laughlin, Barry, Tammi Rossman, & Beverly McLeod (1983). Second language learning and information processing perspective. *Language Learning*, 33: 135-158.

[2] Van Patten, Bill (1985). Communicative value and information processing in second language acquisition. In Penny Larson, Elliot L. Judd, & Dorothy S. Messerschmitt (Eds.), *On TESOL' 84: A Brave New World for TESOL*, 89-100. Washinyton, DC: Teachers of English to Speakers of other Languages.

[3] Jeroen J. G., Van Merriënboer, & John Sweller (2005). Cognitive load theory and complex learning: Recent developments and future directions. *Educational Psychology Review*, 17: 147-177.

某些不是离合词的词离析使用,萧频和李慧就曾发现此类情况。①循环递进式教学法因暂不讲练某些离析式,可能会在某种程度上促成学习者的过度类推。在学习者对各语法知识和一些离合词及其离析式有了一定积累的情况下,同步式教学法能及时讲明某些离析式的用法,也许能够使学习者减少过度类推。另外,我们曾对一位中级水平的汉语二语学习者进行过访谈,她在初级阶段曾经学过一些离合词,但在之后的学习中,她基本是在和中国朋友交流时听他们如何使用离合词而跟着模仿的过程中自然习得某些离合词的。这些情况说明,教学法的干预可能在离合词教学的初级阶段更能体现作用,到了中高级阶段,通过日常交际自然习得离合词的方式可能也有一定的作用,而且随着汉语水平的不断提高,学习者可能更多地依靠自然习得的方式习得离合词。真实情况究竟如何,需要进一步研究。

此外,离合词是一个复杂的集合,所牵涉的语法项目众多,难度也不同,本实验仅涉及插入"了+数量补语"这一类离析式,并不能涵盖离合词教学的全部。如何才能科学、合理地安排离合词教学,仍有很多问题值得进一步研究。

附录、测试题例

一、用所给的词语完成句子,可以加字,但不能减字。

tánhuà　lǎoshī　xiàkè　bàngōngshì
谈话　　老师　　下课　　办公室

---

① 萧频、李慧《印尼学生汉语离合词使用偏误及原因分析》,《暨南大学华文学院学报》2006年第3期。

二、看图片完成句子。

李明的考勤表

星期一	星期二	星期三	星期四	星期五
√	×	×	×	√

（旷课）（三次）

三、根据翻译补全句子。

We had a 7-day holiday last National Day.

qùnián　guóqìngjié　wǒmen

去年　　国庆节　　我们 ＿＿＿＿＿＿。（放假）

四、判断题，请在对的句子后面划√，错的句子后面划×，并写出正确的句子。

Lilǎoshī　jīntiān　shàngwǔ　jiǎngkèle　sānxiǎoshí

李老师　　今天　　上午　　讲课了　　三小时。（　）

图书在版编目(CIP)数据

汉语作为第二语言教学的词汇与词汇教学研究/张旺熹主编.—北京:商务印书馆,2019
(商务馆对外汉语教学专题研究书系. 第二辑)
ISBN 978-7-100-17933-1

Ⅰ.①汉… Ⅱ.①张… Ⅲ.①汉语—词汇—对外汉语教学—教学研究 Ⅳ.①H195.3

中国版本图书馆 CIP 数据核字(2019)第 247389 号

权利保留,侵权必究。

汉语作为第二语言教学的词汇与词汇教学研究
张旺熹 主编

商 务 印 书 馆 出 版
(北京王府井大街36号 邮政编码100710)
商 务 印 书 馆 发 行
北京新华印刷有限公司印刷
ISBN 978-7-100-17933-1

2019年12月第1版 开本 880×1230 1/32
2019年12月北京第1次印刷 印张 13⅜
定价:45.00元